孙文全集

黄　彦　主编

书　信（上）

第七册

SPM
南方出版传媒
广东人民出版社
·广州·

一八九九年五月，孙文与日本友人在东京合影，二排左二为孙文，后排左三为宫崎寅藏。

一九〇〇年，孙文与日本友人合影（右起孙文、清藤幸七郎、小山雄太郎、宫崎寅藏、内田良平、末永节）。

广州起义失败后，孙文与陈少白（右）、郑士良（左）流亡日本期间的合影。

一九〇六年春，孙文（前排左四）在新加坡同盟会分会成立时与会员合影于晚晴园（现为孙中山南洋纪念馆）。

一九一〇年春，孙文（中排右二）在美国底特律市成立同盟会分会时与分会部分会员合影。

一九一一年三月，孙文（前排右二）在美国芝加哥市与同盟会同志合影。

一九一三年六月二十五日，孙文（前排左三）在香港巴拿马"马鲁"号邮轮上，与马君武（前排左一）、朱卓文（前排左四）同船员合影。

一九一四年七月八日，孙文在东京成立中华革命党。图为一九一四年十一月八日，孙文在东京与中华革命党同志合影。左起：谭根、戴季陶、孙文、夏重民、陈其美。

一九一一年十二月二十九日，十七省代表在南京选举孙文为中华民国临时大总统时合影。

一九一二年九月二日，孙文在北京出席铁道协会北京分会欢迎会时合影。

一九一二年九月六日，孙文在张家口车站与欢迎者合影。

一九一二年九月十九日，孙文到太原考察矿产及铁路时与山西各界欢迎者合影。

一九一六年三月二十二日，袁世凯被迫宣布取消帝制。四月九日，孙文（前排左五）、宋庆龄（前排左四）、廖仲恺（后排左二）、何香凝（前排右三）等在日本庆祝帝制取消时合影。

　　一九一八年五月，由于军阀和政客的排挤，孙文辞去军政府大元帅职。图为一九一八年五月二十八日，孙文自广州经汕头抵达梅县松口，与众人合影于谢逸桥、谢良牧兄弟宅爱春楼。

一九〇三年十二月，孙文自檀香山致函黄宗仰，叙述其在檀岛与保皇会奋斗之情形。

一九〇八年四月十七日，孙文致函邓泽如请其筹款，以发动广西边防营勇响应起义。

一九〇九年三月二日，孙文致函宫崎滔天，谈到防城、镇南关、河口起义失败及亲赴欧洲寻求支持等事。

The Liberty News
CHINESE NEWSPAPER
PRINTING AND ADVERTISING A SPECIALTY
40 HOTEL STREET
P.O. BOX 1020
Honolulu, T.H.

一九一〇年五月四日，孙文复梅培告汪精卫被捕函。

洪泉我兄鉴 弟已於正月十九号行抵纽约　长动程往金山此間機局頗佳籌可達　目的也有成當再報聞也欧洲學界　見宜出頭收羅之入盟不必計其精粗美　要久之必能同化為精美也此為革命　长势力之第一法門君不倡行之則人　一漢奥責任一千餘起亦可為委望　凡當仁不讓奮身進前則欧洲學界

一臂之力辦此大有進於革命事業　也幸勉之此致即候　大安不一 孫文謹啟 正月廿一号　君同志祈代問好

一九一一年一月二十一日，孙文致函张继嘱吸收欧洲学界入盟。

一九一一年五月下旬，黄兴、胡汉民致函孙文，报告广州"三·二九"起义经过，并分析失败原因。

一九一一年七月十八日，广州之役失败后孙文自美洲致函邓泽如等。

一九一六年二月，孙文致函中华会馆董事，揭露袁世凯的真面目。

一九二二年十一月二十八日，孙文致函林森，力促发行公债筹款应用。

国民党一些右派党员联名致函孙文，反对国共合作。孙文在批示中进行了反驳。

本 册 目 录

书 信（上）

书信（上）

伦敦被幽禁致康德黎祈尽快营救短简①

（英 译 中）

（一八九六年十月十七日）

致覃文街四十六号詹姆斯·康德黎②博士：

我在星期天被绑架到中国公使馆，将要从英国偷偷运回中国处死。祈尽快营救我！

中国使馆已租下一艘船，以便把我递解回中国，而整个途中我将被关锁起来，禁止和任何人联系。唉，我真不幸！

请照顾目前这个帮我送信的人；他很穷，将会因为替我效劳而失去他的职业。

据英文原简影印件，载罗家伦：《中山先生伦敦被难史料考订》，上海，商务印书馆一九三〇年出版（黄彦译）

致康德黎询能否以其为英国公民办法脱险短函③

（英 译 中）

（一八九六年十月十九日）

十月十一日，星期天，我在离中国公使馆门口不远的街上，被两个中国人拉入使馆。还没有进去之前，他们各在左右挟住我的一只手，竭力怂恿我入内和他们谈谈。当我进入后，他们把正门锁上，并强迫我上楼，推进一个房间，从那天起便将我关锁起来。如果他们做得到，就打算将我从英国偷偷运走；不然的话，

---

① 此小简系孙文写在两张名片上，密托使馆清洁工柯尔（G. Cole）带交康德黎（英国医生，原香港西医书院教务长，孙文的老师），次日送达。底本说明误以为每张名片一小简，分别写于十一日和十七日，今予纠正。

② 康德黎（James Cantlie），又译康特黎、简地利、间地利、简大利、简大理、坎特立。

③ 此小简写在孙文的名片上。底本未说明它用何种方式送出及是否送达康德黎手中。

也会在使馆里用别的方法杀害我。

我出生于香港，四五岁时才回到中国内地。把我当作一名合法的英国臣民，你能不能用这种办法来使我脱险？

据伦敦国家档案局藏英国外交部档案（打字件）影印件——英国内务部致外交部公函(一八九六年十一月十六日收到)附件一八九六年十一月十二日卡夫（H. Cuffe）致内务部报告中转录孙逸仙英文简译出（黄彦译）

致伦敦各报主笔申谢英国政府和
报界助其获释函

（英 译 中）

（一八九六年十月二十四日）

致○○报主笔先生：

望能借重贵报的版面，为英国政府致力于使我自中国公使馆获释而表示深切的谢忱。对报界的及时帮助和同情，亦谨表谢意。最近几天中所发生的实际行动，使我对充溢于英国的宽大的公德心和英国人民所崇尚的正义，确信无疑。

我对立宪政府和文明国民意义的认识和感受愈加坚定，促使我更积极地投身于我那可爱而受压迫之祖国的进步、教育和文明事业。

忠实于你的孙逸仙

十月二十四日

波德兰区覃文省街四十六号

据伦敦《伦敦与中国电讯报》一八九六年十月二十六日《中国公使馆的囚徒。一个奇异的故事——沙利斯堡勋爵进行干预》英文影印件，及孙逸仙著《伦敦被难记》(*Kidnapped in London*，英国布里斯特耳箭匠书店一八九七年英文版)译出（陈斯骏译，黄彦校）

致区凤墀告伦敦被囚及释放情形函①

（一八九六年十一月）

　　启者：弟被诱擒于伦顿，牢于清使馆十有余日，拟将弟捆绑乘夜下船，私运出境，船已赁备，惟候机宜。初，六七日内无人知觉，弟身在牢中，自分必死，无再生之望，穷则呼天，痛痒则呼父母，人之情也。弟此时惟有痛心忏悔，恳切祈祷而已。一连六七日，日夜不绝祈祷，愈祈愈切。至第七日，心中忽然安慰，全无忧色，不期然而然，自云此祈祷有应，蒙神施恩矣。然究在牢中，生死关头，尽在能传消息于外与否耳。但日夜三四人看守，窗户俱闭，严密异常，惟有洋役二人日入房中一二次，传递食物各件。然前已托之传书，已为所卖，将书交与衙内之人，密事俱俾知之，防范更为加密。而可为我传消息者，终必赖其人。今既蒙上帝施恩，接我祈祷，使我安慰，当必能感动其人，使肯为我传书。次早他入房中，适防守偶疏，得乘间与他关说，果得允肯。然此时笔墨纸料俱被搜去，幸前时将名帖写定数言，未曾搜出，即交此传出外，与简地利、万臣两师。他等一闻此事，着力异常，即报捕房，即禀外部。而初时尚无人信，捕房以此二人为癫狂者，使馆全推并无其事。他等初一二日，自出暗差，自出防守，恐溜夜运往别处。初报馆亦不甚信，迨后彼二人力证其事之不诬，报馆始为传扬，而全国震动，欧洲震动，天下各国亦然，想香港当时亦必传扬其事。伦顿几乎鼓噪，有街坊欲号召人拆平清使衙门者。沙侯②行文着即释放，不然则将使臣人等逐出英境，使馆始惧而放我。此十余日间，使馆与北京电报来往不绝，我数十斤肉任彼千方百计而谋耳。幸天心有意，人谋不臧，虽清虏阴谋，终无我何，适足以扬其无道残暴而已。虏朝之名，从兹尽丧矣！

　　弟现拟暂住数月，以交此地贤豪。弟遭此大故，如荡子还家，亡羊复获，此

---

　　①　此函寄往香港。原函未署日期，时间为编者酌定。区凤墀，名逢时，基督教华人传教士，兴中会员，时任香港政府华民政务司署华文总书记、港岛荷李活道伦敦传道会道济会堂长老。

　　②　沙侯，沙利斯堡侯爵（Salisbury），时任英国首相兼外交大臣。

皆天父大恩。敬望先生进之以道，常赐教言，俾从神道而入治道，则弟幸甚，苍生幸甚。

据原函，广州、广东省立中山图书馆藏

复伏尔霍夫斯基告同意论述法国和
俄国在中国文章函①

（英 译 中）

（一八九七年三月十五日）

亲爱的伏尔霍夫斯基先生：

在回复你的请求时，我必须承认，即没有一位朋友的帮助，我将不能用纯熟的英文写出任何东西。在文字工作上帮助我的人，近几天恰巧不在首都。因此，对于论述法国和俄国在中国的文章，我无法向你提供一篇自己写的关于这个题目的评论。但就我个人的意见而言，我与它的作者完全一致。所有的陈述是完全正确的。如果我有什么要说的话，我只能再次强调文章中已经提出的同样的意见。

忠实于你的孙逸仙

一八九七年三月十五日于霍尔庞区葛兰旅店街

据英文原函影印件，原件存美国斯
坦福大学胡佛图书馆（陈斯骏译）

---

① 受信人 P. Volkhovzky，俄文原名 Φ. B. Вопховски，是俄国民粹派分子和著名诗人，因反对沙皇而流亡国外，当时为伦敦"俄国自由之友社"和"自由俄罗斯福利基金会"的领导人之一，并担任《自由俄国》杂志编辑。

致伦敦《地球报》及读者辞行函①

（英译中）

（一八九七年六月二十九日）

启者：承贵报历来关注鄙人之福利，礼应向贵报及广大读者辞行。鄙人将于七月一日星期四乘远洋汽轮船从利物浦出发往远东，途经大西洋及〈北〉美洲。对于贵报在鄙人被清朝公使馆囚禁期间曾迅速采取行动，将永志不忘。

> 您忠实的孙逸仙
> 六月二十九日
> 覃文省街四十六号
> （伦敦）西区　砵兰大街

据黄宇和：《孙中山第一次旅欧的时间和空间的考订》，载《孙中山和他的时代》（下册），北京，中华书局一九八九年十月出版

致邝华汰告已到满地可并询能否助力函②

（英译中）

（一八九七年七月十二日）

亲爱的华汰：

我在从英国前往温哥华③及远东途中，今天上午抵达这里。在英居留期间我并没有做出什么重要的事情，而国内同志却已完成了大量工作，他们催促我回去

---

① 一八九六年十月，孙文在伦敦被清使馆囚禁，其师康德黎四出奔走营救。伦敦《地球报》首先以"可惊可骇之新闻"、"革命家被诱于伦敦"、"公使馆的拘囚"为题发表消息，迫使英国外交部干涉清使馆，饬令释放孙文。一八九七年七月一日孙文离英赴美前，特致函《地球报》志谢。

② 孙文于七月二日离开伦敦，取道加拿大东归。此函寄往旧金山，受信人 Walter N. Fong，即邝华汰，下一函提及旧金山华盛顿街九一六号，为邝华汰住所。邝于上年夏秋间在旧金山由孙吸收为兴中会员。

③ 温哥华（Vancouver），又译云哥华、云高华。

共同制订今后的行动计划。

你和旧金山①诸同志的近况如何？你们能否对我们在国内有所帮助？

盼望得到你的来信。明天早晨我将动身去温哥华，并打算在那里逗留到八月二日，然后搭乘"印度皇后"轮船赴横滨。

我抵达温哥华后将即寄上我的地址，这样，我们就可以当我在那里逗留时通几次信。

孙逸仙

一八九七年七月十二日

满地可②

据罗家伦：《中山先生伦敦被难史料考订》载英文函（转录王宠惠藏司赖特侦探社报告抄件）译出，上海，商务印书馆一九三〇年出版

致赵君告已到满地可并询能否助力函③

（英 译 中）

（一八九七年七月十二日）

亲爱的赵：

我在赴温哥华及远东途中，今天上午抵达这里。我们的活动进展神速。我受诸同志之嘱，东返与他们共同制订今后的行动计划。你近况如何？你能否在波士顿、纽约与我们的同志一起，对我们在国内有所帮助？

我将在温哥华逗留到八月二日，希望在这之前能收到你的来函。

此刻我无法将地址奉告，来函可寄：care of Mr. Walter N. Fong，916 Washington St. ，San Francisco④。

---

①　旧金山（San Francisco），或简称金山，又译三藩市、圣佛兰西斯科、日本人叫桑港，华侨俗称大埠。

②　满地可（Montreal），另译满地好，今译蒙特利尔（加拿大）。

③　此函寄往波士顿，受信人 Chew，据粤语音译作"赵"。原姓名待考。

④　中译文为：旧金山华盛顿街九一六号邝华汰先生转。

当他得悉我在温哥华的地址后，将会转交给我。至于我们今后的行动，目前无可奉告，待我有所决定时一定告诉你。

孙逸仙

一八九七年七月十二日

满地可

据罗家伦：《中山先生伦敦被难史料考订》载
英文函（转录王宠惠藏司赖特侦探社报告抄
件）译出，上海，商务印书馆一九三〇年出版

致洛克哈特询居留香港权是否遭剥夺函①

（英　译　中）

（一八九七年八九月间）

亲爱的洛克哈特先生：

据若干可靠消息说，由于我试图把我那悲惨的同胞从鞑靼的桎梏下解救出来，香港政府已剥夺了我的居留权利。我曾询问在伦敦的许多英国朋友，是否确有其事。他们说，英国法律及惯例都无此做法。但是，我在香港的中国朋友却对这一疑问作出了肯定的回答。请你告诉我，此事是否属实？果真如此，我就将诉诸英国公众和文明世界。

忠实于你的孙逸仙（签名）

日本横滨山下町五十三番地文经商店②

据伦敦国家档案局藏英国殖民部档案（英文打字件）
影印件——一八九八年五月十八日卜力（H. A. Blake）
致张伯伦（J. Chamberlain）函附件一译出（丘权政译）

---

①　洛克哈特（J. H. Stewart Lockhart）是英国香港政府辅政司。他于一八九七年十月十四日复函孙文，重申上年（三月四日）港英当局发布的对孙的驱逐令仍然有效，声称孙如到港则予逮捕。原函未署日期，但标明发函地址，今据孙文抵达横滨及洛克哈特复函时间酌定。

②　原文为 F. Kingsell & Co.，53 Main Street，Yokohama，Japan。按：F. Kingsell 是侨商冯镜如英文名，他所办店号中译名称为"经塞尔公司"，即文经商店。

复宫崎寅藏约所介绍之人来见短简①

（一八九九年三月二日）

滔天兄鉴：

兄果知其人②诚实，可请于明日午后五时来见可也。此复。

孙文

三月三日

据亲笔原函，东京、宫崎蕗苳（宫崎寅藏之女）家藏

复宫崎寅藏告毋庸再见某君函

（一八九九年四月一日）

滔天兄鉴：

弟病气已消，今日已出外游行，以吸清气而抒体魄。某君③前日来见时，弟已应言尽言，倘能如弟言去办，则于中国前途大有补益也。余则非弟力所能及，似可毋容再见。此复，即候

大安

中山敬复

四月一日

据亲笔原函，东京、宫崎蕗苳家藏

---

① 宫崎寅藏（户籍为虎藏），号白浪滔天，日本熊本县人，著有《三十三年之梦》、《狂人谭》，参与中国革命。

② 其人，指戊戌政变后流亡日本的某维新派人士。

③ 某君，指戊戌政变后流亡日本的某维新派人士。

复犬养毅告已命杨衢云改正报道函

（一八九九年八月十五日）

木堂先生足下：

　　前日先生到寓时，弟曾当面说衢云改正《英字报》。十三〈日〉早弟入京查印机事，至昨晚始回。今早得接来示，即邀衢云来问，云尚未改，欲待先生演说之辞译出然后改之云云。弟今已着之即改，彼已如命往报馆矣。至《贸易新报》则原文非由彼（衢云）来，乃记者之言，当由彼等（商人）向记者求改正为好云。此复，即候

大安不一

弟中山言

八月十五日

据亲笔原函影印件，台北、中国国民党文化传播委员会党史馆藏

致犬养毅告刘学询约期往访等事函①

（一八九九年八月二十八日）

木堂先生足下：

　　今晚与刘学询会谈，彼欲于后日（三十日）朝八时来拜会先生，并欲顺候大隈伯，托弟先为转达先生，祈先达大隈伯可也。弟明朝有事复回横滨，晚当再来京，投宿先生家，次早一同会谈也。此候

大安不一

---

　　① 广州富绅刘学询受清政府派遣，于一八九九年七月到日本活动。孙文与他会晤多次，并引见犬养毅及其他日本名流。

弟中山

八月廿八〈日〉

据原函影印件，载《孙文先生と日本关系画史》（又名《孙文先生と日本关系写真集》），东京，"中华民国"国父孙文先生百年诞辰纪念会一九六五年发行，非卖品

附载：致梁启超斥其出尔反尔函

（一九〇〇年春夏间）

……尔含革命而复保皇，犹不足责。至遇保皇者而与言保皇，遇革命者而又与言革命，以致遁为此名实反对之说，诘尔宗旨安在？

据辨奸（胡汉民）：《斥〈新民丛报〉之谬妄》，载东京《民报》第五号，一九〇六年六月二十六日发行

致日本友人告抵西贡后情形函①

（一九〇〇年六月二十二日）

弟于六月廿一日已安抵西贡，现下尚未能定行止，并定往何地，且候广东之事消息。刻已缮一电报去问刘氏②，各件如何，俟彼回电，自当知一二也。弟现住在西贡 Grand Hotel③，此地之望势亦甚好，然要数日之后方能决之，事决之后，当能将我之行向及日期告诸君。

福本、平山二君④与杨、陈二君⑤在香港所图之事如何？弟料如能一一照法行

---

①　孙文在准备起义的同时，派宫崎寅藏、清藤幸七郎、内田良平三人去广州与刘学询谈判，争取两广总督李鸿章脱离清廷，合作组织独立政府。此函寄往香港。

②　即刘学询，一八九九年底李鸿章督粤后，任李幕僚。

③　中译文为：大旅馆。

④　即福本诚（又名福本日南）和平山周。

⑤　杨衢云和陈少白。

之，当亦有可望也。今日者乃分头办事之时，想一月之后便可通盘计算，以观成就之多少，而定行事之方针矣。诸君宜一面努力办事，一面静候弟之好音可也。

此致，即候

大安不一

弟樵①启

六月廿二日

据亲笔原函影印件，台北、中国
国民党文化传播委员会党史馆藏

致平山周望与福本等人妥策善法函

（一九○○年六七月间）②

平山③兄足下：

前托足下到香港所办之件，今事略变，郑兄④不能行前所拟之法矣。如足下于说合之事无成则已矣，由他自行其是，吾行吾人之事可也。

兹福本君随后到港，第联络港中富商以资臂助，其行事之法，已尽授意杨兄衢云。福本君到之日，望足下会同福本君、杨兄三人，照弟意妥策善法施行可也。

此致，即候

大安不一

弟孙文谨启

据平山周：《中国秘密社会史》，上
海、商务印书馆一九一三年十二月再版

---

① 中山樵，孙文在日本使用的化名之一。

② 原函未署日期，今据函中内容和提及的人物行止酌定。

③ 平山周，号南万里，日本福冈县人。

④ 指郑士良。

致平山周告不可中止行程函[①]

（一九〇〇年七月二十四日）

平公足下：

临行之夕，各事已决，望足下与原公[②]等务要毅然行之，不可中止为幸。至于日友旅费一节，已托足下向福君[③]款内支取。因遗下郑君之数不多，彼有无数要事，用费极繁，弟深恐有不敷支应之忧，故未入内地之前，若足下或有向郑君求费，而郑君或有不能应者，务望足下谅之，不可因此而中沮不行，是为切祷。

前日议决之事，惟衢哥[④]入内地一节，略不相宜。彼在港较为大用，已致函于弼[⑤]、衢二君，改此一议。此后衢君仍留住香港，为招集商人之用，着弼君觅李君、香某代之，较为人地相宜也。此致，即候

筹安

弟樵启

七月廿四日

原公并各同事统此候好。

据原函影印件，载《孙文先生と日本关系画史》（又名《孙文先生と日本关系写真集》），东京，"中华民国"国父孙文先生百年诞辰纪念会一九六五年发行，非卖品

---

① 此函发自日本神户，寄往香港。

② 即原祯（即近藤五郎）。

③ 即福本诚。

④ 即杨衢云。

⑤ 即郑士良，号弼臣。

致平山周请代到某人家取信函①

（一九〇〇年八月三十一日）

平山兄足下：

今日托交前途②之信，该人已经妥收，亦已如约来船会面矣。又订明早（九月一日）九时，请足下再到该人之家，取一要信来。弟恳足下明早如期再往为祷，多劳、多谢！

中山樵

八月卅一〈日〉晚

据亲笔原函，上海、孙中山故居纪念馆藏

致犬养毅请代勉某友人出资函③

（一九〇〇年九月十九日）

木堂先生足下：

前委谋之件，已与友人商之，因近日金融太紧，彼有之资又出贷他人，恐不能一时收回，故无所决。彼原可出得余资一二万，而又带侠气，故弟留一介绍书于他，托彼于事决之时则持来见先生，而交涉此事，然彼来否未可必，若来，则望先生随机而勉之，或可令之出一万也。弟今日起程赴神港④待船，前途如何，若有好音，立行飞报。此致，即候

---

① 孙文于二十八日偕平山周等抵上海，得知唐才常领导的自立军起事已失败，遂于九月六日离沪返日。在沪期间，曾与随李鸿章北上而留沪的刘学询进行联系。

② 指刘学询。

③ 一九〇〇年九月，孙文准备惠州起义，在日本神户、大阪等地积极筹款，购运枪械。本函即作于此时。

④ 指神户。

大安不一

弟孙文拜启

九月十九日

据亲笔原函影印件，台北、中国国民党文化传播委员会党史馆藏

致犬养毅请游说日本政府助广东革命军枪械函①

（一九〇〇年十月二十一日）②

木堂先生足下：

十月六日郑军③起惠州，前经电达，想得尊览。自起事以来连获胜利，所向无敌，势如破竹，今已据有惠州为进取之地。此外，陈军起海丰、陆丰，而进取潮、嘉二州④；吴君起香山、顺德二县，而进迫广东省城以牵制清兵；史君起西江，以窥梧州、肇庆；邓君起阳江、阳春，而据高、雷⑤等府。清兵处处败北，吾徒人心大振。

惟当草创之初，百事未备。徒手奋起，铳炮弹药皆从清兵夺来而用，初未尝如他人之有资财数十万而运用之也，所恃者人心勇敢而已。敌兵败后，举国兴师，南省大兵已陆续云集。清朝虽颓，犹俨然一大帝国；北地虽糜烂，而南部尚金汤无缺。广州城内之铳炮弹药，犹有取不尽而用不竭之多。吾徒人心虽勇，而兵器弹药尚乏接济之源，久持非计，不得不先作未雨之筹谋〔绸缪〕。敢乞先生一为尽力，游说政府，为吾人借一臂之助。若今得洋铳万杆、野炮十门，则取广州省城如反掌之易耳。广州既得，则长江以南为吾人囊中物也。时不再来，机不可失，支那兴亡，在此一举。贵政府如允济弱扶危，则各物可从台湾⑥密送，文当画一切施行之策，可保无虞。如何之处，务乞早示佳音。专此谨托，即候

_____

① 孙文在日本、台湾地区等策划筹备，一九〇〇年十月六日在广东惠州三洲田发动起义。犬养毅，时为宪政本党笔头总务委员，掌握该党实际领导权。此函自台北寄东京。

② 原函未署年份，今据函中内容酌定。

③ 郑指兴中会员郑士良，起义军指挥官。

④ 指潮州府、嘉应州。

⑤ 指高州府、雷州府。

⑥ 台湾为中国领土，清政府在中日甲午战争失败后于一八九五年被迫签订《马关条约》，将台湾全岛及所属各岛屿割让给日本。

道安不备

弟孙文拜启

十月廿二日书

据亲笔原函，日本冈山、犬养木堂纪念馆藏

致菅原传请代求日本政府援助起义函

（一九〇〇年十月二十三日）

菅原①君足下：

近以事急离京，未及告别，良用为憾。然日前相约之事，想不忘怀也。今者闻贵同志已握政权，而吾人义兵亦起，此真适逢其会，千古一时也。举旗至今十余日，连克大敌，数破坚城，军威大振，人心附从，从来举事成功之速，未有及此也。惟现下万事草创，人才、兵械多形不足，今特托足下代转求贵同志政府暗助一臂之力，借我以士官，供我以兵械，则迅日可以扫除清朝腐政，而另设汉家新猷矣！务望向伊候〔侯〕星君②等力为言之。如蒙允诺暗助，即望移驾到横滨海岸九番地佛国邮船会社，通知同志黎焕墀君，托他即用电报通传为幸。此祷，即候

大安不一

弟孙文谨启

十月廿三〈日〉

幸祈将此信秘密，切勿登报。

据原函影印件，载胡汉民编：《总理全集》第四集，上海，民智书局一九三〇年二月出版

---

①　菅原传为基督教牧师，一八九四年冬在檀香山与孙文结识。他又是日本政友会会员，该会于一九〇〇年十月十九日组成新内阁，伊藤博文出任总理大臣。

②　伊候〔侯〕星君，即伊藤博文。

致刘学询告以广州举义方略并望代筹资金函①

（一九〇〇年十月下旬）

耦耕主人②足下：

前次会议已决行事之法，一为车驾回京之办法，一为车驾西迁之办法；今据明文，迁都已实，则惟有其后之办法耳。数月以前，已令部下分途起事，先占外府，以分省城兵力；并令城内外正军一俟兵力稍单，则乘机袭城，以为基本。袭城之道，亦分二法：一为部下日前布置之法。据报城内外各要地已种烈雷，一燃可陷官军八九，但此法伤残太甚，因知所种之物，"大拿米"③已有四万余磅，银粉亦有百余磅，若一燃之，则恐羊城虽大，片瓦无存也。此又焉能藉为基本之地哉？故力戒勿行，且饬俟便陆续起回，免以自伤，未审能照命而行否？其二为弟亲率大队，从乡间进迫省城，在内部众同时起应。此法较为妥善，今已约部下待命矣。今惠军已起，日内则肇、高、北江等处必继之，省城之兵不能不外调，城中不能不单薄，一击必下，计属万全矣。弟已与镜海④当道密商，已蒙许借其道地为进取之途矣。今拟日间乘邮下南洋荷属，另雇轮直至镜海也。未行之前，欲先将内外局面布置妥当，以为万全中之万全也。

今特遣深信人周君平山来见足下，面托足下主持内局，先立一暂时政府，以权理政务。政府之格式，先以五人足矣：主政一人，或称总统，或称帝王，弟决奉足下当之，故称谓由足下裁决。其余内政一人，外政一人，财政一人，此三人由足下择人当之。弟意以杨君文⑤优当财政，李君伯⑥优当外政（未知此人与公

---

①　孙文原派平山周持函往上海面交，平山因故不能成行，此函未送达刘学询手中。原函署九月，为阴历，但无日期。按阴历九月初一日为阳历十月二十三日，惠州起义已于前一日失败。据函中所述，孙似未悉其败讯，且史坚如在广州谋炸粤督德寿事（阳历十月二十八日）尚未发，此函当写于阴历九月初，即阳历十月下旬。

②　耦耕主人，刘学询，号耦耕。

③　英文 dynamite（炸药）之音译。

④　镜海，澳门。

⑤　即杨衢云。

⑥　李纪堂，名柏。

同气否？），盛宣君①足当内政，兵政一人弟自当之。先行攻取土地，然后请公等来会也。外局则宜先发代理使职人于外国，此等人弟自能择之，如何、容②皆可各当一面也。

今日事机已发，祸福之间不容发，万无可犹豫，且清廷和战之术俱穷，四百州之地、四百兆之人有坐待瓜分之势，是可忍，孰不可忍？是以毅然命众发之。今欲计出万全，转祸为福，第一要著为厚雄资财，速办外局之事。欲保全苍生，瓦存羊石③，则欲速雇舟直渡内地，以慰众心，而一众志。否则玉石俱焚，生灵涂炭，列强瓜剖，华夏陆沈，弟固蒙不仁之名，足下亦恐难逃奇祸。故求足下及杨、李同志等，即速代筹资百万交周君汇带弟处，以便即行设法挽回大局，而再造中华也。勿以斯言为河汉，幸甚幸甚！

又主政一节，初欲托足下央李相④为之，惟彼已拜全权和使之命，恐未必肯从吾请，且于理不便，故决推足下当之。已传语反正军中，俟到可扬布之日，则照扬布之矣。

江、鄂两督⑤趣意如何？如不以此举为不是，可致意力守，遏外人侵入；如不以此举为然，则弟取粤之后，即当亲来吴楚与彼军一见也。内局布置妥当之后，足下宜预备行装回粤相会可也。

余事不尽，周君面述之。此致，即候

筹安不一

弟长雄⑥谨启

明治三十三年九月

台北

据《刘学询与革命党之关系》（录自平山周藏原函），载冯自由：《革命逸史》初集，长沙，商务印书馆一九三九年六月初版

---

① 指盛宣怀。
② 指何启、容闳。
③ 即广州。
④ 即李鸿章。
⑤ 即两江总督刘坤一、湖广总督张之洞。
⑥ 即高野长雄，孙文在日本使用的化名之一。后面函札，也有用高野署名。

致平山周告将前信寄来横滨函

（一九〇〇年十一月十六日）

平山兄足下：

　　弟已平安到东京，得见各同志矣。兹改议着宫崎兄前去上海，因彼与前途相善，便于商量各件也。前交足下带去上海之信，望即由书留邮便寄来横滨，交黎炳墀①兄收入，转交与弟可也。

　　余事尚未能决，俟待后报。此致，即候

大安不一

弟文谨启

十一月十六日书

据原函影印件，载《孙文先生と日本关系画史》（又名《孙文先生と日本关系写真集》），东京，"中华民国"国父孙文先生百年诞辰纪念会一九六五年发行，非卖品

复南方熊楠告拟于离日前造访函②

（英 译 中）

（一九〇〇年十二月十一日）

亲爱的南方先生：

　　昨日于横滨收到来函，获悉你已重返故国，甚为欣喜。我盼望早日与你会晤，彼此得以倾叙近数年的情况。

---

　　①　黎炳垣，字焕墀，此处笔误。

　　②　南方熊楠是日本本州和歌山县人，生物学家，孙文在英国伦敦时与其结识。本函及以下两函均寄往和歌山。

上月我刚由台湾返回，恐不久又要再次离此。启程前你如仍未能来东京，则我定将先行造访。

谨致以深挚的敬意。

非常忠实于你的孙逸仙

一九〇〇年十二月十一日

东京

据英文原函影印件译出，载《甲南大学纪要》（社会科学特集），神户，一九七二年日文版

致南方熊楠询居处往访函

（一九〇一年二月六日）

南方熊楠先生足下：

弟拟日内来访足下，未知足下仍在和歌山否？特发此函询问，如得回示，弟即起程而来。谨此奉达，即候

大安不一

弟孙文谨启

二月六日

据原函照片，广州、广东省社会科学院藏

致南方熊楠再询居处往访函

（一九〇一年二月十日）

南方熊楠先生足下：

数日前致一函，询问先生现时尚在和歌山否？欲于得接复示之日，即行前来一谒先生之仪范，乃静候至今，犹未得示。恐前函或未达尊鉴，抑大驾他出，故再发函上问。如收此函，望即赐一教，以决行止，幸甚幸甚。此致，并候

尊安不一

弟孙文逸仙谨启

二月十日

据亲笔原函影印件，台北、中国国民党文化传播委员会党史馆藏

致谢缵泰告在横滨为杨衢云举哀募捐函①

（一九○一年二月十三日）

康如②仁兄足下：

　　启者，先友杨君③在港遇害之事，弟得接电音，即向同志周知，弟与各同志皆深为惋惜，哀悼之情有非笔墨所能尽者矣！是以中历本月初七夕，邀众叙集，特为杨君举哀。同志尤君④起而演说，将杨君生平、出处、志气大略表明众听，且为之设论纪念，俾同志永远不忘。众皆伤悼，现于颜色。弟乘此机即出捐柬，言明为杨君善后之用，众皆踊跃捐助，共题得银数约一千有余元。尤君又复当众代杨宅道谢同志厚情、存殁均感之话，然后散众。此则弟在横滨埠为杨君略尽手足之义之情形也。至于捐款，不日便可收清，当即汇港中国报馆，交与足下诸君为之安置。闻说港中亦为其善后，未审捐款可得若干？念甚念甚。

　　弟今出名为杨君具一讣音，自日本以东各处之同志或戚友，经已由弟寄去。但杨君交游甚广，足下亦知之最深，哀恸之情，彼此自不言而喻。兹将讣音付上二百份，所有杨君之友，自香港南北以及西方各路，请足下作主代寄为望。书难尽言，伏维惠照不宣。

弟孙文谨启

西二月十三日

---

　　① 兴中会领导人之一杨衢云于一九○一年一月四日在香港被清政府派人暗杀，此函即为此事而发。寄往香港。

　　② 谢缵泰，号康如。

　　③ 指杨衢云。

　　④ 指尤列。

星俦①兄处，已由弟付伊讣音一百份，驾往言之更妥。

据原函影印件，载冯自由：《中华民国开国前革命史》
上编，上海，革命史编辑社一九二八年十一月初版

致南方熊楠告付书介绍于犬养毅函

（一九〇一年二月十六日）

南方先生足下：

　　和歌山叙旧，欢洽生平，独惜时日所限，不能久留，多聆教益，为可憾耳。别后于翌日已到横滨，兹如命草就一书付上，以为介绍于犬养木堂君，幸为察收可也。

　　温炳臣②兄寄语问候先生并贵昆季安好。此致，即候

大安不一

弟孙文谨启

二月十六日

横滨山下町百廿一番中山樵

据原函照片，广州、广东省社会科学院藏

致犬养毅介绍南方熊楠拜谒函③

（一九〇一年二月十六日）

木堂先生足下：

　　弟尝与先生谈及昔年在英京获交一贵国奇人南方熊楠君，今因闻君返里，特来和歌山县访之，相见甚欢，流连忘返。纵谈间，弟道及先生为忘形之交，君本熟耳先生盛名，而以弟之故，更思一识先生，拟二月后上京拜谒，弟特托寸纸以为介绍。

----

① 　何汝铭，字星俦，香港保罗书院院长。
② 　温芬，字炳臣，兴中会员，横滨某商号译员。
③ 　此函与上函同时寄给南方熊楠，但南方后来并未往见犬养毅，故未送达犬养手中。

君游学欧米①将廿年，博通数国语言文字，其哲学理学之精深，虽泰西专门名家每为惊倒，而于植物学一门尤为造诣。君无心名利，苦志于学，独立特行，十余年如一日，诚非人可及也。先生见之，想必有相见恨晚之慨也。此致，并候大安不一

弟孙文谨启
二月十六日

据原函影印件，载《甲南大学纪要》（社
会科学特集），神户，一九七二年日文版

复南方熊楠告已致书佐藤虎次郎函

（一九〇一年三月十八日）

南方熊楠先生足下：

来示已得收读，领闻一切矣。弟尚未发途，因有事阻迟也。今日已如命致意于佐藤虎次郎君期会，俟他回示，当亲往一见就是。诸蒙关切，不胜感激之至。此致，即候
大安不一

弟孙文谨启
三月十八日

据亲笔原函影印件，台北、中国国民党文化传播委员会党史馆藏

复南方熊楠告已晤佐藤虎次郎并将往布哇函

（一九〇一年四月三日）

南方熊楠先生足下：

三月廿九〈日〉来函经已收读，因连日事忙，未暇作复。弟已见过佐藤君二次，与之畅论天下时事，大慰生平，斯人真奇男子也。弟今已决定于此月九日作

---

① 欧米，即欧美，时有将美利坚音译为米利坚者。

布哇①之行，时日已促，不能走谒话别，良用怅然。大约二个月之左右可重返贵邦，以期后会。谨此告达，即候

大安不一

弟孙文谨启

四月三日

据原函照片，广州、广东省社会科学院藏

致南方熊楠告已自布哇归并赠石茵函

（一九〇一年六月二十日）

南方先生足下：

不见数月，未审近状何似？弟自四月九日往布哇岛，已于六月十七日复至横滨。在岛时摘得石茵一片，兹用寄赠先生，知无足奇异，聊以志思慕之忱耳。

弟月间又将南行矣，拟道出神户时约先生一会也。此致，即候

大安不一

弟孙文谨启

六月二十日

据原函照片，广州、广东省社会科学院藏

复南方熊楠告采摘石茵情形函

（英 译 中）

（一九〇一年七月一日）

亲爱的南方先生：

本〔六〕月一日来函②已收阅多日。因事务繁忙，未能及时作复。

---

① 布哇，即夏威夷群岛，为日本人之叫法。华侨则称为檀香山（简称檀山），首府火奴鲁鲁（Honolulu）。

② 来函及复函日期均作一日，疑有一处笔误，似为六月。

迄今我仍难以奉告何时道出神户，因我不得不在此稍事逗留。倘若我原来的建议竟得以实现，则事先定将详情相告。

关于采摘石茵的地点，此物乃生长于山谷小河边岩石之上，岩石为茂密的热带植物所覆盖。山谷两旁峭壁高耸，其间雨量充沛，各种植物均得迅猛生长。该地周围尚有不少较所寄赠者大得多的石茵，但其形状甚不规则，难于整块摘取而不裂为小片。所寄奉的那一片，其大小在同类中仅属中等，但我见其形状较好，且易于从石上采摘，故选取它。关于石茵，我所能奉告者大致如此。

你何时前往东京，两月之内能启程否？我将乐于在京城会见你。

非常忠实于你的孙逸仙

一九〇一年七月一日

横滨

若致函道格拉斯①教授，请代为问候。

据英文原函影印件译出，载《甲南大学纪要》
（社会科学特集），神户，一九七二年日文版

致平山周询有何良法筹集旅费函②

（一九〇二年七月三十日）

平山仁兄足下：

弟尚不能成行，为之奈何？兄有何良法，幸为指教。弟欲日内来京，兄何时回？着望为示知。此致，即候

大安不一

弟樵谨启

七月三十日

据原函影印件，载《孙文先生と日本关系画史》（又名
《孙文先生と日本关系写真集》），东京，"中华民国"
国父孙文先生百年诞辰纪念会一九六五年发行，非卖品

---

①　Douglas 的中文音译。
②　孙文原计划赴越南活动，却因缺乏旅费而未能成行，故修函向平山周求助。平山接函后至东京将此事告知犬养毅，犬养乃函约孙文一见。

复犬养毅约时往访函①

（一九〇二年十月十八日）②

木堂先生足下：

奉读来示，领悉一切，感激与惭愧同深。人生得一知己可以无憾，弟于先生见之矣！谨拟于廿二日午间到贵邸面谈各节。此致，即候

大安不一

弟文谨启
十月十八日

据亲笔原函影印件，见彭泽周：《近代中日关系研
究论集》，台北，艺文印书馆一九七八年十月出版

致銮讪帕吉比差告拟登门拜访函③

（英　译　中）

（一九〇三年六月六日）

HOTEL DE LA PAIX

BANGKOK，SIAM④

LUANG SANPAKITCH （銮讪帕吉比差）

---

①　孙文复函犬养毅，约定前往拜访时间。在十月十九日犬养写给其友日本著名政论家陆实的信中，将孙函作为"附函"一并寄上；而在二十二日犬养再次写信给陆实，告知当天与孙晤谈情况，请陆"鼎力以助"解决孙之旅费问题。因此，孙文乃得以十二月初启程赴越南。

②　原函未署年份。据上篇致平山周函及本篇所叙情事，均发生于一九〇二年。以往全集版本多误作一八九七年，今予更正。

③　一九〇三年五月孙文以日本人高野长雄的名义到曼谷。此为孙文致暹罗外交部官员LUANG SANPAKITCH（銮讪帕吉比差）的英文信件。

④　中译文为：曼谷，暹罗，和平饭店。

亲爱的先生：

现在还没有轮船开往西贡，我还要在你可爱的国家住十天至十三天。我想利用这个机会见见你，和你谈谈有关我们亚洲的事务。你何时有空在家？我将登门拜访，如果你告诉我确定的时间。

谨向你和令叔父致意。

孙逸仙

一九〇三年六月六日

我的地址如下：

TAKANO

HOTEL DE LA PAIX①

据黎道纲译：《泰国国家档案馆藏孙中山1903年来暹资料》（转自暹罗外交部官员銮讪帕吉比差一九〇三年六月十二日给外交大臣公摩銮提瓦翁沙瓦罗马干亲王的报告附件），载《泰中学刊十五周年纪念刊》，曼谷，泰国泰中学会二〇〇九年九月出版

致宫崎寅藏告已到横滨将往布哇函②

（一九〇三年八月一日）

宫崎先生大人足下：

弟到横滨十日矣。乘佛船Yarra③来。此船直往神户，不寄泊长崎。前日接先生来电询，已托黎君④电复。弟本欲早致书问候，因初到各事纷纭，无片刻之暇，故迟至今日。弟游南洋各地，尚无甚大作，故欲往布哇以省亲旧，顺道经过日本也。

---

① 中译文为：高野长雄，和平酒店。

② 孙文于一九〇二年十二月离日本往越南、暹罗（今泰国）等地，一九〇二年七月又抵日本。

③ 中译文为："亚拉"号。

④ 即黎炳垣。

先生近状何似？极为念念。在东京只见得吞宇①君一人，余皆四散，真不禁大有今昔之感也。欲拟于本月八日发横滨向布哇，若不及则后一渡必行矣。此致，即候

大安不一

诸故人统此问安。

弟中山樵启

八月一日

据宫崎龙介、小野川秀美编：《宫崎滔天全集》第五卷，东京，平凡社一九七六年出版，中文附录近藤秀树编：《宫崎滔天年谱稿》（转录末永节后人藏原函）

复平山周告已到布哇并询东亚时局函

（一九〇三年十一月六日）

平山仁兄足下：

昨日接到横滨友转寄足下一函到此地，始知足下之所在地。弟于七月尾从安南到日本，在滨、京滞留约二月之久。至九月廿六日，始发程来布哇岛。到此以来，已足乙个月矣。

弟到东京时，遍觅旧同志，无一见者，心殊怅怅。故有一走九州之意，又以资不足，不果。临行之前，曾发数信于宫崎君，未见答。未知他近况如何？诸同志在九州如何？殊为念念。

弟在此间，近闻日、露②之风云甚急，将不免于一战乎？果出于战，公等未知能否运动政府兼图南局，一助吾人之事也？弟在此间无甚所事，然以经济困难，退守此以待时机耳。东亚局面究竟如何，望为时时示悉，俾知各情为望。此致，即候

大安不一

---

① 清藤幸七郎，号吞宇。

② 露，即俄国，时译露西亚。

各同人祈为问好。

弟中山启

十一月六日

据原函影印件，载《孙文先生と日本関系画史》（又名
《孙文先生と日本関系写真集》），东京，"中华民国"
国父孙文先生百年诞辰纪念会一九六五年发行，非卖品

致麦格雷戈夫人请为唤醒中国民众工作函①

（英 译 中）

（一九〇三年十二月九日）

亲爱的欧克：

在我启程来夏威夷之前，曾寄上有关中国和中国人的书籍一册，谅已收到无误。对此世界上人口最多、历史最悠久的帝国，你有何感想？每一精明的观察者，都认为它是一个前程远大的国家；倘能使中国人民认识到自己的力量和资源并对其加以适当利用，则中国将来定能成为最大的强国。

承蒙告知你身具中国血统并引以为荣，则你自当参与唤醒中国民众的工作，将其由酣睡中引入现代进步时代。

对于作为儿童教育工作者的你来说，中国较之这个岛屿乃是更为广阔的天地。你是否有意在中国为中国儿童担任英语教师？我以为，你在中国服务会受到更大的尊重，成就将不可估量。

未知你何时抵达火奴鲁鲁？我将非常乐意会见你。你有什么事情见教？我将乐于听到你的回音。

忠实于你的孙逸仙

一九〇三年十二月九日

火奴鲁鲁

---

① 收信人为 Mrs. Aoc Mogregor，她是居住夏威夷的华裔美国人。

再者：我现住杨格旅馆①三楼二十四号，当你抵本埠时请来相晤。

据秦孝仪主编：《国父全集》第十册英文函（转录中国国民党中央委员会党史委员会藏原函影印件）译出，台北，近代中国出版社一九八九年十一月出版

复某君述平均地权主张并告在檀香山
肃清保皇流毒情形函②

（一九〇三年十二月十七日）

〇〇先生足下：

九月初六日来书已照收到，读悉各节。

所询社会主义，乃弟所极思不能须臾忘者。弟所主张在于平均地权，此为吾国今日可以切实施行之事。近来欧美已有试行之者，然彼国势已为积重难返，其地主之权直与国家相埒，未易一蹴改革。若吾国既未以机器施于地，作生财之力尚恃人功，而不尽操于业主之手，故贫富之悬隔，不似欧美之富者富可敌国，贫者贫无立锥，则我之措施当较彼为易也。夫欧美演此悬绝之惨境，他日必有大冲突，以图适剂于平。盖天下万事万物无不为平均而设，如教育所以平均智识，宫室、衣服所以平均身体之热度，推之万事，莫不皆然。则欧美今日之不平均，他时必有大冲突，以趋剂于平均，可断言也。然则今日吾国言改革，何故不为贫富不均计，而留此一重罪业，以待他日更衍惨境乎？此固仁者所不忍出也。故弟欲于革命时一齐做起，吾誓词中已列此为四大事之一。今将誓词录鉴，以见一斑。词曰：

"联盟革命人〇〇〇，当天发誓，同心协力，驱除建虏，恢复中华，创立国

---

① Young Hotel 的中译。

② 孙文于一九〇三年十月自日本抵达檀香山，将当地一些兴中会组织改组为"中华革命军"。檀香山是当时中国人对夏威夷群岛（Hawaii Islands）的通称，一八九八年以后成为美国领地。受信人姓名及寄达地点不详。

民，平均地权①。矢信矢忠，如有异心，任众罪罚。"

行誓之仪，发誓者举右手，向天当众宣读誓词；施誓之人面发誓者立，亦举右手如仪。若发誓者不识字，则施誓者宣读誓词，而发誓者随之读。公等既为同志，自可不拘形式，但其余有志者愿协力相助，即请以此形式收为吾党。

弟今在檀香山已将向时"党"字改为"军"字，今后同志当自称为军，所以记○○②之功也。去〔今〕岁来檀时携有一书，此书感动皆捷，其功效真不可胜量。近者求索纷纷，而行箧已罄。欢迎如此，旅檀之人心可知。即昔日无国家种界观念者，亦因之而激动历史上民族之感慨矣。

顷保皇党③出大阻力，以搤弟之行事。彼所用之术，不言保皇，乃言欲革命，名实乖舛，可为傻笑。惟彼辈头领多施诈术以愚人，谓保皇不过借名，实亦革命，故深中康毒者多盲从之。弟今与彼辈在此作战，所持以为战具者，即用康之"政见书"④ 以证其名实之离。康尚有坦白处，梁甚狡诈，彼见风潮已动，亦满口革命，故金山⑤之保皇党俨然革命党，且以此竞称于人前。吁！真奇幻而莫测其端倪矣。弟以今日之计，必先破其戾谬，方有下手。梁闻弟在檀，即不敢过此，而于暗中授意此地之《新中国报》及金山《文兴日报》以肆排击。但人一见，皆能明其隐慝，知其为妒弟而发。故弟于檀香山，四岛已肃清二岛，其余二岛不日亦当收服⑥。书此，即候

---

① 以上十六字有两处与孙文在他处所用不同，一是"驱除建虏"本作"驱除鞑虏"，二是"创立国民"本作"创立民国"。此或系误植，或为当时《警钟日报》编者有所顾忌而加以改动。

② 空缺二字指邹容，其所著《革命军》于一九○三年五月在上海出版。此时邹容正因"苏报案"被囚于上海租界监狱受审，当为《警钟日报》编者故隐其名。

③ 一八九九年康有为在加拿大创立"保救大清皇帝会"，简称保皇会，革命党人称之为保皇党，会长康有为，副会长梁启超、徐勤。该会相继在美洲、亚洲各地及澳洲华侨中建立十一个总会、一百四十多个支会，一九○七年改名帝国宪政会。下文"康"指康有为，"梁"指梁启超。

④ 此文题为《南海先生辨革命书》，摘要载于横滨《新民丛报》第十六号（一九○二年九月十六日发行）；又题作《答南北美洲诸华商论中国只可行立宪不可行革命书》，全文与另一篇合刊为《南海先生最近政见书》于同年出版。

⑤ 金山（或金山大埠）为旧金山（San Francisco）俗称，亦译三藩市，属美国加利福尼亚州（California State）。

⑥ 檀香山（夏威夷群岛）共十二岛，当时八个岛有人居住。所称"已肃清二岛"指夏威夷岛（Hawaii Island）和柯湖岛（Oahu Island，又译澳哗湖岛，今译瓦胡岛），"其余二岛"指茂宜岛（Maui Island，今译毛伊岛）和道威岛（Kauai Island，今译考爱岛）。

大安

弟中山谨启

西历十二月十七日

据华进：《投函》，载一九〇四年四月
二十六日上海《警钟日报》第二版

复黄宗仰望在沪同志遥作扫除保皇毒焰声援函①

（一九〇三年十二月）

中央上人英鉴：

　　横滨来函，已得拜读。弟刻在檀岛与保皇大战，四大岛中已肃清其二，余二岛想不日可以就功。非将此毒铲除，断不能做事。但彼党恔怍〔狡诈〕非常，见今日革命风潮大盛，彼在此地则曰"借名保皇，实则革命"，在美洲则竟自称其保皇会为革命党，欺人实甚矣。旅外华人真伪莫辨，多受其惑，此计比之直白保皇如康怪者尤毒，梁酉之计恔〔狡〕矣！闻在金山各地已捡〔敛〕财百余万，此财大半出自有心革命倒满之人。梁借革命之名骗得此财，以行其保皇立宪，欲率中国四万万人永为满洲之奴隶，罪通于天矣，可胜诛哉！

　　弟等同志向来专心致志于兴师一事，未暇谋及海外之运动，遂使保皇纵横如此，亦咎有不能辞也。今当乘此余暇，尽力扫除此毒，以一民心；民心一，则财力可以无忧也。

　　务望在沪同志，亦遥作声援。如有新书新报，务要设法多寄往美洲及檀香山分售，使人人知所适从，并当竭力大击保皇毒焰于各地也。匆匆草此，即候
大安

弟中山谨启

---

　　① 黄宗仰，江苏常熟人，佛教徒，常署乌目山僧，原名中央，上海中国教育会领导人之一，是年夏天因"苏报案"走避日本，在横滨与孙结交。原函未署日期。底本标出一九〇三年，未列月份。今据函中所说"四大岛中已肃清其二，余二岛想不日可以就功"，与上篇十二月十七日函内容相同，酌定为同月所写。

寄信地址：

Dr. Y. S. Sun

c/o Mr. Ho Fon

Bishop Bank

Honolulu H. I. ①

据亲笔原函影印件，台北、中国国民党文化传播委员会党史馆藏

致伍盘照即来木屋相见短简②

（一九〇四年四月中下旬）

现有十万急要事待商，请即来木屋相见。勿延。

据冯自由：《中华民国开国前革命史续编》
上卷（又台《中华民国开国前革命史》第四
集），第十一章"甲辰孙总理之游美筹饷"，
上海，中国文化服务社一九四六年八月初版

复黄宗仰告在美扫灭保皇毒焰情形函

（一九〇四年六月十日）

中央上人大鉴：

顷接来函，敬悉一切。深惜同志近日困穷如此，不禁浩叹。

弟近在苦战之中，以图扫灭在美国之保党，已到过五六处，俱称得手。今拟通游美地有华人之处，次第扫之，大约三四个月后当可就功。保毒当梁贼在此之

---

　　①　中译文为：夏威夷岛火奴鲁鲁卑涉银行何宽先生转孙逸仙先生。何宽为兴中会最初发起人之一，时任卑涉银行经理。

　　②　一九〇四年四月六日，孙文由檀香山抵旧金山，为美国移民局拘于木屋（移民候审所）多日，孙忽忆及基督教友杨襄甫、左斗山合署介绍与伍盘照，后致函伍求救，得华侨援助，始获准入境。伍盘照时为《中西日报》总理，兼旧金山中国领事馆顾问。

时，极为兴盛，今已渐渐冷淡矣，扫之想为不难。惟是当发始之初，而保党不无多少反动之力，因此有一二康徒极恐彼党一散，则于彼个人之利益大有损失，故极力造谣生事，以阻吾人之前途。所幸此地洪门之势力极大，但散涣不集，今已与各大佬商妥，设法先行联络各地洪家成为一气，然后可以再图其他也。故现时正在青黄不接之秋，尚无从为力以兼顾日东之局面也，大约数月之后当有转机也。幸致慰在东国同志，暂为坚守，以待好机之来。除洪家之外，弟更有数路可以有望以图集力者，惟成败未必可耳。

前挪上人之项①，今尚无从归赵，请宽以月内之期，想能付还也。已另有函致黎公②矣，意亦同。

上海同志近来境况、志气如何？东京留学又如何？闻陈梦坡③已在横滨立一馆地，欲联络各处志士，此意甚美，未知现办成如何？能与此地致公堂通消息，互相照应，则来往船上之人，尽可招集也。上人在东有暇，亦望与此处致公堂并大同报馆通消息，以鼓舞人心，则更可增多热力也。此致，即候

大安不一

弟孙文谨启
西六月十号加利科你省发

大同日报馆

Tai Tung Yok Bo

713 Commercial Street

San Francisco

California

U. S. A. ④

致公堂列位先生

———————————

① 一九〇三年孙文拟由日本赴檀香山宣传革命，经费短缺，黄宗仰慨赠二百元，始克成行，函中所称"前挪上人之项"，当指此款而言。

② 即黎炳垣，时任横滨法国邮船公司买办，孙文曾假其寓所为通信机关。

③ 陈范，字梦坡，江苏武进人，清末举人，任江西铅山县知县，因教案落职，移居上海，主办《苏报》宣传革命，"苏报案"后，避往日本。

④ 中译文为：美国加利科你省（又译加利科呢亚省、加尼宽呢省，今译加利福尼亚州）旧金山矜美顺街七一三号《大同日报》。

Chee Kung Tong

32 Spofford Alley

San Francisco

California

U. S. A. ①

弟信亦寄此转致便妥。

据亲笔原函影印件，台北、中国国民党文化传播委员会党史馆藏

致麦克威廉斯告已抵纽约拟往访函②

（英 译 中）

（一九〇四年七月二十二日）

威廉斯先生：

　　我是洛杉矶黄三德先生的一个朋友，黄先生也是你所认识的，我和他一路从加利福尼亚旅行到纽约的。但他因事须在阿利桑纳和德克萨斯之间的各处停留，我就直接先到纽约来。黄先生嘱我一到此间，即行与你联络，定期拜候，将我们旅行全美的目的告诉你。我到达此地不过数日，等着和你见面。何时在尊处与你会面较为适宜？一获回音，我当立即趋访，顺候

时祺

孙逸仙

一九〇四年七月二十二日

纽约

据许师慎：《〈国父全集〉未刊载之重要史科》
（译录台北“国史馆”藏英文原函），载黄季陆
等编：《研究中山先生的史料与史学》，台北，
“中华民国”史料研究中心一九七五年十一月出版

---

① 中译文为：美国加利科你省旧金山新吕宋巷三十二号致公堂。

② 受信人为 C. E. McWilliams，标题译作麦克威廉斯。后面各函同。

致麦克威廉斯告寄上文稿望订正函

（英 译 中）

（一九〇四年八月三十一日）

威廉斯先生：

我在回转纽约的途中耽搁了很久，且一直很忙，因此，你要我写的文字①今晨才脱稿，现在随信寄上，俾便印刷。但在你把它付印之前，我希望你能仔细地订正一遍，并以更正确的英文来改写一下。我特别请你注意最后的五页，那是完全由我自己所写。其余部分由王先生②和我合写。如你认为出版时有加签名之必要，就请把我的姓名签上好了。

我将于明晨和友人黄三德先生自本城前往以东之各处旅行，我们在各地停留，或许会在两星期后抵达纽约。顺候

大安

向尊夫人问好。

孙逸仙

一九〇四年八月三十一日

圣路易

据许师慎：《〈国父全集〉未刊载之重要史料》（译录台北"国史馆"藏英文原函），载黄季陆等编：《研究中山先生的史料与史学》，台北，"中华民国"史料研究中心一九七五年十一月出版

---

① 指《支那问题真解》英文稿。

② 指王宠惠。

致麦克威廉斯商讨文稿刊印事宜函

（英 译 中）

（一九〇四年九月六日）

威廉斯先生：

我们于昨夜抵达此地，将在此小作逗留，然后再去华盛顿和纽约。

你收到我从圣路易寄给你的文件，并加改正了没有？你认为在我们把它当作小册子印出之前，先寄给杂志上去发表是否合适？假使你认为可以这样做，就请用打字〈机〉打一份寄给《北美评论》①，希望能在该杂志的下一期上刊出。费神之处，至为感谢。

孙逸仙

一九〇四年九月六日

匹兹堡

据许师慎：《〈国父全集〉未刊载之重要史料》
（译录台北"国史馆"藏英文原函），载黄季陆
等编：《研究中山先生的史料与史学》，台北，
"中华民国"史料研究中心一九七五年十一月出版

致宫崎寅藏告将赴布哇并望会面函

（一九〇四年九月十二日）

宫崎先生足下：

月余未闻消息，未审近况何似？甚为念念。

弟今拟于是月廿八日乘"西伯利亚"汽船往布哇，欲于未行之先一聆先生之详细。望为详示以慰渴注。

弟之此行，快则三四个月可回，迟则不能定其时期也。如机局有变，可以作

---

①　North America Review 的中译。

为，则弟时时可回日本也。以先生观之，时机何日可来乎？乞教。此致。

弟中山谨启

九月十二日

据亲笔原函影印件，台北、中国国民党文化传播委员会党史馆藏

致麦克威廉斯询单行本是否印出函

（英译中）

（一九〇四年九月十五日）

威廉斯先生：

我们在匹兹堡因为入会注册的工作多耽搁到星期日，而于昨夜甫行抵此。我们在此至少会逗留几天。单行本已印出了没有？如已印出，请寄二三十册给我，地址如下：

华盛顿特区宾城街三一八号朱龙先生转交

费神之处，至深感谢！

孙逸仙

一九〇四年九月十五日

华盛顿特区

据许师慎：《〈国父全集〉未刊载之重要史料》（译录台北"国史馆"藏英文原函），载黄季陆等编：《研究中山先生的史料与史学》，台北，"中华民国"史料研究中心一九七五年十一月出版

复麦克威廉斯告单行本的封面题"革命潮"函

（英译中）

（一九〇四年九月二十六日）

威廉斯先生：

收到你二十四日的来信。你希望在单行本的封面上能写几个中国字，这是非

常好的意见。但是把"致公堂"三字写在封面上，我不敢说有些同志不会反对。而且"致公堂"三字只在此处通行，它不能代表一般的革命团体。我以为用"革命军"这一名称更为适合，所以我就写了"革命潮"三个中国字，用作封面的题字。此三字在中国已公认为今日代表革命运动的意义。我想用这名称很妥当，不会引起此地居民的异议。

　　我们将乘明日午班的火车离此赴纽约，我们一到，就会来拜会你。

孙逸仙

一九〇四年九月二十六日

费城

据许师慎：《〈国父全集〉未刊载之重要史料》（译录台北"国史馆"藏英文原函），载黄季陆等编：《研究中山先生的史料与史学》，台北，"中华民国"史料研究中心一九七五年十一月出版

复庄文亚谈向其友康德黎借屋函①

（一九〇五年三月二十一日）②

愤亚仁兄大人足下：

　　示悉。所言开会办法各节，欲免生阻力，必当如此，祈随尊见行之可也。

　　该友之房屋，非借一期两期之谓也。所谓暂借者，亦非指年数而言也。必期此会之长成发达，将来学生过多，经费充裕，其地不能容，自可另觅宽旷之处。该友不独借其房屋，亦且请此都③之有体面人而留心中国时事者以助成之。此友名 James Cantlie④，苏格伦人，其新迁之房屋现忘其号数，容再告闻可也。

---

①　孙文于一九〇四年十二月自美抵伦敦，寓居欧洲逾半年。经吴稚晖介绍，结识同年夏来英留学、暂住利物浦的庄文亚（字愤亚），彼此有书信往来。至一九〇五年四月，庄文亚与另一留学生丁文江始与孙文在伦敦晤面（后分别入伦敦大学和剑桥大学就读）。据此函所叙，庄似有意在伦敦创办中国留学生会馆。

②　原函未署年份。按孙文三月之在伦敦，仅有一九〇五年这一年。

③　指伦敦。

④　即康德黎。

德国朱君①来信云，足下日内来伦敦，未知是否最好。足下到时，弟当亲行介绍吾友，以后足下可直接往来而商办会馆之事也。

马君②住址：50，St. Georges Road，S. W. London③。此致，即候

学安不一

弟中山谨启

西三月廿一号

据亲笔原函，南京博物院藏

致犬养毅告将自法东归函

（一九〇五年六月三日）④

木堂先生大人足下：

别来不觉两年，光阴易过，壮志难酬，不禁徒增感慨也。

日者侧闻贵国海军全获大胜，露国君臣皆为落胆，和平克复之期当在不远。想此时必为贵国上下人士留意支那问题之解决、亚东百年之治安矣。文虽不敏，此中之箸敢借而筹之。先生其游扬我于当局之前，以达其志乎？

文今决于六月十一日从佛国发程东归，若过南洋时不作勾留，则七月十九日可以到横滨矣。相见不远，余俟面陈。此致，即候

大安不一

弟孙文谨启

六月三日佛京巴黎发

据亲笔原函，神户、孙文纪念馆藏⑤

---

①　即朱和中。

②　马德润。

③　中译文为：伦敦西南区乔治斯路五十街。

④　原函未署年份。按函中所叙日俄战争情事，当在一九〇五年。

⑤　原件由大阪之胁荣一、麻理子夫妇寄赠。

复宫崎寅藏告将乘船到日本函

（一九〇五年六月四日）

宫崎先生大人足下：

日前寄英国之书，久已收读，欣闻各节。所以迟迟不答，盖因早欲东归，诸事拟作面谈也。不期旅资告乏，阻滞穷途，欲行不得，遂致久留至于今也。

兹定于六月十一日从佛国马些港①乘 Tonkin 号②佛邮船回东，过南洋之日，或少作勾留未定。否则，必于七月十九日可以到横滨矣。相见在迩，不日可复与先生低〔抵〕掌而谈天下大事也。谨此先布，幸少待焉。余容面述，即候

大安不一

各同志并祈问好。

弟中山谨启

六月四日写于佛京巴黎旅馆

据亲笔原函，东京、宫崎蕗苳家藏

致陈楚楠告准备早日发动起义函③

（一九〇五年七月七日）

楚楠仁兄大人足下：

星洲一会，欣慰生平，惜为时匆匆，不能畅叙一切为憾。弟今不停西贡，直往日本，先查探东方机局，以定方针。方针一定，再来南地以招集同志，合成大团，以图早日发动。今日时机已熟，若再不发，恐时不我待，则千古一时之会恐

---

①　马些港，即法国马赛港。

②　中译文为："东京"号。东京是越南北部地区旧名。

③　孙文在从欧洲赴日本途中，于六月初船经星加坡时与侨商陈楚楠等结识。一九〇六年星加坡成立同盟会分会时，陈被选为会长；后改任副会长。

不再来也。日前所言林氏之亲戚，祈将其姓氏住址详开寄我，以得有便或请他来会，或派人往见他，以联合闽广，而共大事。有信寄横滨如左之住址便妥：

Dr. Y. S. Sun

c/o B. W. Lai

P. O. Box 261

Yokohama

Japan①

西贡人心亦大开，已有同志欲创一报馆于此，以联络各埠之声气。惟不知办法，及欠人员。弟今许助补此两缺点，大约二三个月后由东洋南回，则此事可以成矣。此亦一可喜之事也。

匆匆不尽，余俟再报。此致，即候

大安不一

各位同志统此问好不另。

弟中山谨启

七月七日西贡发

据原函影印件，载张永福编：《南洋与创立民国》，上海，中华书局一九三三年十月印行

复陈楚楠告在东京成立同盟会情形并嘱筹款函②

（一九○五年九月三十日）

楚楠仁兄大人足下：

来示敬悉。弟现与同志在东京创办一杂志，名曰《民报》③，不日可以出版，

---

① 中译文为：日本横滨邮政信箱二六一号黎炳垣转孙逸仙医生。

② 一九○五年七月，孙文自欧洲赴日本途中路过星加坡时与侨商陈楚楠等结识，并嘱以在当地筹建革命团体。孙复于次年二月到星加坡建立同盟会分会，陈被选为会长。

③ 《民报》为中国同盟会机关刊物，一九○五年十月付印，后因故脱期于十一月二十六日出版。

自当请足下为星洲之总理也。

近日吾党在学界中已联络成就一极有精彩之团体①，以实力行革命之事。现舍身任事者已有三四百人矣，皆学问充实、志气坚锐、魄力雄厚之辈，文武才技俱有之。现已各人分门认担一事，有立即起程赴内地各省，以联络同志及考察各情者。现时同志已有十七省之人，惟甘肃省无之，盖该省无人在此留学也。各省中以广东、湖南、湖北、四川人为最多，其次则广西、安徽、福建、浙江、江苏，再次则江西、云、贵、山、陕、河南、直隶②等省。此团体为秘密之团，所知者尚少，然如来投者陆续加多，将来总可得学界之大半。有此等饱学人才，中国前途诚为有望矣。

在吾党中之留学生，有比宁③、咥华等地之富家子弟者，今有数人不日拟回南洋商之其父兄，请出大资财以助革命者。此事亦甚有望，如此则革命之举不日可再起矣。

弟于西十月七号由此发程去西贡④，与彼中大商商办举行债券筹款一事。拟筹足二百万以为革命之资。由南洋各埠富商认借，每券千元，实收二百五十员，大事成功还本利千元，由起事之日始限五年内还清。西贡、咥华、比宁已有富商之子弟认股，将来又说其父兄，倘能答应，则二百万之款不日可以筹足。未知贵埠有无富商认借，此亦觅大利之一道也，望足下图之。欲知详细，请来西贡面商可也。东京留学界团体不日必有公函前来，星洲同志自后望常与通消息，以联两地之谊为幸。

近有冒充革命者□□□⑤，在东京为众所不容，遁回香港又被人所弃，今闻已去南洋，未知是否去贵埠？如此人到来，务要力为拒绝，不然则将来为害不浅。彼原长于文字，惟行为极坏，往年在香港、澳门二地教馆，俱犯出□□之案，为

---

① 此指中国同盟会，一九〇五年八月二十日在东京正式成立，孙文担任总理。

② 直隶省于一九二八年改名河北省，其辖区与今不尽相同。

③ 比宁（Pinang 或 Penang），又译庇能、庇宁，或称槟城，另名乔治城（George Town），系槟榔屿（Pulau Pinang 或 Pulau Penang）首府。槟榔屿另名威尔士太子岛（Prince Wales Island），时为英属海峡殖民地之一州。

④ 西贡（Saigon），时为法属印度支那（Indo-Chine franaise）的交趾支那（南圻）首府；今改名胡志明市（Thanh Pho Ho Chi Minh），越南直辖市。

⑤ 空缺三字为底本原函影印件时涂去，即崔通约，原兴中会员，后加入同盟会，又经孙文提议被开除出会。

学户所斥逐。彼本为康之学生，初为康党①所不容而充革命，大攻保皇；今因所求不遂，又大攻革命。此真人面兽心，只知为利，稍有不遂，又立刻反噬。如有到来，切不可以其能文而招惹之也，至紧。此致。

弟文启

西九月卅日

据亲笔原函影印件，载张永福编：《南洋与创立
民国》，上海，中华书局一九三三年十月印行

致菅原传告拟往访函

（英 译 中）

（一九〇六年五月九日）

亲爱的菅原：

　　我刚返日本不久，很快又将离开。我希望在下周初的某日往见你及平田先生。未悉你们于何时何地晤见我较为方便？

　　谨致以最良好的祝愿。

非常忠实于你的孙逸仙

一九〇六年五月九日

横滨山下町一百廿一番 C. 3

据英文原函影印件，载胡汉民编：《总理全集》第一
集（陆玉译），上海，民智书局一九三〇年二月初版

---

① "康"指康有为；"康党"原指维新派，后指由康有为担任会长的保皇会，亦称保皇党。

致苏汉忠请唤起爪哇华侨爱国心函

（英 译 中）

（一九〇六年九月二十六日）

亲爱的苏先生：

　　自日前晤谈，你的爱国热忱给我留下非常深刻的印象，我极其钦佩你为国效劳的崇高建议。倘有更多的人如你这样，我国必不致受制于满族如此之久。现正是中国国民驱逐衰落的征服者之时机，若失此机会，中国将迅即瓦解。我们的事业重大，但并非难以完成，因为满族已在衰落和死亡之中。他们将不能久留在中国。我们如不急起驱除之，外国列强则将在不久替我们赶走满族。那么，我们将成为另一统治民族的奴隶。

　　如你能在爪哇唤醒华人的爱国心，使其与我们合力救国，则你将为国家完成一项伟大的工作。目前至关重要的是军费，一旦得此，即可随时发动驱除篡夺者的战争。然而军费唯有在爪哇等富庶地区始能筹集。你的工作是高尚的，而我国命运则取决于此工作的成败。请坚决进行，切勿迟疑。

　　愿上帝祝福你，祝你成功。

非常忠实于你的孙逸仙

一九〇六年九月三十六日

西贡

据秦孝仪主编：《国父全集》第十册英文函（转录中国国民党中央委员会党史委员会藏原函影印件）译出，台北，近代中国出版社一九八九年十一月出版

致张永福促集款印《革命军》鼓吹革命函

（一九〇六年十月十六日）

祝华①盟兄大人足下：

握别后藉福一路平善，于西十月九日抵日本。已与各同志相见，得悉日东机局之进步，较前益甚。自弟离日本以来，会员增多千余人，各省运动布置亦大进步，无怪清政府迩来之惊惶若此也。

海外各地日来亦多进步，托东京印《革命军》者有数处。兹将河内同志所印就者寄上一本。照此版式，每万本印费三百四拾圆，二千本印费九拾圆。前贵地同志已集款欲印，未知款已收齐否？若已收齐，宜从速印之，分派各处，必能大动人心，他日必收好果。

南洋各埠现下风气初开，必要先觉之同志多用工夫，竭力鼓吹，不避劳苦，从此日进，不久必风气可以大开，则助力者当有多人，而革命之事容易进行矣。以弟见内地各省及日本东京留学之进步，若南洋能有如此，则大事不难成矣。南洋今日初得风潮，进步不速，若再有公等鼓吹之，使风潮普及，则人非木石，想他日之进步亦不逊他方也。惟望公等努力图之，幸甚。匆匆草达，即候

大安

各同盟统此候好。

弟孙文谨启

西拾月十六日

据原函影印件，载张永福编：《南洋与创立民国》，上海，中华书局一九三三年十月印行

---

① 张永福，字祝华，中国同盟会星加坡分会副会长，后改任会长。他的别墅晚晴园是孙文在星加坡的下榻处，又是南洋革命党人的主要活动场所。

致拉锡尔告阅读《中国之谜》后感想函①

（俄 译 中）

（一九〇六年十一月八日）

敬爱的先生：

我很满意地拜读了您的有趣的文章《中国之谜》，它给我很深刻的印象。您的思想卓越，您的胸襟宽阔。在西方代表人物中，我很少见到有像您这样能为中国复兴和实际保证中国千百万受苦受难居民生存条件的思想主持正义的人。但是，您相信在您再三对他们提出这些号召的美国资本家和专家中间，会有许多能被劝说来参加这一高尚事业的人吗？

我深恐中国问题是绝不能引起欧美人士注意的，但是我希望由于您的善意号召，全世界大公无私的人们将会逐渐理解：占世界人口四分之一的国家的复兴，将是全人类的福音。

致以最崇高的敬礼和真诚的祝贺。

孙逸仙

一九〇六年十一月八日

东京

据赫菲茨（А. Н. Хейфец）著，郑之光译：《二十世纪初俄中两国人民之间的革命联系》（*революииионные связи народов России и Китая в начапе XX века*），载《史学译丛》一九五七年第五期，原载苏联《历史问题》一九五六年第十二期，自苏联国立中央十月革命与社会主义建设档案馆所藏英文打字原函影印件译成俄文

---

① 拉锡尔（Руссель），此系当时中国同盟会所办《民报》使用的译名，又译鲁塞尔；原名苏济洛夫斯基（Николай Константинович Судзиловскнй），俄国人。一九〇五年起侨居日本，他所在的民粹主义组织"民意派"在长崎创办一份杂志《民意报》（воля），又译《意志报》。孙文于同年十月在长崎与拉锡尔结识，有通信联系。

复张永福林义顺询南洋近况函①

（一九〇六年十一月二十二日）

永福、义顺仁兄大人足下：

寄来两函并巴黎电报妥收，幸勿为念。以后寄信，仍寄至《民报》编辑部便妥。有急电可寄 Minpao, Tokyo②，如此便能交到，且可省电费也。

此间现拟设一大事务所在东京，为各省会员交通之地，每月经费数百元，皆由会员担任，可见人心之踊跃也。《民报》于下月二号开一年纪元祝典，租一大会堂为庆祝所，想到时来会者当必有数千人也。

李竹痴兄近已回星洲否？前彼约在西贡打票五百元，以邱八兄而取此项，由西贡寄来日本。今到此已月余，尚未见此款寄到，又不见竹兄有信来，未知邱兄有应其票否，祈为询之复示为望。

吉隆、槟城两地之票有沽去否？弟已发信着他即行止绝，将未沽之票尽行寄回足下代收；如有寄到，务望收存为荷。其数几何，祈为示知，以待发落可也。又两地如已沽去若干，其钱务代催他尽数寄来日本弟收可也。

到日本以来，已谋得数路，有可筹款之望。惟何日可以到手，仍未能决。此事一得，便可大开拳。清廷现在恐慌非常，到处械〔戒〕严，然断无如吾人何也！领事之如此干涉吾党之事，固为欧贼③之怂动，而亦为清政府之号令也。各省督抚亦如是。由北方运动以去其位，现近日恐无从得其机，然想彼等亦不能为吾人之大碍也。若能去欧贼，诸事无妨矣。

弟离贵地以后，同志进步如何？外间舆论如何？甚念，务望时时示悉。所询章程批好否，当查干事，另当公函复答也。此致，即候

---

① 此函收信人名字被涂去，据底本中张永福注明："所阙文即永福、义顺两名。"林义顺是星加坡同盟会分会交际干事。

② 中译文为：东京《民报》。

③ 欧贼，指欧榘甲。

大安不一

弟高野谨启

十一月廿二日

各同志统此问好不另。

据原函影印件，载张永福编：《南洋与创立

民国》，上海，中华书局一九三三年十月印行

复拉锡尔论欧美资本主义世界
反对中国进步独立函①

（俄 译 中）

（一九〇六年十一月二十六日）

敬爱的先生：

几天前收悉您本月十六日函，因为太忙未能及早奉复。

也许我没能正确理解您向美国资本家发出的呼吁，不过，如果不把纯粹利他主义的立场考虑在内，那么我认为这种呼吁纯属徒劳。他们不至于愚蠢到为帮助中国拥有自己的工业实力并成为独立国家，而肯于自毁商业的地步。我坚信，只要我们稍微流露出走这条道路的意向，整个欧美资本主义世界就会惊慌叫嚷所谓工业的黄祸来了。因此，他们所关心的首先是让中国永远充当工业落后的牺牲品，这是显而易见并且不难理解的。

但是我和我的同志们自从事革命运动伊始，就致力于扩大这一运动的社会范围。

进而言之，与西方同仁相比，我们在解决社会问题时有着更多的有利条件。从现代文明的发展来看，我们还处于启蒙阶段，还没有出现本国的金融寡头，所

---

① 拉锡尔（Руссель），此系当时中国同盟会所办《民报》使用的译名，又译鲁塞尔；原名苏济洛夫斯基（Николай Константинович Судзиловский），俄国人。一九〇五年起侨居日本，他所在的民粹主义组织"民意派"在长崎创办一份杂志《民意报》（Воля，又译《意志报》）。孙文于同年十月在长崎与拉锡尔结识，有通信联系。

以在我们的道路上并不存在现代文明高度发达国家所遇到的那些重大障碍。

中国是一个一穷二白的国家，大多数人生活贫困……①任何有望改善生活条件的东西肯定会受到普遍拥护。直到近几年，新时代的进程还没有触及中国，至今我们既没有尝到它的甜头，也没有尝到它的苦头。而且我们在本国社会生活中确立新时代的进程时，有可能选择我们愿意接受的东西。不管我们多么需要援助，只要它不是出自纯粹利他主义的动机，我们就不指望这种援助。

既然您希望中国的新生最终加速欧美的社会革命，那么对于这种趋势，还是让资本家尽可能少了解为好，更不要说不该向他们乞求援助来完成这一番事业了，因后者最终会损及他们的利益。

一些人因引进新政和发明创造而受到惩罚，您谴责这种做法是正确的②。不过自从中国打开门户同外部世界交往以来，这种状况已经趋于缓和了。至于那些传教士的声明，我不敢断定其是否正确，因为我并不掌握任何真实证据。

毫无疑义，近期中国革命运动是纯粹的政治性运动，而不是经济运动。但它将为我们未来的经济发展奠定基础。

我没有出版过您提到的《社会主义报》（*Шихуэй Жуай*③），也不知道在这里的我国同胞中是否有该报传播。④ 我的同志们出版的月刊叫《民报》，"民"者意即"人民"。此刊只出中文版。

我将非常高兴随时得到您的信息。致以真诚的祝愿！

您忠实的孙逸仙

一九〇六年十一月二十六日

东京

译自 А. Н. Хейфец，"революционные связи народов России и Китая в начале XX века"，*Вопросы Историй*，No. 12，1956，Москва［赫菲茨：《二十世纪初俄中人民之间的革命联系》，载莫斯科《历史问题》一九五六年第十二期，英文原函藏于苏联国立十月革命与社会主义建设档案馆］（李玉贞译）

———————

① 赫菲茨原注：档案中有几个字不可辨认。

② 原文如此。

③ 应为 *Шехуйч Жуи*。

④ 赫菲茨原注：此处一字模糊。

致张永福陈楚楠告其行踪守密函

（一九〇七年四五月间）①

永福、楚楠我兄鉴：

抵此曾上乙函，谅已达览。不审尊处同人有无知弟行踪者？有之，切宜嘱以秘密，因弟此间亦严守秘密主义也。惟法京使馆随员张人杰②君，有事相约，闻近将返国，若过星坡，定访兄等，则宜告知以弟之近踪并通电之处为望。手此，敬请

乂安

弟高野③谨启

有电来照此：

Chantung Hanoi④

《中兴报》已开办否？《天声报》能否合并？分会改章后，同人热力定增，所举新职员几人？均望示知。又及。

据原函影印件，载张永福编：《南洋与创立
民国》，上海，中华书局一九三三年十月印行

---

① 孙文于三月离日，经香港、星加坡、西贡，约于四月抵河内，建立筹划粤桂滇起义的总机关。此函未署日期。以它与下篇五月一日函比较，首句内容相仿，语气上又似略早。它还询及"尊处同人有无知弟行踪"，也是抵河内不久的口气。据此，估计此函发出时间与下函相去不远或稍早，而酌定为四五月间所写。又此函过去屡被误作两函，现据底本原函影印件两处的衔接情况，断定为同一函。

② 张人杰，字静江。

③ 高野，为孙文化名。

④ 中译文为：河南陈同。陈同为胡汉民所用代名。

致陈楚楠张永福转嘱李水龙往港相助函

（一九〇七年五月一日）

楚楠、永福我兄大人足下：

抵此间曾上乙函，尚未得复。贵埠团体进步若何？至以为念。

兹有恳者：弟前与李水龙兄约办北海之事，今此事已有人办理，水龙兄可不必来。惟港中需材至亟，水龙兄若仍复有心，望即速往港，相助为理，请两兄代为致意，俾其早定行止。专此，敬请

义安

弟高野谨启

五月一日　第九号

据原函影印件，载张永福编：《南洋与创立民国》，上海，中华书局一九三三年十月印行

复张永福告粤事机局并对居处保密函

（一九〇七年六月五日）①

永福仁兄大人足下：

昨接惠书，敬悉。日来潮起于东，钦廉应于西，全省风动。尚有数路，次第俱发。当合广、韶、惠、潮、钦、廉诸军，以联为一气，则粤事机局宏远，大有可为也！各埠同志闻此消息，皆非常踊跃。星埠声气较捷，团体较大，望兄导掖诸人，力任义务，以相协助，是所至望。

李水龙君于数日前偕林干廷及一人来。弟前只约李君一人来此，今渠竟偕他友二人同来，已为失约，而林干廷又不足信，故弟避而不见，托人推称已往香港。

---

① 原函未署年份，应是在潮州黄冈起义和惠州七女湖起义相继发动后所写，为一九〇七年。

现林等二人复赴香港，弟已函告港中同志设法善处之。李君尚留此间，大约再数日必归星坡，兄如见之，亦告以弟已离河内可也。

河内同志已成立分会，诸会员多热心之士，办事认真。惟弟居此，严守秘密，除三四办事之人外，无知弟在此者。兄处如有书信至河内分会，不可提及弟之所在。其与弟往复信件，若系公函，可寄至香港转交。若系兄等秘密函件，则寄来此处。因现在有事之时，较诸平日更当机密，方便于筹策。兄对于星坡同志亦望坚守此秘密为要。专复，敬候

义安

弟高野谨启

六月五日　第三十五号

据原函影印件，载张永福编：《南洋与创立民国》，上海，中华书局一九三三年十月印行

致萱野长知托以广东革命军顾问之任函①

（一九○七年夏秋间）

萱野仁兄足下：

今东军②将起，欲得于军事上有学问经验之人以为顾问。弟念我兄雄武过人，谨以东军顾问之任相托，望襄助都督，以建伟业；并恳延揽同志，以资臂助。兄之热诚，弟所深信，望珍重。此请

义安

弟孙文谨启

据原函影印件，载胡汉民编：《总理全集》第四集，上海，民智书局一九三○年二月出版

---

① 萱野长知是日本退伍军人，玄洋社社员，加入同盟会。原函未署日期，今参照他所著《中华民国革命秘笈》酌定。

② 东军，指广东革命军。

复张永福陈楚楠望为许雪秋再图大举筹款
并告黄燕南林干廷行迹等事函

（一九〇七年八月二十三日）

永福、楚楠仁兄大人阁下：

顷接来书，敬悉一切，复言如左：

（一）黄君燕南，弟所素识。庚子年有人介绍见弟于台湾，绍介人盛称其才，而黄亦厚自期许，以为海陆丰一带渠力大可发起。当时弟给以三千元，使往办事。黄去后，杳无信息，事固未起，而运动之情形、开销之数目亦并未报告。自兹以来，其人之踪迹久不闻矣。今接来信，乃始知在星坡也。如兄以为可用，望与商榷，嘱其尽力以谋力所能为之事。弟行止未定，不必来见也。

（二）许雪秋兄再办潮事，深望各同志竭力扶助。前次雪兄办潮事，子瑜兄办惠事，皆能发起。弟谋运动军火以为接济，惜潮、惠皆一起即蹶，其散太骤，故不能应手。今者运动得手，可得大宗军火，已与雪兄定议，如潮事发起，当拨新式快枪数千，弹百数十万以应之，则此次军力充实，必非前比。惟雪兄尚缺运动费，前在星坡得各同志捐助三千元，其数实不敷用。弟已筹备军火，则运动之费不能不望之于他同志。以星坡会员之众，风气之开，而又气雄力厚，诚能奋发义侠，所得必不止三千元之数。前月广西边界有会党七八十人，谋潜行入边，经清朝官吏知觉，密告法国官吏，称为劫盗，法国官吏捕获之。讯供皆称实欲回广西举义，并非行劫。法国官吏以其系犯国事，一概开释，不允交回清朝。旋又以诸人皆无身税，不能逗留境内，欲逼令离境。河内分会大动侠义，立聚会员醵资，前后得二千金，代诸人缴齐身税并赠以盘费，使各寻乐地以安其身。当时法国官吏见其侠义，多所优容；法兰西人义会亦为之助。以百余人之分会，而救七八十人于危难之中，不独此七八十人感激涕零，即会外人亦感动，多有因此纷纷入会者。夫河内之地风气未开，商务未振，会员皆业小生意，财力不宏，而能于数日之间集款二千，为善后用；星坡魄力伟于河内何止十倍，而仅获此区区之数，非所望也。事在人为，望有志者极力提倡之！潮事只欠运动费，若能得数千元之数专为潮用，更得数千元交子瑜兄再举于惠州，以谋牵制，则东路之师必大盛。此万余元之运动费，不能不望之星坡同志也。至于西路之师，预备厚实，且夕可举，勿劳诸君忧矣。

（三）《中兴报》旦夕开张①，贺甚之！此后星坡又多一文明导线，企予望之。

（四）林干廷前来河内时，行迹可疑，河内会员有建议欲使其长留于此地者。弟以其时特疑林之为人未有确实之证据，故禁止之，令勿轻动。今则林之反侧已有确据，而河内有志之士，地方隔阂，精形不熟，故未果也。专此，敬请

义安

并候各同志，均此不另。

弟高野谨启

八月二十三日　第七十九号

据原函影印件，载张永福编：《南洋与创立民国》，上海，中华书局一九三三年十月印行

致张永福陈楚楠述梁兰泉劣迹函

（一九〇七年八月二十九日）

永福、楚楠仁兄大人足下：

兹有梁兰泉（又名梁秀春）由河内西贡来星加坡，此人作恶多端，负义反噬，河内同志人人切齿，今将其恶迹详述于左：

梁兰泉本广西武官，平日纵勇殃民，无所不至。及为岑春煊所查办，乃逃来河内，郁郁不得志，始有作反思想。河内同志见其久在边防带兵，且多招游勇为咕哩②，于军界及会党中颇有势力，虽知其心术不端，而以为才尚可用，遂招入会。及弟来河内时，本欲不令兰泉知觉，继因须在此办事，不能不用人，兰泉人虽不端，

---

① 《中兴日报》是星加坡同盟会分会机关报，一九〇七年八月二十日创刊。

② 咕哩，马来语，苦力的意思。

而结识有用之人尚多，则见之以用其所荐引之人，亦是一策。且兰泉牙爪既多，弟在此间既欲用人谋事，必被其探觉。兰泉前时屡有信来，求备任使，若来此而不见之，则彼绝望之余，或生异志，潜谋反侧，后患甚多，故遂决然见之。

兰泉来见后，屡告奋勇，惟其人贪而多忌，愚而自私，实非可信之人。弟一面接见其所引荐之人，择其可用者而用之；一面许任兰泉谋事，以防其心变。然兰泉揽权自利之见甚重，见其所引荐之人多被任用，心怀嫉妒，屡欲破坏，弟严责而宽容之，且密防其为变，兰泉始不敢动。且其为人毫无血诚，手下之人亦不乐为用，不过无缘见弟，不得不求兰泉介绍，既来见后，倾心听令，兰泉虽欲破坏亦无如何也。惟弟既许兰泉以谋事，自不能食言，前后给以五千元，令其运动谋事。乃兰泉反覆失约，其初命之入三那，既受命矣而又失约不去；其继命之入海滨占一地点以接军火，既受命矣而又失约不去，改期数次，均无行意。渠前只求给三千元，带随身侍护人二十人入内地，约众举事；乃弟前后给以五千元，渠仍不行，惟多招咕哩来装门面，共招至数百人，多未纳身税，骚扰喧阗。有七八十人行至边界，为法国所捕获，牵涉兰泉，拘留之于警察署数日，得巴黎电令其释放，始得归家。而被获之七八十人，亦由河内分会集资救出（即前函所述）。此时众人皆谓兰泉谋事不忠，今又藉众人之力以免于难，应知感愧无复异心矣。故《中国报》亦扬言梁兰泉实革命党，盖以绝兰泉之投降清朝之路，并为外交上立论也。乃兰泉狼子野心，嗜利无耻，见河内分会因集资救此七八十人，集得二千金，欲攘之为己有，公然对分会中人言此金应由彼手分派。分会拒其请，兰泉口出恶言，竟谓："我此时不能为公众之利，亦能为公众之害，如不从吾言，则吾将派人行刺高达生[①]，今试看高达生家前后左右均有人埋伏"云云。及傍晚，果有十余人来弟寓围绕，其意欲宣扬弟之秘密，以为挟诈之计，用心险毒，反噬之形已露。同志人人愤怒，争欲处以重罚。弟以西事诸路皆已布置妥当，兰泉跳梁小丑，不能为恶，不当以与之争持之故，致坏大局，故始终和平处之。现在兰泉手下人等均已由分会给资遣散，而兰泉之鄙贱狡恶，为同志所不齿。此次龙州官吏列明兰泉在边防时种种贪恶凡十余款，移请法国提解，法国以其官犯不能包

---

① 高达生为孙文在越南的化名。

庇，而前此既已释放，不欲再为提解，故遣之由西贡入星加坡。兰泉临行时，本欲求书介绍见星坡分会中人，河内同志告以弟已他往，渠今又哀求河内同志作书介绍，其意欲到星坡后，又出其棍骗手段也。

兰泉之行为大略如此，负义反噬，罪不容诛。弟在此间谋事，除防清朝之外，兼防此人，西事棘手多因此故，已被其破坏不少。今日所布置诸路，皆由密防慎谋，始不为兰泉所误。律以自私偾事之咎，亦罪不容诛。此人来时，各同志切不可与之往来。弟此书所言皆秘密之事，两兄及子瑜①兄等可共阅之（凡有责任之职员不妨与阅）。至于对于一般之同志，则当告以梁兰泉乃广西著名恶弁，纵勇殃民，避罪河内，冒革命之名棍骗财物，私立堂号，擅造盟书以收人入会，敛取入会费甚伙，为河内同志所不容，今因广西移请法国提解，遁至星坡，又欲荧惑同志，宜一律抵制，不可为所陷害。如清朝与星加坡政府交涉提解此人，不必助之。如同志之力能除此人，则大善；不能，亦须声其罪恶，使彼无立足地。又须密访其在星坡如何作为，报告弟处，至以为望。专此奉告，敬请
义安

弟高野谨启

八月二十九日　第八十三号

据原函影印件，载张永福编：《南洋与创立民国》，上海，中华书局一九三三年十月印行

致宫崎寅藏告防城起义情形并再嘱
全权办理在日本运动函

（一九〇七年九月十三日）

宫崎先生足下：

久未作书，以事方进行，无以告慰也。萱野②君归国把晤，当可畅谈一切。

---

① 即邓子瑜。
② 指萱野长知。

近日西军已发，一举破防城县，众数千人，极得民心。现已全军北趋，以取南宁。黄君兴于同〈志〉方面，结合得一新势力，此时尚持重，俟机乃发。如一发则两军合并，广西不难定也。南来苦意经营数月，始得此结果。此军初起，而势力甚固，地位甚稳，专俟一取南宁，则革命军之基础已成，广东、长江等响应之师相继而起，事可大有为也。现时弟欲急筹妥军饷、军械、外交等事，始入内督师。

关于日本之运动，弟在东京时曾托足下全权办理，而足下谦让固辞。及弟去东京后，闻平山、北、和田①诸人与足下冲突，当时弟意以为诸人意见不合，非有大故，故于来书所述欲得全权办理之事，虑平山、北、和田等既挟意见，不能和衷，故第五十四号函中有"于各人才力所及之范围内，各有全权"之语。不料平山、北、和田等不顾公义，为弟之所不及料，非惟无以维持团体之精神、增进团体之势力，且立意欲破坏团体，既将日本人的方面破坏无余，且进而侵入内部，几致全局为之瓦解。前托萱野君回国购械，与足下谋议，事已垂成，而机泄于此数人之手，凡此皆不法之举动、公义之蠹也。弟以后不复信任此数人，其关于日本之运动，当托足下全权办理。宜秘密行事，不特平山、北、和田数子不可使之闻知，即本部中人及民报社中人亦不必与之商议。专托足下一人力任其难，如有所商酌，可直接函电弟处。其在日本之助力，以犬养毅君为最适宜，今缮一函致犬养毅君，祈即转交，相与谋议。现时最急者军饷、军械两大宗，望悉力筹划，以相接济。钦州海面已为吾党势力所及，输运军械较前容易矣。专此奉托，即请

侠安

弟孙文谨启

九月十三日　八十八号

萱野君想已到东②，祈转告西军已发，东军之事③望速经营，至以为望。

据原函，东京、宫崎蕗苳家藏

---

① 即平山周、北一辉（北辉次郎）、和田三郎。

② 到东，指到日本。

③ 东军之事，指购运军械接济广东革命军的计划。

致何佩琼告派汪精卫等赴西贡堤岸筹款请洽函

（一九〇七年十月一日）[1]

佩琼同志仁兄大人鉴：

握别后以所事方在进行中，未得揭晓，故久阙音问。今者革命军已起，自七月廿六日（中历）一举破防城后，已进入广西，尽据南宁、百色一带之大山险隘，有众二万余人，枪械精利，其势可以长驱进取；继以长江、两湖、东三省之同志方预备响应，拟一齐并进。又以义军屡破虏兵，清朝尽调广东、广西之兵来战，我军虽勇，惟军火粮饷尚须源源添足。初起之际必须持重，故据险固守，日日操练，以成精兵，专候各省之响应及海外同志之接济，两者有一能如意，则长驱以定两广，出师湘鄂，革命前途大有可望也！

今特派汪精卫[2]（《民报》主笔，偕弟南来参与机密）、黄龙生（河内殷商，热心任事）、刘岐山（海防殷商，热心任事）三人来西、堤两埠[3]，与各同志面商，设法速筹巨款，接济军需。惟必须埠中平日热诚重望之人尽力担任，然后众人有所率循，故函托我兄，望不辞艰巨，为国民肩此重任，至望至望。余事精卫君等面详。此请

大安

弟孙文谨启

八月二十四日

据原函影印件，台北、中国国民党文化传播委员会党史馆藏

---

① 函末所署月日，应为阴历。因为函中提及"七月廿六日（中历）一举破防城"，该日期阳历为九月三日（按：孙文记述不确，防城系于九月五日即阴历七月二十八日攻破），而此函显然写于破防城之后，当为阳历十月一日。

② 汪兆铭，字季新，号精卫，后以号行。

③ 西、堤两埠，即西贡和堤岸。

致邓泽如等告两广革命军战况并嘱筹饷函①

（一九〇七年十月八日）②

泽如兄暨同志诸君惠鉴：

五月七日曾发第十八号函，想已收到。比维文明进步，忧国思潮与时俱长为慰。弟前函云数月以来，两广革命军已竖旗起义，破城略地，电报纷传，想我同志诸兄闻其慨〔概〕矣！今更以详情一一述之。

弟自南来，即欲经营大军在钦廉③发起，以东西兼顾，沛然进取。躬自经营者数月有余，又得海外同志之协力，联合好义敢死之士，输运新式枪械，百事俱备，乃于中历七月二十四与虏兵战于钦州之王光山，大破之。《法兰西新闻》论之曰："此处革命军不知用何战术，能一战而去敌兵四分之三，可称奇捷"云云。可见革命军之名誉矣。

二十七日乘胜进攻防城县④，一鼓破城，生擒知县⑤等官，责其不知大义，身为汉奸，尽诛之。安抚居民，秋毫无犯，民心大悦，醵金备烧猪、炮竹以欢迎义军。各乡之民携械从军者万余人。即晚全军出城，进取钦州，虚围其城以诱虏兵来救。八月初三日全军直趋灵山⑥，初五、六两日连破横州、永淳两县⑦（皆广

---

①　孙文于一九〇七年三月被日本政府劝令出境，至越南河内设立总机关，一年之内在粤桂滇边境发动多次起义，经费则主要向华侨募集。孙委王和顺为中华国民军南军都督，是年九月五日率起义军攻占防城。邓泽如是掛罗庇朥（Kuala Pilah，亦译掛朥庇朥、瓜剌比朥，简称庇朥，今又译瓜拉比拉）侨商，该埠隶于英属马来联邦（Federated Malay States）森美兰邦（The State of Negri Sembilan），同年十二月掛罗庇朥成立同盟会分会后担任会长。此函发自河内。

②　函末所署月日应为阴历。因函中提及阴历七月二十七日（按：应为二十八日）破防城后"十日之内……连破数城"，已是八月上旬即公历九月中旬事，而此函显然写于其时之后，函末所署九月二日当折算为公历十月八日。

③　广东省钦州（直隶州）、廉州府，钦廉地区今划属广西壮族自治区。

④　防城县时属广东省钦州，今为广西壮族自治区防城港市。

⑤　即宋鼎元。

⑥　灵山县时属广东省钦州，今改隶广西壮族自治区钦州市。

⑦　横州在当时是州一级建制，一九一二年始废州改名横县；永淳县现已撤销，并入横县、邕宁（今南宁市邕宁区）、宾阳三县。

西省南宁府属）。十日之内，全军二万余人连破数城，军威甚壮，虏兵不战而降，或一战而溃。

现在全军进取南宁府城，以南宁为广西之中心点，得南宁则北取桂林以出湖南，东取梧州以出广东，革命之基础可固。惟虏廷①亦十分提防，现尽调广西之兵往救南宁，又调广东之重兵以驻钦廉，欲以两广之全力与革命军决战。我革命军亦尽锐相持，以决胜负。若能破其救兵，则南宁可得；南宁既得，则两广易定。因现时两广之兵皆聚于南宁一带，若南宁既破，则前无强敌，大军所至，迎刃而解矣。此为胜负之关头，革命军第一级之着手处也。今日接电报，虏廷既已调湖北军来会战。夫以新起之革命军敌三省之兵，闻者或代为忧虑，然弟已夙计及此，早为预备，不日广东将有义〈师〉起而响应，使虏朝东西不能兼顾。至于湖北之兵，恐长江有事不敢遽来；若其果来，则长江义师乘虚而起，愈为得手，此可无足忧虑者。今之所急，惟在尽力帮助攻取南宁之革命军，使得早日破敌耳。

夫虏廷既合两广之兵力以救南宁，我同志亦必合全群之力以接济南宁之革命军，然后可以必胜。现今革命军好义有勇，人心坚定，固可以进取无前；惟必须接济军需，使其军械足用，军饷不缺，然后声威大振，势力增加，此为目前最要之事。披坚执锐血战千里者，内地同志之责也；合力筹款以济革命者，海外同志之任也。今内地同志既为国民出死力以求自由，切望同志诸兄慷慨仗义，筹款接济，以充拓革命军之实力，使得一战破敌，斯则同志诸兄之责任，而国民之所属望者也。弟已与各国枪炮厂约定，新式枪炮随时可以购买；而近日革命军已占领钦州沿海岸，随时可以运送军械。今所缺者，为购械之款耳。

望我同志诸兄接此信后，即照弟前函所言，由同志中举出妥员专任运动筹款之事。当此义声霆震之际，不独同志踊跃尽力，即平日来当联合之人亦必乐于助义，宜不分畛域，以期迅集巨款。能于信到后七八日内筹得，以济军需，则革命军知海外同志之热心公义，且卫顾同盟兄弟如手足之相救、唇齿之相依，必然勇气百倍，奋力立功，以慰海外同胞期望之殷。而且军需既裕，则兵精粮足，必能打破此胜败关头；虏兵既破，南宁既得，则两广指日可定。有两广以为根本，治军北上，长江南北及黄河南北诸同志必齐起响应。成恢复之大功，立文明之政体，

---

① "虏廷"及"虏兵"，系分别对清政府、清军的蔑称。

在此一举。我同志诸兄筹饷之功，必与身临前敌者共垂千古而不朽矣！

南宁破后，弟即于该处建立军政府，使各道革命军有所统系。届时必详定章程：凡捐资助款者，计期必厚利偿还，从丰报酬；其助饷尤巨者，并于国中开浚各种利源时优给以权利。弟知同志诸兄急公好义，必不因报酬之有无以为轻重，惟报施之道本宜如此，且亦可对外而劝捐。请兄举定妥员后，凡捐资助饷者皆由经理员给回收条，电汇香港上环德辅道三百零一《中国日报》胡展堂①收，即由胡君一面发回收条，一面电汇弟处。将来军政府成立后，即照总收条以为报酬，皆可预为对同志诸兄告者，此也。

附呈两广革命军《布告海外之同胞》② 多张，祈即广布各埠华商，以资观感。当兹国民革命已睹萌芽，祈同志诸兄鼎力同心，以慰国民之望，坚革命军之志，不胜盼切。专此奉托，敬请

公安

弟孙文谨启

九月二日

据亲笔原函影印件，载邓泽如编：《孙中山先生廿年来手札》卷一，广州，述志公司一九二七年一月出版

复张永福等告未能往法京并望
鼓励南洋各埠助饷任事函

（一九〇七年十月十五日）

永福、楚南〔楠〕、义信〔顺〕三位仁兄大人足下：

来函领悉。厘安呢君约往法京一事，现值军事旁午之际，不能应命，已亲函直复厘安呢君矣。杜郎君果任安南总督，则于吾等之事颇为方便，望其事之不虚也。

此间之事，机局甚佳，日内又必有惊人之事，不久则大局可定矣。此处与西

---

① 胡汉民，字展堂。

② 当时以中华民国军南军大都督名义发布的文告共三种，此件原称《告海外同胞书》，另有《告粤省同胞书》和《招降满洲将士布告》。

贡商人甚踊跃提倡捐助义军军需，大约可得十余万。星洲弟已有信去林文庆先生，托彼力任其事，出来提倡商人以助军费，见面时祈为劝之出力。今日之事，无论会内会外，皆当尽力，以完国民之义务也。海防一埠华侨工商不过三千人，一晚捐资得万余元；河内一埠华侨不满千人，所捐亦八千余元。此二埠之富万不及星洲，且弟到此以来皆隐居，并未与各人一交接，彼等一闻义师之起，则争先恐后，从军者有人，出钱者有人。若南洋各埠有如此踊跃，则革命军之进步不知若何矣。望兄等以身提倡，鼓励国民，使人人尽其义务，幸甚。此致，即候

大安不一

弟高野谨启

十月十五号

据原函影印件，载张永福编：《南洋与创立民国》，上海，中华书局一九三三年十月印行

致张永福陈楚楠告派汪精卫等赴星加坡商议函

（一九〇七年十月）①

永福、楚楠仁兄均鉴：

　　西军之事，屡已函告，近来日有进步。兹特派汪精卫（《民报》主笔，偕弟南来参与机密）、黄龙生（河内殷商，热心任事）来星加坡，与足下有所商议。所有弟所欲言者，统托精卫等面达，足下有所见，亦望与酌议为祷。专此，敬候

近安

弟孙文谨启

据原函影印件，载张永福编：《南洋与创立民国》，上海，中华书局一九三三年十月印行

---

　　① 　原函未署日期。汪精卫等于十月初受孙文委派到西贡筹款，赴星加坡也是十月间事，本函发出时间即据此酌定。

致张永福请代购英文政治年鉴函

（一九〇七年十一月五日）

永福仁兄大人足下：

近因查考列国政事，需用本年英文政治年鉴一部，此地无买，香港书店亦刚沽尽，今特托足下在坡向英书店代购一本，其英名列下①。该价多少，请先代支，并祈示悉，自当奉上。

此间机局日佳，惟所谋尚未揭晓，故此时无由告闻，到时当另详报足下并各同志知之也。此候

大安不一

弟高野谨启

西十一月五号

据原函影印件，载张永福编：《南洋与创立民国》，上海，中华书局一九三三年十月印行

致张永福嘱转要信交汪精卫函

（一九〇七年十一月二十九日）

永福兄阁下台鉴：

比得精卫兄来信，言至坡备蒙照拂，曷胜感慰。不审坡众同志热力如何？能倾助义饟若干？大抵凡事贵有提倡，兄前兹固已尽力，然苟能为助之处，尚望当仁不让也。

兹有要信一函系与精卫者，请为转交。如信到时精卫君已离叻②，且已定不再来叻者（若暂往他埠仍归叻者则留交），则望兄即立将此函寄回弟处，因函中

---

① 所列英文书名，底本未影印。

② 叻（实叻），新加坡别称。

紧要秘密之故。费神，至谢。专此，即请

仁安

弟孙文谨启

十一月廿九日

据原函影印件，载张永福编：《南洋与创立民
国》，上海，中华书局一九三三年十月印行

致后藤新平介绍池亨吉申请援助函

（一九〇七年十二月十四日）①

后藤②男爵大人阁下：

　　暌别十〔七〕年，但闻阁下之勋业与誉望雀起，为东亚伟人。回忆曩年下
走起事粤东，阁下曾赐非常之助力，后乃辜负期望，洵足惭歉。虽然，晚近数
年，支那民族思想丕变，革命风潮大盛，较之五年前，其气象不止十倍。下走
今者由贵国南行，专为南清革命运动，发端于两粤（广东、广西），其基础已
觉可恃。盖内力之养成，良非偶尔，然东望友邦，求如阁下曩日之肯赐助者，
则已无其人。以阁下之热心支那革新事业，而又见南清今日事势之可为，必其
不懈初志。若阁下能复相助如曩日之事，则支那革命可成，此非下走一人私言，
度阁下高明，亦能洞见其机局也。贵国人池亨吉君相与结托有年，今年下走督师
攻克镇南关时，池君亦与共事，今使进谒阁下③，若欲知下走最近所图事势之详，
池君当能道之。专肃，敬询

-----

①　原函未署年份。据函中云："今年下走督师攻克镇南关"指一九〇七年二月孙文由日本
南行，发动广东潮惠钦廉起义，是年十二月又亲自督师镇南关起义。据此，发信年份应是一九
〇七年。至于函中云"暌别十年"，恐系笔误。

②　即后藤新平，日本驻台湾民政长官。

③　一九〇七年十二月十二日，孙文给池亨吉证明书"授予全权执行为中国革命事业筹
款"，并往日本"募集粮秣和军需品"，要求后藤新平"能复相助"。

起居万福

孙文逸仙谨启

十二月十四日

据"后藤新平文书"亲笔原函，东京、日本国会图书馆宪政资料室藏

致邓泽如告派邓子瑜汪精卫至庇能等地筹款函

（一九〇七年十二月十六日）①

泽畲同志仁兄大人足下：

久未相见，敬维文明福祉为慰。

弟经营两广革命军事，自七月廿六日破防城以来，声势甚盛，各报登载想兄必已览及周知，故未驰书奉告。今者义军崛起已阅五月，根据坚定，屡破清兵，满洲政府倾两省重兵聚于一隅，而皆不能与义军敌，则革命军之势力可知矣。弟谋事十余年，以为如此机会，实不易再得。今革命军尽心勚力，已足以对国民，所望者各省之响应与海外之接济耳。各省同志皆已实力预备，乘机继起，以为响应，海外同志度必热心属望其成功。

弟前派汪精卫兄（《民报》主笔，偕弟南来参划革命军事）赴河内、海防、西贡、星加坡、暹罗各埠会见同志，报告军事，劝募军需；各同志多慷慨仗义，筹资汇济。今精卫兄由暹回星，弟特函约邓子瑜兄与精卫兄同赴庇能、吉隆坡及各州府，与诸同志面商，设法速筹巨款，接济军需。子瑜兄于庚子惠州之役及今年惠州之役，皆为主谋尽力之人，与精卫兄同为弟所信任，祈与同志诸兄尽心商榷，同筹善法，以慰国民之望，坚革命军之心，是所切盼。专此，敬请

义安

弟孙文谨启

据原函影印件，载邓泽如编：《孙中山先生廿年来手札》卷一，广州，述志公司一九二七年一月出版

---

① 原函未署日期，今据邓泽如《中国国民党二十年史迹》一书所载标出。

致张永福告镇南关起义情形并请筹饷函

（一九○七年十二月二十三日）

永福我兄阁下：

兹有寄沈联芳、陈梦桃二君之信，望费神交去。闻雪秋兄言，二君允肯捐助义款，惟须得弟言为征，故作书与之。言以人重，兄能助为催劝，使速交电汇尤感；因西事日有进步（破南关①后，复破水口关及思州），而待款至殷也（函中已开汇寄收银之地址，若伊或托兄，则乞为办理）。

精卫现在何处？运动之消息佳否？此间新军得占南关，大战七日，杀敌数百。既而乘势进与钦州军合攻上思州，又战数日，虽以子弹不充，未能即奏大功，然虏兵将惊魂已破（其统领陆荣廷负重伤，营官死者二人，哨官死者多人）。又自南关用师，外人颇知我军宗旨，大为信用（法国报纸为我左袒尤力），此皆足为我同志一道者。专此，即请

近安

弟孙文谨启

十二月廿三日

各信请看过，封口送交为荷。另一信交雪秋兄，亦乞代达。

再：前托买英文年鉴，今已近年底，可不必买 1907〈年〉者。书店若有新到，必系 1908〈年〉之物，买之可也。

据原函影印件，载张永福编：《南洋与创立民国》，上海，中华书局一九三三年十月印行

---

① 破南关，指一九○七年十二月二日爆发的镇南关起义。

致萱野长知解释运械与潮州起义失败责任函

（一九〇七年十二月二十六日）

萱野先生阁下：

前月闻驾经返港归日本，因有书寄三上君①并与阁下述械事，谅已达览矣。

比顷得精卫兄来书，乃知阁下以关于东事②曾以西十一月廿六电问，而此间回电不明，阁下有不释然之点云云。查西十一月廿六得精卫电，其文云："暹电已收否？昨到③，当偕邓④往各地运动。今乃居无聊，且不得回书，欲回东⑤，如何办法？祈详电。"当接此电时，以为精卫自述在星无聊，不指他人。而十一月十二日此间曾致一电与精卫，其文云："日本来函必欲派一人回东，以维报局，而固人心。已与克、展兄详议，电复公等勉支报事。精卫准西年底回东筹款，如何？电复。"故廿六日电所谓回东如何办法，亦解为精卫问伊自己回东理整〔整理〕报事、维持东京团体如何办法。遂复电与精卫云："收。偕往及得款回，可再商回东事。近事复杂，无关运动，故未回书（其时亦得精卫星坡书未回）。德事略滞，待款急。"所谓近事复杂、无关运动者，乃指在西所图之事，复杂变幻，而进步甚少，无能有益于精卫之经济的运动，故未与精卫书也。今得精卫最近来书，乃知前电系为阁下而问，原电有"萱久居无聊，且未得回书，欲回东"云云。"萱久"二字误电作今乃，词意不明，遂致两俱误解，殊出意料之外。此间若不接精卫此次来书，尚不明此电为阁下而发，而精卫至今亦当尚未明此处之电之意也。

至于此间得阁下倩精卫代作之书，其时已了然于东事之失败，其责任全在许雪秋一人。夫阁下之任务，以能使军械载运送至目的〈地〉，即为完全无阙。而许氏乃遇事仓皇，侦候不明（不知有兵舰），预备不周（不能雇备大船），报告不实（指

---

① 即三上丰夷。

② 东事，指一九〇七年一月十二日，萱野长知自日本购械运抵广东海丰县汕尾港，由许雪秋接应，因被清巡舰发现，卸械未成。

③ 昨到，指前一日到星加坡。

④ 即邓子瑜。

⑤ 回东，指回日本。

李子蔚之报告日船），以致虽已运送到目的地之军械，而仍不得其用，故曰其责任全在雪秋一人也。而且雪秋关于潮事，至此已三度失败矣。伊自乏条理，而其左右如李子蔚、林鹤松辈才尤劣下，故此后各事，不敢复信用于雪秋。而军械处置问题及其他之各事，则弟实欲阁下一来河内面商其办法，故致电精卫："遄款及万，当邀萱、邓同来。"即系欲邀阁下商办东械各事。而所以待款者，则因阁下来函述及吉田等回东之措置及再来之方法，均非得有数千金以上之款则各节问题均难解决之故。弟见精卫在西贡运动颇称得手，以为遄亦易得手，而万元之款不难，款一得而邀阁下同来，则可相议东事之办法，而军械可得其着落。讵精卫到遄筹款不多，自遄返过星加坡寄来十一月廿六之电，此间以为精卫自言归东，既复电，后二日精卫再来一电云："萱得电，决即回东。"此得电云云，犹疑为阁下别得东京之电，而不悟为得此间之复电也。是以此间于前得阁下星加坡书时，未作复者，以为各事非面商不能妥善，而渴待精卫之筹款于遄有获；且以为精卫自遄必经星加坡而复返河内，则良晤不远，无待复书。及精卫于遄所获不多，归星加坡不数日而遂得阁下归日之电，而以为于日本东京或神户有电催阁下归，故始作书寄三上及阁下。而前此未尝复书者，则纯以以上之理由，而绝无所疑于阁下之行事者也。雪秋权责在于接收军械，而举军于惠潮；阁下之权责，则在于运输军械至于目的地。雪既不能接械，而其所经营之地点亦复不能再举，则事实上其权责已归消灭。阁下运输至目的地，责任无亏；然以运回日本之故，因而更生新之权责，但解决如何输入日本及如何领收之问题，非弟智能所及，惟有听阁下次度之报告。而弟所急欲商者，为军械再来及东方①举事之问题，此则决非面语不能明了也。

许氏委任状，闻展堂兄言，则谓其自交还冯サン②；或者冯向许索之而许交还，胡サン不知耶？实则冯亦徒多此一举耳。至阁下与许偕行，则闻胡、冯始皆相阻，而许氏坚邀，阁下亦听之。又其介绍书，乃阁下与胡言之再三，胡以许行既不可止，但又必强邀阁下去，因虑许氏言不践实（许濒行谓"到星加坡，萱野君一切费用我均任之"，而胡不信也），故为阁下作书致张、陈③等，使为东道主。其书因言阁下系与许氏同来筹款云云，亦不得已也，使阁下与许氏之行事前弟得闻知。

---

① 东方，指广东。
② 中译文为：先生。下同。
③ 张、陈，即张永福、陈楚楠。

总之，潮事之失败，弟认为全非阁下之过误（雪秋有过，足下无过，两不相关连也）：而后此运械之事，则仍以属诸阁下之全权。今虽未能与阁下面商后此如何之详细办法，但急欲知军械输入、领收之安全与否。至若既得安全领收，则乞以电报知。现时经济问题虽未解决，然欲商为由日本运至澳门附近之海面，由他人请负转运至目的地，如此则日船之再度运来，无何等之危险，其事较易。今虽未商定何〈处〉之海面地点为中途第一次接收之处，然望一得日本之消息，电知弟等，俾易于商量为如何再求他举之计划。而后兹所倚托于阁下之事正多，愿阁下更为鼎力赐助是幸。专此，即叩

侠安

弟孙文谨启
十二月廿六日

据原函影印件，载萱野长知编：《中华民国革命秘笈》，东京，帝国地方行政学会一九四〇年七月发行

致三上丰夷请转信萱野长知商购军械函[①]

（一九〇八年一月三日）

三上先生阁下惠鉴：

前月曾上两书，并有请交萱野君二书，想均达到矣。萱野君现在何处？今复有一函与之，敬请转致。如萱野君尚未归日本，阁下亦当知其所在地，亦乞代为寄交。此函乃关于军械事，请其与阁下妥商办理善后之法也。专此，即请

义安

弟孙文谨启
西一月三日

据亲笔原函影印件，台北、中国国民党文化传播委员会党史馆藏

---

① 受信人是三上合资贸易公司经理，当时正和萱野长知等帮助孙文在日本购运军火，以供起义之用。

致萱野长知望速卖械还债函

（一九〇八年一月三日）

萱野先生阁下惠鉴：

去西历十一月中旬闻阁下经港归日，即有书由三上君奉交。十二月廿六日得精卫报告，知前此电报两方误会，因再有长函具述阁下在星来书未答之故；及关于惠州失败之事，认为非阁下之过误；又后此船械之问题，其事权仍属之阁下。此函亦由三上君转达，不知已入览否？

比得东京何天炯兄及林时塽兄来函，具言滞留神户之械，当时有名古屋商贷出银三千五百元（系宫崎与蒲生立契约），已到期限，迫索至力，势将诉诸裁判。宫崎已为所困，东京如何サン等则勉强羁縻之，使稍缓以待命而已。今若能迅筹数千之款以理债务，则此物尚可暂时保存。然已为警察所知，三上之船亦碍难再为积载，以林サン计之，则不如卖却，一以塞警察之耳目，使谋事之人可稍得自由行动；二则可免名古屋商之严索，兴起诉讼。弟得东京信后，当与黄サン等熟商，计此械再来，办济债务及为再度运送之费最少亦在万五千元以上，而收接此械之地点如何经营预备，其费用尚不在内。而此间经济困难，精卫于南洋各处之运动俱无大获，故不特欲筹巨万之款为卷土重来之计划不能如意，即欲别筹数千之款以清名古屋商等之债务亦不可得。是经济问题为第一之原因，虽明知卖却之多所损失，亦不能不出此下策，惟此事始终为阁下经理，故谨将此情奉告。阁下此时或已返东，或尚留上海（传闻阁下尚留上海未归），均乞即速为办理，将此械卖却，为办济债务之用。其如何分别缓急先后以次办济，及同时尚有何等最紧急之需费，皆由阁下酌定支出可也。

此番之事，使阁下徒劳无功，加以经济困难，无法救济，以致得如此结果，令人慨然。惟思阁下志气壮锐，度越寻常，必不因一度之失败而为之挫折。至弟之相信，则具如上月廿六日书所言。今械事之结果虽如是，然使弟所图果有大进步，或经济有得，大约不难再举；而于此之时，仍望阁下肩任不辞也。

自南关役后，机局未始无进步，然以经济问题不能解决，故作事不能快意。

知为厪念，顺此附及。即候

起居

弟孙文谨启

西一月三日

据原函影印件，载萱野长知编：《中华民国革命秘笈》，东京，帝国地方行政学会一九四〇年七月发行

复池亨吉告离安南情况函（节略）

（英译中）

（一九〇八年二月八日）

……一月十五日来翰敬悉。但兄于归途中由长崎投寄之函尚未收到，恐在弟已离河内后始寄达该处。英人□□氏的急电，前此已收悉。对兄的厚意，深为感谢。如兄得便晤见□□男爵，烦代达弟在远方的欣喜之情，并致问候。

□□的状态较兄与弟等同居时更为□□。兄赴东京后不久，河内的秘密住所即被满洲政府的走狗所侦悉。北京当局立即点出甘必达街六十一号住所，向巴黎政府指控，许以重酬，要求将弟逐出安南。事已至此，弟不愿为法国总督带来烦扰，遂与印度支那暂别，更觅自由的新天地。于是飘然离开河内，重过沦落天涯的亡命生活。但留黄兴及胡氏兄弟，委以当地及广西一带的筹划事宜。黄兴君更为奋发，已进入某地点。尤以云南军着着准备，照其预定计划开展工作；但何时起事，现尚难以奉告。

……今闻一有趣之事，即北京政府比较日、英、法三国，以英为最强硬国家而抱畏惧，以法为强且智的国家而示尊敬，独以日本为易与且为最易受骗的国家而欺之，其理由实甚滑稽。北京政府认为孙文如在英属各地，不论使用何种手段对英政府提出要求，英政府亦将保护亡命客而拒之不理，故为最强硬的国家。法国则初表强硬，但如许以重酬，便渐可接受要求，如非强且智者断不能玩弄此等外交权术。日本则最易对付，只需我们一启口，它便不提任何条件，立将孙文驱逐，此非其外交拙劣，即为当局愚钝，兵力虽强，又何足惧！由此可见，以弟区

区五尺贱躯，适成为比较世界三大列强的最好准尺，实不胜荣幸之至，一笑。

（下略）

据池亨吉：《支那革命实见记》（译自英文函），
东京，金尾文渊堂一九一一年出版，参考中译
本《中国革命实地见闻录》译出（何若钧译）

致流石埠同志告捐款收妥并予嘉许函

（一九〇八年三月四日）

流石①列位同志公鉴：

昨日精卫、子瑜两君回，报告贵处同志热心公义，闻之甚慰。又晤黄甲元、曾壬龙、曾连庆、温昌基诸君，知各同志协力筹款以助革命军之用，并由甲元君等面交贵处同志义捐及收单存底，皆已妥收矣。各同志之慷慨好义如此，洵足为国民前途庆，深望始终勿懈，益求进步。凡团体之成，贵诸人同抱热诚，而各以公心任事，和衷共济，则一日千里。贵处有曾、蓝②、黄诸君之维持，复有诸同志之协力，想必能固结团体，以申大义，此则非惟弟所厚望，亦一般同志所厚望者也。专此，敬候

公安

弟孙文谨启

二月初二日

据原函影印件，台北、中国国民党文化传播委员会党史馆藏

---

① Batoe Rosa，时中译为流石，又译留石，荷属东印度的苏门答腊岛一埠名。

② 蓝，即蓝瑞元。

致邓泽如述镇南关起义后情形
并告来星加坡筹款函①

（一九〇八年三月七日）

泽如同志仁兄足下：

去腊星加坡同志汇来兄所捐军费一千元已收，续得精卫、子瑜②两君之报告书，备悉兄之热心好义，实深感慰。

弟自攻破镇南关之后，默察广西全局大有可为，月来所图较前极有进步。盖我军苦战八月，未尝小挫，军心坚定，无虑涣散。而各乡人民视革命军如亲友，不独乡民为然，即各处团练亦多暗附。以军心民心而论，诚可无忧，盖革命军之根本已立矣。

而目前更有千载一时之机会，则以广西边兵多暗约来降也。自军兴以来，虏廷调两广之兵聚于钦州、南宁、龙州③三处，兵数虽近六万，而能战者甚鲜。客兵既不习战，巡防各营则久已有心归附。其能任战者，惟陆荣廷④部下四千人而已。此四千人者皆百战悍卒，屯驻边防。昔日我军破镇南关之时，陆荣廷倾其部下之众来战，时我军仅数百人，而陆军共四千人，相持七昼夜，我军死者二人，敌兵伤亡数百。其后我军赴钦廉革命军之约，趋往十万大山⑤以相会合，共取南宁；而陆荣廷军遂得借口，以言复关。自经此役之后，无论广西各营兵闻风胆寒，即陆军亦心折我军之坚劲。而我军中人多有与陆军将士为旧时兄弟，以是之故，

---

①　镇南关，在广西省凭祥县（今改市）西南，关外即为越南谅山，现改名友谊关。当时孙文委黄明堂为镇南关都督，于一九〇七年十二月二日率起义军攻占镇南关三座炮台；次日偕黄兴、胡汉民等亲登镇北炮台，炮轰敌军。一九〇八年一月孙文被法属印度支那政府着令出境，自河内至星加坡，是年秋建立同盟会南洋支部。此函发自星加坡。

②　即汪精卫、邓子瑜。

③　时为龙州厅，属广西省太平府，民国初改名龙州县。

④　陆荣廷因镇压镇南关起义而擢升总兵，他原是受清政府招抚的龙州三合会首领，当时起义军多属会党分子，故下文谓与陆部将士为"旧时兄弟"。

⑤　十万大山，在广西省上思直隶厅（民国初改名上思县）西南。

我军百端运动，陆军将士逐渐倾心。且虏朝待人无信，当我军攻破镇南关时，虏下令广西巡抚、提督及诸统领，谓"十日内不能复关，一律斩首；如能克复，当有重赏"。乃我军血战七昼夜后弃关前进，陆军收复，所有前此花红重赏一概不与，以致全军怨望，而陆荣廷诸将尤怨虏之滥刑齐赏，故我军中将士得以乘间而运动奏效。现时陆荣廷部下之兵多来约降，弟许以若每人携枪及子码来降，破龙州、南宁后每人予赏一百元。而各兵则谓来降之时，即求赏三十元，俟破龙州、南宁再领厚赏云云，其所要求亦不为奢。弟料此军来降，则龙州、南宁确可以必破，因现时除此军外实无他军足以任战也。惟来降之初每人给三十元，以四千人计之，为费当在十余万以上。夫费十余万之款，而兵不血刃以取南宁、龙州为革命军之根据地，可谓难得之机会。无如军饷奇绌，末由立集此数，故弟决意来星加坡一行，即专为此事而来也。现时陆军已有约降之意，则内地一二月内可无须恶战，故弟得抽暇来此一行。倘能得款二十万或十余万，则大事之成已在把握中矣。语云："为山九仞，功亏一篑。"今革命军苦战八月，始得造成今日之机局，无异九仞之山，所望者南洋同志不吝一篑之劳耳！

　　兄素抱热诚，祈为我筹之。陆弼臣①翁前曾与弟晤谈数次，与语革命之事，弼臣翁极为赞成；惟以须先立根据，乃可从事，故劝弟宜先营矿务等等，厚集资财而后用之。今者革命军转战如是之久，兵力如是之劲，可云根据已立矣，而又有千载一时之机会，如此烦兄晤陆弼臣翁时，可善为说辞，以观其意。倘弼臣翁有赞成之心，祈即电知，弟可来会。此外兄可以为力之处，祈不惮劳瘁，以底大业于成，是所切望。以后如有回音或电报，祈照下开住址②发来为要。此上，专请

义安

弟孙文谨启

西三月七号

　　据亲笔原函影印件，载邓泽如编：《孙中山先生廿年来手札》卷一，广州，述志公司一九二七年一月出版

---

①　陆祐，字弼臣，吉隆坡（Kuala Lumpur）大侨商。吉隆坡时为英属马来联邦及其所属雪莪兰邦（The State of Selangor）首府。

②　所附地址，底本未影印。

约苏汉忠晤面函

（英　译　中）

（一九〇八年三月十七日）

亲爱的苏：

　　我从 Lianchye① 先生处得知，你希望与我会面。本周内的任何时间，我都很乐意在马利士他路②张永福的花园与你会晤。

非常忠实于你的孙逸仙

一九〇八年三月十七日

星加坡

据秦孝仪主编：《国父全集》第十册英文函（转录中国国民党中央委员会党史委员会藏原函影印件）译出，台北，近代中国出版社一九八九年十一月出版

复邓泽如请劝说陆祐助饷并派汪精卫面筹函

（一九〇八年四月一日）

泽如仁兄同志足下：

　　前接复函，诵悉一切。弼臣翁处，弟意欲专托吾兄为我善为说辞，今有致弼臣翁书一封，祈兄拨冗专为此事一行，以热诚感之，以大利许之，或能有效也。最好在说弼臣翁函邀弟来访，更易说话。来书论许以利权各节，诚为有见，弟书先问其欲得何等之利权，俟其回答如何，再为商量。此事总望费神，非异人所能任也。弟不日复遣精卫君来芙蓉，与兄相会，面筹一切。先此奉复，敬候

---

① Lianchye，似为李凌溪。

② 为 Balleatair Rood 音译。

义安

弟孙文谨启

四月一日　通三十八号

据原函影印件，载邓泽如编：《孙中山先生廿年来手札》卷一，广州，述志公司一九二七年一月出版

致邓泽如请筹款发动广西边防营勇响应起义函

（一九〇八年四月十七日）

泽如同志仁兄鉴：

刻接精卫、应培两同志函，备述足下热心革命，力任筹饷，以济军需，钦佩无极。

现下我西路义师在钦廉连战大胜，声势大张，广西边防营勇之思反正以为义师内应者甚众。今有数营已经定约与我广西别军同时起事，急需花红并月饷万元。精卫来函谓足下处力能筹五千，如此当可克期集事。务望足下早日筹便付来，以便转汇军前，令立行事。若于此时广西能大活动，以为钦廉义师之声援，则西路大局可定，而东路惠潮亦可预备再举矣。云南之局亦有布置，广西得手，则云南之师亦可随之而动。如此则两广、云贵可期恢复，而革命军之根本固矣。全局关键系于广西边防营勇之响应，而响应之迟速又系于筹款之成否。今得足下力任一臂，事可无忧矣！惟机局之来难得而易失，今诚千载一时之机，若不致迟延错过，则南方基础可定，而破竹之形成矣。恳为留意，幸甚。

得款请汇星加坡张永福兄代收便妥。张兄住址列下：

Mr. Teo Eng Hock

105 Beach Road

Singapore①

此致，即候

义安不一

────────────

① 中译文为：星加坡美芝律一〇五号张永福先生。

各同志统此问好不另。

弟孙文谨启

西四月十七日发

据原函影印件，载邓泽如编：《孙中山先生廿年来
手札》卷一，广州，述志公司一九二七年一月出版

致林义顺促筹广西义军花红及饷函

（一九○八年四月上中旬）①

刻河内之电云："摩角、水口两营约拾二杀官反，蓝军同起。红及饷三千。乞电。"摩角、水口在广西龙州城附近，蓝军乃在边界之军，刻要花红及饷三千元。望足下即走商各同志，立即设法筹此数救急，免失机。此电为未来之事，今尚须秘密，不能发表。弟今晚当另拟他电登报，高见以为如何？

并有两电，一复河内，一发精卫，着速筹款。望即时代发。

义顺兄鉴

中山

据原函影印件，载张永福编：《南洋与创立民
国》，上海，中华书局一九三三年十月印行

致庇朥同盟会员勖筹款助钦廉革命军函

（一九○八年四月二十二日）

庇朥同盟列位义兄大人均鉴：

邓彬兄来星，带到泽如兄一函，盟表二十张，军费银壹千元，俱已收妥。据

---

① 原函未署日期。函中言运动广西边防营勇反正，以下两函亦提及，为是年四月间事。本函称"约拾二杀官反"，该日期似指阴历三月十二日，即阳历四月十二日。孙文接河内之电应在是日以前，而致函林义顺时间则稍后，据此，酌定为上中旬所发。

彬兄等称述，各同志极热心爱国，现已竭力推广势力，以为陆续筹款以助革命军之地步。闻风钦佩，感慰无量，大为汉族前途贺矣！弟此次南来筹款，已得三数埠同志捐集多少，故钦军得有近日之活动，连战大捷，军威为之一振。今又得贵埠及芙蓉各同志赞成，前途更有大望矣！

现时广西边防营勇已约降，而云南之布置又已妥当，可随时发起，所待者款耳。刻下有最急之需而不容缓者，有广西营勇约降之花红及饷需万余元，有云南待举之接济需万余元，有钦军之加补子弹需二万余元，此三宗统计不过五六万元耳。若能立得此数，则两粤、云南三省相连数千里之地可以同时活动，则虏兵虽有百万之众亦必难首尾兼顾矣，况彼虏倾国不过十余万之弱卒耶！广西、云南两省一起，则钦军无后顾之忧，可以长驱进取，而东路惠潮之义师可以再起，福建漳泉可以响应，如是则南七省之局定矣。此时则北军必可起于燕齐，中军必可起于吴楚，此弟数年之计划也。无如财力不充，每不能为所欲为，加以近日用兵钦廉、广西等穷荒之地，为时既久，所费过巨，昔时同志已成强弩之末，所以有今日青黄不接之忧，而区区五六万之款亦无从挹注也。今幸得公等之新力，则九刃〔仞〕之功或不致亏于一篑矣。顾今日之得失成败，在于能速得此款否耳！得此款，则吾军之势力可立增十倍；达此目的，则基础可固，乃能持久；一能持久，则军政府可以成立；军政府一成立，便可因粮于内地，借债于外国。此时自可左右逢源，虽数千万、数万万之军饷国用可以无忧矣。惟当此得失之交，为吾汉族存亡所关，不能不望公等竭其能力，以任此急需也。

公等之力再能担任几何？乞为预示，以备打算。并恳将续集之款早日汇来，以便赶付军前应急，至紧至紧。革命军定章：凡出资助饷者，军政〈府〉成立之后，一年期内四倍偿还，即万元还四万元也，并给以国内各等路矿商业优先利权，及列为为国立功者，与战士勋劳一体表彰。公等为义而起，自不以此为计，然军政府酬庸之典则尔也。公等从此向各地劝励殷商助力，皆可以此为则。若更有大财力者，愿得他种之特别利权，弟亦有权可以允许定约，顺此并及。望公等力任其难，为国立功，是为祷祝。此致，即候

义安不一

弟孙文谨启

西四月廿二日

据原函影印件，载邓泽如编：《孙中山先生廿年来手札》卷一，广州，述志公司一九二七年一月出版

复邓泽如告与黄心持力劝陆祐助款函

（一九〇八年五月十二日）

泽如盟兄大人鉴：

四月五日来示，并则单千元及谭德栋①翁信一函，一概收妥。随复一电，想已达览。兹付上收据两张，并谭翁信一函，祈为代交。

日来我云南军所至皆捷，清兵之归降者已盈四千有余。每日粮食、军火甚巨，必当源源接济，至破云南省城之后乃能自给。现正待济甚急之时，弟前日连有函电询及弼翁肯否助力，未审如何？此翁一诺，则大事成事〔矣〕。方今吾军正在声威大振之时，望足下与心持兄竭力动之，如能成就，则足下等之造于革命军功德实无量也。前所谋加补钦廉军火及招纳广西营勇两事，皆以云南之急，未有余款兼顾，实大滞动机。如款项足以招呼三处同时大活动，则清虏之灭易如反掌矣！望为图之，并祈赐复。此致，即候

大安不一

列位同志统此候好不另。

弟孙文谨启

西五月十二〈日〉

据原函影印件，载邓泽如编：《孙中山先生廿年来手札》卷一，广州，述志公司一九二七年一月出版

致邓泽如黄心持再请力劝陆祐助饷函

（一九〇八年五月二十日）②

泽如、心持盟兄鉴：

吾党财政之困难，真为十余年来所未有，前各函电已屡述之。自云南义师起

---

① 谭杨，字德栋。

② 原函未署日期，今据邓泽如《中国国民党二十年史迹》一书所载标出。

后，更急如星火。兹得河内总机关处来函，更知非急得十万之款，则不能进取裕如。今将原函抄来一阅，便知其详矣。

惟此十万大款，将从何得？其能为力者，舍弼翁实无其人。日来函电相托游说之，俱未获复示，想事未易入手也。惟持之以坚忍，出之以至诚而恳求之，则终未有不动心者。若屡求而屡却，而求者之望仍不失，则终必有应之时也。但前者兄等之竭力以助革命军，实出于热血、出于大义耳；若问革命前途有何把握，则兄等自问，亦茫然也。今有河内来函，读之必瞭而〔若〕观火，从此兄等之出而说人必更有把握矣。既有此详细事实以为运动之资料，弟是以有更望兄等接此信时，再三向弼翁游说，必得承诺而后已也。盖此事所关非小，吾党今日成败得失则在于此，此实为数千年祖国四万万同胞一线生机之所系也，故必欲兄等再三四而图之，必抵于成而后已也。

惟运动之方面必随时而变，先当动之以大义，不成矣必再动之以大利。想此两方法，兄等必已试之而无验；然更有一法，则当动之以情谊。兄等与弼翁相往来有年，交谊自然而深，用此为游说之具，或比二者为尤有力也。惟用此法，必得多人合力，方易成事。于此弟想陆秋杰君必可合力，惟此又必要先得陆君之深信此事之有把握，彼乃肯合力以说他人及自出力以助革命军。弟素闻陆君老诚〔成〕持重，不轻然诺，若一得彼之诺，彼必言出惟行。今于革命之事，吾知陆君非无其心，惟不详知革命事业之内容。闻日来吾党所传布云南革命军之事，彼亦不大深信，盖以西报不多论其事也。而不知云南与此地关系甚少，故英报不甚注意。又西报之言中国事者，其新闻多传自北京；今清政府力禁云南之事外传，故西报少知也。自云南起事后北京只传过一电，系西五月五日由北京发往上海者，言清军已复回河口，此后则无言矣。复回河口一事乃滇督虚报，因当时吾党尚未大进兵，故滇督犹可欺蒙也；而北京政府只报胜而不报败，故各国之西报寂然无闻也。惟安南法报《密迹》故多论云南革命军，然英报不译也（大约无法文之译者亦未定）。惟香港《南清早报》（英字报）有特派访员在河内，其五月十二号新闻有访函（五〔月〕九号来函）言云南军事颇详，盛称吾党之文明。河内离河口不过十二点钟火车，电报息息相通，北京五号之电言复回河口，而河内访员五月九号函犹言革命军一面守河口，一面分兵攻蛮耗、蒙自等处，今蛮耗亦已破矣。

此访较之北京尤确，而且日子更迟。兹将五月五号北京报收复河口之西字新闻，并五月九号河内访员报香港之新闻二纸寄上，请代呈陆君一看，使彼先信云南之革命军已起，确有其事，不是虚传。然后请将河内来函以彼一观，使彼深知革命军今日之局面，有如此把握，乃可望之协力也。若秋君或弼翁肯任此十万，当酬以云南全省之矿权专利十年也。望如法先说肯秋杰君，然后同彼协力以说弼翁，事当有成也。

祈早示复，幸甚。此致，即候

义安不一

弟孙文谨启

据原函影印件，载邓泽如编：《孙中山先生廿年来手札》卷一，广州，述志公司一九二七年一月出版

致池亨吉转胡汉民有关河口之役报告函

（日译中）

（一九〇八年五月）

关于我们云南革命军起事占领河口的经过，得在某地胡参谋的报告①如左，嘱为寄上，俾使天下人确知我们的行动。

孙文先生大鉴：

云南国民军光复河〈口〉、燮浩〔蛮耗〕各等情形，除径〔经〕电报外，谨详述之。

初国民军之图河口也，潜师于边界者百余人，其散布于车路一带装为苦力者二百〈余〉人，清军暗约反正投降者日众。顾我以河口原屯重兵，除警察〈兵〉、汛兵外，则有督辨〔办〕亲带二营，黄元贞管带一营，岑德柱〔桂〕管带一营。黄元贞素通情于我，而督辨〔办〕王玉藩则顽固老物，岑德柱〔桂〕更懵无知识者也。督辨〔办〕部下熊守备勇而有谋，自愿以身当督辨〔办〕，而以其部从我；

---

①　胡参谋指胡汉民。此报告于五月八日自河内寄至星加坡。

相约已二旬，督辨〔办〕得告密者言，颇为备。及黄元贞已有调省之信，督辨〔办〕辞职之文书亦将回复，熊守备、黄元贞二人乃决意速举。有清谍者，侦知法界有我军指挥者数名寓焉，竟诬以劫案，请法吏拘留之（即黎仲实等八人也）。弟闻此事，急催我军首领黄明堂、关仁甫、张德卿速发，遂以廿九晚二时举兵。警察兵闻号即响应，自杀其管带蔡某，而我军约束之使勿动，巡视河口〔界〕如常；盖河口与老街相隔仅一河，惧有扰也。旋攻汛营，汛官某逃而据〔报〕督辨〔办〕处，黄元贞部下二哨先降，余二哨随黄驻山顶，犹相攻击。既而三腰、那扒各处分驻之兵闻风皆至，战至翼〔翌〕早八时，我军暂休憩，九时复猛攻之。是时督辨〔办〕亲督队，力战不却，而黄元贞已降，皆反戈助战。至四时，督辨〔办〕亦使人约降，我军知其顽强，未敢信。因派王槐廷带兵二人并一法人（于河口通〔经〕商者，偕通事来观战，睹其情，亦知督〈办〉已力竭，故愿与吾军〈人〉同往），往说之降。既至前，则督辨〔办〕不应。王槐廷起身告行，督〈办〉突挥刀斩王，王仆，旋以短枪轰我一兵（法人幸无伤）。熊守备急举枪拟督办，其部人〔下〕从所指，督办遂伏诛，举督办之营〈皆〉降。岑德柱〔桂〕潜逃匿民舍，其营亦解甲。河口地面遂归于我军占领。收各营之枪千余，除身佩之子弹外，别得贮存之子弹七万，河口四炮台亦归我有。于是下令安民，并派兵保护领事、税关洋人，送往法界，居民大悦（法报纸以我军之举动能依于国际法而行，欲颂扬修主〔备至〕）。一面点收军实，偏〔编〕正队伍；一面论功行赏，商议进兵。

黄元贞既降，则自为书劝铁路上李兰亭及黄茂兰反正。〈西〉初二晚，李亲卒〔率〕全营来降，缴枪二百余枝，子弹三万，谷一百担。黄茂兰部下二哨，亦已闻风而来。初三，关仁甫引众四百进攻爕浩〔蛮耗〕，甯大引偏师上南西河（以〔此〕为攻蒙自军之偏师，而德兴〔卿〕则正兵也）。黄茂兰亦复书于黄元贞（黄茂兰所驻较李兰亭为远，李在二十条基劳，黄在七十八条基劳，故李先降），言我军到日，自当卒〔率〕全营投降。初四日，关仁甫兵上至南溪，适有胡华甫之营一哨来降，他一哨官王玉珠亦相约响应。我军更前行抵新街，柯积臣（爕浩〔蛮耗〕管带也）带兵二百余人登山放卡，我兵攻之。时已入夜，敌军不战而走，投降数十人。初五日，张德卿亲督大队进行七十八条基劳，收黄茂兰之兵，然后合兵攻豪〔蒙〕自。关仁甫之兵亦拟由燮浩〔蛮耗〕上个旧，合周文祥之兵（是日闻临安已发动）合攻豪〔蒙〕自。初六日，探〈卒〉来报言：白金柱带清兵四营到八寨。八寨离开化城八十里，于是张德卿拟分兵数百袭攻古林菁，以牵〈掣〉白金柱之卒；更侦白金柱之所向，而与大军合攻之。初七日，更排〔挑〕选精兵二百名，兼程上蒙自助战。此自上月廿九日起占领河口，暨连日进攻、以次克敌、收降之大概情形也。

此次德兴〔卿〕、仁甫跃踊用兵，发愤进取；而发难之始，则功在黄明堂。然而黄元贞内应之功实大：反正以致〔后〕即立作书招降，而李兰亭听信其言，全营来降，以至黄茂兰等亦相率先后而来，皆黄元贞之力也。

初四日弟得克兄①电，知已抵先安，即电告知。旋奉来电，令克到即上督滇师。初六晚车克由海防入河内，今晨以早车上老街，往河口督师。弟亦已将河口各将士之才干及进行之近情，备细告知。克兄精神完足，殊无鞍马之劳。濒行谓："云南敌兵若不能为我患，则或取广西之兵自救，宜于其间更谋出一路于归顺，以牵掣之"云。想克兄亲行督师，士气更当百倍也。德卿濒行谓："此行攻战之事可必克，以我力充足而敌势脆弱，又会党相通，其士卒莫为彼虏用命也。"

惟是自河口以上，粮米极贵，每日每人至少须发伙食〈三〉毛。现在我兵已三千余人（河口原有之义师三百〈余〉人，在河口投降者警察、汛营及巡防四营，李兰亭一营，黄茂兰二哨，胡华甫一哨，王玉珠一哨，其余新街、奕浩〔蛮耗〕尚有降者），每日用银，粮食一项亦几及千元。收复河口即就地征收义捐，得银三千五百元。惟发谁〔难〕时，杀督辨〔办〕之花红二千，占山上炮台及以哨官首级献者大小花红二千八百，共花红四千八百（其得河口后来降者即皆不给赏，但发伙食而已）。初二日，弟交甄吉亭带款二千二百元上，次日关仁甫之队起程。初四日，弟交黄龙生带款二千二百元上，次日张德卿之队起程。初六晚，吉亭归河内，细述情形，知德卿之队仅持三日之粮，非立加接济，兼多辨〔办〕粮食运送供给，便〔则〕虑为行军之窒碍。是时铺户之捐已难于为继，而兵起河口占领逾一周，不见外洋大款接济，士心虽固，不为摇动，然若粮食不周，则情

———————————

① 克兄，指黄兴，字克强。

见势绌，外恐见笑于邻国，内亦恐降者之裹〔裹〕足。盖降者之来，感于情谊者三，而动于〈声〉势者七。由此数日之情势度之，则彼敌望风奔附，而我师团〈无〉阻，以是而收取全滇也不难。若因饷绌之故，使来者闻知，不肯踊跃来附。而由河口起兵，我军得利，正在有越地供给之后援；足食而进兵，则所至所向，能战能攻。河内同志力竭于前，先生所晓；弟见吉亭之报告，遂再电星州〔洲〕告危。是日复接河口来电，言降者见粮食困乏，颇有一二不安者，弟尤为焦急。旋得星州〔洲〕先生复电，三日有款，略为欣慰。然仍无以济两日之困急，勉强就商于梁成泰之子梁秋，使由伊捐款三千，而约以无论何时星款到立即归还。梁秋前日已为我党捐款二千（前信已告知），此番实得其助力。

以弟观察云南大局，确有把握。哥老会之纠合，息息相通，如黄元贞之营降，而降者相继，此其验也。周文祥曾破临安，云南最有声名者今亦皆为我军所用，而起转会党而为革命党。凡滇省之兵，前者俱会党，今则不难立变为革命党，而服从于国氏〔民〕军矣！此云南全局可图者一大端也。豪〔蒙〕自、开化藏枪各数千（藏置为招募新军之用），而守兵各不过两三营，合其附近可取救援之兵亦不过各得二千人而止。以我朝起之锐气，攻彼腐败之营兵，且又有会党相通之妙用，一可敌十，何况彼力之尚有不如我耶！此云南全局可图者二大端也。云南近越边一带，粮食既昂，河口之兵正以饷食不周为倒戈降我之一原因。若我有后援，粮食充足，则彼敌兵降者恐后，盖以彼卒常饥之故。此云南全局可图者三大端也。黄明堂、关仁甫为旧日会党首领，张德卿亦著名于广西，今皆聚而为我用，各尽其能。黄元贞新降，极意立功，且熟悉全滇情形。今又有黄克强兄之学识经验，而为统筹。人才众多，此云南全局可图者四大端也。

云南各营之枪系于前年一律换为德国毛瑟者，器械可用，非如钦州集合地方兵团之械参差不伦者可比。现下子弹充足，亦可供数大战之用。惟降者日众，则饷食日增，河内一隅（河内已捐款千余，力已竭）焉能仰给？必有大款，方堪接济。若得十万金，分半先为粮食之用，分半预为子弹之补充，则大军所至，势如破竹，攻城略地无后顾之忧。若以现情形论之，则开化、蒙自在我军掌握，惟两城既得，骤辨困〔办因〕〈粮〉，必不能给。（蒙自等虽到〔非〕河口之比，然既得大城，则军费浩繁，亦非现在可比。因粮之必徐设辨〔办〕法而后有功，若朝得城地，而夕辨〔办〕因粮以充军实，势之难也。故必预筹款项，以为临时之用。）是以不能不先仰外洋之接济，粮食第一，子药之补充次之。（底波洋行私约，如得蒙自，伊有洋行在彼，军用亦可以任取。银班〔行〕大班私语孖臙养云：“若有占领蒙自消息，请党人告我，我有大好意相酬。”蒙自领事闻我占领河口，即归蒙自，语人云：“我素助革命党，或恐党军攻蒙自，他法人有误会，故须归为通情。”大抵若得蒙自，弟在河内亦可尽力运动，便〔使〕得种种之裨助。然第一级之工夫则尚未能做到，而惟望先生与星埠诸同志之大力先助。）十万不能骤得，亦必筹济五六万之款。法报纸之言曰：“革命军此次乃真有革命之力矣，然何其经济之困乏耶？以数千金之款，而用数千人，何其神也！”又有云：“以革命军之所〈为〉，当无有能御者，吾人何敢量其力之所至；然须就地以筹军用，则岂无外力之大助耶？”（在河口微〔征〕捐，法人亦知之。）盖我党之艰难，于平日非外人所知也。今云南之机局实所谓非常之遇，难〔虽〕有智慧，不如乘势。况我祖国之论〔沦〕亡于异族人之手已二百余年，今何幸而河口至蒙自之间已归汉人占领，开化、蒙自不日底定，全滇在我范围。虏则惊魂丧魄；而我同胞当于喜慰之余，转生感喟。而内外有血气者，同心协力，各尽义务，斯岂徒奋力行间者之希望，我同胞实有其责任也！

至如何统筹全局，指示机宜，持纲挈领，及延请海内英才以襄各分〔务〕，是在先生。弟此次一人独当要职，自河口克复以来，笔舌不停，而策应为谋不〔又〕皆出于一人；拙虑素体孱弱，尤恐不胜，若〔差〕幸以喜奋愉快之故，振起精神，尚能勉强从事耳！专此，即请

大安

余事续告，捷音电闻。

弟胡衍鸿

孙文致池亨吉函据《支那革命实见记》日文转译（何若钧译）；所附胡汉民致孙文函据同书中文照录，并参校《孙中山先生廿年来手札》卷一原函影印件①

---

①　附函文字与胡汉民原函略有出入，当为孙文所改，收入本书时仅校正错、漏、衍字。底本又将个别中国字改排成日文习用的汉字，则予复原，置于〔〕内。

致邓泽如告云南军事已收束并需款善后函

（一九○八年六月九日）

泽如兄暨列位同志公鉴：

　　寄来二千元，已得收到。云南军事，以人多饷少，不能进步。前月二十四日大胜一仗之后，则行收队，不守铁路、河口等处。此弟前日函电已详言成败之机系乎接济，所以有托兄等力说弼翁之举也。今事已如此，不禁为之痛惜。夫以十万元便能取得云南全省，吾人之力犹不能办，此尚复何言?! 今后之计，惟有各埠合力另创善法，先集备大款，然后举事，乃可乘胜趋利；若如以前举事后方筹款接济，莫讲筹不得，即使筹得，亦多迟延失机也。所幸云南之事，自破河口至收队入山，一月以来，伤亡极少。河口又于退后三日清兵乃至，元气毫无所伤，大款一得，再举甚易也。惟刻下办善后事宜，倘需款二万元乃可集事。夫当吾军大胜之时，筹款已如此其艰，今事不成则必更难矣。贵埠同志将何以教我？书不尽言。此致，即候

大安不一

弟孙文谨启
西六月九日

据原函影印件，载邓泽如编：《孙中山先生廿年来
手札》卷一，广州，述志公司一九二七年一月出版

复邓泽如告款收到已寄凭据函

（一九○八年六月十三日）

泽如先生大鉴：

　　来书敬悉。赤兄①汇来千元，收到后即照来单所列写回凭据，今早由邮局担

---

① 赤兄，即朱赤霓。

保寄去。该件收到，望为示复，有无遗失易于查察。军情详细，具于前函。专此，敬颂

义安

弟孙文谨启
西历六月十三〈日〉

据原函影印件，载邓泽如编：《孙中山先生廿年来手札》，广州，述志公司一九二七年一月出版

复黄甲元请设法安置起义同志并核对捐款数额函

（一九〇八年七月六日）①

甲元②盟长大人足下：

五月廿七〈日〉及以前所来各函并盟表已一一收妥。所言欲集股开埗埌③一事，如此办法甚好。现下吾党同志在安南者有三百余人，法政府欲送他等来星，惟弟要他等暗中自由来此，不欲法政府明送他等来星。盖如此必有一番交涉，不便也。惟自由而来，船费及各等使用皆由各人自给，现尚未能办到；又于到星之日，必要立时有地方妥置乃可免客栈各费，故各人之来，必要待足下已招就股份采得埗埌方为妙着也。若先有埗埌，其人可陆续招集到来也。

贵岛各埠所捐集军需，照弟所收之数系一万八千一百零五元四毛四，较之足下之数有多。

兹将前后所来者列左：

一、足下第一次亲交星银一万二千三百二十元；

一、梦桃手交星银二千一百五十元七毛一仙；

一、足下再交星银六拾五元；

---

① 原函未署年份。函中提及广西起义后数百起义军人被驱、接进星加坡一事为一九〇八年，据此酌定为一九〇八年所写。

② 黄甲元为邦加岛烈港（Sungai Liat，今又译宋盖利阿）同盟会负责人。

③ 埗埌，潮州话火砻（即碾米厂）之粤语发音。

一、第二次西四月十六号足下亲交荷银五千四十盾，找星银三千五百六十八
Ⅎ川①毛；

合共壹万八千一百零五元四毛四仙。

以上皆属军费，《中兴报》股本非弟经手收，不在其内。

现办善后事宜及保存各地机关，以为他日之用者，尚需少款。足下所言上月
五港门捐军需丨二乂丄Ⅱ〇丨万②，未知系连第一次统计、抑系只就上月言也？
若只就上月言，则尚有收未齐者，抑或他人收之而拨入报股？弟似觉子瑜曾言过
一次，然未能忆记。请足下详核办荷，此候

大安不一

　　　　　　　　　　　　　　　　　　　　　　　　　弟孙文谨启

　　　　　　　　　　　　　　　　　　　　　　　　　西七月六号

　　　　　　　　　　　据亲笔原函影印件，广州、广东省社会科学院藏

请张永福代租屋函

（一九〇八年七月十三日）

永福我兄鉴：

今日所看之屋，请兄向屋主定实租赁，并着屋主修好水喉各件及问明何时可
以入屋。诸多劳谢，此候

晚安

　　　　　　　　　　　　　　　　　　　　　　　　　弟高野谨启

　　　　　　　　　　　　　　　　　　　　　　　　　七月十三号

　　　　　　　　　　　据原函影印件，载张永福编：《南洋与创立民
　　　　　　　　　　　国》，上海，中华书局一九三三年十月印行

---

① 七毛三仙。

② 一万二千四百七拾二元零毛一仙。

复邓泽如请挪借二千元济急函

（一九〇八年八月一日）

泽如仁兄同志鉴：

前接来电，悉汇银五百元并麻坡①认银二百元，今日接手书并银则一帧，经收妥。紧急之际，得兄助我一臂，感慰无似！

第所虑者，星坡同志现无可设法，而河内银行日内到期，欠款共五千元之多，虽不能全还，至少亦须还其半数，方足以再求展限；今所筹者尚未足半数，焦急何似！兄书中有云："如蓉埠②各同志再竭力筹得多少，随即汇来。"则尚有一线之望。烦转语蓉埠诸同志，为大局辛苦，设法挪借二千元以济眉急，准于年内筹还。现时仰光埠大势可以筹款，特不能急；若有同志先借出二千元以还急债，而于年内筹还之，想必可办到。祈为注意，至望。此上，即请

公安

弟孙文谨启
八月一号

据原函影印件，载邓泽如编：《孙中山先生廿年来
手札》卷一，广州，述志公司一九二七年一月出版

致林义顺请速起诉《总汇报》函③

（一九〇八年八月十三日）

义顺我兄大鉴：

阅《总汇报》三□书于八号，依例倘八日不回，则作为败诉，将来便不免名

---

① 麻坡（Muar），埠名，今又称马哈腊尼港，当时为英属海峡殖民地麻六甲州辖地。

② 蓉埠，即芙蓉。

③ 此函所指讼事，系指星加坡保皇会的《南洋总汇报》著文诋毁孙文为盗，孙拟诉诸法律一事。后该报托人向孙道歉，此事才了结。

誉赔偿之事，弟甚为忧之。今已期迫，望兄即速对付，盖至过期而坐令彼党占胜，所失极大，且其损害兄实先受之也。兹事请于明日即与状师办妥为要，幸勿再迟。专此，即颂

晚安

弟孙文谨启

八月十三号

据原函影印件，载张永福编：《南洋与创立民国》，上海，中华书局一九三三年十月印行

致曾壬龙请推销革命军安民局护照函①

（一九〇八年八月）

壬龙仁兄同志足下：

自滇事后，弟统筹全局，已决议如将来再起，必以一军发于惠、潮、嘉。因思文岛各港②为惠、潮、嘉人旅居之地，且同志日多，将来军起之时，不可无特别保护，故预刊"革命军安民局护照"，凡旅居外洋之人，平时藏此护照，及闻兵起，即可将此护照寄回家中，军行所过，有特别保护之利益。此护照不惟同志可以领收，凡一切人等，不论贫富，如能赞成革命，欲得此护照者，皆可领收，每发一张，取回星坡银贰元；如此既可护平民，又可以济军用。适曾连庆君热心游说各埠，弟因给与文凭，交其携带护照多张，命其于所到之处，如未有分会者，可全权办理；其已有分会者，则通告会长，由会长量度可以发给若干张，向曾君取出。（例如会长处一千张，则向曾君取千张，存放会长处，随时填发，不敷取，权在会长。而连庆兄亦自有权给发，自为分权办理。）凡发出护照若干，随时报告弟处；收得银若干，随时汇寄张永福君处。此举关系甚重，望各同志和衷共济，秘密实行。我兄为同办大事之人，关于此事，弟承认兄亦有发给护照之权。如要

---

①　此函寄往荷属东印度邦加州首府槟港（Pangkal Pinang）。

②　文岛（Muntok），今又译门托克，荷属东印度邦加岛上一埠名。此处所说的"文岛各港"，指邦加岛各港埠。

若干张，祈向连庆兄取出；祈与庆武①兄、南昌兄（两君处已有信）同心协力，以期普及，至托至托。此候

近安

弟孙文谨启

张永福君住址如下（略）②，收得发给护照之银后，即照此住址汇来便妥。

据原函抄件，台北、中国国民党文化传播委员会党史馆藏

致蓝瑞元请推销革命军安民局护照函

（一九〇八年八月收到）

瑞元③兄同志足下：

素闻吾兄办事精实，能使团体日有进步，深以为慰。

弟自滇事后，统筹全局，已决议如将来再起，必以一军发于惠、潮、嘉。因思文岛各港为惠、潮、嘉人侨寓之所，且同志日多，将来军起之时，不可无特别保护，故预刻"革命军安民局护照"，凡旅居外洋之人，平时藏此护照，及闻兵起，即可将此护照寄回家中，军行所过，有得特别保护之利益。此护照不惟同志可以领收，凡一切人等，不论贫富，如能赞成革命，欲得此护照者，皆可领收，每给一张，取星加坡银二元；如此，既可以护平民，又可以济军用。适同志曾连庆君热心游视各埠，弟因给与文凭，交其携带护照多张，命其所到之处，如未有分会者，可全权处理；其已有分会者，则通告会长，由会长量度，可以给发若干张，向曾君收取，存会长处，以便给发，而曾君亦自有权发给。凡发去护照若干，随时报告弟处；收得银若干，随时汇寄张永福君处，住址前已寄上。此举关系甚重，各宜实力施行，保全秘密，以裨益大局也。

流石之事，向由吾兄办理，此事敬以相托。且连庆兄曾言生平办事，极佩服

---

① 即温庆武。

② 所附住址，抄本略去。

③ 蓝瑞元是中国同盟会流石分会会长。

吾兄；深望吾兄与之同行，庶遇事参详，可以得益，弟亦甚以为然。如吾兄能抽暇与连庆兄同行，则至为好事。望自酌度，回信通知，至嘱。此上，即请

大安

弟孙文谨启

据原函影印件，台北、中国国民党文化传播委员会党史馆藏

复邓泽如告款已收到备发凭单函

（一九〇八年九月七日）

泽如仁兄鉴：

　　得接初七日来函，并银则一帧凡一千元，收悉。各同志捐款名单已即收存，俟缮好凭单，即当寄呈检收。兹因凭单簿已用完，须再刻，故须稍迟也。至于吾兄前汇之壹千元，是兄独力所捐？抑是各同志集捐？亦祈示知，以便缮发凭单，是所切盼。余俟续陈。此上，即请

大安

弟孙文谨启

西九月七号

据原函影印件，载邓泽如编：《孙中山先生廿年来手札》卷一，广州，述志公司一九二七年一月出版

复蓝瑞元告暂停推销革命军安民局护照函

（一九〇八年九月十三日）

瑞元兄同志大鉴：

　　顷得读九月初七〈日〉手书，藉悉壹是。兄之热心公务，所深感也。尊恙如何？至为系念。连庆君邀兄同行，自为其运动所事利便；兄既有恙，自难强行。护照一节，据他埠来书，亦云窒碍难行，现时可暂停止不办，俟他日党事更大进

行时，再议之亦可也。此复，即颂

大安

弟孙文谨启

九月十三日

据原函影印件，台北、中国国民党文化传播委员会党史馆藏

复邓泽如告西书中无满洲入关脓血史等事函

（一九〇八年九月二十二日）

泽如我兄同志大鉴：

来书已悉。承问西书中有记述满洲入关时代脓血历史者，此等书即英文亦阙如。近有友人方欲专为此等著作，俟其书成，可译以英文及马来文，将来可以奉寄，以饷某君。至前日弟所寄人之原书，即请寄回，因弟处未抄其英文名字也。草草即复，并候

时安

弟孙文谨启

西九月廿二〈日〉

寄上比朥、芙蓉收单二纸，乞为交妥。麻坡处已另寄寿山①兄矣。

据原函影印件，载邓泽如编：《孙中山先生廿年来手札》卷一，广州，述志公司一九二七年一月出版

---

① 即汤寿山。

复邓泽如告《中兴报》新旧股东权利平等函

（一九〇八年十月十日）

泽如我兄同志鉴：

来示已读。名表十纸已收，前函一时遗忘未及之耳。《中兴报》酌议旧股拨归新东、盈亏不与之说，系当时欲求有一人出而以全力担任，故为此奖励之法。随后仅由陆秋露入股三千，故前议并未作实（并请通知各股友，现时股本虽加三千，尚未充足：能量力再添股本，尤为扶助之要务）。现时新旧股东及权利尚一律平等无异也。专此即复，并请

义安

弟孙文谨启

西十月十号

据原函影印件，载邓泽如编：《孙中山先生廿年来手札》卷一，广州，述志公司一九二七年一月出版

致林义顺请速开石山安置革命军人函[①]

（一九〇八年十月十一日）

义顺仁兄鉴：

今朝有数人（革命军人）到此云，心田[②]今日不交伙食。数人中有病者，有欲回香港者，有欲速往做石山工者，纷纷扰〈扰〉。弟见其情状十分可怜，然亦无可如何，且不堪烦恼。

---

① 河口起义失败后，六百多名起义者先后被印度支那法国殖民当局遣送，为革命党接到星加坡，如何安置他们遂成为一个严重问题。函中所谈，是计划于蔡厝港开辟中兴石山，组织他们从事生产。

② 即何心田。

山石〔石山〕之事诚非速办不可，盖一日不安置彼等，则各同志多一日之费，而弟多一日之烦忧。若过数日后尚不能安置，而心田又不给米饭，恐彼等不堪饥饿，必有野蛮之举。数日前已见过一次，有十余人到《中兴报》讨伙食，其势汹汹，殊不雅观。后得慕汉①以好言安慰，并交银心田发给伙食，始得平静数日。今早已有数人来此，自后必日日有人来滋扰，彼等将以施之《中兴报》者（此计或心田教之）对待弟处矣。如此之事，弟实所难堪。足下爱我特厚，想必能听弟之求，而速行设法开设石山之局，以便他等安身，弟实感恩不浅也。特此恳求，不胜愧慊，并望谅之。此致，即候

大安不一

弟孙文谨启

西十月十一日早

据原函影印件，载张永福编：《南洋与创立民国》，上海，中华书局一九三三年十月印行

致张永福嘱派木工指点盖棚等事函

（一九〇八年十月十三日）

永福仁兄鉴：

今晚刘辉廷来云：此斑〔班〕人中无一晓做木〈工〉者，必要另请一木匠同去指点规矩，各人乃能有所取则，否则茫然无所措手足，必难盖成一棚厂也。

又云：心田识一人能做木〈工〉者，未知合用否？如兄知有其人，祈发之同去为妥。

又：欲去预备棚厂之人，已不止二十人，或有三十人不定，盖皆欲争先去做工，不欲久住生病也。请问刘几人？望照给车费可也。

又：刘欲向兄先支工银多少以买什物，可否？祈兄酌给之。此致，即候

---

① 即邓慕韩。

大安

弟孙文谨启

西十月十三日

据原函影印件，载张永福编：《南洋与创立
民国》，上海，中华书局一九三三年十月印行

致吴悟叟嘱安排《中兴报》寄寓等事函

（一九〇八年十月二十日）

悟叟仁兄鉴：

今日由港到有同志二人，一为四川留学法属学生卢伯兰君，一为河内华人帮长杨寿彭君，弟寓床铺不足，故使之暂寓中兴报馆，祈知照司理人招待为荷。

昨闻义顺兄云，中兴报馆近流寓闲杂人甚多：但除关仁甫外，弟一概不知。则关仁甫亦不宜任他久住于《中兴报》，盖此人近有不听号令之行，恐日久必生是非，望着司理人叫他迁寓他处。其余各人之去留，请兄裁酌可也。

周华今日由石山出来，云地址已整好，求足下速打发一工匠去盖厂。周今日访足下数次未寓〔遇〕。周又要多买些什物，及多叫十人同去帮工云云。此致。

弟文启

十月二十号

据原函影印件，载张永福编：《南洋与创立
民国》，上海，中华书局一九三三年十月印行

致林义顺请代买电灯函

（一九〇八年秋）①

义顺仁兄鉴：

昨日托代买电光灯两枝，一吊灯，一台灯；今不要台灯。如今日有便去买，

----

① 原函未署年月，今据《〈总理全集〉补遗初辑》（二）转录林义顺所注时间酌定。

通买两枝吊灯乃合。此致，即候

大安不一

弟文谨启

六号

据原函影印件，载张永福编：《南洋与创立民国》，上海，中华书局一九三三年十月印行

复邓泽如等告所行各埠情形函

（一九〇八年十一月三日）

泽如、心持、赤霓我兄同志大鉴：

弟等于昨日由吉隆坡来巴罗①，以下午五点半钟到埠。在吉隆坡已收到芙蓉转来之信，乞勿介念。该要件弟已与陆秋杰兄面商，秋杰兄亦极赞成，以为欲大事之易举，非此不办；即关于许与外人之利益，渠亦无甚疑义。惟预出数千款项一节，则彼自云现在窘乡，经济之困难有非外人所喻者。其各儸之饷无所出，已将物业押于王家，而月付九厘息口；又其花园亦以支持为难，已拟出租。故此事为彼心意所极赞成，而彼力量则有所不副云云。在吉隆坡，人亦颇有知秋杰窘状者，其所言当非藉词推诿。故此事尚不能得良好之结果于吉隆坡。闻心持兄日间亲至吉隆坡，弟亦与秋杰道及，或心持兄别有良法以处此？只可俟与他埠同志再商之，或有一当耳。

现时弟经行之埠，以诸君子之勇毅，芙蓉新气自不待言。吉隆坡虽亦有热心之人，而团体散漫，弟已与各同志谋其改良扩充，以求其进步。至巴罗则远胜吉隆〈坡〉，其进步殊速，论其精神尚可并驾于芙蓉也。

匆匆先白，余事续陈，即颂

公安

弟孙文谨启

西十一月三日

据原函影印件，载邓泽如编：《孙中山先生廿年来手札》卷一，广州，述志公司一九二七年一月出版

---

①　巴罗，壩（坝）罗（Ipoh），又译怡保，当时是英属马来联邦吡叻（又译霹雳）州首府。

致邓泽如告在巴罗情形函

（一九〇八年十一月四日）

泽如我兄同志大鉴：

弟等抵巴罗后，曾将在吉隆坡时情形函告，想已阅悉矣。巴罗小住三夜，即往庇能。昨日下午五点钟到埠，在此处拟驻三日，即回星洲也。

在巴罗时，接星洲来函云：曾发电至芙蓉，托心持兄转交。此电今未递到，惟函内已详言之。续又得星洲来电，言河内收藏军火之事，洋行须立交一千五百元，即速电汇云云。电内并言已电芙蓉心持兄转交。想心持兄处连得二电，必已辗转寄来，故今未得收到也。该千五百元之件，弟已与螺生、源水①兄等熟商，并告以收藏军火之紧要，螺生兄等已慨允担任，日内如筹得即行电汇。故与法人商借一千万之件，虽与螺生兄等商量，但只询其意见，并未嘱其担任盘费。因螺生兄等景况非裕，既竭蹶以应千五百元之急需，势难再有余力以顾他事也。容与庇能同志谋之，成否再复。

后日精卫、隆生搭船赴仰光。弟与汉民亦拟后日搭船回星加坡也。余候续陈。专此，敬请
大安

弟孙文谨启
戊申十月十一日

据原函影印件，载邓泽如编：《孙中山先生廿年来手札》卷一，广州，述志公司一九二七年一月出版

----

① 即郑螺生、李源水。

致邓泽如等告在庇能情形函

（一九〇八年十一月十日）

泽如、心持、赤霓三兄公鉴：

在庇能曾将到坝罗情形，略告一切，想已入览。

庇能同志亦甚热心，惟运动联络之人不及芙蓉、坝罗。弟因另派定主持各人为推广团体事，将来可企发达。至于揭款之件，则吴势〔世〕荣、黄金庆二君皆以生意十分支绌，无力担任，自是实情（其经济困难之状，弟等所目睹）。适得暹罗同志书，招往彼埠，又星洲同志陈君武烈（陈于暹罗极有势力）亦适往暹罗，大得此件须于暹图之。因该埠生意无何等之牵动，热心而有实力者不乏其人，数千之项筹措可得，亦在意中。弟于星洲尚有事未了（如与《总汇报》涉讼等事），将令汉民兄先往，兼挈带尊处所已筹得之款而行。一因在暹罗一等足数，即可同汇越南，免于周折；二因既有得半之数，则对于彼方同志可示信，而愈坚其心也。故专函奉白，望兄等见信，即将惠诺之项速汇来星，俾汉民得以即发到暹，速成其事，不胜感幸。

〈精卫、龙生已于〉八号由庇能往仰光。闻该处会党私斗颇烈，惟粤人皆渴望精卫到彼，想运动自是易事。知关廑注，附及。专此，即请公安，并祈复示。

弟孙文谨启

西十一月十号

据原函影印件，载邓泽如编：《孙中山先生廿年来手札》卷一，广州，述志公司一九二七年一月出版

复邓泽如等告将往暹罗并告星加坡近况函

（一九〇八年十一月二十日）

泽如、心持、赤霓三兄公鉴：

复书已读。前议之件，蒙兄等坚持力任，勉为其难，必践所得，佩甚！感甚！

虏家子母①相继死亡，人心必大动，时局可为；惜财力不足赴之于目前，想兄等亦为扼腕而叹。弟现欲急于从事，适得暹罗消息，知机会甚佳，遂定于今午四点偕汉民兄弟往暹（闻徐勤以递解出境往暹，推想彼逋逃之余，陈景华已足对待之，不足摇惑人心也），想必得一当。到暹款事如何，当以电告。如有与弟之要信，可寄暹罗《华暹新报》陈景华转交于弟。至关于团体通常之事，则弟留同志邓慕汉在星，亦能料理。

日昨以保党联高全领事邀人罢工志哀虏帝，而吾党则反对之。上午何心田开店，遽被烂人无数扰乱，并投石伤其妻女，警察捕去多人。然华人为保党所惑，辅政司又以吾人势力大、党徒多，以为有心挑拨感情，转为地方妨害，乃要弟弹压所部，使无有举动。弟辞以在坡人众，口说为劳，惟有出训示告之。警察长亦唯唯认可。今日已着人印刷多张，公然宣布（张永福兄亦被知为吾党任事之人，辅政司兼责成之，而弟适要动身往暹，故使永福兄用其名义印布），亦一奇事。想保党及满奴见之，转为骇然。英政府既认弟为有在星管束团体之力，则吾人势力多有可藉此而谋扩充者。弟行匆匆，未及发挥，要可将来利用耳。附及，顺叩义安

弟孙文谨启
十一月二十号

China Siamese News

35 Birth Day Bridge New Road

Bangkok

Siam②

上为《华暹报》地址，电码号到另达。

据原函影印件，载邓泽如编：《孙中山先生廿年来
手札》卷一，广州，述志公司一九二七年一月出版

---

① 虏家子母：指光绪帝和慈禧太后。

② 中译文为：暹罗槟角生日桥新街五十三号《华暹报》。槟角当时又译盘谷、网咯，今译曼谷。

致符树兰等望速汇款俾赴欧美函①

（一九〇八年十二月十五日）

树兰、琼南、瑞和、格兰我兄及海南各位同志公鉴：

弟于昨午已安抵星洲，勿念。

内地各省因虏家母子俱死，人心动摇，各处同志争欲举事，各派专员来星，听候进止。弟以时机虽好，而财力未充，仍嘱稍为缓候，以俟同时大举。弟思人心如此，前途大有可望。至琼州②形势，最有可为，而又得诸兄伟力合持，为本地方之领袖，将来粤省地方大动，琼州为之后援，则尤为事半功倍。兹弟以各省同志踊跃如此，不得不急为经济之大运动，拟俟星洲事务稍理，即往法国，由欧而美。法国之件已略有端倪，可以就商，须得亲往与开谈判；如未得手，则转往美洲各埠，定有大成。然欧美之行，必有运动之经费，此事既不容缓，则请兄等速将所筹备之项（此项经费，弟行后以兄等之提倡，当多所推广增益）汇至星坡，俾弟速以成行。大款既早日可筹，即早有以慰各省人心之渴望，此今日之首务也。

其次，一面联成海南同志，扩充团体，亦是要务。使斧军③兄行事，而兄等为鼓吹诱掖之人。团体既大，则将来行事益易矣。专此，即请
公安

弟孙文谨启

西十二月十五〈日〉

汇银到星，现改地址、人名如别纸所录，此较旧开之地址为更妥也。

现时一月内外，俱可用（1）号地址通信，汇银银单当照第（2）号写，通电则仍照旧用（3）号。

再：如在暹罗欲秘密不使人知，则汇银可由查〔渣〕打银行，则不识弟名；如不须在暹十分秘密，则上海银行、法银行皆可。

---

① 此函寄往槟角，受信人均为海南籍同盟会员。

② 即海南岛。

③ 王斧，别号斧军，中国同盟会暹罗分会负责人，《华暹日报》主笔。

（1）Chung San

111 Orchard Road

Singapore

（2）Chung San or bearer

（3）Enghock Singapore①

据原函影印件，台北、中国国民党文化传播委员会党史馆藏

致邓泽如告已返星加坡并《中兴报》近况函

（一九〇八年十二月十九日）

泽如仁兄同志大鉴：

弟在暹得收兄寄款，后当有书报告一切。弟偕汉民以十四号归星加坡，连日冗忙，故未暇修柬。该件谈判在进行中，效果尚未能决定。

各省同志因虏家子母之死，各派专员来星洲，以取进止。弟以机局固佳，然吾人财力未充，此次当为大举，为一劳永逸之计，吾人仍要养足实力以待之。且此时海内人心已大动摇，惟彼虏亦自张皇戒备，倘稍迟半载，则吾人蓄锐方周，而彼虏戒严已懈，益易图也。

《中兴报》可望支持过年，然来岁则拟为扩充股份之办法。因今年资本不足，屡次临渴掘井，故报务甚为支绌；非得资本较充，不能从事于改良进步。今年文章议论颇惬人心，而经理则多不善，扩充之举想兄亦必赞成，俟订好规则，再为寄上。专此，即请

大安

弟孙文谨启
西十二月十九号

据原函影印件，载邓泽如编：《孙中山先生廿年来手札》卷一，广州，述志公司一九二七年一月出版

---

①　中译文为：（1）星加坡乌节律一一一号中山；（2）中山或持单人；（3）星加坡永福。

复庄银安告未悉情况殊难代为解决问题并将远行函

（一九〇八年）

吉甫①我兄大鉴：

付来长札，已得收读。现适精卫不在星，汉民又已转香港。弟未悉贵处情形，殊难越俎代为解决此复杂问题也。惟望足下大度涵容、和衷共济而已。刻已预备远行，百务交集，心烦意乱，言不悉意，乞为谅之。此复，即候

近好不一

弟孙文谨启

据原函影印件，载陈世友：《孙中山写给庄银安（庄吉甫）之信》，辛亥革命网（二〇一五年一月二十七日）

复庄银安告款已收到函

（一九〇九年一月五日）

吉甫我兄同志大鉴：

精卫兄归星，得读手示，祗悉；并收到会底半额，银四百盾及公费银弍百盾矣。闻贵处团体己〔已〕达五百人之数，循此进步，前途不可量也！关于吾党之事，尚望时以手教报知。

专此作复，余事由精卫函详述，祗颂

义安

弟孙文谨启

西正月五日

据原函影印件，载张永福编：《南洋与创立民国》，上海，中华书局一九三三年十月印行

---

① 庄银安，字吉甫，中国同盟会缅甸分会会长（该会成立于一九〇八年四月）。

致沈文光介绍参加潮州之役人选函①

（英 译 中）

（一九〇九年一月九日）

亲爱的沈文光：

谨向你介绍参加潮州之役的任、陈两君②。除这两位外，还有其他人士前来星加坡听取我的意见。我已告知他们，待其他各处完成准备，便可同时开始行动。因你有意于将来前往领导潮州人士，他们可作为你办理征募工作时负责保管记录的最佳人选，你并可向他们了解当地的情况。

非常忠实于你的孙逸仙

一九〇九年一月九日

据秦孝仪主编：《国父全集》第十册英文函（转录中国国民党中央委员会党史委员会藏原函影印件）译出，台北，近代中国出版社一九八九年十一月出版

复黄甲元告寄上《中兴报》扩股认股册函

（一九〇九年一月十二日）③

甲元我兄同志大鉴：

罗节单兄来书报告，得知贵处同志对于《中兴报》招股事皆极热心，踊跃担任，现已认有多股，□见我同志诸君勇于为义、顾存公益之盛心，从此机关报之发达可期，即吾党前途之发达亦可必矣！

---

① 受信人为 Sim Boon Kwang，即沈文光，是星加坡同盟会员，当过士兵，枪法极准，曾在一九〇五年该埠射击比赛中获得优胜。

② 任、陈二君，原文为 Jim Tan，据潮州话音译，原姓名待考。

③ 原函未署年份。《中兴报》扩充股本事在一九〇八年提出，据此酌定为一九〇九年。

兹寄上认股册簿弍本，即祈督收应用。再者，各埠股金俱定于正月底交清，因来年报馆事务须大加改良整顿，届时即要支用也。专此，敬候

□安

弟孙文谨启

西正月十二日

再启者，寄上尊处之认股册共四本，二本为尊处所用，其余请以一本代寄高木骆戊四兄，一本寄砂横童金才兄。费心为感。草草再白。

文

据原函影印件，广州、广东省社会科学院藏

复王斧请促暹罗同志践约交款函

（一九〇九年三月二日）

斧①兄足下：

二月初四〈日〉来函，已得收读。保党又在暹组织商会，吁！彼党做事何其勇，而吾辈何其怯耶！日前各同志所认之款，弟预为指定为办某事之用，到时函电数催，皆不见答，而事已为延误。弟回此以来，百务交逼，星洲同志财力俱穷，遂致弟坐困重围。此犹未已，乃日来忽遭横祸，敌党诬陷吾党由越送来之战士为劫盗，前日警吏竟到吾人所开之石山拿去廿一人。而战士之避难于此者四百余人，尚有百余无处安身。今辩护之费、安置余人谋生活之费，在在需钱，刻不容缓，望足下代向前时认款之同志切实问明能否践约，速决一言，免弟悬望也。

弟现实处于得失之交点，倘日内能解决经济问题，得以妥办各事，早日成行，为欧美之经济大计划，弟所谋一通，则全局活动。倘以后亦仍如近月之情势，则恐诸事误失，机不再来，则吾党之前途，真有不堪设想之悲态也！幸为向同志力言之。若彼等不欲扶植吾党之势力则已，否则此时为得失进退之秋，必不能稍容

---

① 王斧，号斧军、玉父，同盟会暹罗分会负责人兼《华暹新报》主笔。

一刻之坐视也。西二月廿四〈号〉打一电去佛公①告急，请救困厄，乃为暹罗电局阻拦不交，真属贻误不浅矣。

汉民已于西二月廿四号往仰光，弟则欲行尚不得，真有日坐愁城之慨也。不尽欲言。此致，并候

列位同志近安

弟孙文谨启
西三月二号

据亲笔原函影印件，台北、中国国民党文化传播委员会党史馆藏

致宫崎寅藏预告将至欧洲筹款函

（一九〇九年三月二日）

滔天先生足下：

久来通问，梦想为劳。比接克强兄来书，述足下近况穷困非常，然而警吏欲贿足下，足下反迎头痛击之。克兄谓足下为血性男子，固穷不滥，廉节可风，要弟作书慰谢。弟素知此种行为，固是足下天性，无足为异；然足下为他人国事，坚贞自操，艰苦备尝如此，吾人自问，惭愧何如！弟以此事宣之同志，人人皆为感激奋励。则此足下天性流露之微，已有造于吾人多矣，弟安能已于言佩谢耶！

自与足下握别之后，事变万端，革命军曾于防城、南关、河口三举，皆未能一达目的，无非财力之不逮，布置之未周。故自河口以后，已决不再为轻举，欲暂养回元气，方图再发。乃自虏丧帝后之后，各省人心为之一变，无不跃跃欲动，几有不可终日之势。惟遇吾人财力极乏，不能乘时而起，殊为可惜！

弟近接欧洲一名商来信，云经济计划有机可图，问弟何时可到欧洲商议其事，此言想非欺我。弟本欲早日就道，苦以旅费无着，难以成行，刻已四向张罗，日间或望有一路得手。倘弟欧洲之经济计划可通，则其他问题可以迎刃而解，而吾人穷苦一生之愿力亦有日能酬矣。此想足下所乐闻，弟敢预为告慰也。此致，

---

① 即萧佛成。

即候

大安

弟孙文谨启

三月二日

据亲笔原函，东京、宫崎蓊苓家藏

致庄银安介绍岛让次请收之入盟函

（一九〇九年三月五日）

吉甫仁兄鉴：

　　兹有日本人同志岛让次君，去年与小室君受干崖土司刀公①之聘，为之理各务。今由干崖来星，再由星返干。其人尚未入同盟，今欲由弟处联盟。弟思彼既在云南办事，则当与公等相识，彼此可一气照应，故特介绍前来，请收之入盟可也。其宗旨之解释，可请汉民兄或日本留学诸兄为之皆可。此致，即候

大安

弟孙文谨启

西三月五号

据原函影印件，载张永福编：《南洋与创立
民国》，上海，中华书局一九三三年十月印行

复庄银安述振天声戏班演出盛况函

（一九〇九年三月八日）

吉甫仁兄大鉴：

　　花月初六日并押初七日两函，已经收到。汉民兄想已到抵多日，当有一翻〔番〕鼓振矣。来信云会底金不能改章，此事可与汉民详商，通融办理就是。

---

　　①　小室，小室友次郎；刀公，刀安仁。

振天声①初到南洋，为保党造谣，欲破坏。故到吉隆坡之日，则有意到庇宁，演后就近来贵埠。乃到芙蓉埠之后，同志大为欢迎，其所演之戏本亦为见所未见。故各埠从此争相欢迎，留演至今，尚在太平、霹雳各处开枱，仍未到庇宁。到庇宁之后，则必出星加坡，以应振武善社延请之期。现闻西贡亦欲请往。故该班虽不到贵埠，亦可略达目的矣。顺此通告，俾知吾党同人所在无往不利，可为之浮一大白也。此致，即候

大安

弟孙文谨启
三月八日

据原函影印件，载张永福编：《南洋与创立
民国》，上海，中华书局一九三三年十月印行

致何香凝催速汇款济急函②

（英译中）

（一九〇九年三月九日）

亲爱的何香凝女士：

在我前往欧美之前，我需要资金来解决香港和星加坡的一些问题。因为巴黎和纽约的大商人已经多次催促，我想尽早动身。我认为我在彼处的筹款计划不日将能成功。但是我想，当我在曼谷时你和其他承诺为我募款的人，应该马上把这些款项汇来，这是我事业发动的必要条件。这个问题请不要再耽搁了，时间宝贵啊，如果我们这样浪费时间的话，任何事情都不会成功。

一周前我曾急电沈霍德③立即行动，但目前我还不知道他是否已采取行动。如果他仍未有何动作，我希望你召集你的海南朋友并告知他们关于我目前的紧急

---

① 振天声，广州粤剧团，一九〇八年曾到星加坡演出，演员职工集体加入同盟会。

② 何香凝系同盟会员，当时正协助孙文为反清起义募集经费。此函发出后，孙文乃于是年五月十三日收到何汇来一千一百五十三美元，孙当即去电致谢。

③ Hoad Sang 的音译。

状况，让他们尽其所能地展开行动，因为任何一笔款项都可以在一定程度上缓解我目前的窘境。我希望你立即发电报给曼谷和星加坡。

先谢谢你了。

孙逸仙

一九〇九年三月九日

星加坡

据杨才玉《中国文物回流的新开端——为上海国泰美中收藏家协会会员委托品专场拍卖会欢呼》英文原函影印件，载西安《收藏》第一四二期，二〇〇四年十月出版（张金超译）

致邓泽如等告将往欧洲函

（一九〇九年三月十七日）

泽如、心持、赤霓我兄大鉴：

弟定于十九号离星往欧洲一游，此行以财政、外交为两大注意问题。英、法、荷等国各种外交，俱必于彼祖国政府运动，方能得力。至于财政问题，即前日借款要件，前途催往共商，为日已久，不能复缓也。

弟行后，仍望公〔兄〕等以热力鼓吹同志，增进团体，为一日千里之象。南洋支部，弟托诸汉民君经理，各事均可如常通知商办。近旬日内汉民有要事暂往香港，想未几即能返星；或伊有未暇兼顾之时，嘱托人代理亦属汉民君之权责。为此专告，即颂

公安

弟孙文谨启

三月十七日

另有一书致谭乐亭，乞为转交，并嘱小心加慎为荷。

据原函影印件，载邓泽如编：《孙中山先生廿年来手札》卷二，广州，述志公司一九二七年一月出版

致张永福陈楚楠嘱全权办理《中兴报》注册事函

（一九〇九年三月二十五日）

永福、楚楠两兄大鉴：

　　启者：各埠股东皆望《中兴报》早日注册，成立有限公司，从新改良一切。其如何办法，各人皆愿由两兄全权办理。请为从速施行，以慰各同志之望可也。此致，即请

大安不一

弟孙文谨启

西三月廿五号

据原函影印件，载张永福编：《南洋与创立民国》，上海，中华书局一九三三年十月印行

致张永福告将离星加坡约即日来晤谈函

（一九〇九年四月六日）

永福仁兄大鉴：

　　弟久欲早日离星，免至坐困，乃以旅费无着，未能成行。近接暹罗来信云：前认之款，日内当竭力筹交。而仰光又有信云：该地积有公款千余盾可以调用，今更向同志再集，集就当并交汉民兄带回等语。有此两地之预约款，弟行期有日矣。但兄亦拟日间往游日本，则在此地相见之日无多。弟有多事欲谈，并今日有特别紧急事件，请兄即日赐驾来此一叙，幸甚。此致，即候

大安

弟孙文谨启

四月六号早发

据原函影印件，载张永福编：《南洋与创立民国》，上海，中华书局一九三三年十月印行

致邓泽如请设法维持《中兴报》并速汇款济急函

（一九〇九年四月六日）

泽如仁兄鉴：

《中兴报》前由弟代请汤伯令君来坡办理改良各务，乃伯令君到坡后，因意见与永福君不合，致小有冲突，伯令遂决然辞去，而永〈福〉亦有推却一切责任之事。惟《中兴报》于大局甚为有关，不能不竭力维持。弟今再代请本坡林义顺君出来司理一切，而吴悟叟副之，日内已开办注册事务。惟各地所认之股多未交来，而《中兴报》前日用了后日钱，前贵处寄到之千元为债务及日需已用尽，今又告急矣！各埠散股，非待注妥册成为有限公司，发出股票，未易收也。未知贵处能否再将其余股分〔份〕千元速行寄来，以应燃眉之急？《中兴报》若能过了此次之关头，便可无忧矣。盖注册后拟即制就股票四千张，前已有股者即行发给，此次认股者亦给股票收银，所余者即托各同志散买，如此则股本可立集矣。而目下之急，望贵处先行设法维持，幸甚。

又弟久欲速往欧洲决夺重要问题，以暹罗所承任之旅费尚未寄到，故不能成行。其所以迟迟之故，只因一领袖同志以米较〔耷〕生意不前，几有破产之忧，故牵动一切。日前此款几使弟失望，故着汉民向仰光同志筹之。前礼拜再得暹罗来函云，日内当竭力筹交。文得仰光来信云，该处已有公款千余盾，可以随时拨用。今另向同志加筹，筹就一并交汉民带来。有此两路之预约款，则欧洲之行或不致久延，而误绝大之机会也。惟现在本坡百务交迫，各同志皆陷于穷境，多有自顾不暇之势，故弟处已绝粮矣。而办事要人，尚有十余人在此相依。而日内又有安徽省与熊成基起事之同志、炮队营管带洪承典等来星，皆不能不招呼。故暹、仰二款未到之前，尚须三百元乃足支月内之用，此又不得不恳足下等供给一月之费，以待接济之至也。

以上二事，皆属紧急，而以弟之日给为尤甚。公〔兄〕等如能两事并办最佳，否则请从速筹三百元汇来，以解在陈之困。可直汇至弟处，写"Chung San or bearer"，即随人可收，乃便捷也。汇单信可担保寄如左之地：

Mr. Chung San

111 Orchard Road

Singapore

此处地步〔址〕可用至西四月尾，过此月则勿用，特此声明。

又，中兴股银可直汇《中兴报》名义收。惟汇单亦宜寄此处，以便弟亲自交托一切。

前因劫案及尤列事，被拿去石山工人同志廿一人，日来弟出头与华民①交涉，或可望省释也。安南送来之人极杂，非尽属革命军人，亦有极坏者在其中，破坏人家治安之事所不能免，今惟设法别其良莠耳。此致，即候

大安

弟孙文谨启

四月六号

据原函影印件，载邓泽如编：《孙中山先生廿年来手札》卷二，广州，述志公司一九二七年一月出版

致暹罗同志告慎防关仁甫等函

（一九〇九年四月七日）

同志公鉴：

前闻关仁甫来贵埠，已发一函，详言其人之劣迹及在军队失机误事等情。后关不来，闻六遽②兄未将此信宣布，以存忠厚。今关又闻至暹。此人自出安南之后，在星坡、香港等处皆闻有破坏人国治安之事。在星尚有彼同类五六人，日以行劫为事，致累及〈其〉他之无辜同志廿一人，现尚系狱待审，后来结果未知如何。弟今不得已，只得向本坡政府交涉，指出真犯，求彼省释无辜。昨晚已拿得一真行劫之人，其假而被疑之同志或有释放之日矣。

---

① 指英国殖民当局华民护卫司。

② 陈景华，字陆遽。

此类不安分之人，其最著名者为关仁甫、何海荣、杨冠英、陈三等人，率其手下五六人，串合本处之匪徒，日与劫相为生。自彼等到坡以后，则劫案频闻；关回香港之后，港地亦复如是。今彼来暹，想是香港声气紧，立脚不住，故逃来暹也。吾恐彼到不日，亦有串合本地匪徒以行不法之事，故当拒绝其人；否则他日彼做出不法之事，必有累及公等，及有辱吾党之名也。此等广西败类素在穷乡僻壤，一出外埠，见市上之繁华富庶，则欲念顿炽，爱财忘命，无所不至。此等之徒与广府捞家大有分别：广府捞家平日靠收行水，而出外亦有人为之代收付出，故在外常多安分；而广西捞家既无此可靠，又不务正业，故贼性到处不改也。自彼等到星，吾党前程几为之累，幸早设法分别良莠，今此间政府亦略明白，将来或可尽释嫌疑也。关既到暹，不日在星企不住之徒亦必逃暹归之，彼党羽既众，将亦无恶不作，故不止要拒绝之，更当设法防之。如知彼等有不法之实据，宜指证拿之，以警其余，庶全体或不致为彼所累，否则其害有不胜言也！望为留意。此致，即候

大安不一

弟孙文谨启

四月七号

据原函影印件，台北、中国国民党文化传播委员会党史馆藏

复邓泽如告收到盟书和汇票函

（一九○九年四月十二日）

泽如仁兄鉴：

来函并盟书廿一张、汇票一纸，已即着人收妥矣。

南洋近况如此，真为大事进行之大阻滞也。幸尚有热血如兄者，否则吾等不免有坐困此地之虞矣。

底号并此付上，祈为照授是荷。此请

大安

弟孙文谨启

四月十二号

据原函影印件，载邓泽如编：《孙中山先生廿年来手札》，广州，述志公司一九二七年一月出版

致庄银安等催捐款交胡汉民带来以得赴欧函

（一九〇九年四月二十日）

吉甫仁兄并列位同志公鉴：

应培①兄到星，得悉贵埠人心近日愈有进步，且定立自治章程，以维持团体于久远：洵为法良意美，深为喜慰。

弟以刻下人心、机局皆有可图，而吾人不能乘时而起者，只以财政难题无从解决，故每每坐失时机，殊堪痛惜！此方暂时既无法可设，弟不能不思图远举，欲往运动于欧美之大资本家；乃以经费无着，故汉民兄来仰光特以此奉商。今蒙以贵埠之优先捐拨为此用，何快如之！弟今以速行，望公等即行收集交汉民兄速带来星，以得早日起程。他日大事有成，皆公〔兄〕等之力也。此候

义安不一

弟孙文启

西历一九〇九年四月二十日

据原函影印件，载张永福编：《南洋与创立民国》，上海，中华书局一九三三年十月印行

---

①　即吴应培。

致曾壬龙为《中兴报》扩股事函

（一九〇九年四月上中旬）①

壬龙我兄同志大鉴：

兹为维持扩充《中兴报》计，加报股本一万二千元，每股五元。由星坡同志担任三分之二〔一〕；其余八千，须望外埠同志协力。特派罗节年前来劝招，其详情已具招股节略内。此于南洋吾党前途关系至大，不待赘言，望我兄提倡，与各同志鼎力认股。有成即由兄与庆武兄举人集收汇出。专此，即请

教安

汇出住址、姓名如下：

Mr. Han Min

Sin Tiang Bee

185 Beloh Road

Singapore

弟孙文谨启

据原函影印件，广州、广东省社会科学院藏

致黄甲元请筹借五千元应急函

（一九〇九年四月上中旬）②

甲元我兄同志鉴：

启者：最近吾人要极力扩张团体，于各地为将来大运动之预备，而着手规画

---

① 原函未署日期。星加坡《中兴报》自四月初开始向外埠扩大招股，而本函似较后文四月二十七日致曾壬龙函中提及的四月十九日函稍前，故酌定为上中旬。

② 原函未署日期，据孙文一九〇九年四月二十七日致曾壬龙函中提到："昨日甲元兄已着人带到五千余盾，今日即电汇前途应急"；又称寄曾壬龙前信为四月十九日。又此函笔迹与一九〇九年一月十二日寄黄甲元函相同。据此推断为一九〇九年四月上中旬所写。

有□需之款，其数尚欠五千余元。□□①同志一□□□□以商□足下□□为设法筹借五千金以应急用。想□□关心大局，定能鼎力为谋此款。三个月可以归还，若足下设法将□□□需利息，若□□□此间如□能筹其全数，则请□□一半（余者另俟他处□□）。望见书即行赐复以电，俾慰悬望。专此，即请

大安

（复电格式另纸开列）

弟孙文谨启

据原函影印件，广州、广东省社会科学院藏

致曾壬龙商汇款办法函

（一九〇九年四月二十七日）

壬龙仁兄鉴：

四月十九号曾致一书，但未合船期，想亦与此书齐到也。前函云筹得款电汇加剌，已由加剌电汇新加坡；后闻有人说文岛与巴城亦无银行可通电汇，只由信馆可汇小款，大款恐有不便，反为延滞云云。未知是否？果如此，则筹得款后不如仍由人带出新加坡，更为妥速矣。昨日甲元②兄已着人带到五千余盾，今日即电汇前途应急。如能陆续源源接济，则军事必能一跃千丈也。此致，即候

筹安不一

弟孙文谨启

四月廿七号

据原函影印件，台北、中国国民党文化传播委员会党史馆藏

---

① 此处模糊不清，下同。

② 即黄甲元。

致邓泽如告将启程赴欧望维持南洋大局函

（一九〇九年五月十二日）

泽如仁兄鉴：

　　盟据十八及邮票五十元俱收。汉民兄昨日已搭船回港，弟亦拟十九号启程。日前在本坡被拘之十九人已释放，于前日搭船往暹罗矣。

　　《中兴报》闻注册事已经妥当，日内可发给有限公司股票云。现吴悟叟经理较前差好，亦略可称意。南洋大局，望兄等及各同志维持励进为幸。此候
大安不一

弟孙文谨启
西五月十二号

据原函影印件，载邓泽如编：《孙中山先生廿年
来手札》，广州，述志公司一九二七年一月出版

复邓泽如望赞助《中兴报》函

（一九〇九年五月十八日）

泽如我兄大鉴：

　　示悉。兹如命书就一函，请代交戟门①兄为荷。

　　弟以明日起程，南洋大局深望公等维持扩张。《中兴报》注册成立有限公司，已办妥。刻制印股票，日内制妥，当再遣人往各埠交给，并催收未交之股及发买〔卖〕余股。如有人到，望为赞助一切，幸甚。此致，即候
大安不一

弟孙文谨启
西五月十八号

---

　　①　即朱戟门。

各同志统此问好不另。

据原函影印件，载邓泽如编：《孙中山先生廿年来
手札》卷二，广州，述志公司一九二七年一月出版

复吴稚晖告将到伦敦面谈一切函①

（一九〇九年六月二十四日）

稚晖先生足下：

　　来示读悉。以旅次无着，故未即行奉复。别后事故，千绪万端，非笔墨所能
罄，当俟迟日到伦敦面谈一切。尊夫人等此时想已安抵英京矣，从马赛港张兄曾
托令郎带上一函，当已达览。便请将在留英国各同志详情相示为望。

　　故人 Mulkern② 君亦数年未有通信，未知迩来先生有与会面否？彼仍在伦敦
否？并近况如何？亦望示知。此致，即候
大安不一

弟孙文谨启

六月廿四日

　　再：弟现在秘密行动中，无论中西各友如已知弟到欧者，务望转致请为勿扬，
并切不可使报馆知之为要。

据原函影印件，载胡汉民编：《总理全集》第
四集，上海，民智书局一九三〇年二月初版

---

①　孙文于一九〇九年六月二十日抵法国。吴敬恒，字稚晖，为巴黎《新世纪》周刊主办
人之一，于一九〇九年加入同盟会。此函发自巴黎，寄往伦敦。

②　Mulkern，摩根。

复王鸿猷告将往访函①

（一九〇九年七月上中旬）②

子匡我兄鉴：

六月二十五日来函已接读多日，以此间诸事尚未得要领，无从见复。曹亚伯兄向兄等所议之款，为美国行资，此事现尚未甚急，待弟到贵处议之犹未迟也。弟今次到欧，有数事与兄等筹议，故有同志多人所在之地皆欲一到，亲见各同志面谈一切也。此致，即候

大安不一

各同志统此候好。贺、史③二函亦收，统此致意不另。

弟孙文谨启

据原函，北京、中国国家博物馆藏

复王鸿猷告改期至比利时函

（一九〇九年七月十七日）

子匡我兄鉴：

示悉。弟初拟七月十九号来比，但是日尚约会一重要政家，故当改期廿一号乃来，已照函达丹池矣。余待面谈。此致，即候

大安不一

弟孙文谨启

七月十七号

据原函，北京、中国国家博物馆藏

---

① 王子匡，名鸿猷，一九〇五年春在布鲁塞尔加入孙文建立的革命组织，后转为同盟会员。

② 原函未署日期，今据函中称"六月二十五日来函已接读多日"，以及此函从内容上看应早于七月十七日致王鸿猷函，酌定为七月上中旬。此函寄往布鲁塞尔。

③ 即贺之才、史青。

致吴稚晖告已到比京将至伦敦函①

（一九〇九年八月二日）

稚晖先生足下：

巴黎事机颇有可望，惟非立刻可以成功，必待暑令后各富者回城，搭路人一一见之，然后乃能实复。地步已至此级，弟毋须再留巴黎等候，已于礼拜六日来比京，同志八九人相见甚欢。弟大约于此礼拜之内，可以来伦敦相晤也。闻曹君亚伯已经迁寓，惟未得其新地址，故托一函先生转交。此致，即候

大安

府上各位统此问好。

弟孙文谨启

八月二号

据原函影印件，载胡汉民编：《总理全集》第四集，上海，民智书局一九三〇年二月出版

致吴稚晖告即到伦敦往访请留寓等待函

（一九〇九年八月六日）②

稚晖先生大鉴：

弟定期明午由比京来伦敦，明晚（即七号晚）十时可到 Charing Cross③ 车站。八号午后，当来贵寓详谈。如八号或有阻不能到，九号午后必到。此两日之午后务请先生留寓一待也。弟住伦敦想不过四五日，有船便往美矣。然到伦敦后乃与他方通电，或有意外之逢，则非此时所能知；如有此，则或暂留亦未可定。

---

① 孙文于七月抵比利时。此函发自布鲁塞尔，寄往伦敦。

② 原函未署月份，但孙文乃于八月七日抵伦敦，并参照上函内容，可知为八月所发。

③ 当时译为"卡令克乐司"，伦敦广场名。

余俟面谈。此致，即候

大安不一

弟孙文谨启

六号发

据原函影印件，载胡汉民编：《总理全集》第
四集，上海，民智书局一九三〇年二月初版

致英国殖民地事务副大臣申请进入香港函

（英 译 中）

（一九〇九年八月十三日）

致英国殖民地事务副大臣①先生：

我荣幸地提请您考虑准许如下请求。您或许知道几年以前，我因试图促进我的国家现代化和改革而招致中国政府的不满。一八九六年我逗留伦敦期间，被囚禁在波德兰区的中国使馆，是通过英国政府方面的大力活动才得以重获自由。自那之后我便旅居于日本和星加坡，我的妻子和家人则住在香港，我渴望能探望他们。一八九六年港督颁布了为期五年的流放法案，禁止我在香港居住。这段限期过后我重返香港，但香港政府于一九〇二年重施流放法案，于是我五年内都不得再到香港。现在五年期满，我希望能得您许可前往香港探望家人。我近来在星加坡住了将近十八个月，并多次与总督约翰·安德逊爵士②面谈。在星加坡逗留期间我没有任何引发动乱的行为，并且一旦我获准进入香港，我保证我不参与任何政治事件，不以任何方式利用我在香港的居留权。我视香港为我的第二个家，因为我曾在这里的医学院就读，而且我的家人现在定居于此。

---

① 英文为：the Under Secretary of the State for the Colonies。

② Sir John Anderson K. C. M. G. 的中译。

希望有幸成为阁下您忠实的仆人！

孙逸仙

一九〇九年八月十三日

据 "Autographed Letter of Dr. Sun Yat-sen to the British Government in application for entry to Hong Kong", *Courtesy of the National Archives*, UK, August 13, 1909, 3 pages〔《孙中山先生向英国政府申请进入港境的亲笔信》，一九〇九年八月十三日，共三页，英国国家档案馆藏。收录于《孙中山纪念馆展览图录》，香港、孙中山纪念馆，二〇〇六年〕（许瑾瑜译，高文平校）

英文原文见第八册第 547 页

致王鸿猷谈在欧办《学报》事并推荐张翼枢函①

（一九〇九年十月八日）

子匡我兄鉴：

得读致蘅兄②函片，敬悉一切。

柏林王亮畴博士宠惠处，弟今午已写信去，请他出名担任报事，想彼必乐成其事也。彼于本月秒〔杪〕当往巴黎。此事如何办法，从何集资，请兄可直接与亮畴兄商量也。彼若肯出名，吾党各同志可各就其地运动，请公使助资；公使肯出资，将来必肯代为介绍行销内地，如此销场一广，则运展可灵。此报将来可作交通内地各省有心人之机关，又可作联络欧洲学界之枢纽。其言论表面当主平和，以不触满政府之忌，而暗中曲折，引人入革命之思想。蘅兄主于报外另印单张，专言激烈之事以动人：别出他名，按照看报者之地址以分寄。此亦甚为可行。今日已与蘅兄商酌，可名曰《学报》，中可言科学、政理及欧洲时事（此门便可多引革命之事实）等等各大端，可由兄等随后妥酌而行。

巴黎张君翼枢，号骥先，曾与 Maybon 君商量，欲刊华、法两文，如此乃可销

----

① 此函发自伦敦。

② 石瑛，字蘅青。

于法人之留心东方时事者，并可招徕法商广告，以补助报资。张君与 Maybon 君更拟在巴黎设一机关，以为联络法国有心人以助中国之革命；如土耳其人之得法人之助者，亦因有机关在巴黎，乃得如此好结果也。此事请足下到巴黎与张君详商，协力相助为望。张君曾与弟同入镇南关，亲冒弹雨；其人聪敏有办事才，滇粤起兵时，与法人办交涉，皆多彼之力，甚有成效。将来巴黎一地，有足下、亮畴及张兄同聚一处，吾信兄等必能商筹妥善之法，以联络法人而得其助力也。望兄留心图之，幸甚。此致。

比京同志统此不另。

弟孙文谨启
西十月八日

王君住址：

Dr. C. H. Wang

Knesebeek Str. 22 hpt. I

Charlottenbury

Berlin①

张君住址：

Mon. Tchang Itchou

18 Rue de la Sonbonne

Paris②

据原函，北京、中国国家博物馆藏

---

① 中译文为：柏林夏洛滕布里区克内泽贝克街二十二号王宠惠博士。

② 中译文为：巴黎松邦街十八号张翼枢先生。

致王鸿猷述陶成章攻击事并请
为张冀枢代筹学费函[①]

（一九〇九年十月二十二日）

子匡我兄鉴：

昨日笃生[②]兄来谈通信社事，弟甚赞同其意。此事关于吾党之利便者确多，将来或可藉为大用，亦未可定。兄宜共同担任之，切勿避嫌。盖吾人若不理之，必致落于他人之手，则此物又可为吾人之害也。幸为留意图之。

弟现仍候一处之回音，故尚未能定期往美，大约下礼〈拜〉当可知其详细，礼拜六或可动程也。

近接美洲来信，谓有人托同盟会之名致书各埠，大加诋毁于弟，不留余地，该处人心颇为所惑云。此事于联络华侨一方面，大有阻碍矣。为此事者乃陶成章。陶去年到南洋，责弟为他筹款五万元，回浙办事。弟推以近日南洋经济恐慌，自顾不暇，断难办到。彼失望而归，故今大肆攻击也。东京留学界之不满意于弟者，亦有为之推波。故从外人视之，吾党亦成内乱之势。人心如此，真革命前途之大不幸也，可为浩叹！

巴黎同志张冀枢兄，号骥先，近因旅费不支，欲谋一官费，故拟先入学堂，尚缺学费百余佛郎。弟已许担任代筹，惟久住此间，所备往美旅费亦已用入多少，故恐难为力。贵处同志能否合力集一二百佛郎寄往，以为彼用乎？望为谋之。筹得直寄往巴黎张兄收入可也。闻彼已有与兄通信，彼之住址想已悉也。此致，

即候

大安

------

① 此函及以下各函所谈陶成章攻击事，主要指陶等九月在槟港印制一份题为《孙文罪状》的所谓"七省同盟会员致同盟总会书"，寄发各地。在这期间，光复会恢复单独活动，与同盟会南洋支部分庭抗礼；不久又在东京选出章太炎、陶成章为正、副会长。

② 杨毓麟，字笃生。

比京同志统此候好不另。

弟孙文谨启

西十月廿二号

据原函，北京、中国国家博物馆藏

致比京同志告明日往美并纽约通信处函

（一九〇九年十月二十九日）

比京同志公鉴：

弟明日动程往美。此行于联络华侨恐难有效，因陶成章造谣攻击，人心颇有疑惑，一时未易入手也。惟于美国有势之人，有数路可通，不可不一往以观机局如何也。如有佳遇，当即详报。

欧洲联结同志，推广势力，望同志竭力谋之，幸甚。此问
大安不一

弟孙文谨启

西十月廿九号

鸟约①通信处如左：

Y. S. Sun

c/o W. Kaikee Ho

49 Mott Street

New York

U. S. A. ②

据原函，北京、中国国家博物馆藏

---

①　即纽约，当时又译牛育。

②　中译文为：美国纽约勿街四十九号黄溪记转孙逸仙。

致南洋同志告在欧所谋未有眉目前借款请宽限函

（一九〇九年十月二十九日）

同志公鉴：

弟自抵欧以来，竭力经营筹划，以期辅同志之望。然所谋至今尚未就绪，因在南洋时所得前途所拟之条件（即在芙蓉呈览之件），乃经手人欲从中渔利，非资本家之意也。弟察悉此情，即行婉却经手之人，而托政界上有势力之韬美君（即前任安南总督）帮同运动资本家。韬美君满意赞成，将有成议矣，乃不意法国政府忽然更变新内阁，大臣比利仁不赞成此事，而资本家故有迟疑。而韬美君仍欲与外部大臣再商，欲由彼以动新内阁大臣，因法资本家非得政府之许可，断不肯投巨资也。即由前之经手人交涉，结果亦必如此。前经手人一见吾人河口之事实，则出条件以示吾人者，彼盖忖知前内阁居利文梳①必能许可，故投机而来也。而内阁之变更实为意外之事，否则无论何人说合，皆可成事也。韬美君游说外务之事，至数日前始有回实音，云："现在事不能求，请迟以有待"等语。弟一得此信，即于西十月三十号起程往美，因该处亦颇有望，故一往以观机局如何也。

在英京亦找得一路，惟现尚未有眉目，故未敢详报。此路之件条〔条件〕甚属便宜，利息亦照通常算法，并不要求特别之利权，惟须吾党各埠同志出名担保一事耳。英路之介绍人现往美国，弟到美时当与他再商，如得实音，当另行详报。但关于出名担保一节，弟已思得一法，想当可行，俟得实音，则并奉闻，以请大教。

前借之款，现尚无由归赵，求为宽限，以待此事之揭晓，当再报命。此致，

敬候

大安

弟孙文谨启
西十月二十九号英京发

---

① 居利文梳（G. Clemenceau），今译克列孟梭，法国上届总理。

再：戟门兄五月初三日来示已得收读，统此复候，恕不另函。

据原函影印件，载邓泽如编：《孙中山先生廿年来手札》卷二，广州，述志公司一九二七年一月出版

致吴稚晖述历来革命经费收支实情以辩诬函①

（一九〇九年十月二十九日）②

吴先生鉴：

昨日先生之意，以为宜将此事和盘托出，以解第三者之惑，而表世界之公道。弟再思之，先生之言甚是。而世人之所见疑人者，多以用钱一事着眼，故将弟所发起之三次革命③所得于外助之财，开列清楚。然此适表出以前助者之寡，殊令吾人气短。然由前三次推之，则一次多一次矣。若明明白白表示于人前，使新得革命思想者无此疑惑，安知下次不更得多助乎？

前二次助者无几，无甚可对人报销之事。前年第三次之款多由外助，而出款之人如南洋各埠，则零星合集数万金，当为千数百人之所出也，弟此处未有详细数目。然各款收入与支出，弟在安南④时多自经手，弟离安南后则汉民经手。而受款分给各处用者，则河内之五家字号经手以用于钦廉、广西、云南三地，其潮、

① 孙文于一九〇九年六月自星加坡抵欧洲，曾在巴黎、布鲁塞尔小住，八月七日到达伦敦，与旅英同盟会员吴稚晖过从甚密。九月，陶成章等在荷属东印度（Dutch East Indies）邦加（Bangka）州首府槟港（Pangkal Pinang）印制一份题为《孙文罪状》的所谓"七省同盟会员致同盟总会书"，寄往南洋、日本等地，对孙文大肆攻击诋毁。此函即为反驳而作。

② 原函未署日期。底本影印多年后吴稚晖附注，误为一九一〇年在巴黎赴美前寄往伦敦。按：孙文获悉陶成章对他攻击一事，乃在一九〇九年十月间。函中言及，此函系与吴稚晖某次晤谈后翌日所寄，并约吴"今晚有暇请到寓一叙"。据当时吴稚晖日记所载，是年十月孙文居伦敦，二十八日下午孙到访，二十九日晚吴访孙，三十日上午孙离伦敦赴美，吴往孙寓未晤即赶至车站送别。据此推定，该函系二十九日在伦敦所发。

③ 指一八九五年广州起义、一九〇〇年惠州起义及一九〇七至一九〇八年间在西南边境起义。

④ 越南古称安南，此时已被划分成交趾支那（南圻）、安南（中圻）、东京（北圻）三部，为法属印度支那的主体。而越、中民间仍习称越南为安南，此处与后文提及安南者即指越南。

惠①之款则由香港同志经手，日本办械、租船之款则由日本殷实商人经手，皆有数目列明。除所入各款，尚支长万余元（即河内之欠债）。弟所开各处之入款是大约之数，因不记详细，所报皆过多面〔而〕从无报少也。收款多由精卫，支款则我与汉民也。此事弄清，则可破疑惑矣。除三人经手之外，知各款之来路去路者尚有多数共事之同志，即今巴黎之张骥先②亦其一也。

请先生为长文一编，加以公道之评判，则各地新开通之人心自然释疑，而弟从事于运动乃有成效也。所言事实皆当作第三者之言，则较弟自言者更为有力也。

留此以作面谈，今晚有暇请到寓一叙为望。

弟文字

所攻者以我"得名"、以我"攫利"为言，而不知我之经营革命在甲午③以前，此时固无留学生为我吹嘘也。而乙未广州之事④失败，则中国举国之人，无不以我为大逆不道，为乱臣贼子，为匪徒海盗。当时如有陶成章，想亦不欲得此等之名辞也！今日风气渐开，留学之士以革命为大光荣之事业，而陶辈始妒人之得名。然我之初意只在赴大义、行宗旨，而与共事之同志亦无不如此。不期今日乃有以名而始谈革命者，此故固属风气之开，而亦道德之退化也！

以我为"攫利"，而不知我于未革命以前，在社会上所处之经济界中固优胜之地位也。若不革命，则我之地位必不失，而世人所欲图之快乐我无不得之，革命"攫利"云胡哉？且当日图广州之革命以资财赞助者，固无几人也。所得助者，香港一二人出资数千，檀香山人出资数千，合共不过万余耳。而数年之经营，数省之联络，及于羊城⑤失事时所发现之实迹，已非万余金所能办者也，则人人皆知也。其余之财何自来乎？皆我兄⑥及我所出也。又庚子惠州起兵⑦及他方经营

---

① 广东省潮州府、惠州府。
② 张翼枢，字骥先。
③ 即一八九四年。
④ 指一八九五年广州起义。
⑤ 羊城，广州别名。
⑥ 指孙眉。
⑦ 指一九〇〇年惠州起义。

接济，所费不下十余万元，所得助者只香港李君①出二万余元及一日本义侠②出五千元，其余则我一人之筹获而来也。自此吾一人之财力已尽，而缓急皆赖家兄之接济，而妻子俯蓄亦家兄任之。是从事革命十余年以来，所费资财多我兄弟二人任之，所得同国人及日本人之助者前后统共不过四五万元耳。若谓我以十余年之时间，而借革命以攫取他人四五万之资，则我前此以卖药行医每年所得亦不止万余元，此固港粤人人所共知共见也，而其他之事业投机取利者犹过于此也。若为图利计，我亦何乐于革命而致失我谋生之地位，去我固有之资财，折我兄已立之桓〔恒〕产耶！（两年前家兄在檀已报穷破产，其原因皆以资助革命运动之用。浮钱已尽，则以桓〔恒〕产作按，借贷到期无偿，为债主拍买〔卖〕其业，今迁居香港，寄人篱下，以耕种为活。而近因租价未完，又将为地主所逐。乃陶更诬以在九龙建洋楼，夫家兄本为地主实业家者，非我从事革命以耗折之，则建洋楼亦寻常事，陶等何得多言。）此庚子以前，我从事革命事业关于一人得失之结果也。

自庚子以后，中国内外人心思想日开，革命风潮日涨。忽而萍乡之事起③，人心大为欢迎。时我在日本，财力甚窘，运掉〔调〕不灵，乃忽有他方一同志许助五万金，始从事派人通达湖湘消息，而萍乡军已以无械而散矣（此事不过乘一时矿工之变而起，初未谋定而动，故动他方同志多不及助，是以不支也）。惟有此刺激，人心已不可止。故定计南行，得日人资万四千元及前述所许五万元，以谋起义。初从事潮惠，潮黄冈以未期而动④，事遂不成；惠七女湖怆悴〔仓卒〕应之⑤，亦属无功。吾人遂转向钦廉，与该处军队相约，遂破防城，围灵山。惟此时所有之资以买械而尽，而安南同志虽陆续集款以助军需，精卫又亲往南洋筹资，惟所得不多；钦军统领⑥终以资少不肯如约反正，钦事遂不成。吾人转破镇南关炮台，以促钦军之动，事又不成。我遂出关而入安南，过文渊，为清侦探所

---

①　李纪堂。

②　似指日本股票商铃木久五郎，一九〇七年三月孙文离日时曾接受他的赠款；有史料称，当时馈金为一万日元。

③　指一九〇六年十二月萍浏醴起义。萍乡县属江西省，浏阳、醴陵两县属湖南省。

④　指一九〇七年五月黄冈起义。黄冈镇属广东省潮州府饶平县，今为县治。

⑤　指一九〇七年六月七女湖起义。七女湖圩属广东省惠州府归善县，今隶惠州市惠阳区。

⑥　指郭人漳。

悉。广西官吏托龙州法领事到安南查我踪迹，知我寓某街洋楼，密告清政府，与法政府交涉，逼我退出安南。我遂往星加坡。我到星加坡后则河口之事起①，占据四炮台，诛彼边防督办②，收降清兵陆〔绿〕营。本可进取，据有全滇，惜当时指挥无人，粮食不继遂退。自潮州、惠州、钦廉、镇南、河口五役及办械、运动各费，统共所用将近二十万元。此款则半为南洋各地同志所出，为革命军初次向南洋筹款者。今计开：由精卫向荷属所筹者约三万余元，向英属所筹者万余元③，共约四万元；向安南、东京及暹罗所筹者约五六万元。我手得于上述之同志五万元，得于日本人万四千元，河内欠责〔债〕万余元。此各项之开支皆有数目，皆有经手。除梁秀春自行诪去五千及累去船械费数万，又一人诪去千余及陶成章用去一百，此外之钱皆无甚枉费。自我一人于此两年之内，除住食旅费之外，几无一钱之花费，此同事之人所共知共见也。而此期之内，我名下之钱拨于公用者一万四千元，家人私蓄及首饰之拨入公用者亦在千数百元。此我"攫利"之实迹，固可昭示于天下也。

又以东京同志以官费折作按贷钱，责我不代筹，此诚我罪矣。然家兄亦因以家产作按而致今日之破产，亦我罪也。河内五家作保之万余元至今犹未还，亦同为我之罪也。然此时则无如之何之际，闻陶现在南洋托革命之名以捡〔敛〕钱亦为不少，当有还此等债之责也，何不为之？

又谓在南洋有出保护票之事，此乃荷属一隅同志所发起行之，本属自由行动，至成效如何我全未闻之，亦无从代受责任也。而陶成章亦在南〈洋〉印发票布，四处捡〔敛〕钱，且有冒托我名为彼核数，其不为棍诪乎？其无流弊乎？问陶成章当自知之，今乃责人而不自责。

据亲笔原件影印件，载胡汉民编：《总理全集》
第四集，上海，民智书局一九三〇年二月初版

① 指一九〇八年四月河口起义。河口镇属云南省安平厅治马白关（民国后置马关县），今为该省河口瑶族自治县治所。

② 即王玉藩。

③ "荷属"指荷属东印度，在今印度尼西亚地域；"英属"指英属马来亚（British Malay），在马来半岛（Malay Peninsula）南部，即今西马来西亚，当时分成海峡殖民地、马来联邦、马来属邦（Non-Federated Malay States）三部。

致吴稚晖请以《新世纪》名义在美等华人报中发驳陶之论函[①]

（一九〇九年十一月十二日）

稚晖先生鉴：

西十一月八号早晨行抵鸟约，登岸时亦幸无阻难，可为告慰。到埠后已见得二三旧交，相谈颇欢。惟同志尚未多见，能否从事联络，尚不得而知。美国政客现皆在华盛顿，鸟约所欲见者二人，一已于两月前作古，一于前礼拜往欧，故只见其代理者二人，虽甚欢接，然未能深谈也。

闻美西金山等处华人思想颇开，惟被陶布散传单之后，新得革命思想之人对于弟之感情大不善，非多少时日未易解释此种疑惑。最妙莫如由《新世纪》用同人字样作一函致美西四报馆即《大同》、《美洲少年》、《中西》及云哥华之《华英》，及檀香山三报馆《自由》、《民生》、《大声》，作为同业互通消息之谊，将陶信内忌功、争名、争利及煽人行杀于弟之口声之无理处指出，并下以公平之评判；当较《新世纪》已言者略详；及劝报中同业不可误听一面之词，如外间有人疑惑，当按"公理解释，维持人道"等语。此函当由巴黎寄发及盖《新世纪》之印据，如此则必为力甚大。倘各报馆能维持公论，则诽语不能摇惑也。有《新世纪》报论，更有专函，则此事可以销〔消〕释，弟不用自解矣。请先生费神为之！

弟现住鸟约，久暂尚不能决。如有赐教，请函寄如左，此处较前之收信处更为秘密妥当也。

Dr. Sun Yat Sen

c/o Phong Fat Ho

6 West 22nd. Street

New York City

---

① 此函及以下致吴敬恒数函，底本影印件中吴所注为一九一〇年，皆误。因当时孙文在南洋，并未到欧美。而据各函所记孙文的行踪及情事，均发生于一九〇九年。

New York①

　　此致，即候

大安

弟孙文谨启

西十一月十二日

据原函影印件，载胡汉民编：《总理全集》第
四集，上海，民智书局一九三〇年二月初版

复张继论辞同盟会总理职函②

（一九〇九年十一月十二日前后）③

溥泉吾兄鉴：

　　弟于西十一月八号行抵美国，登岸亦幸无阻。由英发途时，吴先生④送于车场，带交兄之手书。所云从新组织团体，弟在南洋已有行之，是以南洋之组织与东京同盟会不为同物，此陶所攻击之一端也。至兄所示之二策：一、退隐深山。此时为革命最衰微之时，非成功兴盛之候，是为弟冒艰危、茹困苦以进取之时代，非退隐之时代也。二、布告天下，辞退同盟会总理。弟被举为总理，未有布告天下始受之，辞退亦断未有布告天下之理。弟之退总理已在要求同盟会及章太炎认不是之时，同盟会及太炎至今未有认过，则弟已不承为彼等之总理者久矣。前、去两年，两广、云南之起兵，皆奉革命党本部之名义，并未一用同盟会名义也。

弟孙文复

据原函影印件，广州、广东省社会科学院藏

---

　　① 中译文为：纽约省纽约埠西第二十二街六号丰发号转孙逸仙医生。

　　② 张继，字溥泉，同盟会员。一九〇七年在东京曾与章太炎等一起要求孙文辞去同盟会总理职务。

　　③ 原函未署日期。但据底本影印件吴敬恒附注，谓"此书在前书之函中附来"，前书系指十一月十二日孙文致吴函，据此，复张继函可能为同一日所写。

　　④ 指吴稚晖（敬恒）。

复吴稚晖告拟在美重新组织团体函

（一九〇九年十一月二十五日）

稚晖先生鉴：

到美后已奉一函，想已收到。先生来示并转寄来之港函已得收到，有劳，多谢。《新世纪》尚未见寄到，未知已出版否？美洲东方一带，自弟抵埠以来，似觉渐有动机，或能有渐入佳境之望也。学生中亦有十数人赞成革命事业者。弟拟从新组织团体，若有成效，当另详报，以便在欧洲亦可仿行而扩张势力也。此致，

即候

大安不一

弟孙文谨启

西十一月廿五号鸟约发

据原函影印件，载胡汉民编：《总理全集》第四集，上海，民智书局一九三〇年二月初版

致留比同志告抵美情形函

（一九〇九年十一月二十六日）

比国同志公鉴：

弟抵美已三礼拜，于华侨商界学界已陆续相见，人心颇有动机。学界有十余人大约不日可以附入吾党团体，俟事成后，当再奉闻。请务与此处互通销〔消〕息，以广声气，而励新进之志。至于美国人，现尚未得多见，因各政家不在鸟约而在华盛顿京城也。故就此方面之运动，尚无头绪，必待他日到美京后，乃能知前途机局如何也。

此处各埠向为保党之巢穴，今因康梁等所集银行商务等资本数百万全无着落，人心大为瓦解。康梁知人心已去，将陷穷途，故尽力运动北京满人，以图诏还。闻此次良揆出外游历，特访康梁。若彼二丑得回北京，则彼党之人心亦可挽回一

二，或有死灰复燃之患也。如能有法，当于北京之满人预用离间之计以防之，及在荫昌、良揆之前怂以危言，使满人忌之。彼二丑一日不得回北京，则无从为患于革命党也。望各同志相机谋之。此致，即候

大安不一

弟孙文谨启
西十一月廿六号

通信如下：

Dr. Y. S. Sun

c/o W. Kalkee Ho

49 Mott Street

New York

据原函，北京、中国国家博物馆藏

致孙昌望告知地址及近况函①

（一九〇九年十一月三十日）

昌侄知悉：

叔到鸟约已有三礼拜之久，因不知你在金山之住址，故无从寄信于你。今托许斗垣兄代寄此信，收到时，望你将在金山之住址寄与叔知，并你及你母亲并侄妇侄孙各人如何，都望一一详达叔知可也。此示。

叔德明②字
西十一月卅号

Dr. Y. S. Sun

c/o Phong Fat Ho

6 West 22nd Street

---

① 孙昌，字振兴，孙眉之子，时旅居美国旧金山。

② 孙文，字德明。

New York City

New York

据原函影印件，载南京《建国月刊》
第四卷第五期，一九三一年三月出版

致纽约某银行职员请运动资本家商借债款函

（一九〇九年十一月）①

前在英京某俱乐部，与阁下订期，在纽约会面，惜为事延阻，不克践约，无任歉仄。所议借款兴办中国政治事业一节，今有盘谷华商银行一家、米厂三家、星加坡殷商数人及巫来电矿商三人，均允担保。计以上各华商之产业，共值美金二十兆，现在只需英金五十万镑，便敷接济。一经起事，即可占据两富省，便当组织临时政府，至时当可向外国再借巨款，以竟全功。今请鼎力斡旋，运动资本家，商借债款，以济军用。事如可图，请示知办法，资本家需如何章程，方肯借款，当不难磋商也。企候复示。

孙逸仙上

据杨天石：《读孙中山致纽约银行家佚札》（转录一九一一年十一月十五至二十三日上海《天铎报》载《真革命始祖》），载《近代史研究》一九八三年第三期

---

① 原函未署年月，据一九〇九年八月七日孙文抵达伦敦，十月二十九日有一函致南洋同盟会员云："在英京亦找得一路……须吾党各埠同志出名担保"，"英路之介绍人现往美国，弟到美时当与他再商"。但孙文因延迟行程失约，待十一月八日抵纽约后，便发函致歉。内情与此函相符，时间因标为一九〇九年十一月。

致伦敦某君商谈贷款函①

（英 译 中）

（一九〇九年十一二月间）②

亲爱的某先生：

非常遗憾我未能实现我们在伦敦俱乐部所商定的会面计划，我来得太迟以至于未能在纽约见到你。关于为发动清国革命而用海外华商资产担保以募集政治贷款事，我已找到了愿意提供担保的一家清国银行、三家在暹罗曼谷的米厂、一些星加坡商人以及马来亚的三个煤矿主。他们的资产合计共两千万美元，折合四百万英镑。

为了确保成功，我们需要五十万英镑贷款以完善我们的组织，使我们能够在第一次突然行动中就夺取到至少两个富裕的省份。当脚跟站稳后，我们将建立一个临时政府。如果寻求到更多的贷款，我们就能给这次民族革命予以更重要的保证，以扩大我们的行动直至取得全面的胜利。

我们希望你积极寻求愿为我们提供资金的金融家。如果他们愿意提供上述贷款的话，请尽快通知我们，他们愿意以什么条件和什么方式成交。一旦从贵处确知细节，我即按照这些金融家的意愿展开工作。

尽快赐复为盼，不胜感激。

此致崇高的敬意！

---

① 孙文以武力推翻清朝统治的主要经费来源，素来仰仗亚、美二洲华侨的热心捐款，而自一九〇九年开始也尝试向欧美资本家商洽贷款。据有关史料判断，此次系与英国金融界接触，致函对象乃是伦敦某银行团的一位成员。

② 原函未署日期。按：孙文在一九〇九年十月二十九日致南洋同志函中谓对方提出贷款须具名担保，而本函对该项条件业已满足，则致函时间当在前函之后；本函又言自己因迟到纽约以至于未能与对方会面，而孙文乃于是年十一月八日抵纽约至十二月暂时他往，在这段时间内致函的可能性最大。据此，酌为一九〇九年十一二月间。

您无限真诚的孙逸仙

据 "Sun Yat Sen：Who Planned and Got Money for Chinese Revolution"，*The New York Times*，Oct. 14，1911，page. 2 ［《孙逸仙策划中国革命及其贷款》，载一九一一年十月十四日《纽约时报》第二页］，郑曦原等编译：《帝国的回忆——〈纽约时报〉晚清观察记（一八五四——一九一一）》增订本（北京，当代中国出版社二〇一一年八月第二版）译出

复吴稚晖请于《新世纪》发论
评章太炎《检举状》函

（一九〇九年十二月四日）

稚晖先生鉴：

十一月廿二〈日〉及廿六〈日〉两函，并港信及《新世纪》已得收到。《新世纪》所评陶言甚当，而公见者当无不明白，可以毋容再发专函于报馆矣。且东京同盟会近已有一公函致各报馆，想此亦足以解各人之惑矣。

近得东京来信，章太炎又发狂攻击，其所言之事较陶更为卑劣，真不足辩。陶之志犹在巨款不得乃行反噬，而章之欲则不过在数千不得乃以罪人。陶乃以同盟会为中国，而章则以民报社为中国，以《民报》之编辑为彼一人万世一系之帝统，故供应不周，则为莫大之罪；《民报》复刊，不以彼为编辑，则为"伪《民报》"。兹将章太炎《检举状》寄上一观，此真卑劣人种之口声也！闻太炎此状一出，则寓东京之人士，无党内党外皆非之云。此足见公道尚存于人心也。可否再下公评于《新世纪》，一听高见裁之？

际此胡氛黑暗，党有内哄，诚为至艰危困苦之时代，即为吾人当努力进取之时代也。倘有少数人毅力不屈，奋勇向前，支撑得过此厄运，则以后必有反动之佳境来也。静观美国华侨之人心，自保党瓦解，人有趋向革命之势；惟所阻碍者，即各埠先觉之士皆受陶谣，一时不免疑惑，故不能骤得彼等之协助耳。俟此恶潮一过，则人心必能再合。此邦尚有华侨七八万，可引导而从革命者当有一半，此亦不无可为也。此地一有基础，则加拿他、中美、南美、古巴等处之华侨必有望

风来付〔附〕者也。为今之计，欲从渐以蓄养革命党之势力，舍此必无他法矣。如有进步再报。

弟文启

西十二月四号

据原函影印件，载胡汉民编：《总理全集》第四集，上海，民智书局一九三〇年二月初版

致吴稚晖再请于《新世纪》发论评章太炎函

（一九〇九年十二月十三日）

稚晖先生鉴：

　　前寄上一函，并附入太炎之《日华新报》论文一偏〔篇〕，询先生可否再下公评。今得星加坡来信，云太炎此论已登于保党之《南洋总汇报》，且大加痛击，此其立心破坏党事已不留余地，自不能不与之辩论是非矣。请先生务于下期《新世纪》再加傍〔旁〕观之评论，使人一见晓然，不为所惑为好。因太炎向负盛名，且有上海下狱一事为世所重，彼所立言若不有匡正其失，则惑人必众也。请先生裁之。此致，即候

大安不一

弟孙文谨启

十二月十三号鸟约发

据原函影印件，载胡汉民编：《总理全集》第四集，上海，民智书局一九三〇年二月初版

致吴稚晖望将刘光汉揭露章太炎笔迹照片寄用函

（一九〇九年十二月十六日）

稚晖先生鉴：

　　前寄上太炎登《日华新报》之《检举状》一则，想或已加公评于《新世纪》

矣。近见星洲来信，云此文又登于星洲保党之《南洋总汇报》，如此则太炎欲破坏党势之心已不留余地，想不日美洲各保党报必有照登，不可不有以抵之。如先生前未理会此文，望于来期《新世纪》全录之，而加公评，指出其谬，以解人惑。又弟于〈所〉到各处，如遇有人质问，必历言太炎为人之状以对。并望先生将刘光汉发露太炎同谋通奸之笔迹照片寄与弟用，以证明太炎之所为，庶足以破其言之效力。因海外革命志士，多以太炎为吾党之泰山北斗也；非有实据以征〔证〕彼之非，则类于相忌之攻击，弟不欲为也。

　　并附上重行一信及信封一个，祈为转交。此致，即候

大安不一

弟孙文谨启
十二月十六号波士顿发

　　据原函影印件，载胡汉民编：《总理全集》第四集，上海，民智书局一九三〇年二月初版

致吴稚晖告知寄信准确地址函

（一九〇九年十二月十六日）

稚晖先生鉴：

　　今日发一函，请将太炎与刘光汉同谋之拍影笔迹寄与弟用，一时未有提及寄至何地，恐照信面住址寄至波士顿则否〔不〕对也。故再草此，请先生将此件寄往金山大埠留交便可，住址另列。

　　弟于礼拜一即十二月廿一号，则从波士顿反〔返〕鸟约，在鸟约顶多再住一礼〈拜〉，便往华盛顿都住一礼拜，便当直往金山大埠矣。此候

大安不一

弟孙文谨启
十二月十六号晚

The Youths Weekly

649 Kearny Street

San Francisco

California

U. S. A. ①

《美洲少年报》黄伯耀先生转交孙逸仙收入便妥。

据原函影印件，载胡汉民编：《总理全集》第
四集，上海，民智书局一九三〇年二月初版

复王鸿猷告在美联络情形及国内抵制美货情况函

（一九〇九年十二月二十五日）

子匡我兄鉴：

弟前礼拜往波士顿，至昨日（西十二月廿四号）始回，乃得接读西十二月九日来书。此间联络之事，商界已算得手，惟学界未有眉目。因初有粤省学生二人，甚有勇往之精神，介绍弟以见各学生，共计廿余人，各省皆有。大多数皆乐闻革命之主义，惟粤省学生则赞成、反对皆有。其赞成者之勇往，与反对者之顽强，有同等比例。后以粤省之勇进学生适有事他往，其余各省学生虽有一二极热心者，然为人谨慎，其力不敌粤省学生之反对，故皆退缩不前，以致学界之联络无从下手。然此事虽不成，无甚关碍前途；商界有路入手，则目的已可达矣。今晚再与此地商人会议组织团体之事，俟组织完备之后当再详报，并将其地址寄上，以便互相通信联络。足下公函，今晚当向众宣布，想必大加鼓励之力也。

承询抵制美货之事，今晚当代查访，并搜求小册寄来便是。按抵制乃发起于千九百零四、五年之交，而盛行于五、六两年之内。今得足下所查之表，美货之陡增适以〔与〕此事相反，弟亦不解其理由。或出于表之错误乎？弟当出外查考之。英文书有 *Statesmen's Year Book*②，考据确实，请向书楼检查对证之。

余容再报。此复，即候

---

① 中译文为：美国加利科你省旧金山乾尼街六四九号《少年周报》。

② 中译名为：《政治家年鉴》。

大安

　　各同志祈代问好。

弟孙文谨启

西十二月廿五日

据原函，北京、中国国家博物馆藏

复纽约某财团告革命党实力函①

（一九○九年十二月）

　　启复者：承问各件，今请详复如下：

　　首先请言海陆两军。中国近日所组织之新军，查江南各省新兵，无论将校士卒，均为吾党同志。一经起义，扬子一带，计有新军四镇，必投吾党麾下。武昌、南京两城，为吾党最得力之地，曾已商议停妥，一旦粤东各省起事，彼等必相率同时揭竿响应。至于京师所有之七镇新军，俱系袁世凯经手操练。自袁氏革职②之后，此种新军已渐渐消减其忠爱清廷之心矣。吾党虽未尝与此项新兵联络，但彼等断不允为满清政府牺牲其生命，此吾敢必也。此外东三省又有新军一镇，亦为吾党所统带，一旦起事，彼必率其兵士合攻北京。综前而论，中国共有新军十二镇，入吾党掌握者已有五镇，余七镇均守中立。至若海军，仅有巡洋舰四艘，其中最重者仅重九百吨，或一千吨而已。今与吾党虽尚未连合，然而海军将校水兵，多为吾党同志。

　　次请言各行省之志愿，中国南部各省随时皆愿起事。试观对于澳门划界事件③，

---

　　①　纽约各银行读到孙文一九○九年十一月来信，经研究后，通过纽约某华人商店复函，要求孙文将信中所称"愿担保借款"的南洋华商店号、姓名详细开列，以便调查。孙文收到纽约财团的复函，便写了此函答复。原函未署年月，孙文于十二月十六日离开纽约，此函当在离纽约赴波士顿前所作，酌定为一九○九年十二月。

　　②　袁世凯被清政府革职，时在一九○九年一月。

　　③　"澳门划界事件"，时在一九○九年下半年，至同年十一月十六日止，中葡双方代表在香港举行了九次"勘界"谈判，均无结果，葡殖民者的恶劣态度，引起了中国人民愤怒。

南省之舆论可见一斑矣！且吾党中人，多为两粤及湖南兵士，该三省之兵素以强劲称于中国者也。

兹将吾党布告天下各国之通告书①述录于下，以供青鉴焉。

据杨天石：《读孙中山致纽约银行家佚札》（转录一九一一年十一月十五至二十三日上海《天铎报》载《真革命始祖》），载《近代史研究》一九八三年第三期

复吴稚晖嘱驳章之论登报后寄送函

（一九一〇年一月三日）

稚晖先生鉴：

十二月廿一〈日〉来函已得收读，领悉一切。据最近汉民兄来函，亦云章氏托疯癫以行其诈，近日之所为真属忍无可忍云。此可见与先生之意有不约而同矣。先生欲将彼之行为心术详为发覆，以正人心，甚善甚善。此文登报后，请各寄二三十份（前号驳陶之件亦请补寄）与纽约并波士顿两致公堂为望。两处地址如下：

Chee Kung Tong

18 Pell Street

New York

U. S. A. ②

（纽约致公堂　雷玉池先生）

---

①　此函附有一份《民国军政府告各友邦书》，内容即为一九〇六年集体制订《中国同盟会革命方略》的《对外宣言》，只是由于经过转译，文字上有所不同。将两个文本对照，孙文在处理对外关系的七项条件，已经有所变动。例如：原第一条为：所有中国前此与各国缔结之条约，皆继续有效。现第一条为：各国与满政府今日以前所订之约仍然有效，至期满为止。原第三条为：所有外人之既得权利，一体保护。现第三条为：满政府以前租与各国之租界，皆以礼相待。第一条除将"中国"改为"满政府"外，增加了"至期满为止"。第三条原条件全部承认侵略者的"既得权利"，现条件则大为缩小了。

②　中译文为：美国纽约披露街十八号致公堂。

Chee Kung Tong

6 Tyler Street

Boston

U. S. A. ①

（波士顿致公堂　甄吉堃先生）

美东人心大局渐有转机，倘得有人鼓吹之，必能成一大势力也。美西想亦有同此景象。惜一时有章、陶之流言，略有小阻耳。然无甚大碍，弟一到其地，必能扫清之。望先生同时在《新世纪》多发辟邪之言，以为助力。弟准此礼拜内往金山一带，因有西友电催速往与商大问题，或得意外奇逢，未可知也。到时再报。此候

大安不一

重行兄同此候好。

弟孙文谨启

西正月三日纽约发

据原函影印件，载胡汉民编：《总理全集》第四集，上海，民智书局一九三〇年二月初版

复王鸿猷告未获抵制美货小册并将往美西部函

（一九一〇年一月四日）

子匡我兄鉴：

前承命找觅抵制美货小册，访问商店数家，俱云前曾有之，今找寻数日，皆不获一册，盖已散失不存矣。抵制日货，想内地大有影响，闻东三省及长江一带皆甚力行之，东粤、南洋固不再言矣。而近日闽省亦起首抵制之。无如虏政府专

---

① 中译文为：美国波士顿差拉街六号致公堂。

代日本出力禁止，各省人民敢怒不敢言，此亦激动风潮之一助也。

弟抵美洲已将两月，曾往返于纽约及波士顿者两次。人心日有转机，若有人时时鼓吹，将来必能成一大助力也。

弟刻下接美西西友电催前往会商要件，故准期此礼拜之内，由纽约乘车直往加利科呢亚省。事件如何，未能预决，到时如有佳音，当再奉闻。此致，即候

大安

各同志统此问好。

弟孙文谨启

西正月四号

据原函，北京、中国国家博物馆藏

复萧雨滋告行程并将往芝加哥相会函[①]

（一九一〇年一月十日）

雨滋先生大鉴：

得接来示，喜慰无量。近年贵埠人心进步如此，大可为中国前途贺也！弟现在纽约，因有要事未妥，尚未动程往金山大埠。日间事妥，当改道一过贵埠与诸君子相会，详筹光复大计也。此复，即请

道安不一

同志诸君子统此候好。

弟孙文谨启

西正月十号纽约发

来时当发电奉闻。再及。

据亲笔原函影印件，台北、中国国民党文化传播委员会党史馆藏

---

① 此函寄往芝加哥，萧雨滋是该埠基督教牧师，一九一〇年一月二十一日孙文离纽约赴旧金山，途经芝加哥建立同盟会分会，后萧被选为会长。

复伦敦某君谈当前中国局势及贷款担保人名单函①

（英 译 中）

（一九一〇年一月中旬）②

亲爱的某某：

现在请允许我来答复你们提出的问题。

恕我直言：

首先，来看看清国陆军和海军的支持。新军师团正在形成中。扬子江以南的清国新军，大部分已由革命党人指挥和操纵，一旦扬子江流域的四个新编师团形成建制，他们就会倒向我们这边。武昌，隔江相对的汉口，以及南京这些城市，有着强烈的革命倾向。我们和他们已经取得共识，一旦革命军在南方立足，他们就会立即加入进来。

北京周围的七个师是由直隶总督袁世凯创立的。因为他新近被北京政府贬黜，所以，这些部队对北京政府的忠诚度被大大打了折扣。虽然在他们与我们之间并未达成任何约定，但我们坚信他们不会为满清政府卖命。在满洲，另有一师新军是由一位参加革命党的将军指挥，我们可以信赖他们。到时候，我们可以依靠他们的合作来对抗北京。

由此，你们已经知道，用现代化方法训练出的清国新军总共由十二个完整的师组成，其中五个师已经准备支持革命事业，而只要有一个良好开端，另外七个师，由于新近他们的长官遭到贬黜，实际上也将保持中立。

至于海军，虽然迄今为止，我们在获得他们的支持方面尚未协调一致，但我

① 据底本介绍，前篇叙及的伦敦某银行团收到孙文函件后不久曾复一信（按：写信人与上回收信人未必是同一人），要求他提供贷款担保人的名字，及对当前中国局势作一完整叙述。但恰逢孙文当时不在纽约而未能看到该信（按：他曾二度往波士顿筹款以应急需），大约延至两月后始作复。

② 底本未说明复函时间，但孙文函称几天之内将离纽约赴加州，而他系于一九一〇年一月十八日经芝加哥前往旧金山，故酌定为该年一月中旬。

们还是很容易能与他们达成默契的。清国海军仅仅包括四艘巡洋舰，其中最大的一艘只有四千吨级，其余三艘都只有二千九百吨级。海军中大部分军官和士兵都是革命党人。

其次，在各地的革命前景上，整个南方都已经为一场全面的武装起义做好了准备。这在最近发生的事情上就已经清楚地显示出来了。最近满清政府与葡萄牙政府在有关澳门领土问题上发生纠纷，而华南地区的人民则对此事加以干涉。除了所有南方的人民都已经准备投入这场运动之外，革命党人还在广东、广西、湖南征募到了清国最富有战斗力的武装力量。这些省份的兵士在清国国内是最出色的战士。

大清国目前改革运动的形势就好比是一座全部由干柴组成的森林。仅仅需要一点火花就能让这座森林燃起冲天的大火。而这火花就是我所要求的五十万英镑。

最后，革命领导者们的财产状况。我只能说他们现在都没有太多的财产，虽然他们中间有些人过去曾很富有。但是，他们都是非常有才干的人，在这方面，他们不输于世界上任何其他人。至于能为此项贷款提供担保的清国海外商人们的名字，我无法确切地告诉你们，因为自从我给你们发出上封信后，我又得到了一些愿意为此事提供担保的人选，所以我现在必须从他们中间做出选择。一旦我得到你们肯定的答复，即在一定前提下我可以得到这笔贷款，我就会在他们中间做出选择。

一旦到合适时候，确定了担保商人的名单，我会把他们所有人的姓名和财产状况都告诉你们。由于这项贷款是由财产状况良好的清国商人担保的，所以在这笔钱上不存在任何风险。因此，我们之间将来任何的协定仅仅取决于这些担保人是否同意担保了。

假如金融家们希望获得更多的利益，我们还有另外一种途径来进行这项计划。这就是，资本家可以参与到这项运动中来，方法是通过委派他们自己的人员来控制财政支出以及与我们的领导者合作。当然，这样做金融家需要承担额外风险。总之，如果我们能获得发动革命所需要的资金，那么革命的成功是相当肯定的。一旦我们夺取了像广州这样的一座大城市的话，我们就能偿还比贷款额高出数倍的钱。此外，我们承诺，如果这笔交易只在革命党领袖和银行团之间达成的话，我们也将同意使用其他方面的抵押品。

我希望，你们能够替我们找出在你们那边愿意考虑这项交易的金融家，并提出他们的贷款条件。请把详细情况告诉我。假如这项贷款能够通过我所建议的第二种方式解决，请告诉我，你们期望从我们这里获得什么样的补偿。

几天之内我将要从此地出发去加利福利亚。不过，你们始终可以用我在纽约的同一地址与我本人保持联系。不管我在哪里，他们都将会把信件转寄给我。

此致崇高的敬意！

你们真诚的孙逸仙

据 "Sun Yat Sen: Who Planned and Got Money for Chinese Revolution", *The New York Times*, Oct. 14, 1911, page. 2 ［《孙逸仙策划中国革命及其贷款》，载一九一一年十月十四日《纽约时报》第二页］，郑曦原等编译：《帝国的回忆——〈纽约时报〉晚清观察记（一八五四——一九一一）》增订本（北京，当代中国出版社二〇一一年八月第二版）译出

附：同函片段另一译文①

中国革命运动目前的状况，恰似一座干燥树木的丛林，只需星星之火，就能腾起熊熊烈焰。这火星便是我所希望得到的五十万英镑。

再次，关于领导者们的财务状况，我可以说，目前没有一个人拥有大量资产，虽然有些人曾经有过。但他们全都富有才干，足可与世界上同类人物中的任何一个相比而毫不逊色。

谨致以崇高的敬意。

非常忠实于你的孙逸仙

据亲笔英文影印 "Sun yat Sen's draft of a proclamation to the world from the president of the Chinese provisional government", *The Strand Magazine* (London), Vol. 43, No. 255, April, 1912 ［"中国临时政府总统孙逸仙告世界书草稿"，载伦敦《河滨杂志》第四十三卷第二五五期，一九一二年四月出版］（江枫译）

---

① 本篇原作为孙文《我的回忆》（*My Reminiscences*）的插图刊载于同期《河滨杂志》，以往全集版本译成"告世界书"或"对外宣言"，并与《我的回忆》一样将其著述时间定为一九一一年十一月。而究其实，它乃是上篇一九一〇年一月中旬孙文复伦敦某君函手稿的片段，兹将一九八一年北京版《孙中山全集》第一卷译文附于此。

致孙昌告已到旧金山往晤其家人函

（英 译 中）

（一九一〇年二月十一日）

亲爱的阿昌：

　　我已于农历新年①到达此间，即往晤你母亲及家人，并得见你两个可爱的儿子，甚为欣喜。我深信你父亲、祖母及香港全家，亦将以能见此二子为快。有便之时，请前来相晤。此祝

年祺

叔孙逸仙

一九一〇年二月十一日于旧金山

据英文原函影印件译出，载南京《建国月刊》第四卷第五期，一九三一年三月出版

致纽约同志请速募捐接济广州新军起义函

（一九一〇年二月十六日）

纽约同志公鉴：

　　我军已起，独惜事前款项大拙，于初二日尚欠款五千，故大队不能如期进城，为一鼓而擒之计。初四日新军反正，刻尚苦战，胜负未决。急欲谋起外府之兵，以为援应，需款甚急，望各同志速向大众华侨筹捐，以救此急。接济及时，则成功可望；幸毋坐视，失此良机。倘省城一破，则大功告成矣。筹有多少，速电汇去香港，切祷切祷！火速火速！

---

　　①　农历正月初一，阳历为二月十日。

弟于初一日行抵金山大埠，溪记①及周超付来之信，已得收到。如得捷音②，当再报闻。此致，即请

年安不一

弟孙文谨启

庚戌正月〈初〉七〈日〉发

据《广州新军之役致美国纽约同志书》，载胡汉民编：《总理全集》第三集，上海，民智书局一九三〇年二月初版

复赵士觐请接济广州新军起义函③

（一九一〇年二月十六日）

公璧盟兄足下：

弟正月初一行抵金山大埠，足下寄来之信已得收读，知已汇款于香港矣。我军于初四日举义省城，新军六千反正，刻尚苦战，胜负未决。现港中同志另谋起各府县之兵以为响应，需款甚急，务望各同志竭力向大众筹款。盖今日事已发露，不必秘密矣。此役于事前款项太少，初二日尚欠款五千，波士项〔士顿〕所担任也，以未曾汇去，故党军大队不能如期进城，否则一鼓而下之，不必有今日之苦战矣。然吾军有新军六千，尚大有可为，若接济及时，则成功大有可望。救兵如救火，各宜努力为之，幸甚！

弟孙文谨启

庚戌正月〈初〉七日

据《庚戌广州新军之役致美洲同志请助饷书》，载胡汉民编：《总理全集》第三集，上海，民智书局一九三〇年二月初版

---

① 即黄溪记，纽约同盟会员。

② 音，底本作"立日"，为"音"字误排，今予更正。

③ 此函寄往纽约。纽约同盟会分会成立于一九〇九年十二月下旬。函中所谈，是指一九一〇年二月十二日广州发生的新军起义。赵士觐，字公璧，广东新会人，幼随父母在美国纽约经商，为纽约美东中国同盟会会员，任《民气周报》编辑。

复赵士觐告广州新军起义失败
并拟久留美国筹巨款函

（一九一〇年二月二十二日）

公璧盟兄大鉴：

今日得接来电，并未奉复，因省城之新军又归失败。此次之事不成，不过差五千之款，致会党军不能如期到省城。新军不得已而发动，动后又无款，不能在外起援兵以救之，惜哉！所幸二、三标尚能保全无恙，仍可留作后图。

弟今拟久留美国，到各埠联络同志成大团体，以筹巨款。现下大埠加盟者甚盛，人心大有可为，良堪告慰。此致，即候

各同志大安

弟孙文谨启

庚戌正月十三日

据《庚戌广州新军之役致美洲同志请助饷书》，载胡汉民编：《总理全集》第三集，上海，民智书局一九三〇年二月初版

复咸马里告将往访函[①]

（英 译 中）

（一九一〇年二月二十四日）

亲爱的将军：

今晨收到你二十一日来函。我在此间事务办妥后，即往会晤你和 B 先生[②]。

---

① 此函寄往洛杉矶。受信人为 Homer Lea，又译堪马利、郝门李、荷马李、李哈麦、李赫迈等，是美国军事学家。

② B 先生，指布思（Charles B. Boothe），已退休的纽约银行家。

日期当于成行前数日函告。

你同情我们的事业，深为感谢。

> 非常忠实于你的孙逸仙
>
> 一九一〇年二月二十四日
>
> 旧金山新吕宋巷三十八号

据秦孝仪主编：《国父全集》第十册英文函（转录中国国民党中央委员会党史委员会藏原函影印件）译出，台北，近代中国出版社一九八九年十一月出版

复赵士觐望推广已成之团体函

（一九一〇年三月一日）

公璧盟兄足下：

元月十三日来函，已得收读。省城军事之大略已经奉公函布告，想早达览。贵埠同志如此关怀热心，真属难得。然此次之失败，实因于年底缺款五千。波士项〔士顿〕致公堂初许担任五千，所寄不过一千九百余元，因〔纽〕约致公堂许担任者一文未寄，遂至〔致〕年初二党军亦以欠款而不能作应援之计，新军第一标遂不支退散。幸二、三标尚无恙，可留后图。

弟今拟在美久留，遍到各埠以联络同志，藉集大款，然后迟谋再举。现下大埠人心极踊跃，经已成立同盟会，订妥章程；已抄一份至周超兄处，请他招集同志，宣布举行。弟拟在大埠立妥一完善机关，然后往他埠演说立会。但现在旅费告罄，此间新立团体，未便以此小故连累，未知贵埠同志尚能为力以筹小款为我行动之需否？西方一带立好团体，弟再来东方推广本会于各处也。望足下并同志竭力推广已成之团体，务使汉人皆当负一份之责任，则事易为矣。此致，即候大安不一

> 弟孙文谨启
>
> 庚戌正月二十日

据《庚戌广州新军之役致美洲同志请助饷书》，载胡汉民编：《总理全集》第三集，上海，民智书局一九三〇年二月初版

致邓泽如等询能否统收华人产锡运销美国函

（一九一〇年三月一日）

泽如仁兄并各同志均鉴：

弟由欧抵美已数月，所图之事尚未大就，然甚为有望，将来或有成就亦未可知。美洲华侨前时多付〔附〕和保皇，今大为醒悟，渐有倾向革命之势，不日当可联成各埠为一大团体，以赞助吾党之事业也。弟今在美，拟一面谋所志之大目的，一面则联络华侨。现已在纽约、芝加古①并金山大埠②三处设立同盟同〔分〕会，人心甚为踊跃，他日进步必有可观，足为告慰者也。

兹有一事奉闻，请各同志留意谋之，如事在可行，务祈设法合办；如事不能行，亦请早复示。此即统揽华人所产之锡，自运销于美国。弟思马来半岛为出锡最多之区，而美国则为销锡之一大市场。然锡之转运向为伦敦商人所独揽，价格低昂，随彼所定。弟意以为华人若能将所产之锡，自运销于美国，中间不经伦敦商人之手，当可省一笔经纪之费，且价钱不致为伦敦商人所制，自当两有所益。弟在纽约曾遇一商场大经纪，与商此事，彼甚赞成担任销路，但必要大帮，倘能包揽马来半岛出产之大半或一半，彼能介绍于大资本家立预约合同，承销全年之出产或数年之出产皆可。兹将要略开列如左：

一、每年能包揽出产几何？

一、每担价钱几何（长年定价）？

一、交易之法如何？（此当两造妥议，然公等当可先发意见也。）

荷属出产亦甚多，但此已归荷政府包揽专卖，商人无从过问。惟马来半岛华人所产之锡，如能联合成一大公司，直与美人交易，当能赚回一笔甚大经手之费。如不能联成一公司，则先预定一价格，与各佛廊立长年合同亦可。总之，此中情节公等较弟为熟悉，此事可否施行，望为详查示复。有信寄金山《大同日报》转

① 芝加古（Chicago），今译芝加哥，属美国伊利诺伊州（Illinois State）。

② 金山大埠亦称金山，为旧金山（San Francisco）俗称，又译三藩市，属美国加利福尼亚州（California State）。

交便妥。此致，并候

大安不一

弟孙文谨启

正月二十日金山发

Y. S. Sun

Tai Tung Yat Bo

38 Spofford Alley

San Francisco

Cal. U. S. A. ①

据原函影印件，载邓泽如编：《孙中山先生廿年来
手札》卷二，广州，述志公司一九二七年一月出版

致暹罗同志为马兴顺被释喜慰函②

（一九一〇年三月中旬）

暹罗同志各位尊兄大鉴：

顷间得香港来电，言马兴顺君经已释放，为之距跃三百，以喜以慰，想我在
暹同志亦同此喜慰之情也！

徐贼③无赖，乃思以罗织之手段，快其残贼之心思。彼若得意，更可恣为虚词
恫喝，以为革命党团体未必坚固，若中伤一人则余人自必退缩。而孰知吾人之坚毅
不屈，出其揣测之外；而运动得宜，卒能出马君于险，是真足以张吾军而却敌千里
者矣！此消息传来，吾知在同志中固必更加奋励，且图所以泄其冤愤者；即向仅表
同情之人与夫中立之士，亦当燎然于是非邪正之所在，而不迷于趋向；即中人以下
瞻顾利害者，亦当坦然无疑。语有之："不遇盘根错节，不知利器。"如马君所遇，

---

① 中译文为：美国加省（加州）旧金山新吕宋巷三十八号《大同日报》孙逸仙。

② 马兴顺，是旅暹同盟会员，因事返潮州原籍，被保皇党徐勤等人向清政府告发而入狱。
后经另一曾任知县的旅暹同盟会员陈景华赴香港营救，终于获释。函末所置日期缺一字，按一
九一〇年阴历二月初一至初十日，即为阳历三月十一至二十日，故标为三月中旬。

③ 指徐勤。

即亦似之。一团体之树立，不能□其绝无风潮。而抗御之力还使□静，则结合愈坚，而进步弥□。弟闻马君消息，欣慰之余，并以□我同志相期精进不已。专此，即□公安

弟孙文谨启

二月初□

据原函影印件，台北、中国国民党文化传播委员会党史馆藏

复布思告行程及通讯处函

（英 译 中）

（一九一〇年三月二十一日）

亲爱的布思先生：

本月十九日来函及所附剪报收到，至感。

此次我因中途在碧家啡、轩佛和非士那①等地停留，故今晨始抵旧金山。明午将乘"高丽"轮赴火奴鲁鲁。我在该地通讯处为：Y. S. Sun, c/o The Liberty News, P. O. Box 1020, Honolulu, Territory Hawaii②。电报挂号为 Losun, Honolulu③。盼望早日得到你的佳音。

谨向你、布思夫人和布思小姐致以最良好的祝愿。

非常忠实于你的孙逸仙

一九一〇年三月二十一日

旧金山

据秦孝仪主编：《国父全集》第十册英文函（转录中国国民党中央委员会党史委员会藏原函影印件）译出，台北，近代中国出版社一九八九年十一月出版

---

① 碧家啡，Bakersfield 的中译，另译北加啡，今又译贝克斯菲尔德；轩佛，Hartford 的中译，今译汉福德；非士那，Fresno 的中译，今译弗雷斯诺。

② 中译文为：夏威夷疆省（准州）火奴鲁鲁邮政信箱一〇二〇号《自由新报》转孙逸仙。

③ 中译文为：火奴鲁鲁卢信。

致康德黎夫妇告行程及火奴鲁鲁通讯处函①

（英 译 中）

（一九一〇年三月二十二日）

亲爱的康德黎博士和夫人：

今日我正在由旧金山赴火奴鲁鲁途中，拟于该地停留两三个月。然后，将视情况的发展，可能回归远东或重返美国。我在火奴鲁鲁地址如下：Y. S. Sun，P. O. Box 1020，Honolulu，Hawaii。盼常来示。

我自抵美国以来，健康甚佳，且所到之处均受当地华侨的欢迎。谨致以最良好的祝愿。

非常忠实于你的孙逸仙
一九一〇年三月二十二日
高丽轮

据秦孝仪主编：《国父全集》第十册英文函（转录中国国民党中央委员会党史委员会藏原函影印件）译出，台北，近代中国出版社一九八九年十一月出版

致邓泽如告在美行程函

（一九一〇年三月二十四日）

泽如我兄鉴：

西三月一日由金山寄上一担保函，言锡务收揽直接转买〔卖〕于美商一事，托足下查悉各节后复函寄至《大同日报》转交等语。弟今适有要务来檀，于西三月廿二号由金山动程，廿八号早可以抵埠，大约在檀有三两个月之住留，后此或再往美或回东方，现尚未决。前书未知足下已回示否？如尚未回示，即将函直寄檀香山

---

① 此函寄往伦敦。

（地址另列①），更为快捷，因近六七日路。如已回音，亦请多抄一函寄檀，因前寄往金山，往返若不遇船期，必定费得一月之久，则再寄一函或较前尤快也。

南洋近日人心若何？党势有进步否？甚望示悉。此候

大安不一

弟孙文谨启

三月廿四号舟中发

再：省事②又失败，殊为可惜。然弟在外之运动，日入佳境，不久必有成议。现在英美皆有甚有望之路，若英路先成，则弟再回南洋与各同志切实谋一办法；美事则另有办法，不用费神。再及。

据原函影印件，载邓泽如编：《孙中山先生廿年来
手札》卷二，广州，述志公司一九二七年一月出版

致咸马里告某国一些重要文件目录并代询
另一国国防部是否想得到函

（英 译 中）

（一九一〇年三月二十四日）

亲爱的将军：

前次函中我曾告知你，有人拥有某军事强国③一些极其重要的文件。恰在此次航行之前，我收到上述文件的一份目录，现附上此目录的译文。此目录仅列出十二项，但此外尚有其他项目，合计不下三十厚册之多。全部文件俱为该国参谋本部最近所拟制。我认为，这是任何敌对强国所能得到的最有价值的材料。你可否设法查明，某国④国防部是否想利用此一机会来取得这些秘密文件？

---

① 另列地址，底本未影印。
② 省事，指广州新军举事。
③ 某军事强国，似指日本。
④ 某国，似指美国。

谨致以最良好的祝愿。

非常忠实于你的孙逸仙

一九一〇年三月二十四日

海上

目　　录

除此之外，还有十种以上非常重要的军事材料。

据蔡平:《咸马里与中国革命》（转录美国斯坦福大学
胡佛研究所藏英文原函），美国,哈佛大学一九五〇年
四月英文打印本（陈斯骏译,金应熙、赵矢元校）

复庄文亚告已察看友人房屋可用函

（一九一〇年三月三十日）

愤亚仁兄大鉴:

示悉。昨晚往细观弊〔敝〕友房屋，其最大之房长可十二步，广有八步，密

坐可容五六十人有余，全立可容百多人也。其他更有小房数次〔间〕，俱可通用，勿虑。匆匆此复，即候

大安不一

弟中山字上

三月卅号

据原函影印件，载刘大全主编：《孙中山书信手迹选》，北京，文物出版社一九八六年九月出版

复布思告与容闳晤谈情形函

（英 译 中）

（一九一○年四月五日）

亲爱的布思先生：

　　三月二十四日来函及所附《纽约世界报》①，《拉福立兹报》② 剪报和 D. Y 君③函均收到。《纽约世界报》文章令人兴趣盎然，现将原件随函奉还。

　　我确曾将我们开会事告知 D. Y 君，但未谈及细节。我告以你不久将赴东方，因而他可从你处获悉一切。在这种情况下，事情可完全由你决定。

　　小儿尚好，目前在此地求学。望日后他能赴美国拜谒你。

　　谨致以最良好的祝愿。

非常忠实于你的孙逸仙

一九一○年四月五日

火奴鲁鲁

据秦孝仪主编：《国父全集》第十册英文函（转录中国国民党中央委员会党史委员会藏原函影印件）译出，台北，近代中国出版社一九八九年十一月出版

---

①　英文为：New York World。

②　英文为：La Follettes。

③　D. Y 君，指容闳。

致孙昌告暂无法汇款函

（英　译　中）

（一九一〇年四月八日）

贤侄知悉：

我已于一周前安抵此间，并得顺利会见诸老友。你堂弟阿科现就读于圣路易斯学院①，同时在《自由新报》任译员。他中文程度甚好，现已是一个很大的男孩子。

我已开始设法筹款，供你及家属回国之用。不料今日接你父来电谓祖母病笃，需我立即汇款若干，因之，我必须首先听从此急迫的要求，拟于明日汇去港币一千元。故对你之所需不得不稍延，因我不可能同时兼顾。此祝

阖家安好

叔孙逸仙

一九一〇年四月八日

火奴鲁鲁

据秦孝仪主编：《国父全集》第十册英文函（转录中国国民党中央委员会党史委员会藏原函影印件）译出，台北，近代中国出版社一九八九年十一月出版

致纽约同盟会员告在檀改革盟书填写办法函②

（一九一〇年四月八日）

纽约同盟会列位义兄公鉴：

弟由金山往槟〔檀〕，前已函达，想经入览。今抵槟〔檀〕埠，已逾一周。前礼拜日，同志假坐〔座〕埠中戏院大开欢迎会，到者二千余人，人心极为踊跃，大非昔日之比。自开欢迎会后，每晚在自由新报馆楼上开会联盟。惟地方有阻，故所请人每晚百数位，而到者皆乐于联盟，争先恐后，以足证人心之进步，

---

①　英文为：St. Louis College。

②　此函发自檀香山，底本误作槟榔屿。

可为革命前途贺也！

前同盟会各地所订章程盟书，皆当亲笔填写，其不能写字者，则由介绍人代写，本人签名，或盖指模为据。今于槟〔檀〕埠每晚来入盟者众，人人要亲笔填写，则用数点钟之时候尚不能写完，其一二晚竟有写盟书至一两点钟，故于工商各人殊为不便。是以变更办理，将盟书印就，联盟者只填写籍贯及其姓名日子，如此则人多亦能不阻时候。此办法一槟〔檀〕埠为创始，以一晚过百人入会，亦为他处向来所未有也。然今后人心进步日速，风潮一日千丈，将来各处亦必有如槟〔檀〕地者，故槟〔檀〕地之法亦可推行于他方也。前寄上盟书底数处，可任便照行也。槟〔檀〕会单创之初，各事未定，俟二三礼拜择举职员妥当之后，当有公函通告也。此请，即候

大安不一

弟孙文谨启

庚西四月八日

据《庚戌在槟榔屿致美洲纽约同志书》，载胡汉民编：《总理全集》第三集，上海，民智书局一九三〇年二月初版

致咸马里述广州新军起义经过函①

（英译中）

（一九一〇年四月十日）

亲爱的将军：

我抵此已逾两周，且从广州获悉有关当地事态的消息。这次新军②举事失败，

---

① 一九一〇年二月孙文抵美国旧金山，不久建立同盟会美洲支部（亦称美洲同盟总会）。同月爆发广州新军起义。孙文于三月中旬到洛杉矶，与美国军事学家咸马里及退休银行家布思在长滩（Long Beach）举行多次会谈，决定通过布思向纽约财团商洽贷款三百六十余万美元，并由咸马里训练军官，以帮助中国革命党人发动反清大起义；革命成功后，美国债权人将享有在华开矿、办实业等特权。文中提及"我们的计划"即指此事，后因贷款未成而取消该计划。孙文于三月二十八日抵达檀香山，此函寄自檀香山正埠。底本落款处无孙文署名。

② 新军为一八九四年以后清政府所建的新式军队。广东编练新军始于一九〇三年，此时已建成一混成协三个标共十一营，第一标驻广州东北郊燕塘，第二、三标驻东城墙外北较场。总共六千余人，约有半数加入同盟会。

盖因第一标士兵操之过急。确定的起义时间唯有双方少数几个领导人①心中有数，其他人概不了然，只晓准备就绪便马上发难。日期一到，由于我们款项短缺，致使大队武装人员不能如期进城。这时当局也有所风闻，严加防范，将新军所有武器弹药收缴回城，其步枪则被卸去机械装置，使之无法使用。我们的人员于是开会决定，将举义日期改为农历新年后的第六天，因为假期一过就正常办公，当局拟在当天发还枪械和弹药。届时我方人员均可步行进城，然后双方里应外合，事必成无疑。讵料新年那天②，第二、三标的一些士兵却同警员发生冲突，第一标以为真是开始发难，加之讹传事机已被当局侦悉的消息不胫而走，于是一齐起床急奔城内。他们试图夺占军械局，取回武器弹药，但遭驻军阻击，死伤二百余人。这是一场力量悬殊的战斗。全标官兵赤手空拳，无法还击，被迫退回营地，寻找废弃的武器弹药。他们在靶场找到几十枝步枪和七万发子弹，凭此在新年第三天作了勉强的抵抗。第二、三标自身也手无寸铁，见自己的同志遭受敌军屠杀而无从救援。尽管如此，他们还是有一些人同自己的同志患难与共，各自投入这场强弱悬殊的战斗。十一个营新军中，计有七个参与战斗，未加入的仅四个，因为他们还来不及动作便被包围。现在，广东民众对官方非常气愤，要求放回每个士兵，惩办进行杀戮的军队。据报，因担心全体新军大起义，政府已对广东民众的要求作出让步。紧接广州举事之后，四川、云南、广西等省多有反叛。政府现已下令广东在今年内编练四个镇军队，因此我们将有更多机会把自己的人员安插进去。

顷接华南来信，谓我方人员在云南、两广边界一带的活动大有进展。当地军民热情高涨，十分支持我们的事业，他们认为一切已准备就绪，敦促我们迅即大举。我已通知他们，在我们此间的事情办妥之前，宜暂且等待。

目前湖南发生纷扰③，我对此一无所知。但此事预示云南士兵也会有所行动。若无指导得当的运动让其参与，他们将会加入此际任何偶发的有害之举，诚如广州发生的情况一样。

我们的计划进展如何？布思先生何时能让我们听到任何确切的消息？

---

① “双方”指香港的同盟会南方支部与广东新军中的同盟会组织，“少数几个领导人”指黄兴、胡汉民、赵声、倪映典等。新军之役由同盟会南方支部发动，负责运动新军的倪映典（时任炮队第一营排长）被推定为起义军总司令。

② 即正月初一日（公历二月十日），下文“新年第三天”即为初三日（二月十二日）。

③ 指当时湖南各州县不时发生的饥民抢米事件。

谨致问候。

一九一〇年四月十日

译自 Eugene Anschel，*Homer Lea*，*Sun Yat-sen*，*and the Chinese Revolution*，New York：Praeger Publishers，1984〔安舍尔：《荷马里、孙逸仙与中国革命》，纽约，普雷格出版公司一九八四年出版〕，据英文打印件，原函现藏美国斯坦福大学胡佛研究所（符致兴译）

致孙昌促速回国探祖母函

（英　译　中）

（一九一〇年四月二十五日）

亲爱的阿昌：

　　你家眷在碧家啡生活如何？自抵此间未接来函，为何不经常来信？

　　今附上五百元汇单，供你母亲、妻儿及你本人回国之用。目前我为你设法，已尽力所能及。接款后应即动身，勿误。因祖母已病危，逝世前望能一见你等，你应赶紧成行，以免使你祖母、父亲及我失望为要。我为筹得此款费尽心力，故你使用此款应专为回国之用。我意你可乘搭自美国或加拿大任何港口的头班轮船归国。在你动身前如需偿还若干债务，此款亦敷使用。其余债款则可与债主商议。你若能依言即时动身归国，我将助你于最近全部清偿债务。

　　你父在香港置有田产，生活颇为适意，不久我还将助他购置一舒适之大屋，使你家人得以团聚。待你到香港后，我将尽力助你在香港大学完成医科的学业。

　　速遵我嘱，切勿延误！

叔孙逸仙

一九一〇年四月二十五日

火奴鲁鲁

据秦孝仪主编：《国父全集》第十册英文函（转录中国国民党中央委员会党史委员会藏原函影印件）译出，台北，近代中国出版社一九八九年十一月出版

致侄媳嘱促全家回国函

（英 译 中）

（一九一〇年四月二十五日）

贤侄媳知悉：

今已汇给你夫五百元，供作你全家立即回国的旅费。收到此信后，汇款随到，你当力促你夫即时动身，切不可稍为迟延；因祖母病笃，我意欲你们在其去世前能到香港一晤。你家翁亦曾来信，着我催促你们立即返港，我因此费尽力量，始能筹得此款。

望如我所嘱，即速成行！

问候诸孩儿。

叔孙逸仙

一九一〇年四月二十五日

据秦孝仪主编：《国父全集》第十册英文函（转录中国国民党中央委员会党史委员会藏原函影印件）译出，台北，近代中国出版社一九八九年十一月出版

致孙昌嘱收款后与家人回香港函

（一九一〇年四月二十六日）

昌侄知悉：

今日由信局寄一担保函，内有银行汇单一纸，申银五百元。此单在碧家啡埠亦可支取。收银后，即与你母亲各人赶程回香港可也。至紧至紧！此示，并候各人平安

叔德明字

西四月廿六号

据原函影印件，广州、广东省社会科学院藏

复梅培告汪精卫被捕函^①

（一九一〇年五月四日）

梅培盟兄大鉴：

三月十三日来示，已得收读。欣闻党势续有进步，现举萧雨滋先生为会长，可为得人贺也。贵埠新同志之盟书，可由贵埠会员暂为收存，因弟现下行方未定，待弟异他〔日〕到东京后再行通告请将盟书寄来，始可寄也。

近日吾党精卫君，身入虎口，到北京欲行大事，不幸事败被拿。昨日接到胡汉民君由港来电云"精永禁"，盖定为永远监禁也。虏不杀之，想有所顾忌而不敢也。然吾党失一文武全才之能员，殊深痛惜也！今后吾党同志之尚有生命者，应各竭其能力，从种种方面以助革命之进行，以期达最终之目的，方能酬先我而牺牲者之志也。请共勉之！

檀埠加盟者现已达八百多人，不日当可过千矣。人心思汉，天意亡胡，于此可见一斑矣！

匆匆不尽，余容再报。此致，即候

列位同志义安

弟孙文谨启

西五月四号

据原函影印件，载《中山墨宝》编委会编：《中山墨宝》第六卷书信（二），北京出版社一九九六年一月出版

复纽约同志告汪精卫被清廷监禁函

（一九一〇年五月五日）

纽约同志列位仁兄公鉴：

唐麟兄四月二十号来函已得收读，领悉一切。询长沙乱耗，此间所闻，亦由

---

① 此函寄往芝加古，梅培（又名梅光培）是该埠同盟会员。

报纸所传，其未起事之前未有所闻也。此是一时暴动之事耳。然新军亦有附和，可见此等练军所蓄之志，久有反对虏廷；故无论如何，总有利于吾党。

精卫君往北京，身入虎口，欲有所图，不幸事败被拿。昨日得接香港汉民君来电云"精永禁"，盖精卫君已被虏廷为永远监禁也。虏不杀之，想有顾忌①而不敢也。然吾党失一文武兼全之能员，殊深痛惜也！从此吾党同志如何自勉，以尽一己之份，而酬先我而牺牲者之志乎。请共勉之！

弟文顿

庚西五月五号

据《庚戌在槟榔屿致美洲纽约同志书》，载胡汉民编：《总理全集》第三集，上海，民智书局一九三〇年二月初版

致咸马里告广东起义情形及汪精卫被捕函

（英 译 中）

（一九一〇年五月九日）

亲爱的将军：

我今日刚收到中国来讯，第一标余众约七千人已安全返抵其家乡高州②，该地在法国租借地广州湾附近。他们立即开展宣传，并已获得一万余人的信从。他们已从乡里收集到步枪约一千支，每支有子弹二百发。一标其余部分亦各自回籍。除高州人外，人数以返惠州府沿海两县海丰和陆丰为最多。他们亦在各自乡里活动，并获得一万余名追随者。高州人和惠州人随时皆可投入战斗。

广州新军未被遣散的两标兵将被派往高州府③驻防。他们至今尚未得到发还武器，但派出驻防时必定会将武器发还给他们。我们应善于利用这些人员和武器。

我党香港负责人胡先生④偕黄先生⑤、赵先生⑥（前任广州军队标统）最近已

---

① 忌，底本作"己心"，为"忌"字误排，今予更正。
② Kanchow 的中译。
③ Kanchowfu 的中译。
④ 指胡汉民。
⑤ 指黄兴。
⑥ 指赵声。

前往星加坡。

我遗憾地通知你，我的一名秘书汪精卫先生及另一些人在北京被捕，汪先生已被判监禁终身。现今他的唯一希望在于我军攻下北京。

我将于明午启程赴希炉，一周后重返此地。你拟于何时东行？

谨向你和鲍尔小姐致以最良好的祝愿。

非常忠实于你的孙逸仙

一九一〇年五月九日

火奴鲁鲁

据蔡平：《咸马里与中国革命》（转录美国斯坦福大学胡佛研究所藏英文原函），美国，哈佛大学一九五〇年四月英文打印本译出

致布思告离檀赴日函

（英译中）

（一九一〇年五月二十四日）

亲爱的布思先生：

我拟于本月三十日乘"蒙古"轮离此赴日本。我将在日稍作逗留，以待你复函，并尽力为最近将来之工作计划进行准备。我的临时地址为：Y. S. Sun, c/o Mr. K. H. Ike, No. 10, Nakanocho, Akasaka, Tokyo, Japan。[1] 我抵日后，如有固定地址当另函奉告。

谨向你及你的家人致以最良好的祝愿。

非常忠实于你的孙逸仙

一九一〇年五月二十四日

火奴鲁鲁

据秦孝仪主编：《国父全集》第十册英文函（转录中国国民党中央委员会党史委员会藏原函影印件）译出，台北，近代中国出版社一九八九年十一月出版

---

[1]　中译文为：日本东京赤坂中野町十番地池亨吉先生转孙逸仙。

致咸马里商讨购买军火事宜函

（英 译 中）

（一九一〇年五月二十四日）

亲爱的里将军：

我拟于本月三十日搭乘"蒙古"轮离本岛赴日本。我将在日稍作逗留，以待你的讯息，并尽力为未来计划进行准备。

我刚收到中国来讯，谓我党一些同志在获悉我们在此处提出的建议①之前，已采取措施从广州湾法国当局租地开垦。法国政府招人前往该处开发土地，凡申请租地者，每人可获得三英亩土地。但提出申请后需经三个月始可得到答复。

我还获悉香港某商号愿承担供应任何类型的武器，并保证可将订购武器的任何部分在广东省沿海交付。如此，则将减少我们自己运输军火的许多麻烦。如确定由此商号承购军火，付款前即可将货物运往我们所需的地点。此诚为最可靠而方便的途径。倘若我们在美国募款成功，望你在我们与旁人签订合约之前，先与该香港商号联系。我们或将该商号用作全部军火的供应者，或仅作为转运站，均无不可。因为该商号在远东各港口均拥有船只和仓库，获有合法装运军火到任何地点并在任何地点合法储存武器的特许证。

我在日本的临时地址为 Y. S. Sun，c/o Mr. K. H. Ike，No. 10，Nakanocho，Akasaka，Tokio，Japan②。我抵日后，当即写信给你。

谨向你和鲍尔小姐致以最良好的祝愿。

> 非常忠实于你的孙逸仙
>
> 一九一〇年五月二十四日
>
> 火奴鲁鲁

据蔡平：《咸马里与中国革命》（转录美国斯坦福大学胡佛研究所藏英文原函），美国，哈佛大学一九五〇年四月英文打印本译出

---

① 此指洛杉矶的长滩会议，曾计划在中国沿海某些租借地区建立训练起义者的营地。

② 中译文为：日本东京赤坂中野町十番地池亨吉先生转孙逸仙。

致纽约同盟会员告即赴日本函①

（一九一〇年五月二十五日）

纽约同盟列位仁兄公鉴：

弟自省城新军失事之后，本欲久留美国，遍到各埠联络人心，以赞助革命大业。以革命军近年举事，皆未曾得外埠同志之大助力故也，故每坐财政困乞〔乏〕之失。倘海外同志及洪门能联络为一团体以赞助革命，则以美洲而计，集合三五万人亦殊不难事；而有此数，则每人月任一元，一年之内亦可积款数十万也。有此一臂之助，不患大事不成矣。弟在金山大埠正开始经营此事，乃槟〔檀〕山同志有急电来催，故先往彼地，拟两月后回金。惟近复接东方来信，知中国内地各情更急，遂决于西五月三十号由槟〔檀〕往日本以会同志，商办善后事宜。若事妥有暇，弟必再到美洲，务期达联络之目的。若不能亲到，亦必派人来代行此事。如他日有人受弟〈托〉而来者，望各位权力助之，以成此联络之举。又来者必带有弟亲笔信函，方为真确；倘无此者，恐为冒托，无论何人须慎防之也。

现时美洲各埠华侨渐有归心革命之趋势，望各同志务要乘机鼓舞，使革命思潮日进不已，则将来联络之事自当易易也。省城军事，各位曾助力者，请将姓名即〔照〕数开列前来，以便发回凭据收报可也。有信暂仍槟〔檀〕山《自由新报》转致，俟到日本后有妥实地址寄到，乃可直寄也。

各情到东再报。此致，即候

筹安

弟孙文谨启

庚西五月廿五日槟〔檀〕山发

再：铁夫兄及溪记近日各来一函，收妥。

据《庚戌在槟榔屿致美洲纽约同志书》，载胡汉民编：《总理全集》第三集，上海，民智书局一九三〇年二月初版

---

① 此函发自檀香山，底本误作槟榔屿。

致黄伯耀请提防崔通约函

（一九一〇年三至五月间）①

伯耀②兄鉴：

　　密启者：弟闻新军同志言，在各报见有金山追悼会中，有崔通约一挽联，大不洽新军同志之意。多有问弟，此人是否同志？若是门外汉，则不足怪，若为同志，则大可鄙矣！以其明知而故作媚满之语，而若为新军讼冤者。当日有以绅商各界之作此言，乃为生人说法，不得已也。兹为死人追悼，而通约有此言，其心不可问云。弟闻此言，亦无辞以对也。弟昔〈在〉金山时，尝有与兄等言及此人，想各位亦在洞鉴中也。凡会中紧要职事，不可交托此人，盖其人无定见，而有破坏吾党之心，须谨慎之。（下略）③

（二年六月十二日转刊）

据《孙中山先生书函四件》（转录中国第二历史档案馆藏抄件），载《民国档案》一九八七年第四期

---

① 此函为转刊件，未署时间。新军起义在一九一〇年二月十二日，一九一〇年春旧金山少年学社假座丽婵戏院开追悼新军大会；孙文到金山在二月九日，三月二十二日离开至火奴鲁鲁（五月三十日离开至日本）。据上推断，此函似写于三至五月间。而崔通约则于一九一一年五月被逐出盟会，此函应早于此时。酌定为一九一〇年三至五月间写。

② 黄伯耀，美国旧金山少年学社成员，参与创办《少年周刊》，后改为《少年中国晨报》任司理。

③ 原件如此。

致檀香山同盟会员告来日本
交涉情形并请捐款济急函①

（一九一〇年六月中旬）②

同志公鉴：

弟以秘密离檀，故未能与各同志一一握别，幸为原谅。弟由檀正埠乘"蒙古"船，已于六月十号早平安抵日本，登岸无阻，可为告慰。兹将弟来日一事与日本政府交涉各情，详告如左。

近年清政府大为注意于弟一身，三四年前用尽九牛二虎之力，以与日本政府交涉，必欲日本政府公然下令逐弟出境而后已。时弟尚居东京，日本政府一面迁就清政府之请，一面亦欲示好意于吾党，探得弟将有事于两广、云南③，不日离日，其外务省转托私人送程仪，开饯宴，殷勤备至。及弟船出日本境外数日后，日本政府遂通告清政府云，已下令逐弟出境。惟日本政府在日本国内未有宣布此令，而清政府一得日本政府之通告立即宣布，故弟至香港之日，已见中外各报载有此事矣。在日本政府本欲两存好意：在清政府则云下令逐弟，而对吾党又示优容。惟各国政策无论如何文明，其对于与国必重于对民党，但日本政府有两方面皆存好意，几平等相待，必至离境之后乃通告清政府以逐客之事，此已属格外优待吾党矣。无如清政府以为得此，已属外交非常之胜利矣。

惟有经日、清两政府交涉之后，则弟之再回日本，已属万难之事。弟往日有

---

① 一九一〇年四月间，孙文分赴檀香山各埠建立同盟会分会。离檀到日后，函中所言拟在东京设立秘密机关的计划并未能实现，因日本政府禁止孙文在日居留，遂于六月下旬离境往槟榔屿。此函发自东京，底本落款处无署名。

② 原函未署日期。本函告以"已于六月十号早平安抵日本"，另在六月二十二日致纽约同盟会员函中言及"前有一长函寄檀"，长函即指本函，故酌定为六月中旬所写。

③ 此指孙文计划在两广、云南边境组织反清起义。一九〇七年三月孙文离日前，日本外务省曾委托内田良平设饯别宴会并转赠旅费六千日元（孙将其中二千元留给《民报》，余作起义之用）。

事于滇粤，固望一战成功，何遑及此？惟至滇粤之事无成，而欲再图进取，非回日本就近策画，时多不便。故弟在英京①之日，已就日本公使馆询问意见如何，据随员称答，云此实于日本外交有万难之处。弟再写信东京好友，向日本政府设法，彼回答云改名亦可通融。故弟此回来日，实为冒险一行，且以验日政府待吾党政策之善恶。于离檀之日，已托卢先生②打电日友，此友当间接以达日政府；弟在船中更发一无线电与他友。故于未到埠前，日政府已知弟之将到矣。惟不欲下令于警察放行，故弟一到横滨之时，则彼水上警长认识，又或被清侦探看到，故于弟登岸未久，清公使③则发电话问日本外务省弟是否到来，外务省答以不知。不意同时横滨警察长则行公式报告于内务大臣④，云 Dokans 即孙逸仙，已由"蒙古"船到埠，请示如何处分。至此日本政府不能推委不知，只有或留或拒耳。遂开阁议，闻由十点至十二点，外务大臣⑤则甚有难色，惟陆军大臣⑥甚表同情，其他各大臣亦赞陆军大臣之意，遂准留。惟于对警察之公事上及对清廷之外交上，不能明表留意，故发令横滨警察长云劝逸仙他去。此时警察长已暗晓政府之意，故再来行公式上劝弟出境。弟即时对警察长承认彼之劝意，定实明日他往，于翌日遂由横滨入东京，离了横滨警察所管之境域。横滨警长遂覆禀内务大臣云：已劝令孙逸仙离境，孙逸仙今已他去矣。如此，警长算完了一件公事。而弟入东京则改名为 Dr. Aloha。以后清政府如向日政府交涉，日政府只有对他云：孙逸仙于○月○日到日本，已由横滨警察长劝令他去，已离境矣；今在东京者乃 Dr. Aloha，为檀人耳，不知有孙逸仙也。如此，想清政府亦无可如何矣。

此次日政府如此委曲优待，真出意料之外，诚为日本政府向来待革命党未有之奇典也。今后吾人在日本办事，必得种种之利便。故弟欲即行设立秘密机关于东京，以为联络及统一各省团体之行动，使归一致，免再有长沙等处排外

---

① 英国首都，即伦敦。
② 即卢信，檀香山正埠自由新报社社长、同盟会员。
③ 即清驻日公使汪大燮。
④ 即平田东助。
⑤ 即小村寿太郎。
⑥ 即寺内正毅。

无识之举①，则他日大举必能收无量之效果也。惟设此机关并派员入各省，每月至少需经费数千员。今欲檀埠同志每月至少接济美金壹千员，能多则更妙。檀岛现有会员千余人，每月每人捐费壹员，有力者多捐，想不难集合此款，以为急用。此款必供应一年之久。如在一年之内大事已举，则不必再供；如过一年外尚未举事，则下年再办此机关与否，到时另议，而檀同志愿否继续再供接济，亦由檀同志自行决之。惟此时则在青黄不接之交，而遇此好机，不乘时开办此事，则恐有误机失事。想檀同志者皆热心担任革命之事业，则此每月一元之区区，必能尽厥义务也。并望由檀同志发起，通告金山、纽约、芝加古三埠之同志协力相助，多多益善。每月所捐之款，可汇寄来檀，由檀按月一起转寄前来弟收，以济急用。接信之后，请集同志公议，能否照数接济，或现时尽各同志之能力不过只能任若干，即望将款寄来，并示明以后每月接济若干，以便弟通盘算数。幸甚！

寄信与弟照此便妥：

日本东京小石川区原町三十一番地宫崎寅藏殿

Mr. Miyasaki Tarago

31 Haramachi

Koishigawaku

Tokyo

Japan

无论担保或平常信俱照上文，而内另加封，写"转交孙逸仙收启"。

据亲笔原函，台北、中国国民党文化传播委员会党史馆藏

---

① 一九一〇年四月中旬，长沙发生饥民抢米风潮，上万民众焚毁湖南巡抚衙门、税关、官钱局和大清银行，焚烧或捣毁外国领事住宅、教堂、洋行、洋货商店、日本邮局等。随后在湖南各地及一些省份亦相继发生抢米风潮。

复布思告抵日后情形及停止举事决定函

（英 译 中）

（一九一〇年六月二十二日）

亲爱的比奇①：

五月十二日来函，恰在我离火奴鲁鲁时收到。我抵日本已有两周。其后，北京政府即千方百计欲将我驱离日本。日本政府对我在此间居留甚感为难。外务大臣坚持反对我居留东京，而陆军大臣则持异议。当我抵日时曾开阁议，而军部意见占上风，我乃获准居留。但此事是在北京政府采取行动之前。现北京政府对日本外务省压力甚大，我拟自行离开，以免使当地政府为难。

在我抵此之前，我们一些领导人为与我会晤而已先期到达。我将你有关中止所有不成熟活动的建议转告，他们均表示同意，并允许将此事通知各省党人，立即停止举事。我认为，今年冬季前将会停止此类活动。故今后有数月平静的时间，可供我们工作。

我本拟即离此间，但与军部有关系的友人则希望我在此暂留。目前我的日程尚难确定，待定后当即函告。

如在与我联系之前，你的任务已完成，则请致电香港，地址为：Chungkokpo, Hong Kong②，Ahmi Settled。我党驻港代表将在我抵达时转告我。

各省代表所签署文件已准备妥当，不日即可奉上。

谨致以最良好的祝愿。

非常忠实于你的中山

一九一〇年六月二十二日

东京

据秦孝仪主编：《国父全集》第十册英文函（转录中国国民党中央委员会党史委员会藏原函影印件）译出，台北，近代中国出版社一九八九年十一月出版

---

① 比奇，英文 Beach 的中译。

② 中译文为：香港《中国报》。

致纽约同志告到日本近况函

（一九一〇年六月二十二日）

纽约同志公鉴：

弟于西六月十①号由槟〔檀〕安抵日本，现寓东京数日。前有一长函寄槟〔檀〕，并托槟〔檀〕同志多抄一份转寄贵埠同志公鉴。自该函发后，清政府用种种手段与日政府交涉，日本外务大臣殊苦其扰，大有不欲留弟久居之意。惟他大臣多不以为然。但此事全属外交问题，恐他大臣不便过为干涉，则弟或有不能久居亦未可知。一二日再开阁议，当有分晓。如何再报。此致，即候

大安不一

再：前公璧兄函询长沙排外事件，此纯属饥民举动，不是革命党所为。此复。

弟孙文谨启

庚戌西六月二十二号

据《庚戌由槟抵日后致美洲纽约同志书》，载胡汉民编：
《总理全集》第三集，上海，民智书局一九三〇年二月初版

致南洋同志告已抵星加坡并述在美洲情形函②

（一九一〇年七月十四日）

同志公鉴：

弟于七月十一号从日本抵星坡。自离此地一年有二月，适绕地球一周，所经五六国，所图之件尚未达最终之目的，惟进步较前甚多，将来总有大希望也。

弟至美洲，颇蒙华侨欢迎，该地之保党已多归化革命。弟本欲久留该地一年

---

① 此处删去衍文"五"字。

② 此件采自致挂罗庇勝同盟会员函。寄至各埠的文字稍有出入，如致壩罗同盟会员函（《南洋霹雳华侨革命墨迹》有影印）末段便无提及收到邓泽如信的事。

半载，以经营团体之事。无如祖国情势日急，又遇精卫兄等失事于北京，故亟欲东回，就近亲筹一切。到日本住有两礼拜后，遇清政府大〔正〕与日政府交涉，谅难久居，遂南来此地，殊非本意也。惟既来此，则欲从新整顿团体，以求吾党势力之进步，则于革命前途必有所补。贵埠同志热血过人，想必有良策以匡不逮，望为赐教。

弟现暂寓张君永福花园，不日当另觅屋而居。有信请寄新长美转交，或寄广忆昌客栈邓子瑜君处亦可。泽畬兄寄金山并檀埠各一函，俱已收到，该事容俟面谈。此候

义安

弟孙文谨启

七月十四号

据原函影印件，载邓泽如编：《孙中山生廿年来手札》卷二，广州，述志公司一九二七年一月出版

致布思询近况并请介绍在马尼拉友人函

（英译中）

（一九一〇年七月十五日）

亲爱的布思先生：

我于六月底离开日本，两日前抵达此地。在日期间及来此途中在上海、香港两地停留时，均曾与领导者多人会见。如不久有举事成功的希望，则他们很乐意接受你的意见，在一段时间内静待时机。

目前无要事相告，但有一曾任清廷水师巡防舰管带的我党同志，现已升任水师提督。一旦时机成熟，我深信他将与我们共举义旗。你的工作有何进展？纽约之行有何收获？切望从你处得到确实的消息。

我在星加坡的临时地址为：

Y. S. Sun

c/o Kong Ye Chiong

77 Cecil Street

Singapore

Straits Settlements①

电报挂号：Enghock Singapore②

谨致以最良好的祝愿。

非常忠实于你的孙逸仙

一九一〇年七月十五日

星加坡

　　另者：我在最近数月内，可能前往马尼拉一行。你可否介绍我往访你在当地的友人？此外，请你要求贵友即美国前任驻菲律宾将军，介绍我往访当地官员，此事未知可行否？

　　康有为现在星加坡居留，他比我早两月抵此。

据秦孝仪主编：《国父全集》第十册英文函（转录中国国民党中央委员会党史委员会藏原函影印件）译出，台北，近代中国出版社一九八九年十一月出版

致宫崎寅藏萱野长知告已到星加坡
并请告知日本近况函

（一九一〇年七月十五日）③

宫崎、萱野二先生鉴：

　　弟已于七月十一日平安到星加波〔坡〕，现拟在此暂寓，以候先生之运动结果。

　　自弟离日本后，各事如何，望详细示知，幸甚。弟刻下尚无事可告，若他日有事，自当再行报闻也。有信寄弟，请照下文：

---

　　① 中译文为：海峡殖民地星加坡诗思街七十七号广忆昌号转孙逸仙。

　　② 中译文为：星加坡永福。

　　③ 原函未署日期。今据星加坡寄发时的信封邮戳标出。

Mr. Y. S. Sun

c/o Kong Ye Chiong

77 Cecil Street

Singapore

电号：Enghock Singapore

此候

大安

弟孙文谨启

据亲笔原函影印件，东京、宫崎蔷苓家藏

致大埠希炉两埠同志告已到星加坡请接济经费函①

（一九一〇年七月十九日）

大埠、希炉两埠同志公鉴：

前在日本曾致一函，想已达览。弟初欲久驻日本，以联络北、中各省为一气，后因清政府太向日本政府骚扰，以致居住无一刻之宁，故于七月终舍日而南图，现已到星加坡矣。此地联络北省，则不及日本之便，然可安居无扰，亦各有所长。今初到是地，各事未定，因前约往日本会商之同志，一时不能与之偕来。今当待各省同志陆续到齐，详商各节，然后方能定进行之方针也。

前函请转美同志按月接济经费，以为秘密机关之用，今既南渡，则此款更为急要，未知同志能允如所请否？必待实复，方能量力举办各事也。幸为留意。此致，即候

————————

①　此函起首的"大埠"，是指檀香山正埠，不是指旧金山，底本标题误作旧金山，今予订正。当时檀香山华侨除通称首府火奴鲁鲁为正埠外，也俗称它为"大埠"，希炉为"二埠"。函中第一句"前在日本曾致一函"，即指一九一〇年六月中旬《致檀香山同盟会员函》。函中第二段谓"前函请转美同志按月接济经费"，前函也已清楚说明是请檀香山同志转告旧金山、纽约、芝加古三埠同志按月助款。

大安不一

弟孙文谨启

七月十九号

据原函，台北、中国国民党文化传播委员会党史馆藏

致吴稚晖托谋救汪精卫办法函①

（一九一〇年七月二十日）

稚晖先生鉴：

久未致候，遥想旅况多佳。弟自抵美西及檀香山二地，大蒙华侨欢迎，此皆多《新世纪》、先生辩护之力也。弟在该二地已联络团体约有千四五百人。将来大可进步。弟本欲久留该处，以图党势之发达，乃以祖国情势日急，恐再蹈羊城覆辙，故急于东回。在日本住有两礼拜，旋于西六月廿五日离日本，七月十一号抵星加坡，十九号由星乘德邮船往槟榔屿，会同志谋议要件。大约一二礼拜当回星埠，作略久之寄寓，请先生时时赐教为幸。

吾党今日有一急要问题必须设法解决者，为谋救精卫之事。今外间已有担任之人，惟苦不详悉北京近情及精卫在囚之地，故先当调查确实，乃可行事。此必靠北京官场同志乃能为之。此间同志已各就所识，请为尽力。然犹恐耳目未周，今再〈请〉先生就欧洲同志密商，如各有所识可靠之人在北京者，皆望托之查探现在精卫被囚之法部衙门地方及看管之人详细情形如何，并请他等代为筹思有何妥法可以救出。如查得实在情形及想出妙法，望即函示弟知并香港展堂君知为祷。此候
大安不一

李君、褚君②统此不另。

弟高野谨启

七月二十号

---

① 底本影印吴敬恒附注，谓此函写于一九一一年，实误。按该年七月孙文在美国旧金山，而此函所述行踪并自称现居槟榔屿，皆为一九一〇年事，兹予订正。

② 即李石曾、褚民谊。

星埠通信处：

Mr. Teng Tse Yee

21 Stanlay Street

Singapore

Straits Settlements①

（内加封，交高野）

香港通信处：

Mr. K. W. Chan

c/o Wijk Co.

25 Des Voeux Road

Hongkong

（香港德辅道廿五号惠记洋行陈景华先生转交胡展堂先生收入）

据原函影印件，载胡汉民编：《总理全集》第
四集，上海，民智书局一九三〇年二月初版

复孙昌告暂无法汇款函

（英 译 中）

（一九一〇年七月二十一日）

贤侄知悉：

经由火奴鲁鲁阿科处转来你六月四日函，已收悉。五月十四日来信至今尚未收到，恐有失误。

目前我无法再汇寄三百元，数月后或可办到，但难以肯定。

你父耐心等待你们，而你们不能迅即归家，憾甚。此祝

阖家安康

叔孙逸仙
一九一〇年七月二十一日
槟榔屿

---

① 中译文为：海峡殖民地星加坡土丹利街二十一号邓子瑜先生。

通讯处：

Y. S. Sun

c/o Kong Ye Chiong

77 Cecil Street

Singapore

Straits Settlements

据秦孝仪主编：《国父全集》第十册英文函（转录中国国民党中央委员会党史委员会藏原函影印件）译出，台北，近代中国出版社一九八九年十一月出版

致黄甲元嘱筹款维持《中兴报》函[①]

（一九一〇年七月二十四日）

甲元吾兄大鉴：

弟数日前以槟城同志电招，即日起程，是以无暇告别。初以到槟一二礼拜便可回星，乃今有他故，或要留槟三几月也。

今日吾党在南洋之极急务，弟欲与足下详商者，即设法维持《中兴报》是也。日前在永福兄山园曾略及此事，而足下云难以分身兼顾，弟又想不出妥当之人。盖《中兴报》之缺点全在不得其人，今欲维持，若不物〈色〉得可靠之人，虽加万金资本，仍无济于事；若有其人，虽三数千便可挽回危局矣。兹有同志新军队官张伟吾兄，具文武才，勇于任事，力愿担任维持《中兴报》之责，彼可主持笔政兼摄司理，但不欲管理财政，云若有三千金便可置《中兴报》于不败之地。彼亲见报馆一切事情，持之有故，言之成理，弟亦信彼能坐言起行也。今既得其人，只欠三千之资本耳。足下关心大局，想必肯筹此三千，并自择一人以管财政，而以报中用人，行政一切事权授之张兄，则《中兴报》从此必能发展巩固也。其应如何整顿种种详细情形，张兄当能为足下一一详道之。望足下一尽力焉，幸甚。此致，即候

---

① 此函寄往星加坡。

大安不一

弟孙文谨启

西七月廿四号

据原函影印件，载南京《中央党务月刊》第六十七期，一九三四年二月出版

致符树兰等请赞助林格兰返琼函①

（一九一〇年八月二日）

树兰、竹亭②并海南同志列位仁兄公鉴：

　　弟近由欧美回南洋，暂寓槟城，得与格兰③兄相遇。格兰兄本欲与林海山兄入云南，弟劝之不如返琼州，调查一切风土人情，并布置各件，以为他日响应两粤之地。格兰兄甚以为然，日间返盘谷与公等妥商，然后回海南运动云。图海南一事，本由弟前在盘谷建议而公等赞成者，尝以大款未集，不能举行。今有格兰兄愿先往查考各情，自当见一着做一着，布置于先机。倘不日集款可成，便能立速举事，甚为利便也。望公等协力赞助，俾格兰兄得以快捷行事，而为革命军一臂之助也，幸甚。此致，即候

义安不一

弟孙文谨启

中六月廿七日

据亲笔原函影印件，台北、中国国民党文化传播委员会党史馆藏

---

① 此函寄往槟角（盘谷）。受信人均为海南籍同盟会员。

② 即云竹亭。

③ 即林格兰。

复咸马里告各地起义情形函

（英 译 中）

（一九一〇年八月十一日）

亲爱的将军：

六月十八日来函，昨日收到无误。目前已将受委任的军官召回部队，以训练广东军队的两镇新兵，训练工作务须于一年内完成。现除少数几名特殊人物与我同在一处外，大部分军官俱已返回部队。我们必能迅速恢复在广州军队中的地位，而且力量将比前远为壮大。海丰、陆丰等县的党人数量与日俱增，故我无法向你提供其确切数字。但是，我们可能征募所有能干的成年男子加入革命运动，这一点是相当确切无疑的。在海陆丰东面的潮州府和嘉应州各县更皆准备加入。广东省的这一地区向来涌现优秀的军人。他们的人数以百万计。一八六〇年英法联军侵犯北京之役，潮州人一度受雇于英法联军，事实已表明他们的良好战斗素质。大沽口即在这些潮州人猛攻之下陷落。

在香港、虎门、惠州之间三角形地带的乡村，已以其所有的全部武器进行充分武装，人数至少有三万。但仍须向他们提供弹药。

当我在日本居留时，曾制止长江流域即将爆发的起义，在日本时我已就此事去函奉告。他们原只应诺将起义日期延至今冬，但我现能劝使其作更久的等待，直至我们的募款计划成功为止。因此，你可继续执行我们原定的计划。

目前，云南省出现某些动乱，上周我已派出一人，从此处取道缅甸前往阻止。我想他能使那些人在一段时间内静待时机。请赐赠一二本你的近作《无知之勇》①，因我原有的一本已被友人取去。

我拟在此地居留二三月，此期间来函可寄：

Mr. Chung San

c/o Tek Cheang

---

① The Valor of Ignorancy 的中译。

197 Beach Street

Penang

Straits Settlements①

谨向你和鲍尔小姐致以最良好的祝愿。

非常忠实于你的孙逸仙

一九一○年八月十一日

槟榔屿

据蔡平：《咸马里与中国革命》（转录美国斯
坦福大学胡佛研究所藏英文原函），美国，
哈佛大学一九五○年四月英文打印本译出

复邓泽如告新章一概不收入会费函

（一九一○年八月十一日）

泽如同志仁兄大鉴：

六月廿九日来示接悉，现下以议改新章各事未定，故迟于奉复。然足下处所收盟表既为日已久，则请寄槟城缎罗申街得昌号黄金庆君转交，由弟暂存给号便是。以后新章欲一概不收入会费，支部办事费拟由会员随缘乐捐，庶免新进者之畏难退缩。未知足下及各同志以为如何？此致，并候

义安不一

弟中山谨启

西八月十一号

据原函影印件，载邓泽如编：《孙中山先生廿年来
手札》卷二，广州，述志公司一九二七年一月出版

---

① 中译文为：海峡殖民地槟榔屿缎罗申街一九七号得昌号转中山先生。

致张永福嘱将铁箱交邓子瑜带来函

（一九一○年八月十三日）

永福吾兄鉴：

前奉一函，请足下将托存之铁箱寄来槟城，想已得达。大约四姑①来后未遇妥人，故尚未寄到也。兹有同志曾秀兄，现寓子瑜处，弟欲彼来此地一会，请足下将铁箱交与子瑜，托他带来便妥。

转寄来吴世荣兄代交之信，已得收妥。有劳，感谢。此致，即候
大安不一

弟中山谨启

八月十三号

据原函影印件，载张永福编：《南洋与创立民国》，上海，中华书局一九三三年十月印行

致邓泽如询寄来英文信者身份函

（一九一○年八月十六日）

泽如仁兄鉴：

兹得贵埠人寄来英文信一通，称为托足下代寄者，然审内外皆一人之笔迹，并无足下一言。今将原函付上一观，如足下识其人为妥当，则请代弟面复之。彼所欲得英文纸、英文书，弟现无其物；又彼欲知革命之总方针，除非彼已为会员而愿出而任职者，否则不能相告也；或彼欲知者为革命之宗旨，则请足下将所知而告之也。彼究为何如人？望足下详为复示，幸甚。此致，即候
大安不一

---

①　即陈粹芬，在家排行第四，称之四姑，孙文早期革命生活伴侣。

各同志祈为问好。

弟孙文谨启

西八月十六号

据原函影印件，载邓泽如编：《孙中山先生廿年来手札》卷二，广州，述志公司一九二七年一月出版

复邓泽如告改良盟书及免收入会费等事函

（一九一〇年八月二十四日）

泽如同志仁兄大鉴：

来函并盟表卅张、汇票一纸，已得接到。兹将底号寄上，乞为分给。

至于盟书之改良，则殊非舍重就轻，乃再加严密耳。其前之中间四语，今改为三语，各包一主义，以完其说。其前之"中国同盟会会员"字样，今改为"中华革命党党员"，以得名实相符，且可避南洋各殖民地政府之干涉。盖各殖民地有例严禁私会，而法、英两殖民地前年已公认革命党为政治之团体，法安南送党人出境，而英殖民地收纳之是也。若同盟会之名，在各殖民地皆未注册，彼官吏可视为私会，非如革命党之名有案可稽也，故盟书用之为宜（美洲、檀岛已一律用之矣）。至团体与团体之往还，两者俱可并用，随人择之。并付上盟书底稿一张，祈为察照施行。

又，照新订分会总章，以后免收入会费，而多举主盟人，以广招徕。至地方会所之费，由会员均分担任。而本部及各地支部，前者办法多未妥善，今拟重新组织之。重要办事之员，议给一定薪水，俟将来组织妥当时，当定预算表。其本部每年经费若干，由各地分会分任，向各会员捐助至足数为度。其支部经费若干，则由所属地之分会如前法捐助。

至月捐一节，槟城同志现已举行，每股月捐五角，认股多少随各人惟力是视。每月收齐贮于行银〔银行〕，用慈善名誉选六人管之。他等党事亦不得提用，只关于起革命军者乃能提用。俟此地办有头绪之后，必将办法通告他地同志也。此致，即候

列位同志大安

弟孙文谨启

八月廿四号

据原函影印件，载邓泽如编：《孙中山先生廿年来手札》卷二，广州，述志公司一九二七年一月出版

致黎协等请筹香港机关用长年经费及营救汪精卫费用函

（一九一〇年八月二十九日）

国民盟长①并列位同志仁兄均鉴：

　　近日内地党势进步之速，大有一日千丈之概。如省城军界之破坏，今亦已恢复如初，而彼中同志近且从事运动于巡防营及警察两敌军，将来机局必更胜于未失败以前也。如是则前途之望势不为不佳矣。惟财政之困难较前倍甚，香港之支部已难支持矣。此地甚为握要，为南方各省之总交通地，派员运动、同志往来各等所需，用款甚巨。弟前在日本已有公函，请各埠同志合力筹款一笔为长年经费，以设秘密机关于东京，为交通北〈方〉各省之用，未知已举行否？惟以现下情形计之，南省更紧要于北省，香港更紧要于东京。今南省已不能顾，奚暇及于北省，盖行事先当从其所急也。前请筹款以为东京机关之用，今请改归香港之用。如已筹就，请从速汇回香港胡展堂君收（英文详列另纸②）；如尚未筹，请即从速开办，以救目前之急，不能稍缓，否则各事因之阻滞，而前途大有窒碍矣。倘公等能暂救此困局于一时，则迟迟弟当另有法以解决吾党一切财政问题也。公等团体新成，朝气方锐，非似南洋、香港之同志已成强弩之末可比，故望之独殷也。务期各尽义务，惟力是视，无论集就多少，即行电汇，方无迟误也。

---

　　①　黎协，字国民，檀香山的夏威夷岛（Hawaii Island）希炉（Hilo，今亦译希洛）同盟会分会主盟人。

　　②　另列英文地址，底本未影印。

弟现到南洋庇宁埠暂寓，以待一大问题之销〔消〕息。如事有成议，即吾党之事可以迎刃而解矣；如事有不谐，则弟或当再往美洲一行，未可定也。必俟得有实音之后，方能再定行止，到时再报。此致，即请

义安不一

弟孙文谨启

西八月廿九号

再：香港、南洋各埠同志现已竭力捐资营救精卫君，檀地同志如有表同情于此事者，亦请竭力相助。盖此事非数万金不办，现在尚欠甚巨，然事已开手进行矣。无论捐得多少，须声明为营救精卫君之款，亦汇展堂君收。

据原函影印件，载佚名编：《总理遗墨》（十开线装本，
出版时间不详），广州、广东省社会科学院图书馆藏①

复布思请筹款准备起义函

（英　译　中）

（一九一〇年九月四日）

亲爱的先生：

六月二十五日纽约来函刚于昨日收到。得悉你东部之行结果非常满意，甚喜。你日前寄往夏威夷信札，我在日本时已曾收到并一一作复。此外，我于离日前曾致一二函给你或将军②，其中谈到你所提及之传闻。

在前函中，我曾奉告你或将军，谓我在日本期间已对长江流域及华南所有不成熟的起事及时加以制止。中国各地领导人皆赞同我的意见，即待我党在美计划完成后，再行活动。

我所允诺收集的签名录，已自横滨挂号寄上，料必早已收到无疑。

诸事想现已解决，最后的结果究竟如何？无论成败与否，我均望尽早得悉结果，以便日后自行采取措施。

---

① 估计于十九世纪三十年代出版。

② 指咸马里。

你如认为筹款之事必成，最终解决仅为时间问题，则请在贵账户内先汇五万美元以助我党筹备事宜。因为此笔款项将使我得以从事大量准备工作，若延至数月之后，则以十倍于此的金钱恐亦无法做成同等数量的工作。如认为此事可行，则在筹款完成后，加倍奉还所预付之数，以补偿你担当的风险。

今冬之前，长江流域及华南将无骚动。请相信，此期间将不扰及你的筹款计划。

今后两三月我仍留在槟榔屿，此期间内即使我们的募款计划成功，我亦将无法前往与你会晤，除非上述五万美元能于事前汇到此处。

上次举事失败后，我党在广州新军中的地位已有所恢复，且在极短期内将较前增强。清廷所有其他军队的态度亦相同，皆急切期待发起总行动的信号。

近日，新疆之新军曾发生兵变，此为早先与长江流域同作安排的今夏行动的一部分。依你所劝告，我在日本时，对长江流域的行动已有效加以制止；而新疆远在中国边陲，联系不易，我们不能利用官方电报线路，而我们的通讯员亦未能及时到达。

谨致以最良好的祝愿。

非常忠实于你的中山

一九一○年九月四日

槟榔屿

再者：你在洛杉矶所示电码（269）不合我们使用，我意以为使用最新版之A.B.C电码更佳，但需自行设计加以修改。我建议每一数字加269再行发报，收报时可减去此数再译出。

通讯处：

Chungsan

c/o Tek Cheang

197 Beach Street

Penang

Straits Settlements

电报挂号：Tekcheang，Penang

邮汇亦请用 Chungsan 之名。

据秦孝仪主编：《国父全集》第十册英文函（转录中国国民党中央委员会党史委员会藏原函影印件）译出，台北，近代中国出版社一九八九年十一月出版

致咸马里谈攻取广州计划并请在美筹款函①

（英 译 中）

（一九一〇年九月五日）

亲爱的将军：

B 先生②六月二十五日自纽约来函，顷始收到，函中传来极其鼓舞人心的消息。但嗣后你与 B 先生均未按我在日本时去函所安排给我来信。故此，我担心 B 先生筹款之事已告落空或延迟。我曾复函 B 先生，如其认为筹款之事必成，则请先垫付五万美元，事成后加倍奉还，以补偿其所受风险。因我急需此款用于筹备，目前如得此款，即可完成十倍于数月后同数款项所能完成的工作。

前函曾述及来自中国各地令人振奋的消息。在广东沿海许多县份，我党不难获得响应。我们能以较当时在长滩旅馆所拟定的更为简易而迅速的方法，发起一次行动，而耗费则可大为减少。我确信，起事一开始即可先攻取广州。因为，自城内发起突击可以随时占领该城，此即能避免为准备起事后从城外进攻所引起的种种麻烦。夺取广州后，我们至少可获得十万枝新式步枪、充足的弹药、数百门新式大炮以及兵工厂。此外，还可获得大量现款和物资补给。大多数领导人皆主张一开始即攻取广州，而极不愿意采其他行动。我亦认为此城自始即为我们进攻的主要目标，而且先攻此城比日后攻取远为容易。此次行动所需款项亦较我们在美国所拟另一计划大为减少。

如果 B 先生在纽约的计划落空，则请你通过其他途径筹取五十万美元，仅作广州计划之用，而在我们达成第一个目标前其他行动则暂予搁置。未知你能否在最短期内筹得此数？若无法筹到五十万元，则请尽力筹募，无论如何即汇来五万

---

① 孙文于一九一〇年六月至日本，七月抵槟榔屿州首府槟城（Penang，又译庇能、比宁）。在此之前，孙文曾于三月到洛杉矶，与美国军事学家咸马里及退休银行家布思在长滩举行多次会谈。数月来孙与他们两人通信频繁，本函即为其中之一。但此项计划终因纽约财团拒绝贷款而流产。

② 指布思，下同。

元，以利于筹备工作。

自我依从你的劝告制止今夏在长江流域和华南的起事以后，我们的全部希望均寄托于在美国的筹款计划。如你与 B 先生的计划均告失败，则盼立即告知，以便于我在最近自行采取措施。

谨向你和鲍尔小姐致以最良好的祝愿。

非常忠实于你的中山

一九一〇年九月五日

海峡殖民地槟城

通讯处：

Chung San

c/o Tek Cheang

197 Beach Street

Penang

Straits Settlements①

电报挂号：Tekcheang，Penang

再者：汇款亦请用上址。发电报则用最新版（第五版）之 A. B. C 电码，并在每字后加 269 拍发。收报时从每字减去 269，再行译出。

再者：广州举事之前，应争取英国政府的充分谅解，此点对我们至关重要。为此，你必须与我同赴伦敦一起进行活动。如在美筹款事成，五万元及时汇到，我将立派其他同志开展活动，并亲自赶赴伦敦与你会面，同时于广州城内将诸事先行安排妥当。

又如你的计划落空，则请尽量多写数份给马尼拉方面的介绍函，立即寄来我处。至感。

据英文亲笔函照片译出，原件藏美国斯坦福大学胡佛研究所（陈斯骏译，金应熙校）

---

① 中译文为：海峡殖民地槟城美芝街（亦称缎罗申街）一九七号得昌号转中山。

致萱野长知询近况函

（一九一〇年九月七日）

萱野君英鉴：

　　别后未审近况何似？所谋之事能否成就？甚以为念。弟与某处交涉中之问题，尚未达最终之目的，现时在槟榔闲居，以待君及某处之销〔消〕息。君事之进行如何？并东京近事如何？政情如何？请君时时告我，幸甚。此致，即候

侠安不一

弟孙文谨启

九月七日

Address：

Mr. Chung San

c/o Tek Cheang

197 Beach Street

Penang

Straits Settlements

（英领海峡殖民地槟榔屿得昌号收）

据原函影印件，载萱野长知编：《中华民国革命秘笈》，东京，帝国地方行政学会一九四〇年七月发行

致三藩市同盟会指示筹款十万办法函

（一九一〇年九月十二日）

三藩市同盟会列位同志公鉴：

　　弟近到南洋之槟城即庇宁埠，已将两月。连日事繁，未暇致书，幸勿为罪。吾党自省城军界失败以来，各实行之同志更振刷精神，分途从种种方面下手运动，迄今已大得成效。广东军界势力，不独早已恢复如初，并且吸引巡防营、警察两

敌军多来归诚向化，他日必不为反对矣。而他省之军界、学界进步亦较前倍增。今日时机可谓诚〔成〕熟矣！惟惜财力犹困，未能策划自如。弟谋开一路，若能成就则数百万可以立致。惟日久尚无实音，诚恐或有中变。纵使日后有成，而久待费时失机，则求人固不如求自己。若乘近日之好机，则举事不需多款；今年之内可得十万港银，则必可集事矣。美洲各埠近日革命思潮初至，锐气方新，且人数逾十万。倘得十分之一赞成，则有一万人；人任五元，则事可集。若能人任十元，则五千人之力可以举之。又使有力者多任，其最少者亦任十元，则一二千人亦足举之。况美洲洪门不下六七万人，除一二大埠人心涣散，其美西各坑上及美国东南各华人无多之埠之洪门人士，皆甚热心赞成革命，倘能引导有方，则无不鼓舞向前也。弟今欲我同盟会同志于见信之日，即发起开捐军费，随捐随收，贮入银行，并公举同盟内之洪门人往各坑、各埠劝捐。各地择妥人代收，收齐汇寄大埠，或直寄回革命军筹饷局亦可。任各埠随便而行，并请大埠同人选择妥人，或行信到纽约、芝加古两埠同盟会商量，请他照行，自行发起开捐，并向附近洪门劝捐。金山则办美西、美南各埠；芝加古办美中、美北各埠；纽约则办美东各埠。至中历十月尾，则将全美所已捐或认捐之数，统计若干报告前来弟处。若为数已足举事之用，弟即着筹饷〈局〉照数制发凭据，付来交收；若为数尚不足，则暂由各埠管存，以待他日调用。以上所言十万，乃以至少之数而言；若能筹过于此，则做事更易矣。今日之事，正所谓万事俱备，只欠东风耳。望同志各尽义务，则革命前途幸甚。

弟孙文谨启

西九月十二号

据亲笔原函，上海博物院藏

复吴稚晖告所谋之事未有头绪有好消息请示知函

（一九一〇年九月二十七日）

稚晖先生大鉴：

　　八月廿三日来函，已得收读。所谋之事尚未大得头绪，下手之外犹费踌躇也。

闻石贞①君现在北，先生未知可否与他通信，托他一为调查其方法乎？弟现居留槟榔屿，得有好销〔消〕息请即通信示知。

弟之住址如左：

（槟城得昌号转交中山收入）

Chung San

c/o Tek Cheang

197 Beach Street

Penang

Straits Settlements

近日粤地及南洋党势颇有进步，闻美洲亦有进步，循是而前，他日必有好结果也。此致，敬候

大安不一

夫人、令嫒、令郎统此问好。

弟孙文谨启

九月廿七日

据原函影印件，载胡汉民编：《总理全集》第
四集，上海，民智书局一九三〇年二月初版

复咸马里请速筹款并敦促布思汇款函

（英　译　中）

（一九一〇年九月二十九日）

亲爱的将军：

你八月七日寄往香港一函已收到，此后不必寄至香港地址，可直接寄来此处。

关于 B 先生被委任为我党财务代表一事，如筹款计划未能成功，则此项委任不得不予以撤销，党人已向我要求退回此职务的委任书。

---

①　即李石曾，名煜瀛，留学法国获博士学位。

望你进行我们前曾谈及的另一计划，尽快为我党筹集若干款项。在目前情况下，我以为有二十五万金元便可敷全部费用，即使少于此数，亦足以助我们创造某些奇迹。

我自返远东后，常试图制止中国各地不成熟的起义，其条件为我将提供今冬举事的资金。假如我不能履行此一条件，我的信誉将受到巨大打击。希望你敦促B先生按我在前函所提的数目从他账下将款项寄来。唯此，我的信誉始不致受到损害。如他所寄能稍多于此一数目，则全部计划的推行可获良好结果。

目前，我正在等候你的介绍，以便前往马尼拉。你的介绍书已寄出否？很久以前我即曾致函提及此事。现时此处各事尚如此混乱，我认为我目下无法再次抽身赴美。此外，我担心由于缺乏资金而无力制止今冬将发生的起义，尽管我仍试图这样做。如能延迟今冬起义，则我将在年底由马尼拉赴美一行。

非常忠实于你的中山

一九一〇年九月二十九日

槟榔屿

通讯处：c/o Tek Cheang，197 Beach Street，Penang，Straits Settlements。

据蔡平：《咸马里与中国革命》（转录美国斯坦福大学胡佛研究所藏英文原函），美国，哈佛大学一九五〇年四月英文打印本译出

致邓泽如询如何筹款十万举义函

（一九一〇年十月十四日）

泽如仁兄并列位同志大鉴：

近日内地因钉门牌、收梁税，各处人心不服，皆思反抗，机局大有可为，吾党不可不乘时图大举。惟弟所谋欧美之路，皆尚未成就。倘今有革命军起，则事亦立可成议也。且现时民心、军心皆变，亦不须大款已可举事。若有十万为事前之预备费，便可敷策划而计成功矣。弟现已发函各埠询问，各可担任几何者，合各埠可筹足此数固佳；否则略少亦可冒险一发也。贵埠能担任多少？并另有何法向他处筹资

以助成此举？请为示知。弟事略安顿后，当来与各位面商也。此致，即候

大安不一

弟孙文

西十月十四号

据原函影印件，载邓泽如编：《孙中山先生廿年来手札》卷二，广州，述志公司一九二七年一月出版

致黎协等告以运动新军成效并望筹集军费函①

（一九一〇年十月十六日）②

国民盟长并列位同志仁兄大鉴：

敬启者：前上一函，请各同志筹款接济香港机关为长流经费，以得办事无滞，想已达览施行矣。

乃者时机日逼：外而高丽既灭，满洲亦分③，中国命运悬于一线；内而有钉门牌、收梁税，民心大变，时有反抗。吾等新军之运动，已普及于云南、广西、三江④、两湖，机局已算成熟。加之党中财政日困，虽香港一隅或得檀埠同志之接济，而他方则仍无法可设也。且长贫难顾，久待非策。弟今承内地各地同志之催促，并有办事领袖人员到此商议，已决策定计，不久再举。此次机局较前尤佳，且有弟就近指挥策画，一举必可成功，决无疑义也。

惟预备之费当要十万元，乃足布置周密，而出万全。今欲合南洋、檀、美各

---

① 毕业于日本军事学校的中国留学生多投入新军担任低级军官，其中有不少是同盟会员，他们在军队中秘密发展组织。黎协，檀香山的希炉同盟会分会主盟人；底本谓此函乃致"南洋同志"，误。

② 原函未署年份。底本《总理全集》第三集排印文字误定为一九〇八年，其时孙文居星加坡，并不在发函地点槟城。按函中叙及高丽灭、满洲分、钉门牌、在槟城集议再举、葡萄牙政局变化诸事，均发生于一九一〇年，故订正为是年。

③ 高丽为朝鲜旧名，一九一〇年八月日强迫朝鲜当局签订《日韩合并条约》，正式吞并朝鲜；满洲原为东三省别称，包括当时奉天、吉林、黑龙江三省，一九一〇年七月订立第二次日俄密约，进一步明确划分两国在东三省的势力范围。

④ 指西江、东江和北江，即珠江流域。

地同志之力，在此一两月之内筹足此数。但南洋各埠华人虽多，而风气闭塞，所有之同志前曾屡次尽力，几成强弩之末。此次之款，总望檀、美同志担任一大分〔份〕也。弟提倡革命以来，至今日为第一好机，民心归向，军士倒戈，所缺乏者只此区区之财力十万元，不过檀银四五万耳。若檀山同志出钱能似内地同志舍命之勇，则此区区之数，檀地同志亦能独力任之而有余，无待弟更向他求也。

　　见信之日，务望向众宣布，即日举行开捐，事前预备军费。无论会员非会员，凡我汉人，皆当助成此事。有力者多尽力，无力者亦尽其所能，众志成城，众擎易举。如能筹足此数，则决无失败之虞也。故此次事之利钝，则全视乎海外同志之尽力与否耳！内地同志既不惜身命，苦心焦虑，竭尽其力，乃能达至此地步，今只待海外同志一臂之助，则大功立可告成，如葡萄牙近日之伟业①矣。望为勉力以竟全功，幸甚幸甚。

　　信到之日，限两个月期内筹集收齐，汇出大埠②支部理财员彙汇弟收。暂由理财员发给收条，俟汇到弟处，弟即着筹饷局人员发给凭据收执，以昭大信。兹付上《筹饷局约章》乙纸，请统为宣布于众是荷。此候

义安不一

弟孙文谨启
西十月十六号槟城发

据亲笔原函影印件，载胡汉民编：《总理全集》
第四集，上海，民智书局一九三〇年二月初版

复邓泽如请亲来商助函

（一九一〇年十月二十八日）

泽如同志仁兄大鉴：

　　贵伴李君并民铎社员杨君③到槟，接读来示并二君所言，得悉各节。足下关

---

① 一九一〇年十月五日，葡萄牙宣布成立共和国，废除君主制。

② 檀香山大埠，是檀香山正埠的别称，同盟会檀香山支部所在地。

③ 李君，指李梦生；杨君，指杨惜吾。

切大局之深，良足钦感。往坤甸①一事，当俟汉民兄南来与杨君齐往，或有成效。杨君亦深以为然，且缓图之。

弟今另有所见，必须足下牺牲数礼拜之时日，亲来商助，则事望可成。见信之日，无论如何匆忙，必请早临为祷。至急！至要！余容面谈。此致，并候

大安不一

列位同志统此问好。

弟孙文谨启

十月廿八号

据原函影印件，载邓泽如编：《孙中山先生廿年来
手札》卷二，广州，述志公司一九二七年一月出版

复邓泽如再询分任筹款十万事函

（一九一〇年十月中下旬）②

泽如同志仁兄大鉴：

梦生代笔信并盟书一百四十八名，已得妥收。兹编就底号付上，祈剪开分交各人可也。间有号数写不明白者，可按次补写唐字，以便收者易记，更佳。自改订新章，大小比叻已大收成效，单刺乞一埠，愿来加盟者甚众，现已收二百多人，闻不日可收至千人云。兹付上章程数张，祈为察人施行。最要者为十三款，务望切实举行，将新旧人员编为排列，则团体可以固结矣，否则仍如散沙也。

弟前在美所谋大款之路，近接彼地复实销〔消〕息，谓不能速成（然非绝望）。故弟决意不再外求他人，而欲尽吾党之力，以图再举。按之现在时机之好，

---

① 坤甸（Pintianak），又译庞提纳克，在荷属东印度般鸟洲（Dutgh-Borneo）。

② 原函未署日期。函中谓近接美国消息，所谋大款不能速成，即指计划由布思向纽约财团贷款而未成，此事发生于一九一〇年九月以后。函中提出要自行募款十万事，在十月十四日致邓泽如等函、十六日致檀香山同盟会员函也曾提及，则估计此函当是在这前后所写。又此函与十四日致邓等函一样，只是询问挂罗庇胜能担任多少款项，而在下篇二十八日复邓函中却称"另有所见"，约邓到槟榔屿面商，则估计此函当写于二十八日前。标出时间主要根据上述情况酌定。

人心大变，军队亦从，可以不需大款，十万之数便可预备一发，弟亲行督师，事当无不济也。此十万之数，小吕宋一埠可望担任三四万之多，余分任于各埠。若各同志肯尽一分之义务，以众擎之力想不难集事也。贵埠同志能力任几何？若力尚不足，宜速行推广团体，以多数人而人各出少资，则易为力。此款冬间当要需用也，请与各同志预为设法。

　　弟现候一地来信，一二月内当亲往小吕宋以集此资，或可多得亦未可料也。幸协力谋之！此致，即候

大安不一

　　列位同志统此候好。

弟孙文谨启

据原函影印件，载邓泽如编：《孙中山先生廿年来手札》，广州，述志公司一九二七年一月出版

复李梦生邓泽如告等待惠临函

（一九一○年十一月三日）

梦生、泽如两兄同志大鉴：

　　来书敬悉。所云泽如兄要一礼拜之后事妥方能惠临，此亦未为迟也。弟当待至此时就是。此复，即候

大安不一

弟孙文谨启
西十一月三号

据原函影印件，载邓泽如编：《孙中山先生廿年来手札》卷二，广州，述志公司一九二七年一月出版

复咸马里盼为起义筹款并论战争侦察手段函

（英 译 中）

（一九一〇年十一月七日）

亲爱的将军：

九月十八日来函及书刊均于数日前及时收到。不久又收到 B 先生来函，谓财团将于十月初开会。但十月已过，至今尚未见确实消息，故我对他已不存过多希望。望你能独力尽快为我党筹集资金。诚然，只要时机来临，我将不再等待。但如无必要资金，我们的事业将难有所成。我抵达此地后，已多方改进准备工作。现在，我们用远较最初所提数目为少的资金，即可争取完全成功。我认为，原定款项的十分之一即敷使用。你是否能迅速筹得此款？我将试图在此地筹款，只要能募得仅足启动的资金，即使离成功的条件尚远，我也将立即行动。

关于大著①的翻译一事，我将通知我的日本友人立即开始动笔。我认为，这对我们将会有所收获。至于中文译本，则是无利可图，因为中国出版商对最佳的译文也只付给一千字三至五银元的报酬。在中国，是不存在版权的。大著译竣约计十万字，译酬仅有五百银元或二百五十美元，但起码需一个人费时三个月始可完稿。然而，大著确实包含有对现代中国人必不可少的宝贵知识。待日文版完成后，我将嘱人译成中文本。

至于你对飞机在战争中用途的见解，我已一再拜读，甚为赞佩。你的所有论证均极正确。我完全同意你在第一部分的论述，但在第二部分"作为侦察手段"一节中，你忽略一事：飞机和飞船（可操纵气球）能作极好的摄影，有助于指挥官准确判断敌情。譬如在辽阳和沈阳战役中，俄军指挥官以为日军人数多于己方，但实际上日军人数要比他所设想的少三分之一。日军战线延伸达一百哩以上，使俄军的系留气球无法发现。假若俄军当时使用可操纵气球或飞机进行摄影，即可立即发现漫长战线上日军的数量。

---

① 指咸马里于一九〇九年出版的军事学著作《无知之勇》（*The Valor of Ignorance*）。

再者，关于中国政府注意你在美国练兵一事，我认为这支军队如仍在你的指挥之下，极可能是中国政府意欲接管这些军队，将之调回中国并加以消灭。正如中国政府前此对淞沪铁路之所为，初则伪装要管理该路而将其收买，但铁路甫经易手，即掘起铁轨，将其连同机车、车厢一并运往台湾，任其腐朽了事。而中国现政府要保留你所训练的四个团，按中国当前的情势实无可能。我认为，这一事件的后台乃是图谋私利的中国现任驻华盛顿公使张荫棠。请提防在美国与你接触的所有华人，至于我与你的关系则决不可向任何人透露。

盼能尽快得到你的佳音。

谨向你和鲍尔小姐致以最良好的祝愿。

非常忠实于你的孙逸仙

一九一〇年十一月七日

槟榔屿

据英文亲笔函照片译出，原件藏美国斯坦福大学胡佛研究所（陈斯骏译，金应熙校）

复布思望限期筹款协助函

（英 译 中）

（一九一〇年十一月八日）

亲爱的布思先生：

九月二十六日来函收悉，但你所提及之电报尚未收到，未知你按何地址拍发该电报？

现十月已过，未悉财团商议结果如何？至今犹未收到你的确讯，我担心，你虽曾大力协助我党，然而纽约筹款计划可能完全落空。你有无其他办法为我们筹款？我们目前所需金钱，并不如当初在尊寓所拟数额之多，因为自我返抵此间后，许多准备工作已经完成。我认为只需原来所拟数额的十分之一至五分之一，即足以胜利完成整个任务，五十万金元当可供我们目前所需。筹募小额款项，自较筹措巨款更为便捷。尊意以为然否？如在今后三个月内能筹得此数，便可及时满足我们所需。若逾此时限，我们则不再等待，而将自行采取措施。若在你得到贷款之前我们能占领一永久性据点，则贷款条件必须完全修改。但如果我们不能有所作为或是行动失败，则贷款条件可照我们在洛杉矶所拟不变。

中国境内形势如前，无可奉告。

对时机的看法，我完全赞同你的意见。

盼能早日聆听佳音。

谨致以最良好的祝愿。

非常忠实于你的中山

一九一〇年十一月八日

槟榔屿

电报挂号：Tekcheang，Penang

据秦孝仪主编：《国父全集》第十册英文函（转录中国国民党中央委员会党史委员会藏原函影印件）译出，台北，近代中国出版社一九八九年十一月出版

复王月洲告以新盟书格式并请协力筹款函

（一九一〇年十一月十日）

月洲①仁兄大鉴：

得接来书已数日，以事忙，致稽还答，幸为原谅，近日确系改订新章，免收入会费，及更改盟书。兹付上新章一分〔份〕，并盟书格式如下：

联盟人△△省△△府△△县△△名，当天发誓：同心协力，废灭鞑虏清朝，创立中华民国，实行民生主义。矢信矢忠，有始有卒。如或渝此，任众处罚。

中华革命党党员△△押

主盟人　介绍人

天运　年　　月　　日立

中国内地事情诚为风云日急，有岌岌不可终日之势。然吾党此际奇穷，万事

_____

① 王月洲是波赖埠同盟会分会负责人。

虽备，惟欠东风，亦不能乘机而动。故不得不就海外同志请求集款，欲众擎之易举也。日前已在槟城发起，颇有成效，不日欲推行于比叻各埠。现拟委托陆文辉兄办理比叻各埠筹款之事。俟文辉兄旬日后有闲，必当举行之，到时望各埠同志赞助之，幸甚。

至于欲回内地运动之事，想可不必。因各地机局人心似已成熟，不待运动而到处人心已跃跃欲动矣。且刻下再举，自当多赖新军之助，此事非有小款，无从布置联络各省为一气。故今日之急，以在外洋运动款项为第一要义。足下能助力于此事否？望为示复。

弟孙文谨启

西十一月十号

据原函影印件，载佚名编：《总理遗墨》（十开线装本，
出版时间不详），广州、广东省社会科学院图书馆藏

致温庆武黄甲元请为起义筹款函

（一九一〇年十一月十四日）①

庆武、甲元两同志仁翁大鉴：

日前弟致甲翁一书，久未见复答，未审意见何以？当弟致书之时，尚与某一国之资本家交涉，开筹大款之事。虽事久未决断然，尚日望一日，欲其□□②。故前书犹不能定吾党进行之方针，乃近接该资本家之信，事未能速成。故弟今日决然不望此大款之到手，而定计速举大事。因现时内地机局十分佳妙：新军赞同，民心归向，而吾党同事亦以穷困非常，迫而走险，有不□不发之势。此三者真天时人事之就合，实千载难逢之会也。若不乘此机会而起，则日俄之协约已灭高丽而分满洲，不日将实行其势力于中国内地，时机稍纵则逝，一失则不可复矣。过此以往，吾人虽得千万之大款，不能有为矣。故弟决意不再候大款□之遥遥无期

---

①　原函未署年份。据函中内容，当为一九一〇年槟榔屿会议决定再次发动广州起义后所写，当为一九一〇年。

②　此处模糊不清，下同。

也。今欲乘机起事，吾党实不名一钱，惟幸各处人心大进步，如昔年钦廉、河口等处接济军需者，多得力于两君及文岛诸同志，而英属七州府①统计不及万元（而因余纪成在港被拿，为之控诉，竟用去星埠捐款四五千元，而用于军需者尚不及二三千元），乃今日□□□□人心大异往日矣，数礼拜弟决策速举，则将其事向槟城同志宣布，求众集款（此地同志不过百余人耳，富者甚少），而一时立得五千元左右。今已将此事通告四州府，而各埠亦踊跃而起，即派代表来与弟商议，今早各代表人已各回本埠，向同志捐集，想每埠当不让槟城也。

此事弟尚未向荷属各埠宣布，只就近通传于日厘耳。昨日日厘有代表来，亦能任款四五千云。星洲一埠亦来宣布，弟拟日内出去，想该埠人心虽涣散，亦必能闻风鼓舞、竭力向前也。弟思往年滇粤之役贵埠筹款为南洋各埠之冠，况今次之举则与前时大异，前时人心反对，□□□敌只有革命党孤军一支深入重地，粮尽弹绝故不能成功，今有民心军界为我之助，一举必能成功。故贵埠同志既力助于前，必能再为出力以竟全功，不让他埠也。惟办筹款之事，首在得人，则非两君莫能为也。弟日久未见黄君甲元之复信，以为黄君或有心冷意灰，故迟迟而未将吾党现已决意谋速举之事向贵埠同志宣布。今得《光复报》集股简章，知两君为发起人，可见两君之对于革命事业不独无退志，且较前大有进境也。为此之故，弟不敢不将吾党从来未有之大问题为君等宣布。

吾党今日之决策速举，志在必成，现在计画已定，惟布置各节，非先得十万金不能周全，现以七州府人心观之，大概可得五万，如贵埠同志能踊跃如前，则必能再任其余五万也，如此则大事可告成功矣。想两君必能舍援〔缓〕就急、去轻就重，而与弟合力谋成起革命军之事也。盖起革命军而成就吾党之目的，此为极大之事业也。创办报馆而鼓吹革命，办事之至微者也。况今日人心已晓然于革命之大义，不待鼓吹而急实行矣。弟甚望两君先其急者、大者，是务援〔缓〕报馆之图而协力助成革命军也。且《星洲光复报》虽蹶，尚有《星洲晨报》为吾党之机关亦已足矣，何必再多费同志之三万而为此不急之举者？多此三万元加入革命军之库，则可大助一臂之力矣！想君等未得弟报告，固未知革命军之起有日也。

前者贵埠助饷乃于革命军起事之后，故效力不大，今者乃于未�之前而筹预

---

① 英属七州府，时为英属海峡殖民地（包括星加坡、槟榔屿、马六甲，通称三州府）和马来联邦（包括霹雳、雪兰莪、森美兰、彭亨四邦，通称四州府）的统称。

备布置之费，有费则能布置周全；布置周全则革命之成功也必矣！观葡萄牙之事可以为证也。

又《光〈复〉报》发起人有许一志者，其名居中，虽不在两君之上，然其上特空去一位，俨若两君不得居其上而彼乃能左右两君者。观此安排，其人放□□报之前已怀不轨之心，他日事成，两君必为之所算也。许一志未知是否即前在沙劳越之许景文？若系同一人，则此人太不可亲。此人前日极反对革命，精卫先生到沙劳越时，即此人出首去告政府要拿禁之，后卒不准精卫先生久留其地，且将吾党最热心之同志江贵思驱逐出境。当时许在沙劳越为主家学堂教习，大有势力，故反对革命如此，后以多行不义而败，不能容于该埠，遂出星洲，适《中兴报》停止，彼便租有《中兴报》之地位，欲继开报馆云云。弟料许一志即其人也，如果不错，切切望两君远离此人，不可受其无穷□□也。

又弟两三个礼拜之后当到星加坡，两君能同时惠临、一商祖国大事如何？望早日示复，幸甚。此致，即候

乂安不一

弟孙文谨启

西十一月十四号

据原函影印件，广州、广东省社会科学院藏

致李源水勉筹巨款以图大举函[①]

（一九一〇年十一月二十日）

源水盟兄足下：

启者：泽如、梦生两兄来函，知我兄于此次之计划极力赞助，并允出叻亲为劝捐，尤所深感。兄等既肯效包胥之苦计，弟敢不决鲁连之志以酬公等乎？

抑有进者：此番决心，系由得力各同人默察时机已熟，咸愿牺牲身命，以与虏拚；军界之人更为激烈。前岁土耳其之革命，上月葡萄牙之成功，主动力皆原

---

① 李源水及后文的郑螺生，均为蠟罗同盟会分会负责人。

于此。我今既具有此雄力，安忍听其躯肉相搏，不为预备，以丧我志士？此泽如兄等所为发慈悲、施愿力以为之者也。我兄洞明时局，尤切大义，知交既广，贸易亦隆，必能设法筹措巨款，以成此破釜沉舟之事。今试游法之巴黎，美之纽约、华盛顿等处，其铜像峨峨，高出云表，受后世国民之崇拜者，岂尽当日之疆场战士耶？当知其中为破弃财产以充军实者，居其大半。古语云："不有行者，谁扦社稷？不有居者，谁资粮粮？"今弟等为行者，自愿身当枪剑，惟赖兄等为居者，有以提携之，则中国事大可为矣！千祈鼎力为幸。

叻埠之行，至期当再函约。沈联芳兄素热心党事，闻与兄交情最厚，兄若相劝，必可得其助力。特此先布，即请

大安

弟孙文谨启

西十一月二十号

据原函影印件，载黄警顽等编：《南洋霹雳华侨革命墨迹》，上海，文华美术图书公司一九三三年二月出版

复邓泽如李梦生询杨锡五是否加盟等事函

（一九一〇年十一月二十日）

泽如、梦生两兄同鉴：

坝罗来信已得收读。源水、秋露①二君如此踊跃以谋助义军，实堪钦敬。各埠同志亦乐意赞成，想此次之举必能达目的也。所嘱寄书各位，已如命行之，捐册亦已多印五十本。

兄等何日能出星洲？弟当同时前往。纳闽②有信来邓子瑜，足见该埠人心多向革命，现已有同志百数十人，皆埠中之望者。未知兄之友尚官该地否？如在，则兄前去，必能大酬心愿也。

杨君锡五，据民铎社中人言确未曾联盟，弟详查总册亦未见其名。然未联盟

---

① 即陆秋露。

② 纳闽（Labuan），今译拉布安，在英属婆罗洲。

而尽心力以助革命者，尝有其人，吾党亦不必拘拘于此。惟杨君自认其已在航苇①手行之，此以无作有，似为有意作伪，殊不可解。且闻之彼之同事，皆称彼平日人品平常，皆无为众所钦仰之行；而彼到贵埠，则为兄等所折服，如是恐有所为而为之。又据彼同事所言，坤甸之廖、李等君实热心表同情于全党，非对个人有特别感情，似较杨君所言亦有不符。此中情节，请兄等详审之，幸甚。盖世尝有伪君子之为患，较真小人尤甚也。

弟文顿

西十一月二十号

据原函影印件，载邓泽如编：《孙中山先生廿年来手札》卷二，广州，述志公司一九二七年一月出版

复康德黎夫人告近况函

（英译中）

（一九一○年十一月二十日）

亲爱的康德黎夫人：

　　九月二十二日来函收到多日。得知府上诸位青年大有进步，颇为高兴。

　　我近日确甚忙碌，国内待办之事极多，因此，我何时始能再度访问英国并与你会晤，尚未能确切奉告。

　　目前我与家人同住此间，但小儿仍在火奴鲁鲁求学，将于明夏结束学校课程。今后，他拟研究农业，英国是否有此类优良学校？

　　谨向你、博士及各青年朋友致以最良好的祝愿。

非常忠实于你的孙逸仙

一九一○年十一月二十日

槟榔屿

据秦孝仪主编：《国父全集》第十册英文函（转录中国国民党中央委员会党史委员会藏原函影印件）译出，台北，近代中国出版社一九八九年十一月出版

---

① 即林航苇。

致康德黎夫人告即将赴英函

（英 译 中）

（一九一〇年十一月二十四日）

亲爱的康德黎夫人：

　　数日前刚奉上一函，当时我毫未料及即将启程赴英国。但现在我须赴英美办事，将于两周内乘船启行，不久即可到伦敦访谒。关于我的行程，请对中国公使馆保密。

　　在我抵达之前，如有人前来尊寓询问我的情况，称我为中山者，此人即是我的朋友，你可同样友待他。

　　谨向你和博士致以最良好的祝愿。

非常忠实于你的孙逸仙

一九一〇年十一月二十四日

槟榔屿

据秦孝仪主编：《国父全集》第十册英文函（转录中国国民党中央委员会党史委员会藏原函影印件）译出，台北，近代中国出版社一九八九年十一月出版

致李源水郑螺生告即往欧美并勉力筹款函

（一九一〇年十一月二十六日）

源水、螺生两兄惠鉴：

　　前者本约弟到星洲与兄共为运动筹款之事，兹因有紧要问题，日间即须动程亲往欧美，故弟不能分身到星洲。前已电招汉民兄来此，已至槟埠，当令到壩罗，同出星坡协办一切。至弟往欧美，行动甚速，可及期返来。

　　今幸南洋筹款之事已有头绪，兄等力任其难，则成效必大。总之，光复之举在此时机，多一分经济，即能多一分预备。南洋人士，不乏热心，而普通人情必有感始动，精诚所至，即金石为开。纵有前兹曾经出力、今次不无弩末之虞者，

然告以方今之事势既难缓图，内外同志宜作破釜沉舟之计，当亦为之奋然起也。

　　汉兄晤时，更详各节。专此，即颂

壮安

弟孙文谨启

西十一月廿六号

据原函影印件，载黄警顽等编：《南洋霹雳华侨革命墨
迹》，上海，文华美术图书公司一九三三年二月出版

致邓泽如李梦生告将赴欧美并嘱勉力筹款函

（一九一〇年十一月二十六日）

泽如、梦生两兄惠鉴：

　　弟近顷因有要务，日间即须动程遄赴欧美，此行至速，尚可及期返东。南洋筹款之事既有头绪，且得吾兄力任提倡，成效必大。日前弟电招汉民兄由港前来，兹已到庇能，此间各事即以付托。望兄等鼎力与筹，务至完善为祷。

　　时机既近，吾人决为破釜沉舟之计，经济多得一分，既预备多好一分。大局情形，洞若观火，个中得失，不烦赘述。吾党不乏热心之士，前此以力分而薄，且未能先事为备，每有临时筹款、掘井无以止渴之患。今此举全力以经营，正是鉴于前车。故事之济否，在于经济问题；然此问题之能解决与否，则在兄等之运动。负此仔肩，勉为其难，此海外贤者对于祖国第一之责任也。

　　前因弟尚勾留槟埠，故约请登同①兄等到叙商伊等之行动。兹则无暇及此，可止伊等不来。将来各事，自可就近与香港办事人切商方略也。专此，即颂

伟安

弟孙文谨启

西十一月廿六号

据原函影印件，载邓泽如编：《孙中山先生廿年
来手札》，广州，述志公司一九二七年一月出版

---

① 李福林，字登同。

复宫崎寅藏萱野长知告再赴欧美并询日本近况函

（一九一〇年十一月二十七日）

滔天、萱野两先生鉴：

十月五日来书已接读，感谢吊慰①。

近日吾党穷极无聊，势难久待，不得不出大冒险之策，以为破釜沉舟而速图再举也。弟今重作欧美之行，以十二月六日发途，数月内当可东还，应期举事。北京军界近亦归化，大表同情于革命，故他日之举决其有成也。

足下日本之运动如何？某有势力之当道已归国否？能否援臂一助？务望速为搜实，以为预备之策划。如有好音，续为速示，寄信照别纸英文便可②。此致，即候

大安不一

弟孙文谨启
十一月二十七日

据原函影印件，台北、中国国民党文化传播委员会党史馆藏

复邓泽如介绍与各地同志亲友联络函

（一九一〇年十一月二十八日）

泽如我兄大鉴：

日昨有书上呈，谅已达览。螺生、源水，弟已有信寄去。秋露、贵子③，当别为英文书与之。纳闽一处，我兄友人依然服官，则往彼必能得力。星洲若得源水、秋露与汉民协力运动，成绩亦有可期。兄以知己无多，专志于纳闽，自是办

---

① 指吊唁孙文之母杨氏于七月在香港病逝事。

② 底本未录英文地址。

③ 即李贵子。

法。兹查出该地同志姓名，并略为介绍书一通，乞察收。云涛为炭山土库，伟廷亦有势力者，惟兄更能得他之同情者则尤佳。兄往该埠见贵友时，不必提及捐款之事，而利用其交情，使人倾动则妙矣。关丹、林明、武叻俱有同志，而林明、武叻近日间更有进步。梦生兄既有亲朋，则为公事一行尤佳。兹并将三埠介绍信附上，即乞梦生兄前往办理。汉民明日即往日厘，大约须一礼拜始至。由太平、坝罗往星途中，当诣芙蓉与兄叙晤。余事已详前函，文表等则交妥矣。专此奉复，即颂

伟安

此书缮毕，与汉民论及关丹、林明、武叻同志久未通信，现时办事人名及机关所在均须查悉，始付梦兄，而利运动。想梦兄稍待，俟汉民出星查得后，将介绍信寄呈，再往更佳也。又及。

弟孙文谨启

西十一月廿八日号

据原函影印件，载邓泽如编：《孙中山先生廿年来手札》卷二，广州，述志公司一九二七年一月出版

致星加坡同志嘱竭力筹款以备大举函

（一九一〇年十一月底十二月初）①

星坡同志诸兄足下：

弟月前过埠匆匆，不及多叙，至以为憾。比来竭力经营布置，所事已大有把握。机局之佳，尤属十数年来所未见。大抵数月间大军即可发起，以应思汉之人心，而覆丑胡之政府正在此举。惟是发起之后，不能无外间之接济；事之成败，功之迟速，专视乎此。海内之壮士，既能不惜其身命以为同胞，则海外之同胞，于此时亦必能不惜某财力以助军旅。而兵事之接济，急于星火。

---

① 本函及下函均未署时间。孙文原计划于十一月下旬自槟榔屿往星加坡，因英属海峡殖民地当局勒令他出境，下旬初遂决定赴欧美，并于十二月六日成行。行前，以南洋筹款任务交付胡汉民。从两函述及内容，可知为孙文行前所发，标出的时间即据此酌定。

为兹预函告我同志，俟一得义师发起之电，即宜速力运动筹划，无复迟疑。凡我汉族，苟肯赞助义师，即属能尽义务。可就本埠同志举出妥员数人，专任运动筹款之事；其能出力者，不问其是否同会之人。集款略有成数，或派妥人提交，或以电信汇交，统以香港为中心点。弟特派同志胡展堂君经理，将来接济之款统交胡君手收（此书即胡君所代写，将来可认取笔迹）。其他人藉名运动，则弟所不承认，而埠中同志亦毋轻为所惑。此即弟与诸同志之预约也。专此，敬请

义安

来信寄香港《中国日报》胡展堂收。

弟孙文谨启
第十六号

据原函影印件，载张永福编：《南洋与创立民国》，上海，中华书局一九三三年十月印行

致暹罗同志望鼎力筹款相助函

（一九一〇年十一月底十二月初）

暹罗同志公鉴：

前已有函，请尊处存款不必汇滇，统请寄于香港。因吾党此次大举，其主要之目的地系在两粤，而粤东为尤重要，合内外之全力以谋之也。

兹弟赶赴美洲，南洋筹款之事则专托之汉民兄。其军事各情，汉民到埠时必能为兄等面述。吾党成败，在此一举，深望鼎力相助，于存款之外更为提倡协济，幸甚。此请

义安

弟孙文谨启

据原函影印件，台北、中国国民党文化传播委员会党史馆藏

复钟华雄告孙眉已回内地有事可与商函①

（一九一〇年十二月一日）

华雄仁兄大鉴：

接读来信，得悉兄等热心爱国，协力提倡大义，结合同胞以赞成革命大业，钦佩莫名。

家兄②现已回近内地，如有事情，可以就近与他相商。俟有成效，然后合力并作，事乃有成也。寄信家兄，可交与九龙廿四号转寄，便能妥到。弟不〈日〉有远行，不暇照料香港之事。曾秀兄如运动有效，亦请与家兄通销〔消〕息，联络一气，庶他日有事，可以呼应灵通也。此复，即候

义安不一

弟中山谨启

西十二月一号

据亲笔原函影印件，台北、中国国民党文化传播委员会党史馆藏

致邓泽如等人告赴欧美一行目的函

（一九一〇年十二月十日）

泽如、梦生并列位同志仁兄大鉴：

弟以十二月六号发槟城，十号晚行抵高浪堡③埠，寄泊数时，既又动程西向。此后与南洋相隔以日而远，中途或未便致书，必俟抵美或回华后，方能再通音问也。

弟之此行，以有特别之外交问题，须往英京。及预计南洋之款恐难足十万，有误大举之期，故顺此赶速赴美，向华侨筹足此数，以应要需。此行想可达目的，

---

① 此函寄往香港。

② 指孙眉。

③ 高浪堡（Colombo），又译可仑波，今译科伦坡。

因近半年来美之华侨开通颇众，而所筹之款为数不多，当易集事也。

此间之事，望兄等竭力图之，以收分途并进之效。汉民兄此时想已会面详筹一切矣。此致，并候

列位义安

弟孙文谨启
十二月十号

据原函影印件，载邓泽如编：《孙中山先生廿年来手札》卷二，广州，述志公司一九二七年一月出版

复布思询能否援助并告将赴美函

（英译中）

（一九一〇年十二月十六日）

亲爱的比奇①先生：

十月二十一日及十一月一日来函，于我离槟榔屿前数日收到。赐函后未见来电，可想见我们不能在此方面取得成功，已成定局。

现我们正自行采取独立措施，拟于数月内大举。而当前急需援助。你可否解囊相助，再有数十万元款项，即可助我们成事。但不论有无资金，我确信我们下次举事必定成功。

我于十二月六日离槟榔屿前往欧洲，明日将进入红海。完成在欧任务后，我将赴美国，然后由美返华。抵美后当立即与你联系。你如能慷慨相助，则我将直接赴洛杉矶与你会晤。

谨致以最良好的祝愿。

非常忠实于你的中山
一九一〇年十二月十六日

据秦孝仪主编：《国父全集》第十册英文函（转录中国国民党中央委员会党史委员会藏原函影印件）译出，台北，近代中国出版社一九八九年十一月出版

---

① 比奇，Beach 的中译。

致孙娅孙婉告行程并请照相寄来函①

（一九一○年十二月二十日）

爱女娅、婉收看：

父今晚已行到第四个埠，即苏夷士运河。再六日便到步〔埠〕矣②，可告两母亲③知之也。

父今欲汝两姊姊〔妹〕同去影一相，影好后寄三四张去檀山阿哥处④，叫他转寄来我可也。

另外寄来第二、第三两埠之风影〔景〕画片数十幅，包为一札，托金庆先〈生〉转交。余事再示，并问候你两母亲及各人平安。

父字

西十二月二十号

据原函，中山、孙中山故居纪念馆藏

致温庆武望遇事与同志协商函

（一九一○年）

庆武同志仁兄足下：

前发一函，想已收览。文岛各港所以得有今日之效果者，皆足下主持之力。足下既负众望，又当大任，以后维持团体、扩充势力之事，皆惟足下是望。倘能先遍及于八港，次推广于荷属各地，则党势伟矣。足下建树之宏远，非他人所能任也。曾壬龙君热心有才，堪以共事。祈同志赞划，遇事协商，以底大业于成，

---

① 此件是孙文在旅程中发往香港。

② 孙文于十二月六日离槟榔屿，经印度洋去欧洲，信中到埠是指巴黎。

③ 两母亲，一系卢慕贞夫人，一系陈粹芬夫人。

④ 指孙科，时在檀香山读书。

是所厚望。余不多及。专此，即请

政安

弟孙文谨启

据黄季陆编：《总理全集》下册，成
都，近芬书屋一九四四年七月出版

致吴稚晖告已抵纽约将往西部函

（一九一一年一月二十日）

稚晖先生鉴：

弟已于十九号午安抵纽约。惟沿途海上风波甚恶，晕船殊苦，为向来所未遇，幸今已过。美地情形颇佳，目的想可达也。弟明日发程往西方，效果如何，容俟再报。匆匆此致，即候

大安

弟孙文谨启

正月二十号

据原函影印件，载胡汉民编：《总理全集》第
四集，上海，民智书局一九三〇年二月初版

致张继请发展欧洲留学界入盟函①

（一九一一年一月二十一日）

溥泉我兄鉴：

弟已于正月十九号行抵纽约，廿三号动程往金山。此间机局颇佳，筹款想可达目的也，有成当再报闻也。

欧洲学界，兄宜出头收罗之入盟，不必计其精粗美恶，久之必能同化为精美

---

① 此函寄往巴黎。

也。此为革命党增长势力之第一法门，若不倡行之，则人人放弃责任，中国前途更无可为矣。望兄当仁不让，奋勇进前，则欧洲学界一臂之力，将必大有造于革命事业也，幸为勉之。此致，即候

大安不一

　　各同志祈代问好。

弟孙文谨启

正月廿一号

据亲笔原函，台北、中国国民党文化传播委员会党史馆藏

致宫崎寅藏请运动陆军大臣同意在日本居留权函

（一九一一年二月三日）①

滔天先生大鉴：

　　弟于去夏到贵国，既不能居留，不得已而往南洋；然彼中无大可为，故再往米国，为革命之运动。此地甚自由，可以为所欲为也；惟有所不便者，则去中国太远，交通甚费时日耳。倘先生能设法向陆军大臣处运动，能得许我到日本居留，则于交通北洋陆军甚为利便，弟必即时回日本居住也。但恐贵国政策已变，既吞高丽，方欲并支那，自不愿留一革命党在国中也。如其不然，则陆相之运动必能有效也，弟将以此而占贵国之政策焉。

　　接信望即赐回示，并时时将贵邦时事政情详示，俾知东方时局之变迁，幸甚。

　　前寄南洋慰母丧之信，已得拜读，感谢隆情。此致，即候

大安不一

　　萱野君统此问好。

弟孙文谨启

　　Address：

　　Dr. Y. S. Sun

---

　　①　原函未署日期。据底本中所见信封邮戳，知此函为一九一一年二月三日发于美国旧金山。标出日期据发信时间。

c/o Tai Tung Yat Bo

38 Spofford Alley

San Francisco

California

U. S. A. ①

Cable address：

Chungsan

San Francisco②

据亲笔原函，东京、宫崎蕗苳家藏

致孙昌询近况并告以通讯地址函

（一九一一年二月四日）③

昌侄知悉：

　　叔已于正月初二日再到金山。今因有要事，准于初六晚八点钟往云哥华埠；数礼拜之后当再回金山。你现在光景如何？你母亲及侄妇、侄孙等，料皆平安康健也。闻此间同志云，你在北加啡埠亦甚出力为党事，殊为可喜。有信寄，在三礼〈拜〉内可寄云哥华《大汉报》，以后可寄金埠《少年中国报》交。

叔德明字

正月初六日

据原函影印件，载南京《建国月刊》
第四卷第三期，一九三一年一月出版

---

　　①　中译文为：通讯处：美国加利科尔州旧金山新昌宋巷三十八号《大同日报》转孙逸仙医生。

　　②　中译文为：电报挂号：旧金山中山。

　　③　底本说明误作此函写于一九一〇年，今予纠正。因据孙文一九一〇年二月十二日致孙昌等函，该年抵达旧金山日期是农历正月初一，而此函说及正月初二到旧金山、初六晚启程赴加拿大，皆为一九一一年事（一九一〇年春去檀香山，并未到加拿大）。

致旧金山致公总堂职员告演说行程函

（一九一一年二月十日）

大埠致公总堂众位义兄大鉴：

离金门时行期匆迫，未暇应众手足初六晚之约，歉甚歉甚。

弟已于初八晚到云埠。蒙各手足非常欢迎，连日在公堂及戏院演说，听者二三千人，虽大雨淋漓，亦极踊跃，实为云埠未有之盛会。人心如此，革命之成功可必矣！现加拿大各公堂纷纷电邀，弟在此数日后，即当往各埠一游，后由满地好出美境。周游各埠，以冀振兴我洪门党势力。不日当拟一告白稿寄上，请由总堂出名登报，布告各埠洪门手足，以便陆续前往演说运动。届时自当寄上也。匆匆，并候

洪安

天运辛亥元月十二日

弟孙文谨启

据原函影印件，广州、广东省社会科学院藏

致吴稚晖代邀任《少年中国报》主笔函

（一九一一年二月十二日）

稚晖先生大鉴：

弟自离纽约入美西，以急于筹款接济军用之故，日不暇给，不能致书。前礼拜抵云哥华，则事更匆忙，至今日始有片时执笔。

兹有要事欲对先生言者：弟到金山大埠，此间少年之士多以《新世纪》为金科玉律，殷殷存问先生，弟以在英杜门著书对。而《少年中国报》切欲延致先生为之主笔，彼等想早已有信来请矣，而更托致书，必期先生之惠临。弟思南、北、中美三地有华侨不下数十万人，近皆思想初开，多欢迎革命之理者，若得先生之笔以发

挥之，必可一华侨之志也。此事关系于中国前途甚大，弟切望先生为大局一来美洲，千万勿却。《少年中国报》愿奉月脩六十元美金，只欲先生主"论说"一门，日不过千余字，以先生顺手挥来，大约不过一打钟之时，其余尚有暇时以致力于著作也。此间居住，于华人亦颇便，贵眷可以同来，于世兄等入学读书亦有适宜之地。

先生何时能来？并需旅费若干？请详细示悉，《少年中国报》当为设法早日奉寄也。此致，即候

大安不一

弟孙文谨启
西二月十二号

Dr. Y. S. Sun

c/o Sing Fat Co.

1127 Broadway

New York City

New York①

有信寄弟，以纽约为最便捷于转寄，因弟近日在美行踪无定，此地为欧美邮便中心点也。

据原函影印件，载胡汉民编：《总理全集》第
四集，上海，民智书局一九三○年二月初版

复宫崎寅藏请与政府交涉居留权函

（一九一一年二月十五日）

宫崎先生大鉴：

正月十八日来函并《东亚义会会则》一纸，接读之下，喜极欲狂。寺内②陆相、陆军将校及民间人士，既如此表同情于支那革命之举，则吾事可无忧矣！

近者，英、米两国政府、人民俱大表同情于吾党，有如佛国之态度；惟英、

---

① 中译文为：纽约州纽约埠百老汇路一一二七号新发行转孙逸仙医生。

② 即寺内正毅。

米政府皆疑日本有大野心欲并吞支那者也。弟以贵国政府不容居留一事证之，亦不能不疑贵国之政策实在如是。今见东亚义会发起人多故交旧识，心稍释焉。惟未知民党之力能终胜政府之野心否？

　　弟甚欲再到横滨驻足，如能有法与政府交涉，得其允许，实为至幸。望先生及犬养、头山两翁①代为竭力图之，无限切祷。

　　弟在米所谋机局甚佳，不日当可达目的也。匆匆此致，即候

大安不一

　　犬养、头山两翁统此问好。

弟孙文谨启

二月十五日

据亲笔原函，东京、宫崎蔆苳家藏

致布思告如筹款失败请退回委托文件函②

（英 译 中）

（一九一一年三月六日）

亲爱的比奇先生：

　　早欲致函，但因事务冗繁，兼以对未来计划把握不定，因而未写。我约于一周内离开此地往纽约，途中拟在金巴仑、卡加利、云尼辟、杜朗度③和满地可等地停留，预定于一月内抵达纽约。我在纽约地址为：Y. S. Sun, Care of Sing Fat Co., 1127 Broadway, New York。在此期间，由 Tai Hon Yat Bo, Vancouver,

---

　　①　指犬养毅和头山满。

　　②　前一段时间，布思曾多次与纽约财团等商洽贷款，均遭拒绝。孙文与咸马里、布思以前所订计划完全落空。

　　③　Kamloops, 时中译为金巴仑，又译锦碌，今译坎卢普斯。Calgary, 时中译为卡加利，又译卡忌罅，今译卡尔加里。Winnipeg, 时中译为云尼辟，又译温尼辟，今译温尼伯。Toronto, 时中译为杜朗度，又译都朗度，今译多伦多。

D. C. ① 转达。

由于你无法为我们及时筹得所需款项，因此我们必须自行设法。目前我正在我的侨胞中募款，并已募集所需半数以上，余下部分则希望能在我东行过程中募得。一俟募得足够款项，我们将立即展开工作。

你的筹款计划如何？是否仍有希望筹得略少于原计划之数？如能办到，盼立即给我们以援助。如在我抵纽约前仍未能予我们以援助，则不得不请你退回我党同志所签署的文件，寄交上列地址。因我曾向各同志保证，如筹款失败便将他们签字的文件退还。

谨致以最良好的祝愿。

非常忠实于你的孙逸仙

一九一一年三月六日

英属哥伦比亚云高华

据秦孝仪主编：《国父全集》第十册英文函（转录中国国民党中央委员会党史委员会藏原函影印件）译出，台北，近代中国出版社一九八九年十一月出版

复吴稚晖告在加行程及汪精卫在狱情形函

（一九一一年三月二十日）

稚晖先生大鉴：

二月廿二日来函，已得收到。弟近在加拿大西隅之云高华、域多利两埠及附近数处经营筹款，一月有余，已得所需之半数。今尚差一半，当往加东各埠筹之。加属行完，则再入美国，大约一月之后可再入纽约。飞岛之行，尚在无期，必俟美国经营之后乃能往也。

谢君言精卫之事，想是传闻。弟最近得胡展堂来信云："近有人入狱见之，三人中精卫独宽镣锁，在内颇能自由。看管者大都可以利便，若有钱当不难设法逃脱"，云"现与精卫同事之人，已亲入北京设法"等语。观此，则精卫事尚有

---

① 　中译文为：英属哥伦比亚（又译卑诗省）温哥华《大汉日报》。

望也。

弟昨日由云埠东行，沿途停留，昨晚到 Kamloops①。此地有华人四五百，甚热心赞成革命。弟拟停此一日，明早即往别地。今乘有片时之暇，草此数行奉白。并候

大安不一

弟孙文谨启

西三月二十日

据原函影印件，载胡汉民编：《总理全集》第
四集，上海，民智书局一九三〇年二月初版

致宫崎寅藏告奉寄日银并询日本近事函

（一九一一年四月一日）

宫崎先生大鉴：

近闻先生贫而病，弟心殊为戚戚，然客途无力，爱莫能助也，故久缺音问。今仅奉寄日银百圆，托横滨永新祥商店林清泉君代交，祈为察收。知杯水车薪，莫能济事，不过聊表区区而已，幸为爱照。

弟近日遍游加拿大，所到颇蒙华侨之欢迎，不日当能大达目的也，可为告慰。日本近事如何？请时时详示，俾得周知一切，幸甚。此致，即候

大安

夫人、公子各人并此问好。

弟孙文谨启

四月一日

Dr. Y. S. Sun

---

① Kamloops，地名，现译坎卢普斯，加拿大不列颠省南部城镇，在南、北汤普逊河（Thompsom）汇合处，温哥华东北。

c/o Tai Hon Yat Bo

P. O. Box 1958

Vancouver，B. C. ①

据亲笔原函，东京、宫崎蔼苳家藏

致加拿大某埠同志告即将前往函②

（一九一一年四月六日）

列位同志公鉴：

弟今晚由云尼辟埠前往杜郎度，礼拜一二便可由杜郎度前来贵埠，起程时当再从杜埠发电通知就是。到时宜稍秘密，不必太为张扬，各西报亦以不宜使知为合。余容面谈。此致，即候

义安不一

弟孙文谨启

西四月六号

由云尼辟埠发

据原函，广州、中山大学孙中山纪念馆藏

复萧汉卫告在美卖债票筹款事函

（一九一一年四月十五日）

汉卫③我兄大鉴：

来翰诵悉。知兄勇往任事，所提议筹款各法甚合机宜。债票初时印刷，为美

---

① 中译文为：英属哥伦比亚云高华邮政信箱一九五八号《大汉日报》转交逊逸仙医生。

② 原函未指明寄达地点。当时孙文在加拿大境内筹款，系沿铁路线自西而东，从函中所列埠名的地理位置及孙文不久后到达满地可的情况来看，极可能是寄往满地可。

③ 萧汉卫是芝加古同盟会员，萧雨滋之子。

官收押，后又批准印行，是以阻滞多时也。今既得准行，便可于美国卖买无碍矣。弟自接曹君①电，已即电金山着寄十元票万张到来，每张卖实价五元，万张该价五万元，想已照付矣。另弟已着朱君卓文带十元票万张来纽约，及百元、千元票尽数带来，明日彼当抵纽约矣。

时机甚急，恐不能久待，贵埠如有法能得款，宜先电港，然后再发债票，乃不延误也。

电报乃报省城刺将军之事②，因金山、纽约俱有此密码，弟以贵埠亦曾有之，故用也。

弟礼〈拜〉一往纽约。此致，即候

列位同志大安

弟孙文谨启

四月十五号

据亲笔原函影印件，台北、中国国民党文化传播委员会党史馆藏

复芝加古同志告抵纽约情况及行程函

（一九一一年四月十九日）

芝加古同志公鉴：

弟前日以汇款阻迟一日，至今早始抵纽约。到后接到萧兄一电，梅就兄、乔林兄、汤三兄③各一信，统悉。芝加古人心不变，机会大佳，本当即日趋前领教；惟是纽约有紧要问题待解决，且此处致公堂、同盟会闻芝城已联络安良、协胜各堂合力以助革命军之进行，亦欲仿法行之，即晚已发人运动，故必欲留弟在此过礼拜也。如其议有成，则弟要下礼〈拜〉一乃能来也。此候

---

① 指曹汤三。
② 指四月八日同盟会员温生才在广州刺杀清署理广州将军孚琦的事件。
③ 即梅乔林、曹汤三。

义安不一

弟孙文谨启

西四月十九号晚发

据亲笔原函影印件，台北、中国国民党文化传播委员会党史馆藏

复谢秋述广州三·二九起义并嘱
为中华实业公司筹款鼓吹函①

（一九一一年五月七日）

谢秋兄大鉴：

来信读悉。近日省城之事失败，其原因皆金钱不足，故不能于杀将军之日起事。□□□严防，三月二十九日谋泄，迫动黄兴君亲率□千人，力破督署，转而攻军器局，势孤不克，力战出城。黄君受伤，幸安全出险，其他之将领如胡君汉民、赵君声皆无恙，但伤亡士卒数十人。然敌之伤亡十倍于此，闻李准亦死。此役□□□革军之敢勇英烈，为全球各国所□□□叹未曾有，革命之声威从此愈振，而人心更奋发矣！今日急务，必当筹足大款，乃能速收成效也。兄可不必急于回港，望到各处鼓励人心，使之同心协力，则大事易为也。

此次以限于资财，不能经营北方，只能就广州下手。但广州自去年新军事变之后，满政府加倍严防，收去新军之子弹枪器，并调李准之巡防营防守之。吾党计划，欲选敢死之士八百人入城劫督署、占军器，为打开城门俾新军入城取回子弹枪械，则必能制巡防营及旗满兵之死命矣。乃此八百人选定之后，以费用不足，不能早集，此弟与兄到卡加利之时，得接港电云"请于五日内筹电三万元，否则危"，则指此事也。弟当时接电，如何焦急，亦兄所知也。故舍各处小埠不到，而直往电厄〔云尼〕辟，冀有所得，岂料不过数百。及至杜郎度，则刺将军之事发矣；若此时有款，乘机而起，当可成事也。此事发现之后，始得杜郎度变卖公

---

① 谢秋为同盟会员，一九一一年春曾随孙文到加拿大各埠等款。

堂之万元，然后党〈军〉乃能陆续进城。然款犹未足，人犹未集，而被敌之严防，三月二十九日事泄人拿，不得不动，故此失败。自省城失败后，四处亦继起，此足见人心之可用。惟省城为主动军，已遭失败，各处偏师虽或得移，恐难持久矣。

此埠①发起一中华实业公司，欲筹资本百万元，专以供充革命军费，而收成功后之利权。刻已订立章程，不日可以印就发布，望兄回经各埠，顺以此事通告同志。此公司每股百元，以一万股为限，将来革命成功后，专承办开矿，专利十年，此一为侨民求利之一大法门也，望兄鼓吹之。

弟一二日内当再回纽约，事妥之后，乃顺路过各埠而回金山大埠，拟在彼地立一总机关，以联络美洲各埠华侨，实行担任革命之义务。此致，请代问

各埠同志义安

> 弟孙文谨启
>
> 西五月七号

据原函抄件，台北、中国国民党文化传播委员会党史馆藏

复萱野长知告曾访大塚太郎并询
何时可以办妥至日等问题函

（一九一一年五月二十日）

萱野我兄大鉴：

正月二十二日来翰，早经收到。前数周弟道过芝加高，曾访贵亲戚大塚太郎，甚蒙欢迎。惟弟尚未谈及款事，因见彼甚为匆忙，无机言之。数周之后弟再过芝加高，到时如有机缘，当言之也。弟明日往米京，见彼外部大臣并一二元老及其他政界之有势力者。此间人士，渐留意于支那问题矣，想不日必能得其实力之助也。

---

① 指芝加哥。

弟回日本之问题，何时可以办到？现闻内阁已更变，其后之对支那政策如何？望足下详以告我。有信仍照前时地址寄来便妥。此候

大安不一

弟孙文谨启

五月二十日写

据原函影印件，载佚名编：《总理遗墨》（十开线装本，出版时间不详），广州、广东省社会科学院图书馆藏

致宫崎寅藏询日本国内局势函

（一九一一年五月二十日）

宫崎先生大鉴：

前两月弟曾寄日银百圆，托横滨永新祥商店林清泉君交来，未知得收到否？

弟近日由加拿大到米国，明日往米京，专为见彼政界势力人士，想可得好结果也。

近闻东京内阁变更，未知于对支那政策有改换否？弟入日本之问题，能否向新内阁再开谈判？迩来东亚大势如何？日本人心如何趋向？请时时详告，俾得有所取资决策。犬养、头山等公所发起之东亚义会，进行如何？付〔附〕和者众否？亦望顺为示知。此致，即候

大安不一

弟孙文谨启

五月二十日写

据亲笔原函，东京、宫崎蕗苳家藏

复李绮庵论飞船敢死团及革命公司函①

（一九一一年五月三十一日）②

绮庵义兄大鉴：

来示并阮伦兄信已得收读，敬悉一切。飞船习练一事，为吾党人材中之不可无，其为用自有不能预计之处，不独暗杀已也。兄既有志此道，则宜努力图之。

上海敢死团之发现，想为愤激之士一时之感动耳，恐难长久。其宗旨内容，弟一概不知，惟以意推之，上海之发生团体向无能坚持长久者，料此团亦不能免蹈此弊。以上乃以上乘方面观察之之言也。若以下乘方面而观察之之言，则此等团体多属纯盗虚声、揣摩风气之士之所为，不是不久消灭，则是生出种种之怪象，幸勿造次通信，请静观其后效如何。

革命公司只认得数十分，则不必急于收股金，总要认及有半，乃可行之。急收则令人生疑，且阻进步；况股分〔份〕未及半数，则收股金亦无济于事。故弟意，此时只宜猛力鼓吹，使多人乐认，俟认有成数，乃定期收银，庶可免人怀疑，且无流弊，幸为转告同志可也。

弟现时正谋借洋款，事甚有望，但何时能实收成效，未可知也。如弟谋可成，则亦无容〔庸〕革命公司之款矣。故拟倡此公司，乃预防洋款无着而为财政之后备耳。

此公司之事，现在正为鼓吹时代，须要由近及远，得全美各埠之多人赞成，

---

① 一九一一年四月孙文到达美国东部，五月七日访问马萨诸塞州（Massachusetts State）首府波士顿（Boston），晤见该埠同盟会分会会长李绮庵、会员阮伦等。李绮庵原旅居旧金山，一九一〇年赴波士顿参观美国首届飞船（即飞机）比赛会，认为飞船可成为灭清的有效武器，乃与阮伦等筹设革命公司和飞船队，募款训练人才和购置飞船。孙文对此极表赞成。他来访波士顿之前，亦已在芝加哥筹办革命公司（外称中华实业公司）为国内起义募饷。迨上海光复后，李绮庵奉孙电示，在美购得飞船三架海运返国。此函自纽约寄波士顿。

② 函末未署年份。底本误作一九〇八年（见李绮庵作于一九三三年二月《总理"航空救国"遗训》一文），其时孙文正航行于从檀香山赴日本的洋面上。按函中所言将自美国东部前往西部以及筹办革命公司之事，皆发生于一九一一年，故订正为是年。

乃始施之实事，则人心必勇往向前，而事乃易成也。

弟或于下礼〈拜〉一赶出西美未定①。若果赶出，则恐无暇停留贵埠矣，顺望转告各同志周知。此致，即候

各同志义安

弟孙文谨启

西五月卅一号

据《总理致李绮庵同志书》亲笔原件影印，载《总理逝世八周年纪念》（又名《总理逝世八周年纪念刊》）卷首，中国国民党中央执行委员会西南执行部编印，广州，西南印书局一九三三年三月出版

致旧金山致公堂职员告即将前往函②

（一九一一年六月九日）

致公堂列位叔父职员钧鉴：

近闻列位已有意实行赞助中华革命事业，殊深钦慰。弟昨日由纽约抵罗省③埠，礼拜或礼〈拜〉一当起程来大埠④，到时再行电达车期。诸事容俟面商。此致，并候

义安不一

弟孙文谨启

西六月九号

据原函影印件，载全国政协文史委、中国革命博物馆编：《孙中山先生画册》，北京，中国文史出版社一九八六年九月出版

---

①　下礼拜一即六月五日。孙文按计划启程往美国西部，八日抵达洛杉矶。

②　另有一致黄三德函，内容与此基本相同，此处不另录。

③　罗省（Los Angeles），即洛杉矶，又译罗安琪省、罗生忌利。

④　按：孙文于发函次日即离罗省抵旧金山。六月九日为星期六，十日为星期日。

复江英华指示起义计策函①

（一九一一年七月五日）

英华我兄大鉴：

顷按四月初八日由广州湾来函，展诵之余，不胜喜慰。兄近来思想文字，一进至此，可钦可贺！所言起义计策，分方并举，弟甚赞同；且东归新一带②与英属为邻，交通利便，诚为发难之要点也。弟亦尝留意此地，惟自庚子三洲田起义之后，故旧散亡，至今尚未得其人以经营联络此地；今喜闻兄于三四年前已运动联络斯地，正所谓不约而同也。

弟今在外，已从事于筹款，以图再举，不久当可集事，然后东回，亲统各事，必期一举而成，到时必以东归新为一路，以进占虎门、惠州二地，以握羊城之吭也。兄既用工于其地，务望预先慎选可靠之人，使之详查各乡村之可用人数，以备到时可一招而集，则大事可成矣。此时并望开导各乡之父老子弟，使之深明革命大义，俾到时不致有生阻力，则事半功倍也。

以上各事，皆宜行之于机先，庶免临时束手也。幸为图之。此候
大安不一

弟孙文谨启

西七月五号

据原函影印件，载郑子瑜：《一页开国史料——记中山先生指示江英华密谋在穗发难书》，《近代中国》双月刊第六十一期，一九八七年十月三十一日出版

---

① 此函发自旧金山。江英华系孙文香港西医书院同学，原于中华革命党时期任坤甸支部交际科副主任。

② 东归新一带，指东莞、归善（今惠阳）、新安（今宝安）一带。

复宗方小太郎望启导日本舆论
和政府同情中国革命函

（一九一一年七月十六日）

宗方君①阁下：

得接六月念一日来书，如见故人颜色，喜不可言。公过檀香山时，弟失之交臂，不克重逢话旧，良属怅然。近日支那革命风潮飞腾千丈，大非昔年之比，实堪告慰于表同情者。而弟所交游者以贵国人为多，则日本人之对于支那之革命事业必较他国人为更关切，为吾人喜慰者必更深也，他日唇齿之交，将基于是。弟之视日本，无异第二之母邦，独惜近日吾国少年志士，每多误会贵国之经营满洲为不利于支那，此种舆情殊非将来两国之福也。弟每辨〔辩〕解，莫释疑团。是以去年六月亲回日本，欲有所献议于贵国在野人士，以联两国民党之交，提携共图亚东之进步。乃甫抵江户②，则为贵国政府所挠，不克久居，有志未果，不胜浩叹！

弟既不能居留贵国，不得已远适欧美，以联络欧美之人士，并结合其舆情。故特设支那革命党机关部于美国之三藩市（San Francisco）、芝加高（Chicago）、纽约（New York）等地，并欧洲之伦敦（London）、巴黎（Paris）、柏林（Berlin）及布鲁些路（Brussels）等处。自各机关部设立以来，日与彼都人士往还，彼都人士之知支那实情者日多，而渐表同情于是举者亦大有人矣。他日革命一起，可保必无藉端干涉者矣，此又吾人外交上之得手者也。

然犹有所憾者，则尚未得贵国政府之同情，此为弟每念而不能自安者也。此事必当仗我东方故人之力，乃能转移。君者吾故人之一也，深望结合所识名士，发起提倡日本、支那人民之联络，启导贵国之舆论，游说贵国之政府，使表同情

---

① 宗方小太郎是日本东亚同文会成员，一八九七年十一月在东京与孙文结识，后任上海东亚同文书院监督。

② 即东京。

于支那革命事业，俾支那能复立于世界之上，与列国平等，则吾党受日本之赐多矣，汉族子孙百代必永志大德不忘也。幸为图之！

广东虽败，幸无大伤，而其影响于支那人心实有非常之大，虽败犹胜也。君以为时机尚早，弟亦谓然，再待数年则军心、民气皆可成熟，必能学步葡萄牙革命之伟烈也。

承询在上海同志，弟思居留上海实鲜其人，有之亦暂过往者耳。弟之心腹同志，近年多入北洋陆军，故多未便相见。其间有来往外间者，则有前延吉都统吴禄贞君，如有过上海，君不妨以弟名见之。其他常来往上海者，则有现任海军提督程璧光君，皆昔年同谋之人也，亦可相见。惟皆当以谨慎出之，免招物议为荷。

弟今冬欲再到日本，公能为我设法使政府不阻挠否？如能得当，幸为示复。此候

大安不一

弟孙文谨启

七月十六日

881 Clay Street

San Francisco Cal.

U. S. A. ①

据"宗方小太郎文书"亲笔原函，

东京、日本国会图书馆宪政资料室藏

复邓泽如告广州起义影响美国情形
并请筹给家人费用函

（一九一一年七月十八日）

泽如仁兄并各同志均鉴：

三月廿六日来书，已得收读，足见苦心劳力，为国奔驰，钦佩无极也。按以

---

① 中译文为：美国加州旧金山企李街八八一号。

来信之时计之，去省城失败之时不过三四日耳，追忆当日，何以为情？弟亦不胜万千感慨也！然事虽失败，而其为影响于全世界及海外华侨实非常之大，由此所得之效果亦不可胜量。以区区十余万，而做出如此惊天动地之事，使吾党之声势飞腾千丈，亦甚值矣。弟敢决此次失败之因，必定生出他日成功之果也！从此之后，所谋内外款路，皆易人手。弟现在开始经营数路，想当有一可成，惟时之迟速不得而知耳。此足为告慰者也。

又经羊城一役之后，外交亦易入手。弟曾着人直说美国政府，皆大表同情。今已使人往英，以说彼中权要，想必能得当。法国政府，则向已有通情者也。如是吾党今日可决英、美、法三国政府必乐观吾党之成事，则再举之日，必无藉端干涉之举，且必能力阻他国之干涉也。此又外交之路因羊城之影响而收效果者也。

金山致公总堂，虽系洪门，以反清复明为宗旨，然向多老朽顽锢，向无进取之气，故尝与吾党之少年勇进之辈积不相宁，数月之前犹大反对同盟会之筹饷。美国华侨十居八九为洪门之徒，致公总堂一反对筹饷，则虽热心革命者亦不敢前；故以美国华侨之数，所集不过万余港银，远不及加拿大少数华侨之捐款。乃至羊城一役之后，见吾党志士舍身赴义，英勇绝伦，则顽锢老朽之辈亦因而奋感。今致公总堂已发起筹饷，现已设立筹饷局以专责成，想不日必能大收效果也。此又羊城失败之影响也。兹附上致公堂筹饷章程一阅。

弟于月内此处筹饷局规模大定之后，当再往东美，今冬或再往欧洲，以办外交要件，而回东之期尚未定也。

南洋人心，想亦必以此次之失败而愈增奋励也。望兄及各同志竭力维持已联之人心，并鼓吹初醒之民气，倘得合大群、集大力，以南洋、美洲华侨之财力以济内地同志之所需，自无不足，而成功之期决其不远也。幸共勉之！

弟家人住槟，家费向由槟城同志酿资供给，每月百元。自弟离槟之后，两女读书，家人多病，医药之费常有不给，故前后两次向港部请拨公款，然此殊属非宜，实不得已也。自港款拨后，则无向槟城同志取费，盖每月由金庆君散向同志收集，亦殊非易事，常有过期收不齐者，此亦长贫难顾之实情。虽曰为天下者不顾家，然弟于万里奔驰之中，每见家书一至，亦不能置之度外，常以此萦扰心神、纷乱志气，于进取前途殊多窒碍。敢请兄于槟城外之各埠，邀合着实同志十余二十人，每月每人任五元或十元，按月协助家费，以抒弟内顾之忧，而减槟城同志之担任。以槟城同志之供给已过半载，未免疲劳，倘兄与他埠同志能分担，实为至感。此候

大安不一

弟孙文谨启

西七月十八号金山寄

据原函影印件，载邓泽如编：《孙中山先生廿年来
手札》卷二，广州，述志公司一九二七年一月出版

致李是男请即开办新筹饷局函

（一九一一年七月二十二日）

是男①兄鉴：

新筹饷局开办已有眉目，刻下已有交银者。据耀兄②云："今日有一人来嘈〔吵〕谓已交银三四日尚未得债票，大不满意，恐于筹饷前途有碍"云云。务望兄速将旧数清结，立即开办新局。此局亦兄为管库，然必新旧分清，切勿迟延为幸。此致，即候

大安不一

弟孙文谨启

七月二十二号晚

据《促李是男开办新筹局饷函》（转
录《会书》之十《书札》），台北、
中国国民党文化传播委员会党史馆藏

---

① 李是男，号公侠，为美国旧金山筹饷局会计。

② 耀兄，即黄伯耀，为筹饷局西文书记。

致刘易初介绍胡汉民往洽筹饷函①

（一九一一年七月二十八日）②

易初仁兄同志大鉴：

启者，弟自去年离南洋之后，由欧而美，万里奔驰，日不暇给，所以每欲致书驰候而不果。近想爱国热诚日进益上，不胜祝颂。

此回省城之事③虽云失败，然其影响世界各国实非常之大，而我海内外之同胞，无不以此而大生奋感。且粤省不过一部分谋泄，迫动军界、会党，我之势力依然。同时如云南、四川等省当时约为响应者，粤东有失，不能遽起，然其力必更膨涨。故更思设法筹大款，为再举之计。弟由美东赶来美西之金山大埠以联络洪门，今由致公总堂发起设立筹饷局，一切经营已定，成效大有可观，数十万款当非所难。

想贵埠同志，人心亦必踊跃。比得胡汉民兄来电，知将往越南。汉民兄与弟同事最久，今春筹款，弟任美洲，汉民即任南洋，旋港后更与黄兴、赵声两君统筹军事。此次再来越南，系专筹划军费，故特寄书，倩其转交。以兄之少年英锐，踔厉不凡，其于大局之担任必不放废，且曾为越南同志领袖，应如何提倡为各同志之导，使一群协力，共襄大业，弟之望也！

书不尽言，汉民相见自能详述一切。此致，即颂

义安

弟孙文谨启

西七月廿八号

据《总理致越南华侨刘易初同志遗墨》原函影印件，载《岭东华侨互助社第二周年纪念特刊》④

---

①　黄花岗起义失败后，孙文决定筹款再举，故修此函寄胡汉民赴越南之际带交侨商刘易初。孙文曾于一九〇五年冬到旅越华商聚集地堤岸建立同盟会分会时，刘被举为会长，在华侨中具有相当影响力。

②　原函未署年份，今据函中叙及黄花岗起义失败、在旧金山设立洪门筹饷局等事而定为一九一一年。

③　指黄花岗起义。

④　岭东华侨互助社于一九二九年八月由原同盟会员、越南归国华侨黄伟卿在汕头创立，据此，该特刊则当在一九三一年出版。

致孙昌再询其母愿否回国函

（一九一一年八月一日）

昌侄知悉：

前曾寄一信，问及你母亲愿回唐山否，未见回音，未知何意？因你父近日在法国租界地方居住，设有店铺，欲你母亲回去料理家务也。今晚到报馆，见得有信一封寄你者，统此附来。你回〈信〉于林喜智，当写明你之地址，庶可容易寄到。此信若我不见到，则断不能寄到你处也。并问合家老少平安。

叔文字

August 1，1911

据亲笔原函影印件，台北、中国国民党文化传播委员会党史馆藏

复咸马里告国内革命情势及
对英日续订同盟看法函

（英 译 中）

（一九一一年八月十日）

亲爱的将军：

你自华盛顿和威斯巴登①来函均已收到。得悉你在政府和国会的努力获得巨大成就，至为振奋；又悉你的眼疾大有起色，甚感欣慰。此一最新消息异常重要，使我如释重负。

接你自华盛顿来函后，我即致函国内党人，嘱其依此行动。但在敝函寄达之前，我又收到国内数封函电，据称在北京以外的新军有十镇以上确有把握，而首

---

① 英文为：Wiesbaden。

都的所有各镇亦皆大有希望。最近，我党同志吴禄贞将军已被任命为北京第六镇统制。此外，迄今在其他省份各镇军队中工作的直隶籍军官，目前已回北京陆军中任职，企图于起义发动时起而响应。你由此可知，他们在获悉我们的计划之前，已为同一目标而从事艰苦的工作。我期望在这方面能迅速取得重大成就。

目前，无人愿与我分担权力，各省领导人均极欢迎我负责全面指挥，事实是他们唯恐我不接受此职。近日我收到大量来函，催促我尽快东返并从速发动起义。当前未办之唯一急务仍在设法为起义筹集必要的资金。

关于英日同盟的续订对我党事业的影响，我认为它续订与否和我们毫无关系。英日续订同盟，表明日本迄今仍未作好准备，以在决定远东事务上采取适应自己目标的独立行动。当前，日本人民背负增税的重担，日本政府或许尚需十年时间来经营开发朝鲜和满洲，此时他们仍需要金钱与和平。因此，在新的征服者准备动手之前，我们尚有余裕改造中国。望你从速往访你的英国友人，以便取得为开展我们的工作所需的经费。

我即将离旧金山再次东行，将于十月底抵达纽约。

谨向你俩致以最良好的祝愿。

孙逸仙

一九一一年八月十日

据蔡平：《咸马里与中国革命》（转录美国斯坦福大学胡佛研究所藏英文原函），美国，哈佛大学一九五〇年四月英文打印本译出

复梁泽生论述广州近两次起义
并嘱为新举事助资函①

（一九一一年八月十一日）②

泽生同志仁兄大鉴：

来示敬悉。足下所言之二策，吾党久已行之，今将近收功之期矣。但以经营筹画于革命之事业，已二十余年于兹。其始则不患资财，而患人心之蔽塞，反对者八面皆是。今者人心颇开，表同情者日日加多，而吾辈之财力已竭。新表同情之辈，思想只进至助言，尚未进至助力。故当此之时，旧力已尽，新力未来，正所谓青黄不接之秋。故旧年八省新军约举，以广东新军为首，而广东新军则恃党人发难于外，而新军响应于内。乃党人以前年十二月欲筹数万金为盘费且不能得，故不能及期进城。至旧年正月初一新军独起，以响应之人而忽变为发难之人，所以无成。新军败后，党力愈穷，故不得不求于海外华侨之助。弟以今年初二抵大埠③，欲速筹大款接应，然无路可通。遂以初六往云哥华④，在彼三月余，筹集将有十万之数，然远不敷起事之用。故再入美国，欲筹大款，然后党人、新军合力同举。乃不期三月二十九事机泄漏，迫于发动⑤；而新军因去年之变，早被清政

---

①　孙文于一九一〇年十二月被英属海峡殖民地政府勒令出境，而日本政府及荷属东印度、法属印度支那政府亦皆禁止其入境，故离槟榔屿赴欧美，此时在旧金山。受信人梁泽生系美国西部之甲必地（原英文地名待考）同盟会员，孙计划往各埠演说募款，首站为砵仑，函中预告"不日可绕道来贵埠"。以往全集版本多以受信人为郑泽生者，郑系英属马来联邦之怡保（Ipoh）同盟会员，故非此人。

②　此函原署"西八月拾吉日"。如为"吉日"（或称"初吉"），则同朔日，旧历系指每月初一；朔作始、初解，既然吉、朔于表示日期时同义，故此处权将"拾吉日"理解为"十一日"标出。

③　大埠为金山大埠简称，即旧金山。

④　云哥华（Vancouver），今译温哥华，属加拿大不列颠哥伦比亚省（British Columbia Province）。

⑤　即广州三·二九之役，发动于一九一一年阴历三月二十九日（公历四月二十七日）；事后将牺牲烈士遗骸七十二具移葬于黄花岗（由红花岗改名），后人因亦称是役为黄花岗起义。

府疑忌严防，缴去枪机药弹，欲动不能，不得不作壁上观。而党人虽英勇，以力孤而败。（初本有四百人在城内，因事泄，于二十七日散去三百余人。尚留数十人不能散，故决死一战，先攻督署，后攻军器局，欲夺取军器以给新军。但只数十人，伤亡已半，不能济事。若不散去三百余，则力已足，事必可成也。）如此观之，吾党之兵力非不足，特欠军财耳。此所谓足下所言之二策，吾党久已行之。然事至今日，吾辈发起之人多已倾家舍命，其尚不死者已一贫如洗矣！

吾人不避艰险，出万死一生之计，力行此事二十余年，功夫已算完满，时机亦已成熟。今只听海外同胞援助，筹集资财，以济军用。倘能人人协力，能集足发难之经费，则可一战成功也。现时各省民心之望革命军起以救彼等脱离清朝之苛政者，已若大旱之望云霓，而十八省之新军亦多欲倒戈相助，故此时只有财政一难题耳。能解决此难题，则其他有如破竹矣。吾党无论由何省下手，一得立足之地，则各省望风归向矣。今日之事，已无难矣。

大埠致公总堂已发起筹饷局①，日内派人往各埠演说劝捐，弟与黄云甫〔苏〕君入砵仑②，不日可绕道来贵埠。望足下纠合同志竭力助资，以成众志成城、众擎易举之效，则革命幸甚！祖国幸甚！此复，并候

义安

各同志统此问好。

弟孙文谨启

西八月拾吉号

据亲笔原函影印件，载佚名编：《总理遗墨》（十开线装本，出版时间不详），广州、广东省社会科学院图书馆藏

---

①　即七月在旧金山成立的"洪门筹饷局"，又称"中华革命军筹饷局"，对外则称"国民救济局"（Kwok Min Charity Bureau），为美洲同盟总会与美洲致公总堂联合后所设筹饷机关。洪门在国内原系反清秘密会党，即天地会之别称，在美洲则通称为致公堂。

②　砵仑（Portland），今译波特兰，位于太平洋东岸，属美国俄勒冈州（Oregon State）。

致家嫂询是否愿回国函

（一九一一年八月十九日）

家嫂知悉：

近接大哥来信，欲家嫂回唐山料理家务。叔前日已两次写信亚昌，未见回音。未知家嫂愿回来否？如欲回去，叔当在大埠托妥人一同带回也。如何？望即复一音，至紧至紧。此致，即问

合家大少平安

叔德明字

西八月十九号

据亲笔函影印件，广州、广东省社会科学院藏

复郑占南告将往东部函[1]

（一九一一年八月二十八日）

占南仁兄大鉴：

七月初三来函已得读，付款壹千五百元亦已收妥，感甚。兹另邮寄上相片一张，幸为惠存。

弟定期礼拜四即初九日动程往砵伦并东方一带，不日或由纽约往英京。此间大事，务望公等竭力维持，幸甚。此致，即候

义安不一

弟孙文谨启

初五日

据亲笔原函影印件，载佚名编：《总理遗墨》（十开线装本，出版时间不详），广州、广东省社会科学院图书馆藏

---

[1] 郑占南是美国葛伦（Countland）同盟会分会负责人。

复林喜智告通讯方法并指点生意门道函

（一九一一年八月二十九日）

喜智贤弟①左右：

来信收悉。问致《大同日报》招牌纸，都可以不必。因兄定于本礼拜六离大埠而往东方各埠游行，或回大埠，或不回大埠，现尚未定也。此后可以不必寄信来大埠，如有要事欲达我知，可着舍侄亚昌通传于我可也。亚昌前在大埠医学堂学医，近又去做工，若想寻他，可以问士泽顿街门牌一千零十六号二楼头房，一问□□□便知也。我亦写落弟之地步交亚昌，与弟通信息。

前日我与弟言，回唐须找些生意来做，庶不至坐吃山崩。近来日本货物颇可做，在近处则如石岐、澳门、香港等处，远则如广州湾、广西梧州等处皆可。我在日本有一朋友，系代人购□□货物者，今寄上信代〔袋〕一个，弟可以照此地步，到日本横滨时，上岸去寻此人，同他商量，问他何等货合唐山销路，想火柴、毛布、毛巾、笠衫、绉布、漆器、磁器等日本货销香港、澳门、广州湾□□□觅利也。此三埠系外国人地方，皆无入口税，做生意甚方便也。初可择定一地从少而做可也。此致。

兄孙德明

据《孙中山先生诞辰一二〇周年纪念专刊》，载《香山》第十九至二十期合刊，一九八六年十一月出版

复吴稚晖悼杨笃生投海并请为黄兴筹款函

（一九一一年八月三十一日）

稚晖先生大鉴：

顷读来示并致伯耀君函，惊悉笃生君有投海之惨剧②，殊深悲悼。弟观笃生

---

① 林喜智，孙文妹夫（孙秋绮丈夫），时在美国旧金山经商。

② 旅英同盟会员杨笃生，闻广州起义失败，并愤于列强瓜分中国的危机，于七月八日在梨花埠跳海自杀。

君尝具一种悲观恳挚之气，然不期生出此等结果也。夫人生世间，对于一己方面，此身似属我有，行动似可自由；然对于社会方面，此身即社会之一份子，亦不尽为我所有也，倘牺牲此身不有大造于社会者，决不应为也。杨君之死，弟实为之大憾焉！

自羊城失败后，黄君廑午①亦生一愤愤不平之气，决欲行个人主义，以与李、张等贼②拚命。吾党同人闻之，无不大惊失色，恐再演精卫君之悲剧，于是各埠函电纷驰，以劝阻之切勿行此。兹得黄君复电，谨录于左：

"少年学社及中山、致公堂并转芝加古：电、函悉。弟行此，以粤事非先破坏，急难下手，且不足壮党气、酬死友。今遵谕，先组织四队，按次进行。惟设机关及养恤费甚巨。兹李准虽伤，须再接再励，恳助万五千元，电《中国报》收。乞复。兴。"

按此电先叙彼欲行个人主义之理由，次曰今遵谕，即允从各埠同志函电之劝阻也。盖黄君一身为同人之所望，亦革命成败之关键也。彼之职务，盖可为更大之事业，则此个人主义事非彼所宜为也。故未接此电之前，此间已有两同志赶回，欲代彼行此也。今彼欲组织四队，按次进行，大为同志所赞成。昨日已勉汇万元，尚差五千元。弟另发函檀香山请将余款电汇，大约可得千元。若石君薇青能速电汇杨君遗款，则所差者不过三千元，便能足万五千之数矣。黄君实仍居香港，惟此事当千万秘密为望。石君电款，可着他由伦敦直电香港《中国报》收，照如左之英文：

Chungkokpo

231 Hollywood Road

Hongkong③

电汇后宜即发一电报通之黄君，可用吾党之秘密 A 字电码发去（此码弟过英时，似曾留下一本在先生处或石君处）。如无此码，可用中国电报明码云"电某银行若干元，请交克强（勿用姓）收"便可。《中国报》电址照下：

----

① 黄兴，字廑午。

② 指清广东水师提督李准、两广总督张鸣岐等。

③ 中译文为：香港荷里活道二三一号《中国报》。

Chungkokpo Hongkong

弟于西九月二号离金山往美之北、中各省，两月后可再抵纽约，通信请照上地址①寄便妥。

Dr. Y. S. Sun

c/o Sing Fat Co.

1127 Broadway

New York City

U. S. A.

此候

大安不一

石君蘅青②统此不另。

弟孙文谨启

西八月卅一号

据原函影印件，载胡汉民编：《总理全集》第四集，上海，民智书局一九三〇年二月初版

致宫崎寅藏告拟往日本请代设法函

（一九一一年九月十二日）

宫崎先生大鉴：

弟今由桑港到些路（Seattle）③港，将转而往米东，十月底可到牛育（New York）矣。其后或往欧，或遄回西米，俟到牛育后乃定也。

近闻日本已换内阁，西园寺④之政策如何？对于支那革命党取何方针？可详以告我否？并望再托木堂先生向新内阁重开交涉，请求弟能入日本之便宜。如蒙

---

① 下列英文地址，原写于信笺上端。

② 石瑛，字蘅青。

③ 些路，又译舍路、西亚图，今译西雅图。

④ 西园寺公望，八月三十日组阁出任总理大臣。

政府允肯，请先生速告我。我以后之通讯处，如别纸所载。切盼好音。此致，即候

大安

弟孙文谨启
九月十二日

Dr. Y. S. Sun

c/o Sing Fat Co.

1127 Broadway

New York

U. S. A.

电号：Tonglun，New York

据亲笔原函，东京、宫崎蔏苓家藏

复希炉同志告行程未定函①

（一九一一年九月十四日）

希炉同志列位仁兄公鉴：

八月廿一号来函已得收读，欣悉各同志对于革命不计难易，毅力坚持，诚可为吾等前途贺也。

弟于九月二号由金山大埠起程，绕游美北、美中而出美东，十月底当可到纽约埠。抵该埠然后再定方针，或往欧洲而回南洋，或再回西美取道檀山、日本而回东方，皆未可定。

刻下风云日急，日来四川已起事，其成败如何未可得知。若四川得手，则两广、云、贵、三江、福建等省，不得不急起相应也。所以弟之回国缓急，皆未定也。望各同志努力前途，速合大群、集大力，以为进行之援助。是为切祷。他日

---

① 希炉，地名，在檀香山。此为孙文在美国与黄芸苏等分南北两路，周游全美各埠演说筹饷途中，给檀香山希炉同志的信。

事势如何，另行详报。此致，即候

大安不一

弟孙文谨启

西九月十四日

据原函影印件，载刘大年主编：《孙中山书信手
迹选》，北京，文物出版社一九八六年九月出版

复萧汉卫论飞机事及应付崔通约办法函

（一九一一年九月十四日）

汉卫仁兄大鉴：

　　来函诵悉。承问飞机一事，此事当无碍于各种方面，但以吾党所欲求以发难者，尚不敢望此耳。飞机一物，自是大利于行军，惟以无尺寸之地之党人，未有用武之地以用此耳，若欲以为发难之用，是犹凶年欲食肉糜之类也。如卓文①兄欲研求之为发难得地后之用，未尝不可也。

　　通约之事②，如此办法，实出弟意。因此时其奸据尚未露，然以其与领事来往之情节推之，无论其有心无心，皆必至流为侦探之结果，则势固然也。且其人文足以饰非，态足以惑众，就其恶未成而远之，则彼此俱受其利；若俟其恶成而除之，则为害恐不堪设想矣。故办法不得不如此。然如此办法尚有同志为之右者，若只暗中削去公权而不明正其罪，同志中自多不服，而彼之能为患于吾党之能力犹未除也。

　　办报之事，弟与魂苏君已发途，不日可到贵处，俟到时，从长商之可也。

　　近日祖国风云日急，四川已动，若能得手，则两广、云贵、三江、闽浙不得不急起而为之援应，到时弟或有不待筹款之成而立当回国也。余俟面谈。此致，即候

---

　　①　即朱卓文。

　　②　指崔通约至少年中国晨报馆时携有清领事报告华侨状况表册，为孙文发现并携去，疑其与清领事通风报信，一九一一年五月被开除同盟会籍。

大安不一

弟孙文谨启

九月十四号

各同志统此候好。不另。

据亲笔原函影印件，台北、中国国民党文化传播委员会党史馆藏

致希炉同志告以回国缓急须视局势而定函

（一九一一年九月十四日）①

希炉同志、列位仁兄公鉴：

八月廿一号来函已得收读，欣悉各同志对于革命不计难易，毅力坚持，诚可为吾等前途贺也。

弟于九月二号由金山大埠起程，绕游美北、美中而出美东，十月底当可到纽约埠。抵该埠然后再定方针，或往欧洲而回南洋，或再回西美取道檀山、日本而回东方，皆未可定。刻下风云日急，日来四川已起事，其成败如何未可得知者。四川得手，则两广、云贵、三江、福建等省不得不急起相应也。所以弟之回国缓急皆未定也。望各同志努力前途，速合大群，集大力以为进行之援助，是为切祷。他日事势如何，另行详报。此致，即候

大安不一

弟孙文谨启

西九月十四号

据亲笔函原件，夏威夷孙中山基金会（Dr. Sun Yat-sen Hawaii Foundation）藏

---

① 本函书写在"美洲金山国民救济局"的信笺上，函末孙文用铅笔填写发文日期格式时笔迹较为模糊，似作"西一千九百零四年九月十四日发"。按本函所叙情事皆发生于一九一一年，而非一九〇四年，兹予更正。

复咸马里告四川风潮并请尽速筹款函

（英 译 中）

（一九一一年九月二十五日）

亲爱的将军：

八月二十九日来函于昨日收到，得悉你的眼疾渐愈，甚慰。

如能找到经费，我仍拟在巴黎或伦敦建立总部。尚未安排黄将军①赴欧洲，因他在中国尚有大量事务待办。

近日四川省起大风潮，为民众与政府之间发生铁路争端所引起。我党在华南的总部诸君大为激动，因为谣传四川军队已卷入纷争。如所传属实，则我党人拟策动云南军队首先响应，而广东军队亦将继起。但我不相信此一传闻，因我们从未打算让四川军队在国民运动中起首倡作用，这方面它尚毫无准备。据官方报道，四川新军拒不服从总督的作战命令，但亦未加入民众一边，即持中立态度，我认为此与事实相符。

至于如何及何时何地可筹得必要的资金，我确难以作出决断。我仅希望越快越好。

结束纽约之行后，我将赴欧洲一行，看在英国、法国能否有所作为。

函寄 New York address c/o Sing Fat Co. ，1127 Broadway。

谨向你俩致以最良好的祝愿。

非常忠实于你的孙逸仙

一九一一年九月二十五日

爱达荷

据蔡平：《咸马里与中国革命》（转录美国斯坦福大学胡佛研究所藏英文原函），美国，哈佛大学一九五○年四月英文打印本译出

---

① 指黄兴。

致李是男告筹饷收汇办法函①

（一九一一年十月九日）

是男我兄大鉴：

别来所经各埠，见得人心渐有可为；筹饷一事之成就与否，多在局中之办理如何耳！此时想各埠已陆续有款付到，但未知除汇港急款之外，能收足万元否（连日前所支一切经费在内）？如过万元，则务当照原议办理，将款用弟名付入银行。此事如须弟亲在大埠乃能办到，望兄从速示知，弟到纽约后当复回；如不须弟在亦可办到，则不必费此一行。又如各人或有异议，变更初时办法，更望兄速行示知。无论如何，总望兄坚持初议，庶免流弊。此事弟重托于兄，务期维持妥善，幸甚。

如此间事顺，不必弟再回金埠，则近日弟当往欧洲一行，以办重要之外交事件。昱堂翁何时能到金埠？祈为示知。此致，即候

大安不一

杰亭、菊波②统此候好。不另。

弟孙文谨启
十月九号

有信请付芝加古太和梅寿君转交。

Mr. Moy Chew

Tai Wah Co.

437 S. Clark St.

Chicago Ill. ③

据亲笔原函，南京博物院藏

---

① 当时孙文正在美国各埠巡回募款，此函写于犹他州（Utah）恶顿（Ogden，今译奥格登）的马里恩旅馆（The Hotel Marion），寄往旧金山。

② 即黄杰亭、刘菊波。

③ 中译文为：伊利诺斯州芝加古南卡勒街四三七号太和号梅寿先生。

致诺克斯希望秘密会晤函①

（英 译 中）

（一九一一年十月十八日）

我曾经于上次访华府时，尝试拜访你，但没有如愿。今冒昧再致信你希望和你作一秘密会晤。若你能允许给我这一要求，我将非常感谢。

据吴相湘编撰：《孙逸仙先生传》，台北，远东图书公司一九八二年十一月出版

复大塚太郎告已收到萱野电报函②

（英 译 中）

（一九一一年十月二十二日）

亲爱的大塚先生：

萱野先生来电收到，至感。

非常忠实于你的孙逸仙

一九一一年十月二十二日

纽约

据英文亲笔函影印，见萱野长知编：《中华民国革命秘笈》，东京，帝国地方行政学会一九四〇年七月发行（陈斯骏译，金应熙校）

---

① 诺克斯，英文为 Philander C. Knox，时任美国国务卿。原函似藏诺克斯档案，但未标出处。

② 武昌起义后，萱野长知应黄兴电邀自日来华，即赶赴汉阳战场，旋受托往汉口电信局发一电报给在美的孙文，盼其速返中国。因不明孙之行踪，该电乃请旅居芝加哥、与孙经常保持联系的大塚太郎代转。当时孙文投宿于纽约夏令顿旅馆，此为收到电报后给大塚的复信。

致吴稚晖告明晚再来访请留寓等候函

（一九一一年十一月十一日）①

稚晖先生大鉴：

弟今午从美抵英，行动主极端秘密。今晚八点到访，闻先生与张君②出外，不遇为怅。明晚此时（八点）再来访，请留寓一候为幸。

近日中国之事，真是央央〔泱泱〕大国民之风，从此列强必当刮目相看，凡我同胞，自当喜而不寐也。今后之策，只有各省同德同心，协力于建设，则吾党所持民权、民生之目的，指日可达矣。

弟文谨启

据原函影印件，载佚名编：《总理遗墨》（十开线装本，出版时间不详），广州、广东省社会科学院图书馆藏

致邓泽如请预备回国帮忙函

（一九一一年十二月二十日）

泽如先生执事：

承远道出呦一叙，感慰可知。惜话别匆匆，末〔未〕由畅谈，颇以为憾。

国内情形，抵沪后当详细奉知。将来或有电请先生回国帮忙，幸勿吝玉。自接此信之后，祈即预备一切，随时可行为佳。

弟准明日过港，附此。即候

台安

---

①　原函未署日期。孙文于十一日抵伦敦，留函日期据此订定。

②　指张继。

各位同志均此，恕未另函。

弟孙文谨启

西十一年十二月廿号

据原函影印件，载邓泽如编：《孙中山先生廿年来手札》卷二，广州，述志公司一九二七年一月出版

致陈炯明等告胡汉民一同赴沪短简

（一九一一年十二月二十一日）

竞存、执信、毅生先生同鉴：

现因赶往沪上，组织中央政府，非与展堂同行不可。诸事由仲恺面述。匆匆草此，即候

义安

弟孙文谨启

据莫世祥：《〈香港华字日报〉中的孙中山轶文研究》（转录一九一一年十二月二十六日香港《华字日报》），载《近代史研究》一九九四年第三期

致龙济光劝率师北伐函

（一九一一年十二月二十一日）①

子诚军门②大鉴：

粤省光复，诸赖维持，吾党得公，胜下百城矣。文本拟亲诣羊城，一聆英论，惟船开在即，且各处电催赴沪，迫于星火，不许留连乡国，未能如愿，奈何奈何！

现在各国政府士夫，均望文速归，组织中央政府。此事一成，则财政、外交

---

①　原函未署日期，按此函为孙文过港时寄发，则为十二月二十一日。

②　龙济光，字子诚，原是清朝广东提督、新军第二十五镇统制，广东光复后反正。

皆有头绪，此外问题亦因之迎刃而解。当今政策，莫大乎此。故强约汉民偕行，襄助一切。粤事，竞存、毅生、执信、君佩①诸兄之支持，与汉民躬自执行无异。闻公有北伐雄心，此乃绝大快事。倘高、廉一带稍靖，务请督师至沪，共捣虏巢，文当亲率同志为公清道也。临编神往，谨颂

义安

孙文谨启

据《孙中山与龙济光来往函稿》，载一九一
二年一月三日《香港华字日报》（原无页次）

复沈定一告当派代表与会函②

（一九一一年十二月二十六日）

剑侯君英鉴：

来翰奖饰逾量，何以克当？学子莘莘，亦矢国民皆兵之义务，并得人为之管长，可望速成劲旅无疑。明日张园之会，当谨托代表到聆伟论。敬复，即颂

壮安

弟孙文顿首
初七日晚

据《孙中山致中华民国学生军团书》，载一
九一一年十二月二十九日上海《时报》（五）

---

① 即陈炯明（字竞存）、胡毅生、朱执信、李文范（字君佩）。

② 一九一一年十二月，上海部分大中学校学生成立中华民国学生军团，准备北上与清军作战，在开往杭州军事集训前夕，订于二十七日在张园召开演说大会，并函请孙文到会演说。本函受信人沈定一，字剑侯，号玄庐，早年留学日本并加入同盟会，与蔡元培等发起光复会。时为该军团负责人。

致中华民国学生军团告已派代表赴会简

（一九一一年十二月二十七日）

兹托陈君宽沆为弟代表赴会场，敬聆伟论。即颂学生军军团万岁！

弟孙文启

初八日

据《孙中山致中华民国学生军团书》，载一
九一一年十二月二十九日上海《时报》（五）

致旅美同志望助阮伦设飞船队函

（一九一一年）①

同志公鉴：

阮伦兄等谋设飞船队，极合现时之用，务期协力助成，以为国家出力，幸甚。
此致，敬候

大安不一

弟孙文谨启

辛亥年

据亲笔原函影印件，台北、中国国民党文化传播委员会党史馆藏

---

① 原函未署日期，底本作一九一一年。此函当写于是年五月三十一日复李绮庵函之后。又，九月十四日复萧汉卫函答询"承问飞机一事"则认为"飞机一物"，对"无尺寸之地之党人"是"未有用武之地以用此耳"似为否定飞机之急用。估计为六至八月间所写。

致秦毓鎏祈同意受聘总统府秘书函[①]

（一九一二年一月四日）

毓鎏仁兄大人阁下：

敬启者，文以不才，谬膺重任，一切草创，待期孔多。我海内大贤，不惜臂助，何以自免于戾。凤仰阁下高才硕学，桀士之隽，敢以本府秘书之事相累，尚祈惠然肯成，是为至祷。肃此，敬请

任安

孙文顿首

元年正月四日

据原函，南京、南京博物院藏

致张謇请参加各部长委任典礼函

（一九一二年一月五日）

季直先生大人大鉴：

昨承允任维持实业，民国之庆也。昨日晚间，陈澜生[②]（财政部）、蔡民友[③]（教育部）俱已到，王亮畴[④]（外交部）今日亦必来宁，惟内务程雪老[⑤]有病，司法秩公[⑥]议和。弟拟于今日先行各部委任礼，请先生于午后三时降府，幸甚。

---

① 秦毓鎏为华兴会副会长、同盟会员，又曾任东京爱国杂志《江苏》总编辑、上海《神州日报》编辑，武昌起义后在苏沪举兵响应，任锡金军政分府总司令。秦毓鎏接受了孙中山关于总统府秘书的聘任。

② 陈锦涛，字澜生。

③ 蔡民友，即蔡元培。

④ 王宠惠，字亮畴。

⑤ 程德全，字雪楼。

⑥ 伍廷芳，字秩庸。

蛰老①一信，请代致。

孙文叩

元年元月五日

据张孝若：《南通张季直先生传记》，
上海，中华书局一九三○年九月出版

致阪谷芳郎告以中央银行设立之件相托函②

（一九一二年一月十日）

阪谷博士阁下：

　　谨以中华民国政府中央银行设立之件相托，本日已由电信奉闻，兹更修书申告。阁下能即来南京一行，尤为厚幸。专此敬候。

孙文

中华民国元年元月初十日

据王魁喜编译：《孙中山致日本人士未刊电函十五
件》，载《孙中山研究论丛》第五集，广州，中山大
学学报编辑部，一九八七年出版，原载李廷江：《孙
文与日本人》，《日本历史》杂志一九八七年八月号

复中华民国联合会论民选参议院函

（一九一二年一月上旬）

　　来书敬悉。贵会主张组织民选参议院，是诚图治之良规，为建立民国所当有事，且非此不足以达共和之实也。唯势有缓急、有先后，临时参议院由各省都督

---

　　① 汤寿潜，字蛰仙。
　　② 原函为日文抄件，收在日本大藏省财政史室藏《胜田主计文书》中。阪谷芳郎于一九一二年一月十日收此函。他于一月十一日又收到孙文委托建立中央银行，及邀请赴南京的电报，但未能应邀赴南京，最后制定了一份草案——《国立中央银行设立特许状》。

派员组织，原不过一时权宜，岂遂认为制定〔定制〕？目下光复各地，军政犹布，地方未靖，即欲召集省议会选举议员，机关、手续俱无从着手。必待民选告成，乃议立法，又非临时政府建设之意。且北伐之举，有进无退，江淮频警，楚氛甚恶，临时政府所枕戈不遑者，方在破虏一事。民选议会当俟北虏破灭后议之，在此时不特理有不可，盖于势有不能也，时局大定，全国无烽，临时政府且当改选，何有于参议会？此时所望于国中民党者，一面监督政府、军队，勿使逾闲；一面当提倡有秩序之民气，维持社会之良惯，以养成共和国民之资格，则民国前途庶几有豸。

他山之谊，敢进一言。贵会有见，亦希不吝教言，匡其不逮，是为切祷。再顷复得贵会书，称报载本府卫士称"禁卫军"，此"禁"字自系"警"字之误。民国始创，拔除旧日弊制，常恐不及，岂有故袭恶名，自冒不韪乎？除登报更正外，随笔附及。

孙文复

据《中国革命记》第十六册，上海，自由社一九一二年三月出版

再复中华民国联合会论联邦制度及女子参政函

（一九一二年一月上旬）

中华民国联合会鉴：

复书敬悉。所论限制参议会立法权及尊重都督权，均切中时弊。前者当加意致谨，后者已交部核施。联邦制度于中国将来为不可行；而今日则必赖各省都督有节度之权，然后可战可守。所谓军政统一，于此亦绝无矛盾也。至女子参政，自宜决之于众论，前日某女子来见，不过个人闲谈，而即据以登报，谓如何赞成。此等处亦难于一一纠正，慎言之箴，自当佩受。专此即复，并祈亮察。

孙文启

据《中国革命记》第十六册，上海，自由社一九一二年三月出版

复蔡元培论内阁用人方针函

（一九一二年一月十二日）①

孑民②先生大鉴：

　　来示敬悉。关于内阁之设备及其组织用人之道，弟意亦如是，惟才能是称，不问其党与省也。但此时则不能不收罗海内名宿，来教所论甚明。然其间尚有当分别论者。康氏③至今犹反对民国之旨，前登报之手迹，可见一班〔斑〕。倘合一炉而冶之，恐不足以服人心，且招天下之反对。至于太炎君④等，则不过偶于友谊小嫌，决不能与反对民国者作比例。尊隆之道，在所必讲，弟无世俗睚眦之见也。专此，即颂道安。并复。

孙文谨复

十二日

据原函，南京、中国第二历史档案馆藏

复丁义华保证新政府将尽力清除鸦片毒害函⑤

（英译中）

（一九一二年一月十四日）

万国改良公会秘书长：

　　感谢您的诚挚来信及赞赏。我对您多年来在社会改革方面对我国的帮助表示

---

①　原函未署年月，今据函中内容确定。

②　蔡元培，字孑民，同盟会员，一九一二年一月五日被委任为南京临时政府教育部总长。

③　指康有为。

④　章炳麟，号太炎，原同盟会员，辛亥革命前曾在日本东京两度掀起倒孙风潮，要求罢免孙文的同盟会总理职务；一九一二年一月三日另组中华民国联合会，任会长。孙文于二月十一日函聘章炳麟为枢密顾问，章未赴任。

⑤　万国改良公会（the International Reform Bureau）秘书长丁义华（E. W. Thwing）拜会过广东总督，当地官员十分乐意尽其所能制止恶习与鸦片交易。但当局称须有全国性政策，并请丁义华就此事会见总统。此为孙文回信。报载时底部标示为"翻译"。

感激。我对于禁止鸦片此等重大问题在此危急动荡时世多少受到忽视表示歉意。然而我想说的是，一旦我们的新政府完全形成，我们必尽全力去消除鸦片之毒害。在此新旧交替之际，我国法律未全，因而希望贵公会在弥补此项缺陷的工作中给予援助与合作。

　　谨致诚挚的敬意！

孙文

总统办公室，南京

一九一二年一月十四日

据 "Missionaries Hear of Work of Reform Bureau", *The China Press* (Shanghai), January 18, 1912, Page 1 [《传教士听取改良会工作；孙总统保证新民国政府将协助反鸦片运动》，载一九一二年一月十八日上海《中国报》第一页]（许瑾瑜译，高文平校）

英文原文见第八册第548—549页

致松方正义望鼎助成立中央银行函①

（一九一二年一月十五日）

松方侯爵②阁下：

　　中华民国政府设立中央银行之事，已嘱托阪谷博士、原口博士③。关于此件当望阁下鼎助，实为厚幸。专候。

孙文

中华民国元年元月十五日

（加盖"中华民国临时大总统印"）

据"松方正义文书"原函，东京、日本国会图书馆宪政资料室藏

---

　　①　原函信纸用"中华民国公文用纸"，并盖有"中华民国临时大总统印"。现藏日本国会图书馆宪政资料室《松方正义文书》中。

　　②　松方正义是日本政界元老，从政数十年，曾两度组阁担任总理大臣，又在历届内阁中多次担任大藏大臣。

　　③　阪谷芳郎（亦作坂谷芳郎），曾任日本大藏大臣；原口要，是孙文筹建中央银行与日本财界、政界建立联系的中介人。

致康德黎夫妇告就任临时大总统函

（英译中）

（一九一二年一月二十一日）

亲爱的康德黎博士和夫人：

当你们接到此信，得知我已任中国临时政府大总统时，定会感到欣慰。我以无私的热情接受此一职务，是要借此将具有四万万人口的中国，从迫在眉睫的危殆和屈辱中拯救出来。我本应早写信给你们，但自我到达此地，尤其担任现在的职务以来，异常忙碌，总有各种事务妨碍我执笔，此情你们当能想象，亦能体谅。当我从现在的地位回顾已往的艰辛与苦斗，念及你们始终不渝、令人难忘的盛情厚谊时，使我更加感激你们。到目前为止，我能告诉你们的，就是南京诸事进步迅速，前途有望。我或许不能如我所希望的经常写信给你们，但你们可从报上不时看到我的活动。

请向你们所认识和遇到的我在伦敦的友人致意。谢谢。

谨致最良好的祝愿和最亲切的问候。

你们非常忠实的孙逸仙

一九一二年一月二十一日

南京

据康德黎与琼斯（James Cantlie and C. Sheridan Jones）：《孙逸仙与中国的觉醒》（*Sun Yat-sen and The Awakening of China*，伦敦，一九一二年英文版）译出

复国民协会论组织国民参事院函

（一九一二年一月二十四日）

国民协会诸执事鉴：

两函敬悉。所论组织国民参事院一节，自是正当办法。惟临时政府之职务，

首在军事上之进行。方今虏氛未靖，战祸方延，执行政务，首贵敏速。若组织民选议事机关，必先定选举制度，及组织选举机关。而各地秩序未复，计即自今开办，至速非数月之久不能成立，揆之时势，似嫌太缓。参议院由各省都督派员组织，本一时权宜办法，而在此过渡时代，力取简易，不遑他计也。若至时局大定，全国无烽，彼时临时政府当须改造，则参议院自在取消之列，而国民参事院之设，将为必行之要政。望诸君鉴谅此意，暂缓督促，一面协助政府力谋军事进行，是所盼祷。此颂时祺百益。

一月二十四日

据《国民协会文牍》，载一九一二年
一月二十五日上海《民立报》第六页

复南京市民为整顿军纪等事函

（一九一二年一月二十四日）

兵、民相疑，实光复后最大恨事。吾民经济恐慌，苦痛已甚，况复流兵抢劫，时有所闻，战后人民，何以堪此？本总统就任后，首谋统一军队，近连日与陆军当局筹议办法，不日当可军纪一新，愿诸君转达市民，少忍以待。

至都督常驻一节，来函所陈甚善，此间亦拟如此办理，不日当可发表。以后关于市政诸问题，如有所见，请随时径达内务部。民意所归，无不尽力也。

一月念四日

据台北国民党中央改造委员会党史史料编纂委员编：《总理全书》之十《函札》上册，台北，"中央文物供应社"一九五〇至一九五二年出版

致南洋侨胞请赞助金一清等创办电戏筹备善后补助会函

（一九一二年一月）

侨居南洋各商埠中华大国民诸君公鉴：

自武汉义旗一举，汉室光复，海内外同胞莫不共庆昭苏，重睹天日。目下共和政府成立于南京，文以不德，被选为民国临时大总统，辱承海外各同志赐电贺劳，且感且惭；捐助军饷者，络绎不绝，共和前途，实嘉赖之，谨为汉族拜谢。

兹有巴达维亚埠同志金一清、黎先良来缄，言"拟约集同志发起一电戏筹备善后补助会，自备资本，购办关于中国之电戏影画，前往南洋各埠开演，所得戏金，尽数汇交新政府财政部，以资筹办善后事宜"等语，于筹款之中，兼可提倡爱国心，办法甚善，足见热心公益，不为营利起见。所历各埠，务望同志诸君乐为臂助，以期有成，庶不负两君跋涉之苦衷，而祖国亦受其赐矣。肃此，顺请日安

孙文顿首

一月

据台北国民党中央改造委员会党史史料编纂委员会编：《总理全书》之十《函札》上册，台北，"中央文物供应社"一九五〇年至一九五二年出版

复蒋雁行慰问并望黾勉从事函

（一九一二年一月）

雁行都督①大鉴：

弁来持示大书，谂政体多劳，以致微恙，系念之至。惟北虏未平，江北尤为

---

① 蒋雁行时任江北都督。

重要之地，执事身当前敌，勋望在人，为民国屏蔽，断不能以此时息肩，尚望黾勉从事，并加意珍摄为荷。专复，即颂

勋安

一月

据台北国民党中央改造委员会党史史料编纂委员会编：《总理全书》之十《函札》上册，台北，"中央文物供应社"一九五〇年至一九五二年出版

复女界协赞会嘉许募助军饷函

（一九一二年二月一日）

女界协赞会公鉴：

　　展诵来函，并接见贵会代表张君昭汉、程君颖两女士，欣悉贵会员热心毅力，分途劝募，以助军需。前曾以五千余元缴存沪军都督府，指定为北伐购置枪炮之用。兹又集成万元于沪上钱庄存储，请饬交财政部验收。集腋成裘，有此巨款，皆由贵会员不辞艰苦，沿门劝募所得，深用嘉尚。以此补助军饷，益可作三军之气。扫平索虏，女界亦与有功焉。闻贵会与神州女界共和协济社联合为一，扩充团体，自能相得益彰矣。复问公益不儳。

孙□〔文〕顿

据《大总统复女界协赞会代表张昭汉程颖两女士募助军饷函》，载南京《临时政府公报》第九号，一九一二年二月六日

致井上馨申谢赞助良意函①

（一九一二年二月三日）

井上侯爵②阁下：

　　由三井森君③处得闻阁下赞助之良意，感谢万千。今后新政府与日本财政上之关系，凡百当从于阁下之指导，必有统一之办法，以企最完满之结果。近日任命代表来谒贵邦，惟阁下有以教之。前以电信奉闻，今更函白诚意，区区不尽。伏祈亮察，仰仗鼎助，无任拜梼〔祷〕。即颂起居。

　　山县、桂两公④处亦乞代达鄙忧〔忧〕为荷。

孙文叩

　　再者，西园寺侯⑤处未能直接通函，亦乞代为致意。

孙文叩

二月三日

据"井上馨文书"中文原函，东
京、日本国会图书馆宪政资料室藏⑥

复中华国货维持会论服制函

（一九一二年二月四日刊载）

　　径复者：来书备悉。贵会对于易服问题，极力研求，思深虑远，具见关怀国

---

　　①　此件收在日本国会图书馆宪政资料室藏《井上馨文书》及三井文库《井上馨关系资料》中。

　　②　井上馨，日本政界元老，历任外务、农商务、内务、大藏大臣。

　　③　即森恪，系上海三井物产会社办事员。

　　④　即山县有朋公爵、桂太郎公爵。

　　⑤　西园寺公望侯爵。

　　⑥　另见东京、三井文库"井上侯爵家交附书类"，藏有二月三日同一天孙文、黄兴联署的日文电稿，内容同而文字稍有出入，未及中文函详尽。

计，与廑念民艰热忱，无量钦佩。礼服在所必更，常服听民自便，此为一定办法，可无疑虑。但人民屈服于专制淫威之下，疾首痛心，故乘此时机，欲尽去其旧染之污习。去辫之后，亟于易服，又急切不能得一适当之服式以需应之，于是争购呢绒，竞从西制，致使外资畅销，内货阻滞，极其流弊，诚有如来书所云者。

惟是政府新立，庶政待兴，益以戎马倥偬，日夕皇皇〔惶惶〕，力实未能兼顾及此。而礼服又实与国体攸关，未便轻率从事。且即以现时西式装服言之，鄙意以为尚有未尽合者。贵会研求有素，谅有心得，究应如何创作，抑或博采西制，加以改良，即由贵会切实推求，拟定图式，详加说明，以备采择。此等衣式，其要点在适于卫生，便于动作，宜于经济，壮于观瞻。同时，又须丝业、农业各界力求改良，庶衣料仍不出国内产品，实有厚望焉。

今兹介绍二人，藉供贵会顾问：一为陈君少白（香港中国报馆），一为黄君龙生（广东省海防）。陈君平日究心服制，黄君则于西式装服制作甚精，并以奉白。藉颂

公安

据《大总统复中华国货维持会函》，载南京
《临时政府公报》第七号，一九一二年二月四日

致招商局告以局产抵押借款无损权益函

（一九一二年二月六日）

招商局董事、股东公鉴：

政府因于军需、国用孔亟，非得巨款无以解决民国之困难。战士既不惮牺牲其生命，则我商民亦必各致其力尽义务于国家。前者提出以招商局局产抵押借款之议，实于贵局之权利利益毫无所损。前日贵局董事、股东开会通过，而其间尚有不及周知情形不免误会者。兹已委任专员与贵局接洽妥商，更将债约草案及政府对于招商局之报酬办法大略条件呈达，敬乞速行酌夺示复为要。此颂

公安

孙文顿首（亲签）

民国元年二月初六日

一、此项借款，其本利俱由中华民国政府担任偿还，不使招商局受丝毫之损害。

二、招商局如承认此次借款，中华民国当承认招商局为民国国家邮船公司。

三、扩张其外洋航路，予以相当之补助津贴，其详细办法可俟协商定之。

附：契约书

第一条　中华民国政府于日本邮船株式会社与轮船招商局之间，以招商局现有水陆财产之全部为抵当借款之目的，中华民国政府与日本邮船株式会社依左之条项，缔结本契约。

第二条　中华民国政府与日本邮船株式会社对于本契约绝对互守秘密。中华民国政府于招商局依章程有委任权之适法代表者与日本邮船株式会社代表者之间至完全契约成立止，同时不得与第三者为可及不利益之影响于借款成立之交涉及契约。

第三条　日本邮船株式会社据本契约之条项承诺轮船招商局为左之借款。

借款额共日本金货壹千万圆。利息：年利七厘半。交款五年后，分十五年偿还。

第四条　轮船招商局之适法代表者与日本邮船株式会社之间所结之正式契约至少须具备左记之条件，始得成立。

条件：

第一项　轮船招商局出于该局之自由意志因营业上之必要，缔结本借款契约。

第二项　属于轮船招商局所有之财产全部，不问其动产、不动产，凡土地、建物、码头、水面权、船舶及附属品等，以之为抵当，向日本邮船株式会社借款日本金货壹千万圆。

第三项　轮船招商局从前对于汇丰银行负债银壹百五十万圆，此时即行还清，解除对于该银行之义务。

第四项　轮船招商局若至期不支付本借款之本银或利息时，日本邮船株式会社无论何时获得其营业权，不受招商局当事者之干涉，得直行其营业。凡一切抵当物，日本邮船株式会社得为卖却、借贷、转抵当等之适宜处分。但卖却时若有余额，得退还之。

第五项　日本邮船株式会社于本借款成立时，对于轮船招商局之营业、财产及会计，得常置监督者①。

第六项　轮船招商局与日本邮船株式会社于本契约继续中，其借款之抵当物不问其为全部或一部，不得再向他人抵当或赁贷。

第七项　本契约继续中不得卖却本借款之抵当物于第三者。

第五条　轮船招商局于本契约成立前已履行第四条第三项时，日本邮船株式会社应由壹千万圆之中于汇丰银行借款额先付相当之金额，其余数俟本契约依正式适法之手续成立同时支付。

但先付汇丰银行借款额时，日本邮船株式会社承继汇丰银行借款契约所有之一切权利。

本契约共缮两通，一通归中华民国政府收执，一通归日本邮船株式会社收执。

若五年后招商局一时偿还本借款时，对于全借款须照五年间附加五年之特别利息。

据中国第二历史档案馆：《南京临时政府拟以招商局产
抵借日债史料》，载《历史档案》一九九三年第三期

复高翼圣韦亚杰等论中国自立耶教会函②

（一九一二年二月六日）

来示具悉。政教分立，几为近世文明国之公例。盖分立则信教、传教皆得自由，不特政治上少纷扰之原因，且使教会得发挥其真美之宗旨。外国教士传教中国者，或有时溢出范围，涉及内政，此自满清法令不修、人民程度不高有以致之。即有一二野心之国，藉宗教为前驱之谍者，然不能举以拟政教分立之例也。今但听人民自由奉教，一切平等，即倾轧之见无自而生，而热心向道者亦能登峰造极，

---

① 原件之第五项，由孙文委任专员汪精卫划去，并注有"删去"二字。
② 高翼圣、韦亚杰是教会人士，属上海基督教美以美会。

放大光明于尘世。若借国力以传教，恐信者未集，反对已起，于国于教，两均无益。至君等欲自立中国耶教会，此自为振兴真教起见，事属可行，好自为之，有厚望焉。

据《大总统复美以美会高翼圣、韦亚杰
论中国自立耶教会函》，载南京《临时政
府公报》第九号，一九一二年二月六日

致王鸿猷请届时到府会见美国参赞函

（一九一二年二月七日）

子匡我兄大鉴：

明日下午四时，有美国参赞①到府，并欲候见各部总、次长。伊系密奉其政府命观光中国新政府人物者。敬此通知，请届时到府一会为荷。此颂

大安

孙文顿首
二月初七日

据原函，北京、中国历史博物馆藏

致宋教仁请拟订法制规则提出参议院议决施行函

（一九一二年二月七日）

法制院长宋鉴：

关于现今应用之法制规则，可由贵院便宜拟订，以便提出参议院议决施行。

据《昨日总统府发出命令如下》，载一九
一二年二月八日上海《民立报》第二页

---

① 美国驻华使馆中文秘书邓尼（C. D. Tenney）。孙在其他场合有称为"美国国务院代表邓尼"、"美国特使邓尼博士"，均不确。王鸿猷（字子匡），时任临时政府财政部次长。

复弗朗西斯·威廉姆斯·戴蒙感谢其对
中国革命的帮助及对孙科的关照函

（英 译 中）

（一九一二年二月八日）

中太平洋学院院长①

　　弗朗西斯·威廉姆斯·戴蒙②先生

亲爱的戴蒙先生：

　　我儿孙科捎来您满溢亲切和同情的来信，请接受我对此诚挚的谢意。您的来信于我而言绝非搅扰，永远欢迎之至。

　　欣然得知众多外国友人已为我解放中国于满清政府奴役目标之实现深感快慰，我不可无视在使这一伟大运动走向成功的努力中有您一以贯之的鼓舞与帮助。为您给予我及我党成员的许多援助再次重申感激之情。同时藉此机会感谢您对我儿孙科的福荫和关怀。

　　请代向尊夫人致意。

孙逸仙谨启（签名）

南京

一九一二年二月八日

据《1912 年 2 月 8 日写给戴蒙（Francis Williams Damon）的信》，登载于夏威夷孙中山基金会网站（http://www. sunyatsenhawaii. org/）（许瑾瑜译，方露校）

英文原文见第八册第 549—550 页

---

　　① 英文为：President of Mid-Pacific Institate

　　② Francis Williams Damon 的中译。居住夏威夷的戴蒙及其夫人积极参与对中国人的基督教传播工作。一八八五年戴蒙为孙文提供资金返回中国；兴中会员曾在他住宅的院子里进行军事操练；一九〇四年四月七日在移民局官员面前替孙文作证。

致赵凤昌聘为枢密顾问函①

（一九一二年二月九日）

竹君②先生执事：

　　民国初基，余膻未洗，万方多故，正待经营。文以薄质，谬承重任，思力未精，丛脞堪虞，非有硕彦相为扶持，思负国人推选之意。素谂执事器识宏通，体用兼备，傥藉高远之识，以为切磋之资，敢奉屈为枢密顾问。执事智珠在握，天下为心，想为慨然惠顾，共济前途。临楮驰心，毋任仁眙，即颂

兴居

　　惟希照察。

孙文谨肃（印）

中华民国元年二月九日

据原函，北京、中国国家图书馆藏

致王鸿猷请与杜次珊商借款事函

（一九一二年二月九日）

子匡兄鉴：

　　杜次珊君，潮州人，云有法向上海潮商借款数十万元，然必由造币局会同银行出名，借为造币之用乃可。如何办法，请与详商为荷。

孙文

二月九日

据原函影印件，载刘大年主编：《孙中山书信手
迹选》，北京，文物出版社一九八六年九月出版

---

　① 孙文函聘赵凤昌为枢密顾问，赵辞不就。此件日期据原函旁注。

　② 赵凤昌，号竹君。

致王鸿猷介绍曹锡圭往见函

（一九一二年二月九日）

子匡兄鉴：

　　兹有曹锡圭①君屡次到府谒见，曾条陈多事，俱关于财政、军政者。此间事忙，无从细察，故特介绍前来，望兄详细咨询，如有可采，不妨施之实事。此致。

孙文

二月九日

据原函影印件，载刘大年主编：《孙中山书信手
迹选》，北京，文物出版社一九八六年九月出版

致沈懋昭询款项来源函②

（一九一二年二月十日）

缦云兄鉴：

　　前由兄代收之款，已忘记从何处汇来。兹乘陆文辉君出沪之便，特托其查问。并祈将入银部交他带回为荷。

孙文

中华民国元年二月十日

据陈旭麓主编：《孙中山集外集》（转录沈云苏
藏原件），上海人民出版社一九九○年七月出版

---

①　曹锡圭，字成甫，上海人，参与策动南京起义。时正规划援鄂和北伐事。
②　沈懋昭，字缦云，曾为上海信成银行行长，时为沪军都督府财政总长。

致章太炎聘其为枢密顾问函

（一九一二年二月十一日）

太炎先生执事：

自金轮失驭，诸夏沉沦，炎黄子姓，归于台隶。天右〔佑〕厥衷，人神奋发，禹域所封，指顾奠安，实赖二三先达启牖之功，文亦得密勿以从于诸君子之后。惟日孜孜，犹多隙越，光复闳业，惧有蹉失。唯冀耆硕之士，为之匡襄，砥厉民德，纲维庶政，岂惟文一人有所矩矱，冠裳所及，实共赖之。执事目空五蕴，心殚九流，撷百家之精微，为并世之仪表，敢奉国民景仰之诚，屈为枢密顾问，庶几顽懦闻风，英彦景附，昭大业于无穷，垂型范于九有。伫盼高风，无任向往，急惠轩车，以慰饥渴。

据《纪事》，载南京《临时政府公报》
第十三号，一九一二年二月十一日

复章太炎述汉冶萍借款缘由函

（一九一二年二月十三日）

太炎先生鉴：

手书敬悉。此事①弟非不知利权有外溢之处，其不敢爱惜声名，冒不韪而为之者，犹之寒天解衣付质，疗饥为急。先生等盖未知南京军队之现状也。每日到陆军部取饷者数十起，军事用票，非不可行，而现金太少，无以转换，虽强迫市人，亦复无益。年内无巨宗之收入，将且立踣，此种情形，寓宁者俱目见之。召盛②而使募债事，仍缓不济急，无论和战如何，军人无术使之枵腹。前敌之士，

---

① 指汉冶萍借款事。

② 指盛宣怀。

犹时有哗溃之势。弟坐视克兄①之困，而环观各省，又无一钱供给。以言借债，南北交相破坏，非有私产，无能为役。似此紧急无术之际，如何能各方面兼顾？且盛氏自行抵押，亦无法禁制。该矿借日人千万，今加借五百万，作为各有千五百万之资本。夫中国矿产甲于五洲，竞争发达，当期其必然。否则，专为盛氏数人之营业，亦非无害，此意当为时论扩之。至于急不择荫之实情，无有隐饰，则祈达人之我谅。专复，即颂

大安

孙文叩

据原函抄件，北京图书馆藏《赵凤昌藏札》第一〇九册

致唐绍仪请北行并再申袁世凯南下就职由函

（一九一二年二月十六日）

少川先生大鉴：

清帝辞位，民国大定，而联合统一之手续犹未完全。兹谨请先生北行：一、对外之事须与各外国公使交涉，故请为外交全权代表，并派外交次长魏宸组同往整理外交文书要件。二、惟先生周知南北之情事，除委专使欢迎项城袁公外，更企先生通达一切，务请袁公即日来南，以副众望，文亦得刻日卸肩。大局安全，系于先生此行，不胜盼祷。专肃，即颂

起居

孙文叩

二月十六日

再启者，当先生来宁之夕，文已辞职。经参议院承诺，以新选临时大总统到宁受事日，为文解职之期。旋定京都问题，参议院有主张在北者，军人即群起抗议。闽、粤各省即以此电请解散参议院。故昨日参议院再议，仍定南京。盖定新总统来宁受职于未举袁公之时，早经参议院议决。而军人以京都地点移动，且有

① 指黄兴（克强）。

取消南京临时政府之嫌，愤激不堪。袁公若不速来，诚恐失各省及军人之信仰，而枝节横生，从前种种调和，终致不良之结果，甚非文与袁公之本意。且在彼军众见清帝退位诏中，有全权组织政府之语。袁公不来南京，则以为实受满清之委任，而不认民国之选举。此一点，终无由洗，于民国历史，亦为不光。故勿论如何困难，袁公必有以处此也。前函意有未尽，故更申言，敬乞鉴察。

孙文再叩

二月十六日

据原函影印件，上海图书馆藏

致阪谷芳郎告已率先成立中央银行函①

（一九一二年二月十六日）②

阪谷博士台鉴：

前请鼎助中央银行一事，蒙荷热心，至为深感。惟以缔造之始，需用浩繁，金融机关，刻不能缓，久仪尊教，迫不及待，是以率先成立，因于事势使然，非倏变初议也。今中央银行虽建，惟巩固与否，尚未可知，异日如有困难，再当求助。谅阁下高怀宏识，必终不我遐弃。专此，即颂
起居

孙文叩

据"阪谷芳郎文书"原函，东京、
日本国会图书馆宪政资料室藏

---

① 此件收在日本大藏省财政史室所藏的《胜田主计文书》。

② 原函未署日期。据《阪谷芳郎日记》记载，孙文发信日期为一九一二年二月十六日，二十日阪谷收到此函。

致袁世凯劝南下就职函

（一九一二年二月十八日）

慰廷①先生鉴：

文服务竭蹶，艰大之任，且夕望公。以文个人之初愿，本欲藉交代国务，薄游河朔。嗣以国民同意挽公南来，文遂亦以为公之此行，易新国之视听，副舆人之想望，所关颇巨。于是已申命所司，缮治馆舍，谨陈章绶，静待轩车。现在海内统一，南北皆有重要将帅为国民之心膂，维持秩序之任均有所委付，不必我辈簿书公仆躬亲督率。今所急要者，但以新民国暂时中央机关之所在，系乎中外之具瞻，勿任天下怀庙宫未改之嫌，而使官僚有城社尚存之感，则燕京暂置为闲邑，宁府首建为新都，非特公之与文必表同意于国民，即凡南北主张共和，疾首于旧日腐败官僚政治之群公，宁有间焉。至于异日久定之都会，地点之所宜，俟大局既奠，决之正式国论，今且勿预计也。总之，文之志愿，但求作新邦国；公之心迹，更愿勠力人民。故知南北奔驰，公必忘其自暇。嗟乎！我辈之国民，为世界贱视久矣，能就新民国之发达，登我民于世界人道之林，此外岂尚有所恤乎？公之旋转之劳，消磨其盛年，文亦忽忽其将衰。耿耿我辈之心，所足以资无穷之方来者，惟尽瘁于大多数幸福之公道而已。公其毋以道途为苦，以为强勉服务者倡。公旆南莅，文当依末光，左右起居，俾公安愉，俟公受事而文退。翘盼不尽。

据《大总统致新选袁总统函》，载南京《临时政府公报》第二十五号，一九一二年二月二十九日

---

① 袁世凯，字慰亭，亦作慰庭、慰廷。

复张謇论与日人合办汉冶萍矿事函 (节略)①

（一九一二年二月上中旬）

　　……来教敬悉，铁矿合办诚有如所示之利害。惟度支困极，而民军待哺，日有哗溃之虞，譬犹寒天解衣裘付质库，急不能择也。此事克强兄提议，伊欲奉教于先生，故曾屡次请驾返宁……而该件急迫，已有成议，今追正无及。……今日所见为独占无二者，他日当使竞争而并进。于众多矿中，分一矿利与日人，未见大害，否则以一大资本家如盛氏者专之，其为弊亦大。舆论于此，未必深察。先生一言，重于九鼎，匡救维持，使国人纵目光于远大，为将来计；而亦令政府迫于救患之苦衷，权宜之政策，免为众矢之的。不胜厚望。……

据张孝若：《南通张季直先生传记》，
上海，中华书局一九三〇年九月出版

复章太炎为黄兴辩解函

（一九一二年二月二十二日）

太炎先生有道：

　　得二月二十日书，具谂一是，公谊私情，两深感荷，盖不止监督而维持之也。

　　文已坚持毁合办之约，但能并虚抵约亦废弃否，则视所已收支之二百万元能否付还。守财者财甚于命，或不能迫之，则须另筹。未知沪上他路借债如何？竹君、秉三两先生裕于财政之筹划，尚乞有以赐教。（仍一面严督盛氏。）今急难之时期稍过，自当比择而从其宜。（大抵挖肉补疮，依然不免，但要视疮痛如何，肉可否挖耳。）

　　临时政府地点，鄙见亦与克兄同。谓军人本无执见，而克诳人以言，殊非事实，近者已为共见。而粤东争电，至今未已，其强横之辞，文已一概裁抑之。主

---

　　①　原书引此函有节略，从函中内容判断似写于二月上中旬。

南主北，各有理由，公等所持大都系永久之说，此自可俟将来国民会议议之。至于革故取新，兼使袁君威令素行于北者亦复收望于南，然后文得安然而退，从先生之教，为汗漫之游，否则，南北之扞格依然，又有承受清帝统治全权之嫌；非所以善处也。

文与克兄交处固久，先生亦素知其为人，此次执持过坚，然迥非出于私意。以先生之明，犹谓克欲谋总理，冤汪〔枉〕如此，谁与为辩？则不知清帝未宣布退位之前，季新①、少川以曾私约克仍掌陆军或参谋，而克拒之曰：奈何仍以是污我。文屡与言，亦期期不可。展堂等自爱其乡，欲求克归粤，一镇民军，亦不允。其厌事如此，乌有为总理之心事，更安有为求总理而变乱大计？强无为有，如来书所云者。

文于国事，只知有役〔义〕务，不知有权位，故于进退之际，行其当然，不假勉强，以此自信，亦信克兄。盖是非不久自见，愿先生毋过操刻酷之论，尔时当题文为不谬、与非强为克辨〔辩〕护也。专复，即颂

大安

竹君、秉三两先生均此问候。

孙文叩

二月二十二日早

据上海市政协文史委编：《辛亥革命七十周年》（原件藏苏州章导处），上海人民出版社一九八一年八月出版

复盛宣怀允其回国函

（一九一二年二月二十三日）

杏荪执事鉴：

森氏②来，得见尊函。执事以垂暮之年，连累重叠，可念也。保护维持，倘

---

① 汪兆铭，字季新。

② 指森恪，日本三井洋行职员，时代表三井与临时政府洽商汉冶萍公司中日合办事宜，并受盛宣怀之托与临时政府洽商归还盛氏被没收的产业。

能为力之处，必勉为之。现在南北调和，袁公不日来宁，愚意欲乘此机会，俾消释前嫌，令执事乐居故里。区区不尽，即托森氏面陈。此颂

旅安

孙文叩

据原函抄件，台北、中国国民党文化传播委员会党史馆藏

致陈锦涛请与朱佩珍等洽商中华银行股本事函

（一九一二年二月二十六日）

阑〔澜〕生先生鉴：

上海财政部长朱佩珍等，因中华银行垫款过多，请颁公股半数，计洋〈银〉一百二十五万元，以为资本。请与接商，察核情形能否融洽办理。在沪独为其难，亦所当念也。此颂

大安

孙文叩

据原函，南京、中国第二历史档案馆藏

复共和促进会寄送序文及相片函

（一九一二年二月二十八日刊载）

共和促进会诸君公鉴：

惠缄及简章均悉。贵会同人于研究政治之余，复言论机关组织〔组织言论机关〕，为国民导，热心宏愿，曷胜钦佩。辱承问序，深愧不文，然厚意复不可却，谨书数语奉寄，尚希裁酌。鄙照别寄，并祈察之。此请

公安

孙武〔文〕顿首

据《孙大总统之手书》，载一九一
二年二月二十八日上海《天铎报》

复胡礼垣赞同大同主张函①

（一九一二年一二月间）

周宇传来言，知陶弘景必无能致之理。拜读华函，并大著三册②，崇论闳议，钦服无已。

此次南军崛起，朔虏败北，几月之间，使东南半壁，气象一新者，自是我族茹苦含辛，久困必亨之所致，文何功焉？所愿虏酋知机，及今逊位，不劳兵力，克底共和，还大汉之河山，免生民于涂炭，则文之志也。

来教主张大同，尤见婆心济世，蒙虽未逮，敢不勉旃。

据《胡翼南先生全集》第五十九卷《书札》，
香江胡氏书斋一九二〇年刊本，香港聚珍书楼印

复孙武望辛亥起义同人共任艰难函

（一九一二年二月）③

尧卿先生执事：

敬启者：顷太炎先生出示来函，殷拳之意，愤发之诚，至佩至感。今日载胥及溺之会，不急起矫正驱除，则亡也忽焉。覆巢之下，岂有完卵？岂尚以前事存芥蒂？此弟所以日夕腐心，谋翕合旧日同志躬为之先，以期破顽固官僚之势力，

---

① 胡礼垣，字荣懋，号翼南，广东三水人，中国近代改良派政论家。当时他闲居香港，写信向孙文祝贺辛亥革命成功，并提出自己的"大同"主张。这是孙文对胡来函的答复。原函未署日期，从函中内容，以及胡《与孙中山书》中"民国军之起也，如春霆，如旭日……辛亥之岁，六龟已藏，如一剑然，横磨十年，以之屠豕，宜其有余也"之语，并提及北伐军事，推断此信写于一九一二年一二月间。

② "大著三册"，指胡随信寄给孙文的《梨园娱老录》、《伊藤叹诗卷》和《新汉乐府》三本书。

③ 原函未署日期，据内容推断似在二月间（同月孙文有电报致孙武，意思与此函同）。

完成建设之业。深望辛亥起义同人，一心一德，共此艰难，知阁下必赞吾此志也。武汉本阁下所尝治戎，曩闻部曲向义，可共功名，得来函知接洽已有头绪，欣慰无既。此间亦别有计画，俟机熟再当函告。诸希勠力。即请

台安

据原函，台北、中国国民党文化传播委员会党史馆藏

致容闳邀其归国函

（一九一二年二月）

容闳老先生伟鉴：

丁此革命垂成，战争将终，及仆生平所抱之目的将达之际，逖闻太平洋对岸有老同志大发欢悦之声，斯诚令人闻之起舞。然揆先生其所以羁留至此之源，想亦因谋覆满清之专制而建伟大之事业，以还吾人自由平等之幸福，致有此逃亡异域，同病相怜，非仅为先生已也，即仆等亦尝饱受此苦。乃今差幸天心眷汉，胡运将终，汉族之锦绣河山，得重见于光天化日之下，仆何幸如之。虽然，吾人蜷伏于专制政体之下，迄兹已二百六十余年，而教育之颓败，人民之蒙蔽，恐一旦闻此自由平等之说，得毋惊愕咋舌耶！以是之故，况当此破坏后，民国建设，在在需才。素仰盛名，播震环宇，加以才智学识，达练过人，用敢备极欢迎，恳请先生归国，而在此中华民国创立一完全之政府，以巩固我幼稚之共和。倘俯允所请，则他日吾人得安享自由平等之幸福，悉自先生所赐矣。

先生久离乡井，祖国萦怀，量亦不致掉头而我弃也。临风濡颖，不胜鹄盼之至。谨此，并请

道安

据《邀容闳归国函》，载胡汉民编：《总理全集》
第三集，上海，民智书局一九三〇年二月初版

复沈懋昭允任实业银行名誉总董函

（一九一二年三月三日）

缦云君执事鉴：

执事诸君以信成银行拟改为实业银行，创实业金融机关，以资流通挹注。热心盛举，弟极赞成。辱认弟为总董，职任甚重，而弟为东西南北之人，何以克称？若以同情之末，许为名誉之员或庶哉〔几〕耳。专复，即颂

近安

孙文

民国元年三月三日

据沈云苏：《上海信成银行始末》（原函已遗失，此系抄件转录），载中国社会科学院近代史研究所近代史资料编辑组编：《近代史资料》总五十五号，北京，中国社会科学出版社一九八四年四月出版

复康德黎告已辞临时大总统职函

（英 译 中）

（一九一二年三月三日）

亲爱的康德黎博士：

接到你非常亲切有趣的信，甚感快慰。

我很健康。自我的革命工作完成以来，我既已辞职而让袁世凯出任大总统，故希望不日即可卸任。但我恐怕诸事或许尚难好转，因此需要我的工作稍事延长。你无疑已从前两天的报上看到北京的混乱，这要求唤起极大的注意，并需要立即采取行动，以防止混乱的蔓延。但我希望不久一切将恢复正常。

忠实于你的孙逸仙

一九一二年三月三日

南京

据康德黎与琼斯：《孙逸仙与中国的觉醒》（伦敦，一九一二年英文版）译出

复康德黎夫人告近况函

（英　译　中）

（一九一二年三月十二日）

亲爱的康德黎夫人：

顷接惠函，不胜欣慰，而能再次看到你那熟悉的手笔，更觉欢悦。

大清王朝诚然是一个"过去的遗物"，但满清的逊位，并非即是中国的完全得救。在我们的前面，尚有大量工作必须完成，俾使中国能以伟大强国的身份与列国并驾齐驱。

感谢你为我而作的诚笃的祈祷。我愿高兴地告诉你，我们正在谋求在中国实行宗教自由，而在此新制度下基督教必将昌隆繁盛。

我不久将有广州之行，届时拟将此古老城市改变为新的近代城市。

我的眷属现在随我一起在南京，我的儿子将返美就学，我正拟送我的长女随同其兄一同赴美留学。如他们到英国，我将嘱他们务必前往你处向你和康德黎博士问安。

结束此信时，谨致最亲切的问候及最良好的祝愿。

忠实于你的孙逸仙

一九一二年三月十二日

南京

据康德黎与琼斯：《孙逸仙与中国的觉醒》（伦敦，一九一二年英文版）译出

复盛宣怀赞同发展实业函

（一九一二年三月十五日）

杏荪先生执事：

三月八日函读悉。兴实业以振时局，为今日不可少之着。执事伟论实获我心。

弟不日解组，即将从事于此。执事经验至富，必有以教我也。各事能曲谅执事行之苦衷，曷胜纫感，再容畅谈。草草，略布衷曲。即颂

起居

孙文叩

民国元年三月十五日

据原函抄件，台北、中国国民党文化传播委员会党史馆藏

复盛宣怀告义款直交华洋义赈会函

（一九一二年三月十九日）

杏荪先生大鉴：

森君转来手翰，具见饥溺为怀，纫佩奚似。惟弟将次解职，义款之济可直交华洋义振〔赈〕会，一路哀鸿，自沾仁泽也。再复，即颂

大安

孙文叩

十九日

据陈旭麓等主编：《辛亥革命前后（盛宣怀档案资料
选辑之一）》，上海人民出版社一九七九年五月出版

致南洋各埠中华总商会介绍沈懋昭
前往招集实业银行股份通函①

（一九一二年三月二十日刊载）

敬启者：共和民国建立，上海光复之始，军需孔亟，颇得信成银行之挹注。该行协理同志沈君缦云尤为热心，深资臂助。顷南北统一，巩固国基，首惟提倡

---

① 孙文因沈懋昭（缦云）往南洋各埠向华侨招募实业银行股份，特致函介绍。

实业。该行拟就旧基扩充添招新股，改办实业银行。商诸鄙人深慊素抱，既表赞成，复许为该行名誉总董。今该行已拟定简章，分投招股。惟内国兵灾之后，金融机关颇形困难，不易从事。素稔吾华侨诸同胞热心祖国，必多乐观斯举之成。月之下旬，该行董事会公举沈君缦云等前赴各贵埠招集股分〔份〕，倩鄙人一言介绍，为特函恳贵会于沈君到时妥为招待，并为介绍与吾海外诸同志接洽，俾得早观厥成，并希望达鄙人第二目的①，无任翘企。专此布告，祇〔祗〕颂

均祺

孙文

据《实业银行之进行》，载一九一二年三月二十日上海《民立报》第十页

复章太炎述伪电函

（一九一二年三月二十七日）②

太炎先生鉴：

来翰诵悉。昨夜览报纸，见有此电，其人心事无赖，而造语不通，不足当识者一噱也。惟以一等电发寄，则不知何等细人，窃盗何种印信为之，已饬电局查报。本月发现伪电凡数起，而以曾称广东同盟分会致电粤报、冒参谋部名致电袁总统为最不法。

仆当交代之际，事极繁冗，只能饬所司根究，乃俱未得主名，仆不虑此曹能变乱是非，独恶其造谣生事，居心叵测耳。时局虽称大定，然图治未见加奋，思乱者仍犹未已，于极无聊赖中，犹欲试其鬼蜮。民德如此，前途大可忧也。先复，即颂

---

① 孙文以兴办实业为第二目的。

② 原文无年月，据所述"仆当交代之际"判断，应在一九一二年三月。又据《大共和日报》同年三月二十六日所载章炳麟《诘问南京政府一等匿名印电》，此复函当在一九一二年三月二十七日。

大安

孙文

廿七〈日〉早

据台北国民党中央改造委员会党史史料编纂委员会编：《总理全书》之十《函札》，台北，"中央文物出版社"一九五〇年至一九五二年出版

复佛教会声明人民一律平等有信教自由函

（一九一二年三月）

敬复者：顷读公函暨佛教会大纲，及其余二件，均悉。贵会揭"宏通佛教，提振戒乘，融摄世间出世间一切善法，甄择进行，以求世界永久之和平，及众生完全之幸福"为宗旨。道衰久矣，得诸君阐微索隐，补弊救偏，既畅宗风，亦裨世道，曷胜瞻仰赞叹！近世各国政教之分甚严，在教徒苦心修持，绝不干预政治；而在国家尽力保护，不稍吝惜。此种美风，最可效法。民国约法第五条载明："中华民国人民一律平等，无种族、阶级、宗教之区别。"第二条第七项载明："人民有信教之自由。"条文虽简，而含义甚宏。是贵会所要求者，尽为约法所容许。凡承乏公仆者，皆当力体斯旨，一律奉行，此文所敢明告者。所有贵会大纲，已交教育部存案；要求条件，亦一并附发。复问

道安

孙文谨肃

据陆达节编：《孙中山先生外集》（转录《佛学丛报》），上海，中华书局一九三二年出版

附载：致詹姆斯·康德黎告民国政府宗教政策函

（英 译 中）

（一九一二年三月）①

满族退位并不意味着拯救中华大业可告完成。眼前仍有百事待举，且必须在中国得以自立于世界强国之林以前完成。一则欣然告知您，我国将实行宗教包容政策，我确信在新政体下基督教必得茁壮成长。

据 "Chinese. Official Tells of Work For New Repub-lic"，*The Lima News*（Ohio，U. S. A.），April 5，1912，Page 8 ［《中国人：关于新民国工作之官方说法》，载一九一二年四月五日美国俄亥俄州《利马新闻报》第八页］（许瑾瑜译，方露校）

英文原文见第八册第 550 页

致李晓生介绍宋嘉树往取行李函

（一九一二年四月三日）②

晓生兄鉴：

宋君嘉树者，廿年前曾与陆烈士皓东及弟初谈革命者，廿年来始终不变，然不求知于世，而上海之革命得如此好结果，此公不无力。然彼从事于教会及实业，

---

① 此函时间，据一九一二年四月五日美国俄亥俄州《利马新闻报》报道为：伦敦，五月四日——新中国之父孙逸仙，向他在世上最好的朋友詹姆斯·康德黎医生（Dr. James Cant-lie）——伦敦有名的外科顾问医师——透露了他妥善培育自己孩子（指新成立的民国政府）的几个计划。五月四日的时间在刊载时间之后，有误，似不确。酌定为三月。

② 原件未署日期，函中有"弟今解职来上海"、"明日午后……赴自由党五点之约"等语。查孙文解临时大总统职离宁至沪后，于四月三日住宋嘉树家，四日赴自由党发表演讲，据此，此函当写于一九一二年四月三日（见王耿雄：《孙中山史事详录（1911—1913）》，天津人民出版社一九八六年出版）。

而隐则传革命之道，是亦世之隐君子也。弟今解职来上海，得再见故人，不禁感慨当年与陆皓东三人屡作终夕谈之事。今宋君坚留弟住其家以话旧，亦得以追思陆皓东之事也。

兹他亲身来客店，取弟之行李，请将两皮手包及一棉质榄〔褛〕① 及南京新买之皮袋共四件交他带来便可；弟明日午后两三点当来客店略谈，然后赴自由党五点之约也。弟拟送汉民、精卫、仲恺兄并兄等以最好之洋服，并托宋君带公等往最好之洋服店做之，请兄等尽量做，多多益善也。此候
晚安

弟孙文谨启

即晚

据亲笔原函影印件，台北、中国
国民党文化传播委员会党史馆藏

答谢武汉各界各团体欢迎书

（一九一二年四月十二日）

敬启者：文此次薄游武汉，得与我首义诸君子暨父老昆弟相见，无任感幸！重承各界、各团体厚意欢迎，尤所惭谢。本期稽留时日，得相与从容讨论此后之建设问题，只以粤事孔殷，函电交迫，势难久延，拟先回粤一行，再谋相见。此次各界、各团体诸君盛意隆情，统此申谢。

尚有函束相邀，而以时间迫促，未获一一领教者，有负期望，实为歉甚，尚希鉴谅为盼。

兹定于明日首途，谨此布告，并申谢悃。

据陈雾云：《中山先生五日驻鄂
记》，鄂军印务局一九一二年铅印本

---

① 原字似为榄，粤语"褛"之发音。

致武汉报界联合会申谢函

（一九一二年四月十二日）

报界联合会诸君大鉴：

文薄游武汉，备承报界诸公厚意欢迎，所以勗勉期望之者，至殷且切，曷胜惭感！重承订约相会，文甚愿一聆诸君子之謦欬，以匡所不逮。惟文解职时，广东已举代表前来，述粤乱新定，诸事待理，坚邀回粤一行，此后更函电交驰，敦促就道。文抵沪后，即拟买舟南旋，适奉黎副总统函约相见，文于武汉首义之地，心驰已久，故中道来鄂，既得承黎副总统之大教，且与我鄂中父老昆弟周旋于一堂，慰百战之辛劳，谋建设之端绪，诚知非数日间所能竣事，只愿以最短之时间，慰向来之渴想，其不尽之情，留待他日重来再为详叙，想报界诸公当不以匆匆见责也。

此次民国成立，舆论之势力与军队之势力相辅而行，故曾不数月，遂竟全功。我报界诸公鼓吹宣导于前，尤望指引维持于后，俾我国民得所指南，是则文所属望于报界诸公者，愿以此为临别之赠言。临楮神驰。肃此，尚候

撰安

据陈霁云：《中山先生五日驻鄂记》，
鄂军印务局一九一二年铅印本

复联合义赈会推荐马君武函

（一九一二年四月十七日）

联合义振〔赈〕会诸君大鉴：

示悉。弟兹托张君清泉在沪，后闻伊以事往北，非所及也。弟此时急须返粤，对于振〔赈〕济之义务，殊不能尽，甚为愧歉。惟以公等相推之挚意，只得另委人代办。友人马君武，前实业部次长，办事勤勇，当能尽力于振〔赈〕务，今以

奉白。同时弟当通知马君武君与公等接洽也。

弟孙文

据《孙先生热心灾振》，载一九一二
年四月十九日上海《民立报》第十页

致萱野长知托张继赍钱函

（一九一二年四月上中旬）①

萱野先生鉴：

　　民国统一成功，弟亦息肩，念我故人，尽瘁民国之事，穷且益坚，百折不懈。而日来适馆授餐，礼犹未备，私意殊未惬。兹特倩溥泉兄赍上叁千元，一馈左右，非敢以为报，伏祈惠纳。专候
起居

孙文

据原函影印件，载胡汉民编：《总理全集》第
四集，上海，民智书局一九三〇年二月初版

致林载伯请秉公处理刘汉华举兵事函

（一九一二年春）②

载伯先生大鉴：

　　刘君汉华，前在金山由弟委派回国，发起义师，既于香山拔戟，自成一队，薄有勤劳。惟闻有人告伊纵兵掳掠，被诬为匪。以刘平日为人，当不至是，应请执事秉公澈查。如刘汉华确有掳掠行为，自不能为之左袒；如其被诬不实，亦希伸理一切，应功罪分明，舆论昭服。当此民国统一之时，刘极愿解散所部，惟遗

---

　　① 原函未署日期。据文中"民国统一成功，弟亦息肩"，又尚能以巨款馈友人"适馆授餐"，且四月十七日函中有张继北行等情况判断，当在一九一二年四月上中旬。

　　② 原函未署日期。据内容有"当此民国统一之时"推断，此函当写于一九一二年春季。

发无资，是用进退维谷。凡此壮士，莫非乡人，倘能俾之释甲归耕，自是地方之幸，而贤父母所宜留意也。专此，即颂

勉安

孙文顿

据原函影印件，台北、中国国民党文化传播委员会党史馆藏

附载：致余某告将派新领事到温哥华函[①]

（英译中）

（一九一二年五月十二日）

中国虽沉睡已久，然而年轻的中国人了解西方观念的时刻已到。我将属意此事，并任命新领事进驻温哥华和渥太华。驻渥太华人选名字暂不透露，但可以说他是中国接受过最高教育的人物之一。他将于夏季抵达温哥华，我极可能与他一起到访加拿大。无论如何，他将据指示做有关在主要城市东方商圈雇佣白人女性的演讲，届时穆斯乔将受到特别关注。

据 "Sun Yat Sen Sends Letter to Moose Jaw: Chinamen Fighting
Act Forbidding Employment of White Girls Greatly Pleased",
Manitoba Free Press（Winnipeg, Canada），May 14, 1912,
Page 11〔《孙逸仙致信穆斯乔：以禁雇白人女性抵抗法案的
中国人极为欢悦》，载一九一二年五月十四日加拿大温尼
伯《马尼托巴自由报》第十一页〕（许瑾瑜译，方露校）
英文原文见第八册第 551 页

---

① 据加拿大温尼伯《马尼托巴自由报》报道，一九一二年五月，加拿大萨斯喀彻温省（Saskatchewan）穆斯乔（Moose Jaw）市在讨论禁止东方人在自营行业聘用白人女性涉嫌侵犯萨省新法案。孙文就此事致信餐馆老板弗兰克·余（Frank Yee），此举极大地振奋了东方人。他们将其视作彼此不遗余力抗击新法案政策的佐证。信中，孙文还补充道，此次新法实施事件势必会在中国大城市引发抵制浪潮。眼下若撤走受聘于加拿大太平洋铁路公司（Canadian Pacific Railway，CPR）温哥华—香港铁路线的一大批中国人，中加在太平洋地区的贸易必会因此大大受挫。

致广州《民生日报》请勿误解
"平均地权"一词函①

（一九一二年五月十三日）

昨日与报馆记者谈话，谓某报所论之累进税与照价抽税无所差异，而各记者误记与平均地权无所差异。夫平均地权者，政策之总名也；照价抽税者，平均地权之办法也。总名与办法固不容混而为一。然此中之误自显而易见，不足作为辩论之根据也。

乃某记者斤斤以此为争点，而又从引申平均地权曰："质而言之，即通算一国之人数若干，一国之土地面积若干，比例而分配之，使每人所有之土地彼此均一，而无复多少之差略，为三代之井田及后世之均田②是也。"此又节外生枝，而强以平均地权为平均地之面积矣。而不思井田、均田之所以不复行于后世者，则平均面积实为不平均之甚者也。何以言之？如甲得长堤之地一亩与乙之得野外之耕地一亩，面积则同也，而权利则太异矣。请研究此问题者从而加慎焉。

据《孙中山来函》，载一九一二年五月十四日广州《民生日报》第三页

————————

① 本函首句"昨日与报馆记者谈话"系指上篇即十二日与朱民表的谈话，此乃针对该谈话报道中误记孙文本人对平均地权的阐释而发。底本未录上下款。

② 三代指夏、商、周，当时将农田按一定面积划分成许多"井"字形方块单位，以确定归属与组织劳动，被称为井田制，至春秋时代逐渐瓦解。南北朝时，北魏将无主荒地分为露田（种植粮食）、桑田与麻田，分别按适龄男女甚至耕牛头数实行等量分配，是为均田制，迄于隋唐虽有改革而制度未变。

致咸马里夫人问候咸马里病况并告国内近况函

（英 译 中）

（一九一二年六月二十七日）

亲爱的咸马里夫人：

我非常高兴听到你和将军在回国的旅途中，至为愉快。我更高兴的是将军的身体日益复元，以及医生所说的他不久以后就可以走路了。在你收到我这封信的时候，你应该已在海滩上了，无疑的，空气和阳光的转变更会加快将军身体的复原。

我的儿子和两个女儿明天将乘 Shinyo Maru 轮赴美攻读。孙科将入加州大学，要念哪一些课程，现在还没有决定。我相信在他留美期间，一定有机会接近贵国的人民。

在中国的事情已渐渐粗具规模，由于内阁总理被迫引退后的北京政党的争执，并不严重。我相信并且希望在不久之后，每一件事情都会再一次顺利发展下去。我想尽可能避开政治方面的事情，我要尽我的力量来发展本国的自然资源，特别是铁路的建设，我希望我能够完成这些事情。

孙逸仙

一九一二年六月二十七日

上海

据黄季陆：《中国革命之友荷马李将军》，载台北《传记文学》第十四卷第四期，一九六九年四月一日出版

复奥斯丁·布朗申谢为美国承认
中华民国所作努力函①

（英 译 中）

（一九一二年六月三十日）

阁下：

　　我已收到你四月二十三日来信，以及一些附件，这些均是经阁下努力为美国政府承认中华民国之事有关。为此，请接受我深切的谢意。

　　无疑，中国需要外国政府尽早地承认。在这件事上，我们期望华盛顿方面能执其牛耳。早早地承认不仅有利于两个有关国家，也将大有裨益于世界和平。

　　感谢阁下在此事上所作的努力。

你真诚的孙逸仙

一九一二年六月三十日

据郦玉明、一之：《浅议孙中山先生三封未公
开发表的英文信件》（原件藏美国康乃尔大学
图书馆），载《民国档案》一九九二年第四期

---

　　① 此英文信是孙文在上海致复美国纽约的奥斯丁·布朗。布朗当时是纽约房地产、铁路、债券贸易的金融家。

复陈其美论扩张军备建设以固国防函

（一九一二年七月一日）①

英士②同志惠鉴：

　　来函备悉。中国之海军，合全国之大小战舰，不能过百只，设不幸有外侮，则中国危矣。何也？我国之兵船不如外国之坚利也，枪炮不如外国之精锐也，兵工厂不如外国设备齐完也。故今日中国欲富强，非厉行扩张新军备建设不可。同志谓中国国防不有相当武备建设，此中国不富强之原因，诚是也。故中国欲勤修军备，然后可保障国家独立、民族生存也。文闻袁同志世凯拟向外国大借外债，以为扩张新军备建设之需，果此事实行，则中国有相当新军备建设也。如是则中国富强矣，可计日而待也。昔满清政府将扩张海军建设之费，以为建设一大娱乐园③，以作私人之娱乐，吾想今日民主政府，必定努力整理新军备建设，改革中国旧军备也，而不有昔日满清政府之腐败也。现在强邻如虎，各欲吞食我国，若我国不有相当武械自卫，则我国必为虎所食也。故我国须改良武器，然后能自卫也，不为虎所食也。手此，即候

近安

孙文

七月一日④

据李浴日：《孙中山先生未发表的两篇军事遗著》，载韶关《世界兵学》（又名《世界兵学月刊》）第六期，一九四二年六月出版

---

　　①　底本函末作"二年七月一日"，民国二年即公历一九一三年，当系一九一二年之误。按此函所言，孙文对袁世凯寄予极大期望，乃在一九一二年间；而自一九一三年三月袁世凯唆使凶徒暗杀宋教仁后，孙文即主张武力讨袁，五六月间双方积极备战。函中谓袁世凯"拟向外国大借外债"以使中国富强一语，系指一九一二年四月袁接任临时大总统后加紧向国际银行团商洽借款之事；而一九一三年四月袁政府与五国银行团签订旨在镇压革命的《善后借款合同》，当时则遭孙文严词谴责。故此函决非写于一九一三年，兹订正为一九一二年。

　　②　陈其美，字英士，上海光复后任沪军都督。其时孙亦在上海。

　　③　此指一八八八年慈禧太后移用海军经费，将北京西郊的清漪园旧址改筑为颐和园。

　　④　此处原作"二年七月一日"，今据前注删去"二年"二字。按底本系来源于李浴日抄件，抄时或讹或衍皆有可能。

复农业促进会晓以农业为民生切实之图函①

（一九一二年七月上中旬）②

顷奉惠函及农业草章一束，雒诵之余，深叹诸公于农业一事，造端宏大，筹备精详，一洗向来因陋就简之习，国利民福实基于此，不禁额手欣颂，敬佩无涯！民生主义为仆素所主持，农业又为民生切实之图，深望贵会早日成立，督促进行，挽救当前之凋敝。仆向以我国农业之不修，思欲振兴而改良之，蓄志已久，以时机未至，未能见诸施行。今得诸公力为提倡，正欣我道之不孤。仆不敏，敢不从诸君子之后，以相与有成耶。专此布复，藉颂
公安

据《孙中山与农业会》，载一九一二年八月六日上海《天铎报》第五版

致美洲各埠同志告正从事实业
并请照顾赴美留学子女函

（一九一二年七月二十五日）

美洲各埠同志钧鉴：

文自去年归国以来，奔走国事，笺候久疏，屡承关怀垂问，感荷无极。诸公远处他邦，眷怀祖国，历读华翰，真挚之忱，溢于言表，钦佩实深。

文自南京解职后，随即旋粤。奔波劳碌，两月有余，名为卸责，而事务之忙，不减在任之日。是以无只字陈于诸公之前，藉通契阔，良用歉然。所幸民国规模略已粗举，诚当事者从此和衷共济，大局不难日臻稳固。文近日携眷来沪，将有

---

① 农业促进会于一九一二年七月十八日在沪成立，徐绍祯任会长，并聘孙文为名誉会长。孙文时居上海。该会筹备期间曾致函孙文，此系复函。

② 底本未录此函上下款。此函写于农业促进会成立之前，故酌定为七月上中旬。

北京之行，容撤除他务，专力于民生实业根本问题，勉践素存宏愿。惟兹事体大，非集有力者，群策群力，端能提倡，难于为功。应如何进行之处，一俟规划妥善，通告同人，以求广益集思之效，当与诸公一商榷也。实业根本既定，民生事实方能发生，利国福民无逾于此，热诚如诸公当亦乐观厥成也。

兹以儿女辈（孙科等①）赴美留学之便，命其赍函，趋谒台端，稍舒积悃，聊代面陈。儿辈幼年远学，于事务多所未知，尚恳诸公时时提撕而指示之，俾得有所率循，尤为衔感。海天辽远，无任神依。专此，顺颂

台禧

诸维亮察不备。

孙文谨启

元年七月廿五〈日〉

据《孙中山先生书函四件》（中国第二历史档案
馆藏抄件），载《民国档案》一九八七年第四期

复中华银行董事局允任总董函

（一九一二年七月二十六日）

中华银行董事局诸公伟鉴：

惠函具悉。总董一席，当敬承雅命，勉从其后，请即宣布可也。至如何整顿业务，以求进行之处，容于日内偕一深明银行学者，同至尊处从长商酌，详订善法，以期营业发展。耑此谨复，顺颂

公安

孙文

七月二十六日

据原函照片，中国人民政治协商会议
全国委员会文史资料研究委员会藏

---

① 孙文儿女赴美留学，为儿孙科，媳陈氏，女孙娫、孙婉共四人。

复觉民书报社诸君勉共同致力于民生实业函①

（一九一二年七八月间）②

觉民阅书报社诸位先生钧鉴：

远辱惠函，具聆种切。诸君侨处异邦，睠怀祖国，寻译来教，情见乎词，钦佩无已。民国告成，悉赖海内外同胞合群之力，仆虽稍著微劳，讵敢攘天功人力，以为能事？荷蒙垂奖，愧无敢承！

袁项城雄才大略，于内政外交具有经验，苟与同僚和衷共济，必能措国家于磐石之安。仆幸付托得人，可以息肩政界，惟念国用空虚，民生凋敝，众心惶惑，险象环生，若再因循不图挽救，民国虽成，断不能与列强争衡于兢存之世，盖实力不充，随处皆危机也。因是不揣棉薄，近惟致力于民生实业根本问题，以为扩张国家势力之张本，即以实行三民之素志。惟兹事体大，非集合海内外同胞，群策群力，难以底成。诚以此事之难图，更甚于民族、民权也。素仰诸君热诚明达，志切匡时，尚祈不吝教言，匡所不逮，幸甚！

郭君应章驻扎政府地点，为诸君代表，甚佳。仆以民生实业事，亦将有北京之行，到京后统与郭君接洽。承示数端，皆为我国将来必行之政，今则民国初成，尚未得列邦正式之承认，只宜暂俟数时，恶劣既除，新政推行为期必不远也。国家初定，建设正多，务望诸君怀顾宗邦，始终毕贯，树声援于域外，扬国威于他邦，鄙人实有厚望焉。

临复无任瞻依，恳切之至，诸维亮察，并候

公安

孙文

据《孙中山先生致江沙觉民书报社书》，载太原《山西实业报》第一年第十四期，一九一二年九月二十一日发行

---

① 英国殖民地缅甸的首府仰光，其同盟会分会成立于一九〇八年，对外别称"觉民书报社"。

② 原函未署日期。按函中所言皆为民国元年事，且云"将有北京之行"，故酌定为该年七八月间。

致宋教仁论借资筑路函

（一九一二年八月十二日）①

民国大局，此时无论何人执政，皆不能大有展施。盖内力日竭，外患日逼，断非一时所能解决。若只从政治一方面下药，必致日弄日纷，每况愈下。必先从根本下手，发展物力，使民生先裕，国势不摇，而后政治乃能活动。

弟欲舍政事而专心致志于铁路之建筑，欲十年之中筑二十万里之线，纵横于五大部之间。计画已经就绪，即筹措资本亦有希望。弟所拟之借资办法，较之往日借资筑路条件优胜甚多：一、事权不落外人之手；二、国家不负债务；三、到期收路，不出赎资。只要参议院之赞同、政府之特许，便能从事矣。然多少同人不免以此举规模过于宏大而起惊疑，故尚未发表，拟先来北京一探人心之趋向。

据《中山先生之伟抱》，载一九一二年八月十三日北京《民主报》第六页

复民生国计会总部望努力鼓吹移民就垦函

（一九一二年八月十六日刊载）②

民生国计会总部诸公大鉴：

手书具悉。移民就垦、增益田赋等诣甚伟。惟事关国政，应由议院与政府双方主持，仆未便以个人名义径向政府商议。贵会宗旨与此事性质甚合，祈努力鼓吹，以收倡导之功，于民国前途大有利益也。

据《孙先生赞成移民就垦》，载一九一二年八月十六日上海《民立报》第十页

---

① 底本明确说明"中山先生昨日函致宋君教仁"，即八月十二日。沪报如《民立报》等亦载该函，惟日期不详，且文字稍有出入。

② 原函未署日期，据该报称该会总部"前日提议移民就垦函改孙中山、黄克强二先生商确实行"，估计复函时间当在十四至十五两日间。

复中国社会党崇明支部地税
研究会告无暇往演讲函①

（一九一二年八月二十日刊载）②

社会党崇明支部地税研究会诸公伟鉴：

手书领悉。单税一事为社会主义进行之一端，而仆所主张照价征税之法，粤省刻已议行，傥得诸君子遥为赓和，友声相应，庆幸奚如！江亢虎先生峻才雅藻，卓荦一时，发起社会主义，深具救世之婆心。诸君子以志同道合，相与组织社会党支部于尊处，弘毅致远，我道为不孤矣。

蒙不弃，欲招至尊处藉演讲以广声气，厚意隆情，感深衷曲。惟鄙人近为民生实业事，朝夕栗六，绝少暇时，趋承左右之愿，恐难遽偿于月前也。我辈相知在心，当不以形迹之亲疏而导其情好。幸诸君子努力前修，弗辞劳悴，周旋正有日也。临复无任依依，诸维垂鉴不备。

据《孙中山先生复社会党崇明支部地税研究会书》，载江苏《崇明报》（旬刊）第十四期，一九一二年八月二十日出版

---

① 崇明岛为江苏省崇明县所在地，在长江出口处，东濒东海。中国社会党拟以崇明岛为"社会主义试行地"，通过该党崇明支部于一九一二年四月建立地税研究会，以研究亨利·乔治单一税学说及在中国试办之法为宗旨。江亢虎任该会会长，并聘孙文、时任国务总理唐绍仪及数名外国学者为名誉会长。该会制订在崇明岛分三期试办"专征地税"计划，但终未实行。

② 原函落款处无署名及时日，所标者为发表日期，发函时间似在八月之前。

复参政同盟会女同志论男女平权函

（一九一二年九月二日）

同盟会女同志公鉴：

　　来函敬悉。男女平权一事，文极力鼓吹，而且率先实行。试观文到京以来，总统府公宴，参议公宴，皆女客列上位可证也，至党纲删去男女平权之条，乃多数男人之公意，非少数可能挽回，君等专以一二理事人为难，无益也。文之意，今日女界宜专由女子发起女子之团体，提倡教育，使女界知识普及，力量乃宏，然后始可与男子争权，则必能得胜也。未知诸君以为然否？更有一言奉献：切勿倚赖男子代为出力，方不为男子所利用也。此复，并期努力进行。

孙文谨启

九月二日

据原函，南京市博物馆藏

致袁世凯不赞成停办国民捐函[①]

（一九一二年九月三日）

　　据文所闻，华侨对于此项输捐热度颇高，文尚拟设法提倡，务使集有成数。若以进行稍滞遽尔停办，实为因噎废食。

据《孙中山不赞成停办国民捐》，载

一九一二年九月四日天津《大公报》

---

　　① 孙文于一九一二年五月被国民捐总会推为总理，而国民捐倡办数月成效不著，北京临时政府财政部乃拟议停办。孙文获悉后即致函袁世凯，表示不同意财政部的提议。

致国民党诸先生勉改组后努力国政函

（一九一二年十月四日）①

国民党诸先生伟鉴：

燕尘留别，仆仆道左，所过燕、晋、齐、鲁，民心极为欢跃，自非一人过化之妙用，足征吾民望治之盛心。北省风气开通，从此发轫矣，将来进步未可限量。

本党自合并以来，经诸公绸缪经营，自当日有起色。国家大计，得多数英杰之士，同心协力，讨论进行，中华民国之前途尚〔当〕与本党相终始矣。吁我同人，二十年前，吾人仅异族专制之奴隶耳。不转瞬间，同盟会破坏于先，国民党建设于后，改数千年之旧惯，辟二十四〔世〕纪之新国，抚今思昔，最快平生。尤有进者，改党作用，捐弃私人之小嫌，努力国家之要政，不尊一时之大权，而筹百年之安策。甚望诸公以立国大计画、立法大规模，与政务研究会切实讨论，发为政策，为议员之后盾，各省之模范，使天下人民知吾党谋国之深远，民心向顺，共和巩固矣。

再，华侨同盟会对于本党改组，共襄赞成，由本部时与通讯，报告一切情形，勿使海外同志与内地相扦隔，致生觖望之心，将来于党中经济不无补益。日来连接槟榔屿等处各函，附来一阅，可知大概。望速与通信、接洽为要。

弟已于昨早安抵上海。匆此，敬候

伟安

孙文启

据《孙中山先生抵申后之明言谠论》，载一九一二年十月十四日北京《民主报》第七页

---

① 原函未署日期。函中有"昨早安抵上海"句，孙文于十月三日上午由青岛返抵上海。此函当作于十月四日。

复咸马里告米切尔未到上海及北上情形函

（英 译 中）

（一九一二年十月十三日）

亲爱的里：

接到你九月十五日来信，及尊夫人两周前所写一信，不胜欣慰感谢。望你健康状况继续好转，我们庶可于大约两个月之内在巴黎会面。

米切尔先生①之电报到达时我适在北京，电报由友人从上海转到北京。我记得此电报系米切尔先生发自上海，故回电约他在上海作一长时间会谈。迨我返抵上海后始发现米切尔先生根本未来上海，尊夫人的信使我明白了一切。

我已仔细注意到你在备忘录中所提之条件，有些条款需要在我们会见时商讨。

我此次北上是一次巨大胜利，你一定已从报刊上得悉此事，此次北上使南北双方取得了好得多的谅解。黄将军其时亦在北京，同样受到热情接待，他现在刚回到上海。

山西有几位银行家在和我接触，探听是否有可能开办一实业银行，他们可望为此筹款五百万元。现在我正为此事与山西阎将军书信来往，交换意见。

特向你和尊夫人致最热烈的问候及最良好的祝愿。

忠实于你的孙逸仙

一九一二年十月十三日

上海宝昌路②四九一号

据吕芳上：《荷马李档案简述》所附英文原函译出，载黄季陆等编：《研究中山先生的史料与史学》，台北，中华民国史料研究中心一九七五年十一月出版

---

① Mr. Mitchell 的中译。

② Avenue Paul Brunat，上海宝昌路（即今淮海中路）。

致黎元洪谈论铁路函

（一九一二年十月十四日）

　　铁道之有无，系乎国家之强弱。丁兹民国成立，万端待理，究以铁路为首要。文承命握筑路全权，干、主三条，期限十年，壮二十万里之声势，活四百兆人民之命脉。为时甚迫，一息千金。其奔驰于齐、晋间者，以文之于北方甚疏，盖所以联感情而觇形胜也。筑路诸务自当以武汉为中心点，不日即便由沪赴鄂筹备一切。

据《孙中山之铁路谈》，载一九
一二年十月十八日上海《时报》

致邓泽如告派王奕友赴南洋为中华银行招股函

（一九一二年十月中旬）①

泽如先生大鉴：

　　启者：客秋风云变幻，波涛险恶，沪上志士，所以有中华银行之组织也。开办以来，救市面之恐慌，济军旅以饷糈，黾勉经营，将届一载，颇邀中外之企仰。迩日营业发展，方谋再求推广，爰于七月之季，会众议决，就已立之基，改为完全商办，重订章程，力加扩充，并推文为本行总董，任以提倡进行之责。际兹国基大定，商战方殷，银行操金融之枢纽，为振商之要品，关系国计，匪属细微，文不敢不兢兢而受事。且值吾国工商实业尚在萌芽，轮电路矿，发端伊始，惟自有银行，始得借贷推移之便，方无艰难窒碍之虞，询乎银行之推广，刻不容缓也。招股员王君奕友，日前顺道赴闽，即蒙福州商会电认股洋二十万元，海内外各埠亦均极端赞成，则基本雄固，信用愈昭，中华银行不难成民国中最强大之银行也。执事僑居异地，思念国事，夙抱热肠，用敢以义务相浼，为特附奉章程，至祈詧阅。务乞执事担认本行招股员席，以资策励，尚希鼎力提倡，设法鼓吹，并请谆

---

　　①　原函未署日期。据一九一二年十一月中旬孙文致电新加坡商总会，与此件同一事件，应为同一时期的函。

告侨寓诸同胞，须知中华银行为民国开幕之第一银行，与国同休戚，亟应群策群力，共促进行，想我公之热忱，定荷许为玉成也。

兹特派王君奕友来前，并嘱伊会同执事与陈武烈君，就南洋各埠广招劝募，共襄盛举，所有一切手续，统俟王君诣前详述，并恳赐以金针，指示一切，不胜企感之至。肃此，敬颂

公安

孙文

上海中华银行谨启

据原函影印件，载邓泽如编：《孙中山先生廿年来手札》卷二，广州，述志公司一九二七年一月出版

致袁世凯主张各省行政长官为民选函①

（一九一二年十一月三日）

慰亭先生钧鉴：

别离以来，自鲁返沪，辄务宣达我公爱国之真意，经邦之大猷。此次游历扬子流域，历二星期，见人民真爱共和，同谋建设，益为民国前途庆。

惟对于省行政长官，则有大多数人民主张公选，谓矢志力争，期于必达。文前旅京时曾与燕荪〔孙〕②谈及，谓若由民选，则无论其人良否，人民不怨中央，且遇有地方冲突必待中央解决。若由简任，则其人胜任，人民以为固当如是，无所用其感激中央之心；若不胜任，则中央实为怨府。故文意各省行政长官不若定为民选，使各省人民泯其猜疑，且以示中央政府拥护民权之真意，于统一实大有效力。又据法理言之，谋全国之统一在法制之确定，而不关于官吏之任命。前清督抚③何一非中央任命，而卒至分崩者，法制不统一也。敬陈鄙见，以待钧裁，即颂

---

① 孙文于十月三日自青岛返抵上海，十八日起至江苏、安徽、江西作为期两周的访问。此函从上海发往北京。

② 梁士诒，号燕孙，广东三水县人，时任总统府秘书长。

③ 即总督、巡抚。

勋绥

孙文

元年十一月三日

据原函影印件，台北、中国国民党文化传播委员会党史馆藏

致张锡銮请助《民国西报》经费函①

（一九一二年十一月十三日收到）②

张都督惠鉴：

敬启者：沪上华文报纸近颇发达，而西文报纸类皆外人机关，遇事不能得其助益。今有马素君创办英文报纸，名《民国西报》——*The China Republican*，主张正论，刚直不阿。如前此之西藏问题，对于英国，力争主权。近日对于俄蒙协约事件及禁止鸦片问题，尤发挥尽致，力争公理。外交折冲以言论机关为最重要，昔人常谓一间报馆胜于十万毛瑟，其语非诬。

该报发行以来已将五月，一切经费皆马君一人筹措，此间同志竭其微力扶助，近颇不支。应请贵都督念外交之困难，及言论后援之不可缺，酌各省力量允与辅助，实为厚幸。若赐助款，望即寄上海博物院路民国西报馆马素收取。特为介绍，即颂

伟安

孙文

据原函，北京大学图书馆藏

---

①　上海英文报《民国西报》实为孙文创办，延聘马素（原南京总统府秘书处外交组长）主持报务。本函由他人代笔在"中国铁路总公司用笺"上书写，下款为孙文亲笔署名。上款"张都督"原无受函者名字。

②　原函未署日期。但信笺上端有手书"1912"字样，下端写"十三到"；又考《民国西报》创办于一九一二年六月，据函中"该报发行以来已将五月"之语，则其时当在十一月。著述日期即据此标出。

致咸马里夫人悼慰咸马里去世函

（英 译 中）

（一九一二年十一月十四日）

亲爱的咸马里夫人：

　　从报纸上得悉咸马里将军去世的消息，我极为哀伤。我本想致电给你，以表达我深深的同情与吊唁，但是事实上，直到今天，我都不相信报纸上的报导是真实的。

　　失去里将军，我觉得我失去了一位伟大和真正的朋友。

　　宋小姐希望转致她对于你丧夫之痛的深挚同情。

孙逸仙
一九一二年十一月十四日
上海

据黄季陆：《中国革命之友荷马李将军》，载台北《传记文学》第十四卷第四期，一九六九年四月一日出版

致冯自由嘱抚恤谢春生家属函

（一九一二年十一月二十八日）

自由仁兄惠鉴：

　　兹有广东人谢梁氏述称，伊夫谢春生当广东革命之际，制造炸弹失慎毙命，子女孤苦无依等情前来。查尚属实，应请兄函请广东稽勋局查照情形，与以抚恤。

　　谢梁氏交来呈广东稽勋局文稿，附寄大览。此颂

筹祺

孙文
中华民国元年十一月廿八日

据原函照片，台北、中国国民党文化传播委员会党史馆藏

致贵州省议会告中国铁路总公司
成立与规划办法函

（一九一二年十一月）

贵州省议会公鉴：

铁道计划，经纬万端，文也不才，深惧弗克负荷，谨当黾勉经事，力图进行之法，以期贯彻始终，日夜筹思，不敢少懈。业经遵照大总统令暂于上海组织办路机关，定名为中国铁路总公司，现已开始办事，一切即待切实筹划。惟兹事造端宏大，猥承政府授予全权，尚赖各省声应气求，同心共济，庶几锲而弗已，功在不舍。所有贵省支路已办者若何？待办者若何？亟应先事调查，务希详细见示，以便统筹全局。

现在本公司规划程序阶级有三：首〈宜〉立法，次乃筹款，终为筑路。循序图之，方有把握。筹款一层，莫不视为最急，顾民国实行开放主义，地大物博，实不难吸收外资。本公司已与外国大资本家接洽，自可切实担任。然必须总公司章程规定完备，如对于政府、对于各省、对于外国，各方面均臻妥善，办事始免丛脞。而借款合同尤为得失所关，本公司之宗旨，务期权操自我，而不妨利溥于人，所有条件及抵押，总求较胜于前，断不令启彼野心，致滋妨害，此则立法之要义也。

居留中国之外人，号称资本家或某公司之代表者，热心办路之家，见其易尔由言，辄为信任，颇有致函本公司求为承诺者，不知借款之途，类非一致，如或先利揽权，然后徐图招股，将来要求条件必甚严酷，亟宜预为审慎。本公司自能与外国股实资本家直接商议，无须辗转间接，徒多迂折。

至筑路之时，需用工程专门之人甚多，各省人才均应广为储备，其有熟谙路事或研究有得者，如有高见，尚望不吝见教，以期集思广益。交通未便之处，犹不免迷信风水之陋习，应请贵省都督剀切劝导，使知铁道为国家及人民莫大利益，人之爱国谁不如我？必能破除成见，众擎共举。致万里者基于跬步，图终于始。本公司不胜厚幸，特此函请贵议会查照，并颂

台祺

孙文

据冯祖贻：《孙中山给贵州省议会的一封信》，载《贵州社会科学》一九八一年第四期，原载《贵州实业杂志》一九一三年第二期

复南浔铁路公司兴办南萍铁路事函①

（一九一二年十二月十三日刊载）

南浔铁路公司诸君均鉴：

据贵公司呈请兴办南萍铁路等因。查南萍为赣省东西交通要道，萍煤及其他商货通运繁多，建筑此路必饶利益，本公司甚为赞成。此路如果自有股款，不难剋期兴办。惟查阅来呈，仍待磋商借款。沪、汉等处外国人招揽借款者不乏其人，类多先揽承办之权，一经订立合同，即遵〔遭〕受其限制，而交款则遥遥无期，甚且生出种种条件，恣其要挟。政府借款无成，即坐此弊，可为明证。按照交通部定章，各省办路借款必须经政府批准。而此等条件，部议必多挑剔，往复磋磨，结果往往无效。合同既属难废，兴办又有所不能，于是明明有利益之路，反致束手无策。本公司体察情形，各省借款之失败率由于此。

现在本公司业经政府批准，得有借款之权，尚待立法机关议决条例，再经政府公布，权责即可确定。本公司已向外国殷实资本家直接商议，务期以本公司之名义借入外赀，力求避免政府担保之弊害，则本公司有完全操纵之权，而对于各省办路之借款均可竭力赞助。惟本公司乃纯然营业性质，并无政治关系，各省拟办路如不在本公司规画干线中，尽可自行筹办。除路线应由本公司核定，以免抵触外，其借款如愿委托本公司者亦可代为筹画。至批准立案等事，属交通部之职

---

① 江西省为修筑自南昌至九江铁路，在清末创办南浔铁路公司，并已动工。九江府于一九一二年废，其府治德化县旧名浔阳，简称"浔"，除改名九江县外另析置九江市。该公司又计划兴建南萍铁路，自南昌迄于萍乡（今县改市）。此为中国铁路总公司对该公司来呈的答复，函末无日期。

掌，仍应行知交通部核办。

所有贵公司拟办南萍一路，查与本公司筹备干线尚无抵触，贵公司自可按照交通部定章办理。至委派工程师先事履勘，自是切要办法。此路线经过城镇地方，山川形势、农林矿产、人口商业，均宜得真确之调查。仍望于调查完竣之后，绘具图说，详细报告本公司，以凭查核可也。顺颂

时祺

孙文

据《孙中山致赣路公司函——为兴办南萍铁路事》，
载一九一二年十二月十三日上海《申报》第六版

致袁世凯辞大勋位书

（一九一二年十二月十七日刊载）

慰亭大总统钧鉴：

顷叶君恭绰自京来沪，携有阁下惠贶之大勋位证书。此件文始终不敢领受，其理由既于前次电文内详之，今尤有不能已于言者。

赏位固国家应行之典，惟当今国家基本未固，尚非国人言功邀赏之时。国家所认以为功者，个人方将认为一己对于祖国所当尽之义务，而无丝毫邀赏希荣之心。文不敏，窃愿以此主义为海内倡。此文不欲受此勋位之故也。文于乙未年始，起革命军于广州，庚子、丙午两年继之，三次之事，皆文亲身之所主持，而皆无所成，同志之以此牺牲其身命财产者甚众。此后各处革命之起，大概皆与文有关系，而同志之损失其身命财产者极众。故若因此行赏，则被赏者其数当甚众而不可胜计，文实无一人独受荣异之理。若此次革命之成功，则直全国人心理、南北将士和衷之所成，就文更无可褒异之处。若文徒图一己之殊荣，则历年共事之人，死者不计，生者今尚多流离失所者，文将何以对之？此文不敢受此勋位之故也。自文由南京政府解职以来，识与不识，其以公私关系来求金钱之补助者，每月必有百数十起。其有关公益者，文均量力补助；其纯属私人关系者，文均一概拒绝。以中国人民今日之穷困情形，博施济众，尧舜犹病。若文既受勋位及所附年金，

是文因革命而得金钱，则曾经从事革命者，以私人之关系前来求助，文将无词以对，而有应接不暇之势。此文不能受此勋位之故也。

若阁下于文个人欲有加惠，则窃有一事奉告：文有一男名科，巳〔已〕入美国大学，一媳陈氏，又有二女名娫及婉，皆在美洲中学。据留学章程，后三人尚无受官费之资格。欲阁下特别待遇，饬有司准许此四人补给官费读书，使有成就，以免文之私累太重，文感且无既矣。

此项勋位证书，一俟有便，将托人送京奉还。先此布达，伏乞鉴谅，即颂
勋祺

孙文

据《孙中山固辞大勋位书》，载一九一二年十二月十七日上海《民立报》第十页

致周学熙望速了结借款函

（一九一二年十二月十九日）

缉之①先生惠鉴：

燕京别后，维令闻日茂、政祺多吉为颂。今春南京政府因急需，向上海广肇公所、潮州会馆商人所借之款，前经贵部担任偿还。现值年终，商人需款甚急，尚望尊处速行设法了结此款。兹经前途向鄙人催索，原函附呈。伏希垂鉴，肃颂
筹绥

孙文

据原函，南京、中国第二历史档案馆藏

---

① 周学熙，字缉之，号止庵，时为陆征祥内阁财政部长。

致伦敦各报为中国禁烟问题书

（一九一二年）①

　　鸦片为中国之巨害，其杀吾国民，甚于干戈、疠疫、饥馑之患。吾人今既建筑共和政体，切望扫除此毒，告成全功。予自引退临时总统之任后，对于此事，潜心推考，知今日最要紧之举，即在禁绝中国栽种罂粟。然非同时禁绝售卖，势难停种，故必须将买卖鸦片悬为禁令，则禁种始能收效。兹因与贵国订有条约，碍难照行，予今敢请贵国于吾新国定基之初，更施无上之仁惠，停此不仁之贸易。予切愿以人道与真正〔正义〕之名义，恳贵国准许吾人在本国境内禁止售卖洋药、土药、害人毒品，并许悬为厉禁，则裁〔栽〕种自能即停，谨为全国同胞乞助于英国国民。

据台北国民党中央改造委员会党史史料编纂委员会编：《总理全书》之十《函札》，台北，"中央文物供应社"一九五○至一九五二年出版

致袁世凯请准派遣张蔼蕴留学函

（一九一三年一月二十一日）

慰亭大总统钧鉴：

　　启者：粤人张蔼蕴，前曾留学美国，中西学术，俱有根蒂。当民国未定之前，奔走呼号，颇著劳绩。光复之际，辍学回国，从事实行。文前在南京曾委任临时总统府秘书，出纳疏附，深资臂助。洎南京政府移交时，择有功民国而学业资格相当者，批准派遣留学在案。其时张生适因事赴粤，未经报名填册，以致遗漏。今其同辈多于第一期得派出洋留学，该生以一时疏忽，独抱向隅，似欠平允。吾公素以树人为望，敬请饬交临时稽勋局援照前案，将该生查核注册，得与于第二

---

　　① 原文未署时间。据内容"予自引退临时总统之任后"推断，成文应在一九一二年四月之后。此件与上篇内容大体相同，文字较简略，因两件均无头衔和成文时间，此件暂附载于此。

期派遣留学，使继肆〔肄〕业，以竟其志，不胜欣幸。特此上达，藉颂

伟祺

孙文

中华民国二年一月二十一日

据张蔼蕴：《辛亥前美洲华侨革命运动纪事》，
载中国人民政治协商会议广东省委员会文史资
料研究委员会编：《孙中山与辛亥革命史料专
辑》，广州，广东人民出版社一九八一年八月出版

致邓泽如告中华银行招股事函

（一九一三年一月二十三日）

泽如兄鉴：

弟前在粤时，曾提议办一中西合资之银行，联合欧美最有力之银行，以抵制六国银行团，而解中国财政之困难。当时以法国政府不大赞成，故巴黎之大银行家不敢发起，然一面仍尽力疏通政府。至两三月之前，已得法国政府之允许，故两月前法银行曾派两代表人到上海，商订章程，弟委人一面磋商章程，一面向各方面筹股本。时适沈万〔缦〕云君由南洋回沪，称已招得实业银行股本四五百万元，弟即与之磋商，将该股本并入，同办中西合资银行，以厚势力。初时彼满口应承，故电邀陆秋杰君并中华银行招股人王奕友君由星洲来沪，商量合并之法。后以实业银行发起人多不愿合并，弟遂欲另行组织一新行，为中西合资之基础。转思中华与实业两行在南洋招股，已生出冲突，若弟更发起一新行，则恐因而更甚，故不如其已，仍由中华、实业两行各行其志而矣。

弟前之赞成各银行招股者，以中国地大物博，银行愈多愈好，故实业银行、中华银行、福建银行，弟皆出名赞助，欲彼有成，初不料南洋招股皆出于一途也。兹中华银行发起人来约，愿以中华银行作弟欲办之中西银行基础，再委江少峰君来南洋招股。弟所议办之中西银行，乃联合世界上之大资本家而成者也，将来实能为中国银行之母，其势力可通贯全球，此银行一成，必能免六国之制〔掣〕我肘及救中国之穷也。有五百万现金，则能成立。今中华银行既愿以该行为基础，

则宜先招足中华之股本，然后与西人议订合同，从速开办也。故今日中西合办之能成与否，全靠中华招股如何耳。

望足下在南洋竭力鼓吹，以达此目的，则中国实业前途之发达，可指日而待也。并望将此意转达各埠同志助力，幸甚。此致，即候

大安不一

弟孙文谨启
民国弍年正月廿三日

据亲笔原函影印件，台北、中国国民党文化传播委员会党史馆藏

复中华实业两银行代表同意暂不合并各自进行函

（一九一三年一月）①

中华、实业银行代表诸公鉴：

手教敬悉。日前以事未克到会，殊深歉仄。章程已拜读，精密完备，无任钦佩。合并之议，初本发自南洋，文于此事，毫无成见，诸公既不赞成，则亦听之是已。惟此事之原委，与夫鄙人之用意，深恐诸公尚未尽悉者，请为一一言之。前承沈公不弃，推文为中华、实业银行名誉总董。文见实业为富国之本，而银行尤为实业之母，且沈公又复革命同志，光复有功，于是慨然允诺，并为作书绍介，请南洋同志竭力相助，此去岁春间事也。

后数月中华银行以沪督取消，官本无着，决议添招新股，改为商办。文以创办诸公，多民国之伟人，而军票之信用，尤赖该行以保全；且以中国之大，非有多数银行不足以济贫困，故文亦欣然从其所请，以总董名义，派人南下招集股份。乃南洋资本家见文曾同时总董两行，然有名誉、负责之别，因欲舍实业而入中华者有之，恐同时募股而起冲突者有之，于是屡来函电，要求合并，庶免事端，而易成事，文亦深韪其言，回电邀代表面商办法。不谓两行各执所见，久议无成，

---

① 原函未署日期，据函中内容，当在一九一三年一月间。

而南洋急不能待，屡次电催，且云"若不合并，两不偏袒，前认亦散"。不得已乃取折中之策，另组新行，庶中华与实业推信鄙人之心，而信新行，破除成见，咸采归并，以达南洋合并之志愿，而免两行进行之障碍，故组织新行之用意非他也，实为两行计耳。乃外间不察，反疑文有破坏之意，何区区之苦衷，不获鉴察一至于此也？

今实业银行既决议暂不合并，而以两方单独进行，无害于招股之前途，则文自无不赞成。而新行之议，亦可作为罢论。文于此事，盖已心力尽矣，亦可告无愧于海内外诸同志矣。好在中国地大物博，银行愈多愈善；愿两行努力进行，勿生冲突，各尽所长，互相提携，以振我国实业之颓靡，而杜外人之觊觎，文于诸公实有厚望焉。若有需文之处，不论中华，不论实业，无不尽我应有之义务，以达提倡银行之初志。不宣，此请

大安

孙文

据原函影印件，台北、中国国民党文化传播委员会党史馆藏

致日本某君告与西人合股设立银行函

（一九一三年一月）①

文近拟与西人合股立一银行，专以输入外资为目的，直接则振兴中国实业，间接则抵制四国团。现已联合欧洲银行数大家，其势力信用，十倍于四国团，其所发债票，可不靠彼政府之承诺，亦能畅消〔销〕于市面，迥非四国团之比也。四国团之所以要求种种之条件者，以非此则不能得各该国政府之承诺；不得承诺，则市场无信用，非故以中国政府为难，实欲畅彼债票之消场耳。故与之相持愈久，则条件愈严，此必然之势也。而各国政府又欲乘机利用，以申张其势力于中国，此四国团之交涉，无论如何，皆无好果也。

---

①　原函未署日期，据函中内容当为一九一三年一月间。

文所联合之银行，力能自任十万万以上之债务。惟四国团借债之事，已成一国际问题，故此团不能直排四国团而与中国政府交涉，必藉一中国银行为机关方可，然纯为中国人之银行，彼又难见信，此中西合股之所由生也。此银行名号属中国，注册在中国，董事全为中国人，惟总司理则用西人。而欧洲股东则组织一顾问局，专助理输入外资之事。现拟各投资本千万元以成立之，八月底先各交股本二百五十万元，即行开市。此银行若成，则为中国开一生路，可免种种之干涉条件也。现在发轫之初，尚须秘密，不能公布招徕。而文一人之力，于此短期诚恐难集二百五十万之现金，故将实情详达左右，望公有以助成之。

沪上公产及前清道台所交下领袖领事代管财产等项，若得中央承诺，就地抵押数百万金，当属无难。能否酌量设法拨抵入股，统乞卓裁，并祈示复。

孙文谨启

据原函影印件，载《中山墨宝》编委会编：《中山墨宝》第七卷书信（中），北京出版社一九九六年一月出版

复蔡锷告建筑滇桂粤铁路计画函①

（一九一三年二月上旬）②

松波〔坡〕先生鉴：

奉到一月二十五日复书，示以滇路之缓急轻重，并承嘱尽先建筑滇邕一路，自应力为筹办。惟路线之规定，尤宜通盘筹画。前经与代表罗、李两君③再三商榷，近规目前之利益，远企将来之发达，佥以滇邕一线，不如滇粤一线为更要，遂定滇桂粤铁路。当今拟具说明书，将路线、筹款及筑成后办法三端详为说明。贵代表谅以具有报告。兹将此书抄录一份寄请大鉴，想台端统筹全局，定能择善

---

① 云南都督蔡锷（字松坡）对筑路事业甚为热心，力主修筑滇邕铁路（自昆明至南宁），在铁路总公司成立前后均曾与孙文有函电往还。

② 原函未署日期。函内称蔡锷于（一九一三年）一月二十五日来书，通常当在二月初寄达，而该月十一日孙文已离沪赴日本，故酌定此函为二月上旬所写。

③ 指蔡锷派驻北京代表罗佩金、李根源。

而从。

　　将来此路告成，较之滇邕尤有莫大之利益。广州为南部之中点，商埠已兴，不难与世界竞胜，即于军事上亦属重要之地。滇省货物运送外洋，由此出口未为迁折，而输入腹地各省，则必至广州而后便于分布。至龙门①一口出洋，虽觉较捷，然商埠未开，轮舶罕至，倘事经营，非有数千万之巨款不可，实非目前之力所能办。再以军事上而论，南宁逼近滇越路线，一旦有事，易于受敌。故桂省一段不如取道柳、庆②，开自古未开之路，于铁路原理上实有重大之价值。而由柳州至南宁可建一支线，仍不失滇邕之功用。本公司之计画如此，其详见说明书，兹不赘述，专颂

勋祺

　　　　　　　　　　　　　　　　　　　　　　　　　　　　孙文

附：滇桂粤铁路说明书

路线说明

　　此路线系现时假定，将来实测，容有变迁。

　　起于广东之广州府，终于云南之大理府③，其经过地及里数如下（以英里计算）：

　　广州至肇庆④五十五里；

　　肇庆至德庆四十五里；

　　德庆至梧州三十五里；

---

　　① 龙门地处钦江口外，南出北部湾，时属广东省防城县。今置龙门港镇，属广西防城港市。

　　② 柳州府、庆远府，一九一三年废府，下文之"柳州"指其府治马平县，今改名柳州市；"庆远"指其府治宜山县，今改名宜州市。

　　③ 大理府，一九一三年废，今为大理白族自治州，但其辖区不尽相同；府治大理县，今并置大理市。

　　④ 广东省肇庆府，一九一二年已废，此指原府治高要县；该县今改市，另析其城区置肇庆市。

梧州①至浔州②九十五里；

浔州至柳州八十五里；

柳州至庆远五十里；

庆远至东兰州③百零五里；

东兰州至泗城府④四十里；

泗城府至西隆州⑤四十里；

西隆州至黄草坝⑥六十五里；

黄草坝至罗平⑦三十里；

罗平至曲靖⑧七十里；

曲靖至云南省城⑨四十里；

云南省城至楚雄七十五里；

楚雄至大理府一百里；

共计八百九十里。

此路线之在广东、云南界内者，皆可以无须解释。惟通过广西之路线，其所以不通过南宁而取道柳州、庆远之理由如下：

一、若由浔州取道南宁、百色⑩以出西隆，较之柳、庆绕远八十英里，甚非所宜。

二、南宁逼近法疆⑪，遇有军事，南宁必先受敌。南宁有险，则本路为西南

---

①　广西省梧州府，此指其府城；一九一三年废府，复设苍梧县（前府治），今另析其城区置梧州市。

②　广西省浔州府，一九一三年废；此指其府治桂平县，今改市。

③　东兰州原属广西省庆远府，一九一二年已废，其州治改为东兰县。

④　广西省泗城府，一九一三年废；此指其府治凌云县，今县治称泗城镇。

⑤　西隆州原属广西省泗城府，一九一二年已废，其州治改为西隆县；今该县撤销，并置为广西壮族自治区隆林各族自治县。

⑥　黄草坝属云南省个旧厅，一九一三年废，置个旧县，今改市。

⑦　罗平州属云南省曲靖府，一九一三年废，其州治改为罗平县。

⑧　云南省曲靖府，一九一三年废；此指其府治南宁县，今改名曲靖市。

⑨　指昆明县，今改市。

⑩　广西省百色府，一九一三年废，其府城改为百色县，今改市。

⑪　指越南，当时为法国殖民地。

重要干路，一被截断，极为不便。

三、以商务言之，南宁之商务不远盛于柳州，而柳州以上各地向来交通不便，百里荒芜，铁路一通，发达可立待。南宁、百色各处尚有河道可通小轮，其需铁路不似庆、泗各府之急。

故本公司决定此干路经过柳州，将来由柳州至南宁修支路通之。且由梧州取道柳、庆通西隆，直通过广西省之中线，将来全省修筑支路皆极便利。苟广西人用全省之眼光而不存地方之意见观察之，必能表其同情也。

筹款说明

以普通每英里之建造需八万元计之，此路共长八百九十英里，约需款七千二百万元。若分六年筑之，每年需款一千二百万元。以普通借债利息五厘半计之，第一年须息银六十六万元，以后逐年递加。此七千二百万元之资本，将取给于本国乎？抑取给于外国乎？

向来以本国资本办路，认股最踊跃者为粤汉铁路，乃因历年办理不善之故，收股已极困难。今当革命之后，国内之财力大蹶，而欲以最短之时间成甚长之路线，其不能专恃国内之款明矣。故本公司对于此段铁路之建筑，决定用发行债票之法。其购买此项债票者，本国人及外国人有同等之权利。发行债票以为建筑铁道之资本，中国自有铁路以来未有用此法者也。

中国向来筹款之法，曰借债筑路。其法委托外国之一商业机关（银行或银公司）募集其所需之资本，而以回扣为报酬，由彼在外国发行债票，既售出后，此项债票之涨落与中国无复关系，即世所谓"委任募集"也。今公司不用此法，而主张自发债票，其理由如下：

一、以免包办材料之回扣也。筑路之费至少以一半购买材料，若用委任募集之法，其经理此募集之机关必要求包办材料，照例得五厘回扣。若借款八千万，其半数为四千万，四千万之五厘扣回即二百万，此债主之损失也。若自发行债票则有购材料之自由，可择最佳、最廉之材料购买。且中国铁矿遍地，可自行炼制，一面图制铁事业之发达。其利一。

二、以免铁路管理权之丧失也。用委任募集法，其经理借款者必同时要求铁路管理权。即中国派人管理，而该铁路应用之权实握于外人之手。革命军起时，沪宁铁路之外国管理人即倡中立之议，几费交涉，始允运载民军。其历史当为国人所能记忆。若自行募债，自行建筑，则一切权自我操，不受干涉。其利二。

三、工程师及一切用人之自由也。委任募集之结果，彼必提出总工程师应用某某人，以至其下职务应用某某人。以今日中国工程人材之缺乏，欲兴极大工程固必须借材于异国，但其主权操之自我，则合同一切可自作主，而不受强制之干涉。其利三。

今既定由公司直接发行债票之办法，而此项债票，按中国今日经济之状态，不能不赖外国人之售买；欲外国人之售买，不能不赖外国银行之承揽经理。且在外国发行筑路债票为各国所常用之法，而为中国前此未有之事，不能不有的确之担保，以坚信用而利流通。则此项债票不能不由中央政府担保利息，而此项利息不便由中央支出，须由此路线经过之四省广东、广西、贵州、云南承认者，此本公司所以不能不望四省人民及政府之赞助者也。

姑以七千万元计之，利息五厘半，每年共须利息三百九十六万元①。但此项公债可分六年分募。第一年募六分之一，一千二百万以利息五厘半计之，须利息六十六万元。以后逐年递加。但每年所筑铁路亦为全路六分之一，逐年开车。若所获之利足以支付利息，则不必各省实付所担保之利息。广东至云南之铁路，联合二大富省，其获利可操左券。广州至三水之铁路不过三十英里，每年获利已在三十万元之外。全路虽不能以此为比例，果能逐段获利，则各省之所出利息亦甚微耳。

各省既担任保息之后，发行债票仍不能不以中央政府担保。至于回扣一层，按中国向来铁路借款之回扣如下：

借　款	借入年份	借款总数	回　扣
京汉借款	清光绪二十四年	法金一万二千五百万佛郎	九扣
京奉借款	同二十四年	英金二百三十万磅	八九扣
正太借款	同二十八年	法金四千万佛郎	九扣
汴洛借款	同二十九年	法金四千一百万佛郎	九扣

---

① 按：似计算有误。

（续表）

借　款	借入年份	借款总数	回　扣
沪宁借款	同二十九年	英金二百九十万磅	第一批九扣，第二批九五五扣
道清借款	同三十一年	英金七十九万五千八百磅	九扣
广九借款	同三十二年	英金一百五十万磅	九四扣
津浦借款	同三十二年	英金五百万磅	第一批九扣，第二批九四五扣
沪杭甬借款	同三十四年	英金一百五十万磅	九三扣
汇丰汇理借款	同三十四年	英金五百万磅	九四扣
川粤汉借款	清宣统三年	英金六百万磅	九五扣

即最低者八九扣，最高者九五五扣。革命以后之借款，克里司浦借款低至八九扣，此次商议之六国大借款八八扣。本公司发行债券之时，消〔销〕行如何？不能预言，故实收几成此时不能预定。若在外国发行，势不能不托外国银行经理，除本公司自弁于回扣丝毫不取外，外国银行经理必须报酬，总期得最高之实额为止。纵使成绩与从前借款相若，而能于购材料及管理权两事不让于外人，则为利亦已多矣。

筑成后办法说明

本公司抱铁路公有之目的，以后办路总以达到此目的为止。一路筑成能获利益，以后当按照所获提出若干成，以还清资本及各省于筑路时所出之保息银，曰还债费。此外提出若干成以分之中央政府及铁路所经过之各省，提出若干成以津贴本公司，其数目临时定之。债务还清以后，此路即为公有产业，由公司将全权交出。此时或归国有，或归省有，由中央政府与各省政府自行交涉，本公司不复过问。

据《云南省议会第一届报告书》，载《云南
省议会报告书》第一卷，昆明，云南省议会
一九一三年印行，云南电气印刷公司代印①

---

①　所附《滇桂粤铁路说明书》原件藏于云南省档案馆，今据该馆出版的《云南档案增刊——云南档案史料一九九七年增刊》所载吴强编选《民初蔡锷与孙文等再议修筑滇桂铁路》一文参校。

附载：复约翰·斯图亚特·汤姆森请敦促美国迅速承认中华民国函①

（英　译　中）

（一九一三年二月十三日刊载）

我很荣幸能够收到您的来信，以及看到贵报社的专访，您都在敦促美国迅速承认中华民国。请让我告知您，我和我的同事对于您为中国的利益而进行这项运动表示非常感激。我们特别希望我们争取美国承认中国的努力会取得完满成功。

孙逸仙

据"Dr. Sun Yat-Sen：He Writes to an American of His Hope for China to the Editor of the Tribune"，*New York Tribune*，February 13，1913，Page 8［《孙逸仙：致信论坛报的编辑向美国人讲述他的中国希望》，载一九一三年二月十三日《纽约论坛报》第八版］（邹尚恒译，高文平校）

英文原文见第八册第 552 页

致东京各报馆申谢函

（一九一三年三月五日）

敬启者：文等观光贵国，沿途受官民上下热诚招待。留京之日，更蒙诸贤士大夫暨各界诸君不弃菲德，宠以嘉荣，感激之诚，不可言宣！足征贵国人士爱同种同文之真诚，非特文等个人之私荣而已。

返国之际，敬当举贵国人士以爱同文同种者爱敝国兼及于文等之至意，播之

---

① 此函由居住在美国新泽西州泽西城的《纽约论坛报》编辑约翰·斯图亚特·汤姆森（John Stuart Thomson）在《纽约论坛报》上刊载，以"传递中华民国的创立者孙逸仙的重要消息"。汤姆森自称，孙逸仙"曾经是我在香港时的好朋友"。

全国。俾两国人士共相提携，以继日、华二国历史上之亲处，且所以谋东亚之幸福。此文等所敬谢贵国人士、亦所切望于贵国人士者也。

谨致数语，聊表谢忱，并祝日本帝国万岁！东京市民万岁！

据品川仁三郎编：《孙文先生东游纪念写真帖》，神户，日华新报社一九一三年五月出版

复韩汝甲告愿会见简①

（英 译 中）

（一九一三年三月五日）

便条收悉。我很乐意在下午四至五点时间见你。

据英文原件影印件，载《历史档案》一九八五年第一期

与马君武等联名致梅屋庄吉等谢其招待厚意函②

（一九一三年四月五日）

敬启者：文等此次观光贵国，备受各界热诚欢迎，足证明贵国人士确系以爱同种同文之国为心，以保全亚洲为务。凡我亚洲人士，无不应馨香崇拜，并期极力实行，以副贵国人士之望。文等当尽全力以贵国人士好意布诸国民，俾两国日增亲密，匪特两国之幸，实世界平和之幸也。

专此肃函，敬谢招待之厚意，并祝前途幸福。

---

① 韩汝甲系留法学生，一九〇九年参加同盟会。一九一三年三月五日，孙文离东京赴横滨前由富士城发往东京约见韩汝甲，原函为英文。

② 梅屋庄吉，日本商人，甲午中日战争前夕，曾来华从事秘密活动，后往香港经营照相馆，一八九四年在香港与孙文相识，此后往来较密，对孙的革命活动有所资助。此函为通函，向若干位日本友人致谢。

梅屋庄吉殿

孙　文　马君武　何天炯
　　　　　　　　　　　　　　同顿首
戴天仇　袁华选　宋嘉树

据原函，东京、小坂文乃（梅屋庄吉曾外孙女）家藏

致井上馨揭露袁世凯诡谋并请
日本政府限制其借款函①

（一九一三年五月十七日）

井上老侯阁下：

前者观光贵国，深荷贵国朝野人士推诚相与，一种真挚之意，有非言语所能形容，实足表见贵国人心与敝国实行联好之忱，曷胜铭佩！归国后对众称述，无不为之感动。从此敝国与贵国睦谊日亲，感情日厚，实可深信。

惟是敝国虽经革命之余，而政治之本源未清，新旧之党争愈烈。文尝言欲求政治之进步，非新派战胜旧派不能铲除恶劣之根性，发挥法治之真理，此文所当与敝国志士极力图之者也。不意民国甫建，而专制之毒焰愈张，宋教仁以发表政见，促进议院政治，惨被暗杀。及经地方长官会同检察官搜查证据，始发见此案之真实，袁、赵诸人确为主名。违背公理，灭绝人道，莫此为甚。是以证据一经披露，全国人心异常愤激，政府作贼，异口同声，千夫所指，势将立倒。

乃袁氏知不能见容于国人，个人禄位将不可保，遂思以武力为压服国民之举。然现政府财力竭蹶，苟非得巨款以补充淫威，终莫由逞。是以悍然不顾，竟将二千五百万镑之大借款不交国会通过，遽尔私行签字。于是，举国哗然，自国会及各省议会乃至各省都督，以及其他团体或个人，除袁氏之私人外，无不痛恨其违法，否认之电，反对之词，不绝于书。袁氏曾无斯须悔祸之心，尚复布令狡辩，且据西报之谣言，诬国民将有二次革命之举，一面掩盖杀宋之罪恶，一面为准备

---

① 井上馨，日本山口县人，曾任大藏省大辅、外务卿及代伊藤博文主持政务等，辛亥革命时已辞官。该函为井上侯爵家所收藏，二战后由日本国会图书馆抄录下来。

军事之藉口，其居心之叵测，实不堪问。引虎入室，以盗保家，生命财产，宁有全理。所惧者，旧派之人，惟利是视，虽卖国有所不恤，且将凭藉欧洲之势力，以排斥我利害与〈共〉之友邦。

袁氏诡谋，贵国人士向所深悉，此次传闻与俄人隐相结纳，尤将为东方之不利。袁氏而得志，岂独非敝国之福〔祸〕乎！至敝国国民与现政府之冲突，自系敝国国内之事，惟有关世界大局者，尚望阁下有以维持之。即如交款一端，于人道关系甚大，现虽业经开始交付，苟能限制不许充为战费，则袁氏或不致残民以逞。若敝国之和平可保，则东亚之和平即可保。阁下为日本之伟人，一言一动，足系世界之轻重。尚祈俯念敝国与贵国关系最切，有以扶持之，则幸甚矣！书不尽意，敬颂

大安

诸维朗照不宣。

孙文

中华民国二年五月十七日

据"井上馨文书"原函影印件（原函藏井上侯
后人家），东京、日本国会图书馆宪政资料室藏

与黄兴等复上海全国商会联合会论拥护共和函

（一九一三年六月八日）

敬启者：接奉台函，备聆一是。诸君关怀时局，亟思保全商业，而殷殷属望于鄙人等，自愧德薄能鲜，曷克当此。迩来全国风潮冲激，讹言繁兴，人心惊忧，影响所及，首在商界。来函所称，殊深扼腕。

当光复之始，鄙人等与诸君共膺患难，今幸民国成立，建设方新，休养生息，期以十年，国家前途，庶其有豸。孰意大局甫定，事变忽萌，谁无身家，岂堪以锋镝余生，重膺惨祸。此诚鄙人等与诸君所同深痛心疾首者也。惟是共和时代与专制不同，人人当以国家为前提，即人人有拥护共和之责任。苟有立心不轨，破坏共和者，众当弃之，断不宜姑息养奸，自贻伊戚，此固全国人心之所同，然抑

亦鄙人等之素志也。至来函嘱通电各省及北京国民党本部一节，用意固佳，惟严诘奸宄，保卫治安，地方政务责无旁贷，谅无待鄙人等之谆嘱。国民党乃系政党，其政纲早经宣布，固已一致进行。此时大局稍定，若再以鄙人等一二人之意通电全国，恐转滋歧惑耳。特此布复，即颂

台祺

孙文　黄兴　陈其美谨复

六月八日

据《我商民明白否》，载一九一三年

六月十三日上海《民立报》第十页

复丁义华告以不愿与闻政事函[①]

（一九一三年六月十六日刊载）

万国改良会丁先生鉴：

来电悉。余现在不愿闻政事，政治良否系政府责成〔任〕。余嗣后专办铁路，其他非余所愿闻也。

孙逸仙

据《孙逸仙致丁义华英文电》，载一九

一三年六月十六日上海《时报》第四版

致涩泽荣为创立中国兴业公司事函

（一九一三年七月二十八日）

涩泽男爵赐鉴：

迩来时当夏至，溽暑蒸人。遥想起居佳胜，至为企颂。

关于中国兴业公司，屡辱赐书，敬悉。业经该公司原定股银如数清缴，并设

---

① 据《时报》报道，原件为英文。

立办法手续，进行庶几完备，并由森恪君面聆前情，不胜同庆之至。

前议有由尊处派遣代表来沪商议办法，嗣知尊处暂为罢议，即拟由敝处遴派发起人六名赴东，商同办理该公司设立事务，适上海有南北启衅之事，未能如愿。因在中国愿认该公司之各股东，均系沪上主要实业家。当此南北开始争端之际，固当极力维持市面秩序，一时不克分身，想邀执事原谅。惟从速成立该公司以图谋发达事业，固系万难延宕。故敝处为早成立该公司起见，特将所有敝处意见及关系一切文书，托请森恪君回东，代为鄙人等与执事暨诸君筹议办法一切。森君到时，务请执事会同商酌妥善办法，并代为鄙人开创立总会，是为感佩。当初与执事商议以来，鄙人等设立该公司，全系巩固中日两国实业上之联络，以图发达为念，始终不渝。是以此次南北启衅，情形如何，与该公司毫不相涉，无待赘言。一俟该公司成立后，应由鄙人将该公司设立宗旨等，通告各省都督、商会暨殷富实业家，劝招分认股份，以便在各地方发达该公司事业。嗣不论南北人士，如有愿认该公司股份者，均听其便，诸执事预先俯允，且现各股东均表同意。俟将来市面稍归静谧，各股东自当为该公司事业，竭尽热诚，以资发达，亦足以纾廑系也。

月前对于五国借款交款问题，辱蒙贵国人士多大之同情，敝国人民殊深感激，是即系承执事指导居多，为鄙人所深感佩者也。将来尚祈赐以教言，以资敝国国势之发达，是所翘望。鄙人现因要事，今日起程赴粤，匆匆裁书，拜托森君转呈左右，统仰鼎力，得以就绪，是所切盼。并请执事将所述鄙怀，于创立总会转告贵国股东诸君是荷。即颂

近祺

孙文（印）

中华民国二年七月二十八日

据彭泽周：《中山先生与中国兴业公司》（引录自《孙文氏来函》大正二年七月，涩泽子爵家收藏），并参照广州、广东省社会科学院藏原函影印件校对

致香港《德臣西报》编辑辩"革命的孵化"函

（英 译 中）

（一九一三年八月一日）

先生：

　　虽然我很理解这样的一种情况，出于盈利为目的，现在的报刊出版者都倾向于有一定程度的党派偏见。但是，我必须承认，我根本无法为您的专栏辩护：您从未试图证实信息真伪，却刊登完全一边倒的、诽谤性十足的消息——我指的是今日刊于贵报上以"革命的孵化"为题的文章。文中提到，最近有一位同时在陈其美将军和我的手下"联合任职"的秘书，他为该文提供了一份事实声明。对此，您既没有为我提供一个承认或否认的机会，也不允许我去反驳声明中提到的责怪与诽谤性的陈述。不过，我相信您终究会给我一些空间让我去驳斥全部这些中伤、虚假、似是而非或误导性的指控。

　　文中，作出耸人听闻的声明的人是哈佛大学毕业生吴则廷①。根据北京当局的备忘录，他在五月初被任命为陈其美将军和我的联合秘书。但是，这绝不是事实，而是故意的误导。事实上，我并不认识这号人物，身边也没有一个以此为名的同事。您一定清楚知道，在过去一段时间里，我是独立主持中国铁路总公司的事务，与陈其美将军完全没有联系。况且，即使如此，陈将军和我在总公司处理事务时，既不是协同办公，也不是一起行动，我们更不是住在同一屋檐下。以前，吴泽舒②先生曾被雇佣为铁路总公司的秘书，但是他不是哈佛毕业生，他的职务在约三个月前就被解除了，从那时起我就没有见过他。毫无疑问地，这些指控：（1）吴则廷先生为我工作；（2）他在五月初被任命为陈其美将军和我的秘书；（3）在上周六他离职了；全部的陈述都是故意捏造，明显的陷害，从而为紧跟其后、如出一辙的谬误的诽谤作铺垫。

　　报道断言，远早于那位所谓的秘书为我工作，我收到了一封信，其中"引述

---

①　Woo Tsze-ting 的音译。
②　Wu Sze-shu 的音译。

了弹药价格和讨论了最现代化的枪支"，并且"在之后一段时间"，在考虑到驻扎在广东邻近地区的十多个营的军队的运动时，还询问了有关情况。然而，这些都是蓄意的谎言。然而，正如所有令人生疑的诽谤者所作的片面陈述，文中的含沙射影都是为了诽谤罢了。您公然用"奇怪的故事"等字眼为纯粹的谎言蒙上了面纱，在此我就不去逐一拆穿了，以免侵犯了您的空间。与此相关，我需要补充的是，自从我把应桂馨驱逐出南京后，我从来没有与他联系，无论是以直接或间接的方式，更不用说跟他定下协定了。令我惊讶的是，您没有付出一点的努力去查证哪怕是这个指控的十分之一的内容，但是，这样的弥天大谎和恶意满满的长文竟然能够收入到您的专栏当中，同样令我诧异的是，贵报出版诽谤言论之迅速，以至于没有去考证所谓的"武装人员"，即法国当局出于好意特派的安南警察。他们保护了我的住处，但却被描绘成侵犯人身自由的犯罪团伙，并在我的住所中囚禁了一位公民。单看您对法国警察的邪恶污蔑，就清楚地表现出您并不懂得尊重，至此，我无需多言，不如让我就径直表达我的震惊吧。

您的仆人孙逸仙

上海宝昌路

八月一日

据"The Hatching of The Revolt"，*The China Mail*（Hong Kong），August 8，1913，Page 6 [《"革命的孵化"》，载一九一三年八月八日香港《德臣西报》第六页]（邹尚恒译，高文平校）

英文原文见第八册第553—554页

致王敬祥请与铃木久五郎到东京同叙函[①]

（一九一三年九月六日）

敬祥同志先生鉴：

密启者：兹有要事，特着日本同志池亨吉君来神户，面请足下并铃木君[②]同

---

① 王敬祥，日本神户华侨侨领。

② 铃木久五郎，号南狩，日本埼玉县人，因在东京经营商业买卖股票而致富，一九〇八至一九一〇年为众议院议员，对孙文从事反清起义有所资助。

来东京一叙，幸为勿却。余由池君面详。此致，即候

大安

孙文谨启

九月六日

据亲笔原函影印件，台北、中国国民党文化传播委员会党史馆藏

复黄芸苏告重组纯粹革命党函①

（一九一三年十月二十三日）②

魂苏兄鉴：

　　来示敬悉。此次之举，一败涂地，想亦出兄意料之外也。自袁杀宋教仁君之后，弟始决心不助袁。然此次军事，弟尚未身与其列也。追其失败之原因，乃吾党分子太杂，权利心太重，互相利用，互相倾轧。推其究竟，若能倒袁，亦不免互有战争。有此一败，为吾党一大淘汰，亦不幸中之幸也。此后混杂分子及卑劣分子已尽去矣，所存仅小数之纯净分子，一可胜万也。弟今从新再做，合集此纯净之分子组织纯粹之革命党，以为再举之图。务期达到吾党之纯粹革命目的，即民权、民生主义是也。美洲同志尚有志于此者有何几人？请兄一一查悉，详以告我。此后择人不求其多，只求矢志实行之人，能牺牲身命、自由、权利，而为国家生民造幸福者，乃能入选。兄能先献身作则否？如其有意，弟当寄"规约"前来，以便施行也。此复，即候

大安不一

---

　　① 黄芸苏，字魂苏，广东台山人。清末官费留美学生。一九〇七年在旧金山创立少年学社，出版《少年周报》，一九一〇年加入同盟会。一九一〇年七月将少年学社扩大为"少年中国晨报书庄"，发行《少年中国晨报》，鼓吹革命，筹募军饷。辛亥革命后，任同盟会美洲支部长，不久归国任大元帅府秘书、广州市财政局长等职。后又赴美，在纽约创《民气报》，继续从事革命宣传活动。

　　② 原函未署年份。据函中内容"此次之举，一败涂地"系指一九一三年"二次革命"失败，及"前年之革命，武昌一起，各省响应"等判断，此函当作于一九一三年。

各同志乞代问好。

弟孙文谨复

十月廿三日

再：前年之革命，武昌一起，各省响应，其成功多不在吾党，故弟亦不过因依其间。而吾党之三民主义，只达其一，其余两主义，未能施行。初以人民程度未及，只得听其渐进，从天然之进化而达之。乃不期袁氏自私自利，将有恢复帝制之行，以兵力南压，各省迫而抗之，故有此次之战争。吾党虽全然失败，然有此抵抗之事实，能使袁氏不敢公然称帝，虽败犹胜也。盖战争之目的（抗袁氏之帝制）已达也。故弟对于此次之败，甚存乐观也。

据原函影印件，载《中山墨宝》编委会编：《中山墨宝》第七卷书信（中），北京出版社一九九六年一月出版

致东京邮政局长请将信交持信人便简

（英　译　中）

（一九一三年十一月十二日）

亲爱的先生：

请将我的函件交付持信人。此致

东京邮政局长

您真挚的孙逸仙

东京灵南阪路二十六号

据秦孝仪主编：《国父全集》第十册英文函（转录中国国民党中央委员会党史委员会藏原函影印件）译出，台北，近代中国出版社一九八九年十一月出版

复康德黎夫人告与来访者谈话须谨慎函

（英 译 中）

（一九一三年十一月十四日）

亲爱的康德黎夫人：

答复我从日本寄上之信的来信已经收到。我此刻写信是专为奉告夫人，在和所谓我的"友人们"谈话时请务必谨慎。至于现已被英王封为爵士的艾迪斯先生①，并非我的友人。他曾经资助袁世凯反对南方。我耽心不少人假冒为我的朋友，是为了取得您的信任，以便探听消息和意见。

我和林②公使并不十分熟悉，根据我之所闻，我不认为他在目前或今后会站在我们一边，因为我们目前确实处于劣势。

得知您的孩子们近况良好，十分高兴。

请代为问候康德黎博士。希望他不要过分劳累，以免损害健康。

谨致诚挚的敬意。

你最诚挚的孙逸仙

一九一三年十一月十四日

日本东京

据秦孝仪主编：《国父全集》第十册英文函（转录中国国民党中央委员会党史委员会藏原函影印件）译出，台北，近代中国出版社一九八九年十一月出版

---

① Mr. Addis 的中译。

② 英文为 Lin。

致黄芸苏为江亢虎赴美研究
社会主义介绍往见函①

（一九一三年十一月十八日）②

魂苏兄鉴：

兹有江君亢虎来美求学，欲专从事研究社会主义。弟在上海因提倡社会主义与江君相识，知江君热心斯道，今又远学于美，他日心得当未可限量也。江君往美，初到恐人地生疏，请弟介绍，见面时望为指导一切，幸甚。

江君向主和平，并未从事于激烈之举，然今亦为袁氏③政府所不容，则其野蛮恶毒可想而知。此中情节，江君当能道其详也，故不多赘。此候
大安不一

据《国父致黄芸苏先生亲笔函》原函影印件，载
《黄芸苏先生纪念集》，美国，一九七五年出版

致刘谦祥嘉慰捐出工金助饷函

（一九一三年十一月二十七日）

刘谦祥君大鉴：

得宿雾同志来书，藉悉足下以个人捐出全年工金壹千元，以济军饷，热心爱国，见义勇为，曷胜感佩。从前普法之战，法有退役水兵持其十余年所得之月俸，捐作军饷，当时传为佳话。弟所见则有西贡埠一同志（黄君景南）以卖芽菜为

---

① "二次革命"失败后孙文于八月再度寓居日本组织反袁斗争。黄芸苏，亦名魂苏，旅美国民党员。江亢虎，中国社会党本部主任干事，一九一三年八月该党遭袁世凯查禁后，离沪取道日本赴美国，曾在东京访晤孙文。此函发自东京，寄往旧金山。

② 原函未署年份，今据本函信封邮戳上"大正二年"，知为一九一三年。

③ 指袁世凯。

业，六年前镇南关、河口两役，此同志共捐银叁千余元，盖罄其半生之积蓄。今足下慨然牺牲所有以为助，洵可不让前贤专美矣。人心如此，弟敢决民贼必亡，而再造共和之甚易也。专此，即颂

义安

孙文

十一月廿七〈日〉

据原函影印件，台北、中国国民党文化传播委员会党史馆藏

致咸马里夫人告中国政局并
咸马里著作日译事函

（英译中）

（一九一三年十二月二十三日）

亲爱的里夫人：

我相信此信到达时你尚在伦敦，故烦劳我们的共同友人康德黎博士代为转达。

我仍在日本。目睹我可爱的国家复归旧状，实令人痛心。所幸不乏迹象表明，不久情况将有好转。独夫政治现又得逞，其压迫较之当初的满清，更加令人无法忍受。反动如钟摆之已达极限，回复必将来临。或许现在就是黎明前最黑暗的时刻。我深知你与其他友人对我们的事业深表同情，这对我继续我们艰巨的任务鼓舞非浅。斗争可能是持久而烦冗的，但必胜无疑，因为正义最终一定胜利。

我已获悉，咸马里将军的遗著《撒克逊的时日》已在此间多数书肆出售，此乃理所当然，此书理应受到热诚欢迎。你当未忘，池亨吉先生曾将《无知之勇》一书译成日文，他现来函要我请你允许他亦将此一新书译成日文。我因记不准将军生前曾否口头许给他翻译此书之权，但是我认为此事最好由你处理。池亨吉先生的地址是：

Mr. H. Ike

25. Daimachi，Akasakaku，Tokio①

忠实于你的孙逸仙

一九一三年十二月二十三日

东京

又及：我的地址是：

S. Toyama

26，Reinanzaka，Tokio②

据吕芳上：《荷马李档案简述》所附英文原函译出，
载黄季陆等编：《研究中山先生的史料与史学》，台
北，"中华民国"史料研究中心一九七五年十一月出版

复邓泽如等勖以讨袁失败勿馁并请接济同志函

（一九一三年十二月二十五日）

泽如仁兄暨同志诸先生道鉴：

久违道范，不胜渴望。连奉教言，犹深感佩。十一月十六日尊函，已拜读再四，党势之衰，本在意料之中，亦非奇也。

夫连结团体，亦犹交友然，共患难难，共安乐易，而患难安乐，皆图与共，不因时势之变迁、势力之消长而有所短长者，则尤难矣。所以当安乐之时，所交朋友一到生死关头，未有不各寻各路者，旷观天下，滔滔皆是，不能尽责，亦不足责也。惟我辈既以担当中国改革发展为己任，虽石烂海枯，而此身尚存，此心不死。既不可以失败而灰心，亦不能以困难而缩步。精神贯注，猛力向前，应乎世界进步之潮流，合乎善长恶消之天理，则终有最后成功之一日。即使及身而不能成，四亿万苍生当亦有闻风而兴起者，毋怯也！

此次失败以后，自表面观之，已觉势力全归乌有，而实则内地各处，其革命分子较之湖北革命以前，不啻万倍。而袁氏之种种政策，尚能力为民国制造革命

---

①　中文译为：东京赤坂区田町二十五号，池亨吉先生。
②　中文译为：东京灵南坂二十六号，头山。

党，解散国、省、县议会，裁撤南方军队，自以为此策得矣，不知逆天者必受殃，害人者终害己，此被裁撤之议员、兵士能安然不变乎？始皇以盖世之雄，内则坑儒焚书，外则筑长城以逐胡，而乃二世而灭。袁氏对内，则不如始皇之威也，其对外则不如始皇之武也，而北有蒙古，兵逼长城，西有回民，揭旗图外，而宗社党亦蠢焉思动，徒党辈复各争权，时局若此，乌能久哉？

惟是我党既以改革中国、图民生之幸福为目的，当此四方不靖之时、内外交迫之际，不特应聚精会神，以去乱根之袁氏，更应计及袁氏倒后，如何对内、如何对外之方策。诸先生久居海外，当必有洞察全球、详观宇内一念及也。

至于经济一层，不特目前无进行之款，即同志中之衣食亦多不能顾者？前日大雪，在东之亡命客中，竟有不能向火而致疾者。弟虽尽力设法救济，而力微不足以遍，过此以往，苟不图一长策，则殊无以对此血战中之苦寒同志矣。此层务望同志诸先生深虑而力助之。言短意长，不克备述。海风有便，再候德音。顺颂道安

弟孙文谨启

民二年十二月二十五日

据原函影印件，载邓泽如编：《孙中山先生廿年来手札》卷二，广州，述志公司一九二七年一月出版

致南洋同志望函致吴世荣交还筹款救济函

（一九一四年二月四日）

同志诸公大鉴：

暌违大教，累月经年。近想为国热诚，终始一贯，至为欣慰。弟自去秋来居三岛，每想国势之颠危，民生之困顿，共和之前途，辄不能忘情于党事。加以亡命此间，诸同志意见不齐，缺乏统一，故不揣绵力，出而肩任。刻已成立〔组织〕干部，各路进行，同志之勇往，团体之固结，远胜前此同盟会之组织。且此次同志皆一德一心，服从弟之命令，尤非昔比。

刻正编刊方略，不日脱稿，一俟出版，即行寄上。其如何扩充展布，尚须仰仗宏力。惟经费一层，尚须极力筹划，以便应付。顷查去年南京独立之际，贵埠

同志曾汇款五千元赴沪，交吴君世荣转交军前。嗣款到时，已取消独立，款遂留吴君手中，未有交出，致有用之财化为无用，殊负诸公一片热诚。可否函致吴君，嘱其交还？

此间同志流离失所者尚多，衣食且不给，而彼辈心志坚锐，前途有望，倘荷诸公将款拨助接济，尤感高谊，未悉以为如何？手此奉达，即颂

公安

孙文

二月初四〈日〉

据黄警顽等编：《南洋霹雳华侨革命墨迹》，
上海，文华美术图书公司一九三三年二月出版

致邓泽如请查外甥程炳坤为人并代觅事函

（一九一四年二月六日）

泽如兄鉴：

文有外甥程炳坤者，近由新加坡来函云，彼在该埠谋生无术，欲文为之设法安身。惟文向以许身于国，拙为个人之谋，又向少与之见面，究不知其人品格才技如何，故无从为之设法，特转求兄为我一查其为人如何（问香安燕梳①公司，便知其住址），如属安分，有可培植，望为推爱，为之觅一事以谋生，则感同身受矣。此致，并候

近安不一

孙文

二月六日

据原函影印件，载邓泽如编：《孙中山先生廿年来
手札》卷三，广州，述志公司一九二七年一月出版

---

①　"燕梳"，系英文 Insurance 的音译，意为"保险"，是旧时粤语中的外来语。

致南洋同志嘱赞助谭根等开办飞机学校函①

（一九一四年二月二十日）②

同志诸公大鉴：

径启者：兹有同志谭君根、伍君平一由美洲回，道经此间。谭君为飞行大家，声誉著于世界。此次带有飞行机械多件，并有学习生二人，据称拟在日本暂应各界招聘，俟试演完毕，不日前往南洋各埠飞演，并拟就南洋演技筹款，开办飞行学校，招收学生，教育此项人才云云。按飞行机为近世军用之最大利器，谭君既有此志，于国家前途、吾党前途，均至有裨益。用特缘为介绍于诸同志，倘谭君到时，尚祈费神招待，并希代为设法开场试演，劝销入场票位，俾得醵集资财，成立学校，作育真才。诸公热心公益，谅能玉成其志也。手此布达，即颂

公祺

孙文

二月廿日

据原函影印件，载邓泽如编：《孙中山先生廿年来手札》卷三、广州，述志公司，一九二七年一月出版③

---

①　谭根、伍澄宇（字平一）在前往南洋途中抵达东京，受到孙文的热诚欢迎。谭根是出生于美国华侨家庭的著名飞机设计制造技师，并在檀香山创建飞行器公司培训飞行员；伍澄宇则曾是旅美同盟会重要分子，曾任孙文秘书，时为美国华侨所办中华飞机制造公司总经理。"宋案"发生后，伍澄宇奉孙文密令偕谭根携飞机回国讨袁，而行至檀香山时"二次革命"已告失败。此次两人来日，孙文意图亦甚明显，即拟以飞机作为再举讨袁的大杀器，故委任谭根为"航空队司令长官"，伍澄宇为"中华革命党菲律宾联络委员"，并修函南洋各埠一些党人请协助他们发展航空事业。

②　原函未署年份。据在东京寄发时的信封邮戳，年份为"3"即大正三年。另见伍澄宇著、庄锐卿等编《革命言行录》（香港，阳明学会发行，一九二〇年十二月初版）所载："伍平一与谭根在一九一四年初由美洲抵日本"，更证明为一九一四年无疑。以往全集版本误作一九一五年或一九一七年，今予更正。

③　孙中山同时将该函寄给在东京的宫崎寅藏，故现今宫崎蕗苳（宫崎寅藏孙女）家也藏有一份原函，其内容文字与底本完全相同。

复伍澄宇指示赴南洋访人函

（一九一四年三月十三日）①

平一②兄鉴：

　　来函诵悉。现在小吕宋开演③甚佳，该处同志均极热心，必能大有助于兄。日前弟曾发函南洋各埠，嘱其襄助诸兄，是时弟以为诸兄不日当到南洋，故函该处招待也。但将来如到南洋经新加坡时，可访林义顺、林文庆诸位，到庇能时，可访《光华报》诸位，到马来各埠时，可先访邓泽如。至中国内地，如吾等所谋一旦得手，消息报到诸兄，即宜买棹内渡，襄助一切，是为至要。先此布复，即颂

公祺

孙文

三月十三〈日〉

据原函，上海图书馆藏

复李源水请组织中华革命党支部函④

（一九一四年四月十八日）

源水先生鉴：

　　顷接高维兄来函，以足下业已商允吴世荣君将前汇宁之捐款转汇东京接济各

---

　　①　原函未署年份。一九一四年二月伍澄宇离美抵日本，即被孙文委派为中华革命党菲律宾联络委员，赴菲（即小吕宋）筹募革命军饷，据此当为一九一四年。

　　②　伍澄宇，字平一，一九一〇年二月在美国旧金山加入同盟会，创办《少年中国晨报》，为主笔，又为美洲同盟会总支部长，一九一一年曾任孙文秘书，一九一三年任中华飞机制造公司总经理。

　　③　伍澄宇偕同飞行员谭根离美归来同赴菲律宾各埠放演飞机，联络华侨。

　　④　李源水时在南洋怡保，一九一四年十月被孙文委为霹雳筹饷局理财。

贫苦同志，厚谊隆情，至堪感佩。当即电达台端，谅登记室，尚祈早日寄下，不胜盼祷之至。

此间同志困苦颠连，备尝艰苦，惟精神团结，百折不磨。弟初来此间，拟重整旗鼓，特组织干部，集合同志，各具誓约，服从命令，以期统一，力洗从前散涣之弊，各同志均踊跃加入，党势日隆。近顷干部、支部章程、革命方略，均已陆续订定，现拟扩充各处组织支部，一俟章程刊就，即当分寄各埠同志。

素仰足下热诚爱国，始终如一，刻下此间组织，必愿赞成。倘能担任组织支部（将现国民党支部内部暗组秘密团体），当将章程邮寄尊处，未审以为如何？尚希示复。专此布复，即颂

日祺

孙文

四月十八〈日〉

据原函影印件，载黄警顽等编：《南洋霹雳华侨革命墨迹》，上海，文华美术图书公司一九三三年二月出版

致大隈重信劝助中国革命函①

（一九一四年五月十一日）

大隈伯爵首相阁下：

窃谓今日日本，宜助支那革新，以救东亚危局，而支那之报酬则开放全国市场，以惠日本工商。此中相需至殷，相成至大。如见于实行，则日本固可一跃而跻英国现有之地位，为世界之首雄；支那亦以之而得保全领土，广辟利源，为大陆之富国。从此辅车相依，以维持世界之和平，增益人道之进化。此诚千古未有之奇功，毕世至大之伟业也。机会已熟，时哉勿失。今特举其理由，为阁下陈之。望加意详察，两国幸甚。

---

① 孙文自一九一三年八月到日本后寓居东京，在极端困难的条件下继续策划武装反袁。大隈重信系孙文旧识，于一九一四年四月十六日第二次组阁，担任总理大臣。此件为密函，未对外刊布。

支那曩者苦满清虐政，国民共起革专制为共和。而民党笃信人道主义，欲减少战争流血之惨，故南北议和，使清帝退位，后举袁世凯为总统，袁亦誓守约法，矢忠民国。乃自彼就任以来，背弃誓约，违反道义，虽用共和民国之名，而行专制帝王之事。国民怨怒，无所发舒。乃其暴虐甚于满清，而统驭之力又远不及，故两年之间全国变乱频起，民党之必兴，革命军之必再见，无可疑者。

顾革命军以自力而无助，则其收功之迟速难易，或非可预期。以言破坏之际，得世界一强国为助，则战祸不致延长，内免巨大之牺牲，对外亦无种种之困难。日本与支那地势接近，利害密切，革命之求助以日本为先者，势也。以言建设之际，则内政之修善，军队之训练，教育之振兴，实业之启发，均〈非〉有资于先进国人材之辅助不可。而日本以同种同文之国，而又有革命时期之关系，则专恃以为助，又势也。日本既助支那，改良其政教，开发天然之富源，则两国上而政府，下而人民，相互亲善之关系必非他国之所能同。支那可开放全国之市场以惠日本之工商，而日本不啻独占贸易上之利益。是时支那欲脱既往国际上之束缚，修正不对等之条约，更须藉日本为外交之援。如法律、裁判、盗狱，既藉日本指导而改良，即领事裁判权之撤去，日本可先承认之，因而内地杂居为日本人，于支那之利便而更进。使支那有关税自主固定之权，则当与日本关税同盟，日本之制造品销入支那者免税，支那原料输入日本者亦免税。支那之物产日益开发，即日本之工商业日益扩张。例如英国区区三岛，非甚广大，然其国力膨胀日加者人莫不知，其以得印度大陆为母国之大市场，而世界列强始莫与争。日本地力之发展已尽，殆无盘旋之余地，支那则地大物博，而未有以发展之。今使日本无如英于印度设兵置守之劳与费，而得大市场于支那，利且倍之，所谓一跃而为世界之首雄者此也。

然而日本若仍用目前对支之政策，则决不足以语此。何也？现在支那以袁世凯当国，彼不审东亚之大势，外佯与日本周旋，而内阴事排斥，虽有均等之机会，日本亦不能与他人相驰逐。近如汉冶萍事件、招商局事件、延长煤油事件，或政府依违其议而嗾民间以反对，或已许其权利于日本而翻援之他国。彼其力未足以自固，又惮民党之向与日本亲善，故表面犹买日本之欢心，然且不免利用，所谓战国时纵横捭阖之手段对待日本。设其地位巩固过于今日，其对待日本必更甚于今日可以断言。故非日本为革命军助，则有袁世凯之政府在，其排斥日本勿论，即袁或自倒，而日本仍无以示大信用于支那国民，日本不立于真辅助支那之地位，则两国关系仍未完满，无以共同其利益也。就他一方言，则支那革命党无一强国以为事前之助，其成功固有迟速之不同，即成功后而内政之改良，外交之进步，苟无强国之助，其希望亦难达到。故现时革命党望助至切，而日本能助革命党则有大利，所谓相需至殷、相成至大者此也。

或谓外交上日本未取得英国之同意，不能独力解决支那问题。然此不足虑也。支那问题近始露其真相，当袁世凯就职之初，大放金钱以收买欧洲一部分新闻记者、通信员，故其报告与评论皆极推重袁，而英国政府亦信之。近则英之舆论已变，《泰晤士报》已评袁为无定乱兴治之能力矣。英与佛邦交最善，而近日佛政府与国民皆已不信袁氏，故取消佛支银行借款之保证。夫英于支那以求真正之治安为目的，前误信袁氏有保持支那之能力，今既知其不然，将与佛国渐同其趋向。若日本导以真正解决支那问题之策，俾使支那得永久之治安者，则英必同意于日本之行动无疑。关于支那同题，日本当欲得英国之同情，而英国亦实视日本意向为转移也。夫惟民党揽支那之政柄，而后支那可言治安。

以支那人大别之为三种：一旧官僚派，二民党，三则普通人民也。政治上之争，普通人不与焉。旧官僚得势，为保持其禄位计，未尝不出力与他人角逐，及其权势已失，即无抗争反动之余地。如袁世凯见逐于前清摄政王时，惟以免死为幸，不闻有何等举动也。民党则不然，所抱持之主义，生死以之，求其目的之必达。前者虽仆，后者复继。故虽以前清朝之残杀，亦卒无以制胜。民党之志一日不伸，即支那不能以一日安。此深察支那之情形，当能知之。而欲维持东亚之真和平，则其道固在此，而不在彼矣。

要之，助一国民党而颠覆其政府，非国际上之常例。然古今惟非常之人，乃能为非常之事，成非常之功。窃意阁下为非常之人物，今遇非常之机会，正阁下大焕其经纶之日也。文为支那民党之代表，故敢以先有望于日本者，为阁下言其概。且观于历史，佛曾助米利坚矣，英曾助西班牙矣，米曾助巴拿马矣。佛之助米独立，为人道正义也；英助西班牙以倒拿破仑，为避害也；米助巴拿马，为收运河之利也。今有助支那革命倒暴虐之政府者，则一举而三善俱备，亦何惮而不为乎？若夫几事之密，更有以避外交之猜疑而神其作用，此又不待论。区区所见，实为东亚大局前途计，惟阁下详察而有以教之。

孙文（盖"孙文之印"）

大正三年、民国三年五月十一日

据原函，东京、早稻田大学图书馆藏

复黄兴告遭陈其美误会由来等事函

（一九一四年五月二十九日）

克兄鉴：

　　来示悉。所言英士以兄不入会①致攻击，此是大错特错。盖兄之不入会，弟甚满足。以"宋案"发生之后，彼此主张已极端冲突；第二次失败后，兄仍不能见及弟所主张是合，兄所主张是错。何以言之？若兄当日能听弟言，"宋案"发表之日，立即动兵，则海军也，上海制造〈局〉也，上海也，九江也，犹未落袁氏之手。况此时动兵，大借款必无成功，则袁氏断不能收买议员，收买军队，收买报馆，以推翻舆论。此时之机，吾党有百胜之道，而兄见不及此。及借款已成，大事已去，四都督②已革，弟始运动第八师营长，欲冒险一发，以求一死所，又为兄所阻，不成。此等情节，则弟所不满于兄之处也。及今图第三次，弟欲负完全责任，愿附从者，必当纯然听弟之号令。今兄主张仍与弟不同，则不入会者宜也。此弟之所以敬佩而满足者也。弟有所求于兄者，则望兄让我干此第三次之事，限以二年为期，过此犹不成，兄可继续出而任事，弟当让兄独办。如弟幸而成功，则请兄出而任政治之事。此时弟决意一到战场，以遂生平之志，以试生平之学。今在筹备之中，有一极要之事求兄解决者，则望禁止兄之亲信部下，对于外人，自后切勿再言"中国军界俱是听黄先生之令，无人听孙文之令者。孙文所率者，不过一斑〔班〕之无知少年学生及无饭食之亡命耳"此等流言，由兄部下言之，

---

①　指不加入中华革命党。

②　指湘、赣、皖、粤四省都督谭延闿、李烈钧、柏文蔚和胡汉民。

确确有据。此时虽无大碍，而他日事成，则不免生出反动之力。兄如能俯听弟言，竭力禁止，必可止也，则有赐于弟实多矣。

至于英士所不满意于兄之事，多属金钱问题。据彼所称：上海商人曾言兄置产若干，存款若干。英士向来皆为兄解辩云，断无此事。至数日前报纸载兄在东京建造房屋，英士、天仇①皆向日友解辩，天仇且欲写信令报馆更正。有日人阻之，谓不可妄辩。天仇始发信问宫崎，意以为必得否认之回音，乃与该报辩论。不料宫崎回信认以为有，二人遂大失望，并从而生出反动心理，以为此事亦真，则从前人言种种亦真矣。倘俱真的，则克强岂不是一无良心之人乎，云云。英士之此种心理，就是数日间所生者也。如兄能以理由解释之，彼必可明白也。

以上则兄与英士互相误会之实情也。乃忽牵入入会之事，则甚无谓也。且金钱之事，则弟向不在意，有无弟亦不欲过问。且弟以为金钱之于吾辈，不成一道德上良心上之问题，不过世人眼浅，每每以此为注意耳。今兄与英士之冲突在此点，请二人见面详为解释便可，弟可不必在场也。

弟所望党人者，今后若仍承认弟为党魁者，必当完全服从党魁之命令。因第二次之失败，全在不听我之号令耳。所以，今后弟欲为真党魁，不欲为假党魁，庶几事权统一，中国尚有救药也。此复。

孙文

五月二十九日

据原函，北京、中国历史博物馆藏

复黄兴望勿妨碍讨袁计划函

（一九一四年六月三日）

克兄鉴：

长函诵悉，甚感盛情。然弟终以为欲建设一完善民国，非有弟之志，非行弟之法不可。兄所见既异，不肯附从，以再图第三次之革命，则弟甚望兄能静养两年，

---

① 即戴季陶。

俾弟一试吾法。若兄分途并进，以行暗杀，则殊碍吾事也。盖吾甚利袁之生而扑之，如兄计划成功，袁死于旦夕，则吾之计划必坏。果尔，则弟从此亦不再闻国事矣。是兄不肯让弟以二年之时间，则弟只有于兄计划成功之日，让兄而已。此复。

又，此后彼此可不谈公事，但私交上兄实为我良友，切勿以公事不投而间之也。幸甚。

孙文

六月三日

据原函，北京、中国国家博物馆藏

复咸马里夫人谈创办百货公司事

（英 译 中）

（一九一四年六月十七日）

亲爱的里夫人：

五月一日来函奉悉，不胜感谢！

关于翻译《撒克逊的时日》一事，我拟请一位同胞将此书译成中文，在我们所办的一种杂志上刊载。

中国当前的状况，与我在长滩见你时相似。在我们的一切困难中，财政是主要的困难，但我有一种以组织百货公司为手段解决此种困难的办法。不知你能否帮我物色若干熟悉此种业务的组织者？如能找到，他们是否愿意前来帮助我们，以解除此主要困难？你会知道，在战争时期硬币不足时，纸币会被商人贬值。但百货公司一旦在各城市建立，我们就能保持纸币的价值。往往某一城市货物有余，另一城市却因短缺此种货物而感到匮乏的紧张，如此等等。当货物从一处转到他处时，此种弊端即易于补救。你看，此种组织在战争时期对人民的福利具有何等重要的意义。

我还要劳你告诉我，咸马里将军的友人们是否仍对中国有兴趣，如仍有兴趣，我愿与他们通讯联系。

希望你身体健康，在洛杉矶生活愉快，并致最亲切的问候与最良好的祝愿！

忠实于你的孙逸仙

日本东京赤阪灵南阪二十六号

一九一四年六月十七日

据吕芳上：《荷马李档案简述》所附英文原函译出，载黄季陆等编：《研究中山先生的史料与史学》，台北，"中华民国"史料研究中心一九七五年十一月出版

复山田纯三郎等告依前计划施行反袁函

（一九一四年七月二十日）

山田①、丁、柳、宁、蒋诸同志公鉴：

四次来信，俱收悉，并得电报。兹即致巴君壹函，附委任状，乞为转致。一切计划，依前书所云，望能照此施行，以利大局。

经济一节，已在此间设法，一得当即行电汇，勿念。

陈中孚、刘雍两君，请随时与接洽为荷。顺此，奉候

旅安

孙文

七月二十日

据原函影印件，台北、中国国民党文化传播委员会党史馆藏

复伍澄宇嘱勿再与黄伯群通讯并准备飞机之用函

（一九一四年八月二日）

平一同志足下：

来函诵悉。嘱发信致飞埠诸同志，日前已寄数函，但其中有未预名者，今后

① 山田纯三郎，山田良政之弟，三井物产公社、南满铁路会社职员，曾任满铁驻上海办事会，后任上海《民国日报》社长。

当另函致候。

属转黄君克强书，渠已远游美洲。

黄伯群一函，则因不知其住址，无从代递。但黄为人年少轻躁，好大喜功，日与侦探一流为伍，即如前者足下到横滨时，弟曾遣其往迓台驾入东京，原属其切勿张扬，乃彼自称为弟代表，到处招徭〔摇〕，泄漏秘密，至内地盛传足下与弟密谋革命等事，可知伯群操守殊不可信。至其人历史之卑污，又不待论。足下以后幸勿再与通信，盖彼恒利用人与之通信而借以招徭〔摇〕也。

飞机学校事，当竭力促成之，而目前训练尤不可缓，盖时局正佳，飞机之用即在目前也。尚祈准备一切，以备军用，是为至祷。专复，即颂
近祺

孙文
八月二日

据原函，上海图书馆藏

复区慎刚等嘉许爱国热诚函

（一九一四年八月七日）

慎刚、成就、螺生、源水①先生公鉴：

七月十九手书诵悉，藉谂壹切。当此商务疲弊之时，而公等能再接再厉，鼎力筹捐，集成巨款，非爱国热诚达于高度，何以及此？宋、黄二君报告书，亦述及林先生深得社会信用，此次提倡，不遗余力，令人纫感不置。要皆出于为国为党之公心，则非弟私人所敢言谢也。

精卫兄已有书来，言将抵东京矣。专此，即颂
公安

孙文
八月七日

据原函影印件，载黄警顽等编：《南洋霹雳华侨革命墨
迹》，上海，文华美术图书公司一九三三年二月出版

---

①　慎刚，区慎刚；成就（不详）；螺生，郑螺生；源水，李源水。当时均为南洋霹雳埠华侨中的革命党人。

复戴德律请阻止袁世凯在美借款并告讨袁计划函^①

（英译中）

（一九一四年八月十四日）

亲爱的戴德律先生：

收到你七月十日来函，十分感激！你此刻身在美国，能给我以重大帮助。

首先，请作出最大努力，阻止袁世凯获得他可能要在美国筹借的任何贷款。目前，他已无法再从欧洲获得任何贷款。据我耳闻，他打算以厚利诱使美国资本家提供款项，因为金钱是他唯一的实力。他将为此派遣他的财政总长周自齐赴美。因此，请预先堵塞他可能借以取得贷款的每一渠道：只须告诫美国资本家，袁世凯即使获得金钱支持，不久也必定垮台。所以，任何人援助这一首恶元凶，都将冒极大风险，而且，中国人民痛恨一切支持过这一公敌的资本家，并肯定无疑会拒不承认袁世凯有可能作出的任何权利出让。

其次，我要请你代我物色一批诚实而且愿意帮助我在战事结束之后，也就是在革命进一步继续之时，从事建设工作的人才。革命的战争部分较易完成，革命的建设部分倒真是难事。你可以在这一方面给我许多帮助，而最重要的莫过于财政整理，因为在革命时期，恐慌必定接踵而至，由于缺钱，百业将因而停滞，在中国尤其如此，因为中国商业中心的交换媒介，为外国银行家所控制。因而外国银行如汇丰银行之类，在中国的内部斗争中，实拥有举足轻重的权势。如果我们不能摆脱这种金融控制，独立就无从谈起。袁世凯不过是这类外国银行家的一个工具。

要摆脱这种灾难性的祸害，我的办法是，革命政府必须准备统制商业。这样，

---

① 戴德律（Janes Deitrick），美国商人，曾任大西洋—太平洋铁路公司副总经理。此函原件藏美国斯坦福大学胡佛研究所图书馆。

我们才能在我们想用钱的时候用我们想用的钱，也才能撇开那些外国银行家而成为我们自己的主人。

为此，政府必须：一、组织百货公司，以经营销售；二、控制水陆交通，以经营运输；最后，却并非无关紧要的，是制造那些一向仰赖国外进口的最重要的货物，以经营生产。如此，中国才能同时在政治和经济两方面获得独立。因此，我要请你为我物色各种行业的专门人才。最重要的是罗致百货公司的组织和经营专家。因为我要在全国建立这样一种商业系统。这项工作将追随革命军的进军步伐。在这样一个时期，政府会很容易得到各种货物，可以用征收赋税和以物易物的方式，取得人民非常乐于脱手的那些生产过剩的或滞销的产品。于是，我们的政府就能治理国家而无需向人民伸手要钱。

这种做法将为全体人民造无穷幸福。现在你该明白我为什么如此重视百货公司。上一封信里我也曾提及，但不知你收到否。

百货公司在美国已经司空见惯，但在中国却还没有，也没有人懂得如何经营。如果要设立这种机构，我想你一定不难为我挑选一批这方面的专家，但是他们必须为人正直、精力充沛而有才干。

如果你能和美国某些最有影响的百货公司托拉斯作出安排，使他们愿和我们的这项计划合作，那就太好了。

在这种情况下，我希望他们能贷款至少一千万美元供作初步战争费用，以为取得特许权的条件。能否作出这样的安排？如果你认为在这件事上你有成功的可能，我愿委派你为我的全权代表进行谈判。你可以为你的委托书拟一个初稿并且列明作出上述安排的条件，随复信寄来，供我酌定。

黄将军①出国旅行，属于游历、考察性质。我未容他参加下一次的行动，因为他在第二次革命期间竟然弃南京而逃，曾使我痛失所望。但是他在第一次革命期间及其以前都作出不少贡献，作为一位朋友和老革命家，我仍然视为友好，所以我已嘱咐我在美国的同志对他热情接待，如果你碰巧遇见，也请同样待他。

我正忙于准备另一次行动。这一次我将独揽大权，亲自指挥。如你所知，第

---

① 即黄兴。

一次革命爆发时，我尚未回国。及至抵达国境，一切都已发展到了使我认为明智莫过于承认既成事实的阶段。我非常乐于看到和平解决的结局。只是那一次我轻信了元凶袁世凯，以至铸成大错。

第二次革命，我没有参加，本以为有许多完全胜任的人员可以把工作进行到大功告成，必要的物质条件也足够应付而有余。但是，厨师太多，煮糟了汤！现在，中国已陷入空前严重的危机，袁世凯的专制较之先前满清的统治更加恶劣。于是我迫不得已而再一次承担起领导的责任。你也许会高兴知道，我得到比以往任何时候更大的信任，我深信不疑，我一定能比推翻满清更容易推翻袁氏政权，那一天已为期不远。

附带提一个要求，请为我在华盛顿寻找一个名为亨利·克里福德·斯图阿特①的人。他曾给我写过一封公开信，谈到有关纸币的问题，他的观点，一般说来，我十分同意。但是我们不能没有百货公司而流通纸币。请查访一下此人究竟是何等样人，如果适当，不妨邀他在我的百货公司计划中和你合作。

一旦听到我在中国取得了一个立足之点，请务必立刻前来看我，以便为我国的工商业发展拟制建设计划。

至于男女童子军运动，我完全同意你关于其必要性和重要性的观点，我一定要在我的事业获得成功之后加以推行。

谨致最良好的祝愿，并盼早日赐复。

你诚挚的孙逸仙

一九一四年八月十四日

日本东京赤阪灵南阪二十六号

据秦孝仪主编：《国父全集》第十册所录英文函译出，台北，近代中国出版社一九八九年十一月出版

---

① Henry Clifford Stuart 的中译。

致居正田桐请面询审察金一清函

（一九一四年八月十五日）

觉生、梓琴两兄鉴：

兹有金君一清，虽初见一面，然聆其言论，想一热诚之人也。彼于南洋情形，甚为熟悉，云可能联络筹款等语。请两兄面询详细，并加以审察。如果诚实，可要彼加盟，而托以联络之事，务望留心仔细可也。此致。

孙文

八月十五日

据亲笔原函影印件，台北、中国国民党文化传播委员会党史馆藏

复邓泽如勖奋起讨袁函

（一九一四年九月一日）

泽如兄大鉴：

顷得来书，具悉壹是，已交党务部居觉生等详细答复，俟寄上党章，请为分致各埠同志。

近者夫己氏①日失人心，海内动机四伏，欧洲风云大起，无暇东顾，国贼所恃为外债军器之接济者，已绝其来源，此正吾人奋起之机会。

南方同志近状如何？念念，即颂

大安

孙文

九月一日

据原函影印件，载邓泽如编：《孙中山先生廿年来手札》，广州，述志公司一九二七年一月出版

---

① 夫己氏，通用影射语，指袁世凯，下同。

复叶独醒告信宜直寄陈李等人函

（一九一四年九月七日）

独醒先生大鉴：

得手书并致陈、李①诸君书，足下用意，令人深感。惟陈等在南洋，近闻颇有自树一帜之举，其果能受善言而改悔来归与否未可知。尊书若由此间寄发，彼等或认为弟所运动指挥，反于效力有损，故不如仍由尊处发寄，示以无私，或可动以诚恳也。兹将陈、李两君住址抄上。即请

近安

孙文

九月七日

谭人凤最近闻已返长崎，可就东托人交去。柏文蔚信，则寄南洋，交陈交李均可。

据原函影印件，台北、中国国民党文化传播委员会党史馆藏

致邓泽如请筹饷组织就绪后到日相助函

（一九一四年九月八日）

泽如兄大鉴：

弟自去岁以来，恢复大业之志，不敢少懈。兹遇欧洲战乱，无暇东顾，袁氏更无后援，只有待毙，此时机会更不可失，海内同志已预备进行。惟以饷糈极绌，未能应时发展，亟望兄等在南洋提倡筹款，以为接济。兄于党内外，信用俱优，若得振臂一呼，事蔑不济。

尤有恳者：不审兄能抽身离南洋否？弟欲请兄到东京本部，助理党中财政事

---

① 指陈炯明、李烈钧。

务，弟视同人中能胜任愉快者，莫如兄也，愿兄勿辞，幸甚。兹寄上事前筹饷章程，敬乞察照，着手组织一切，既有头绪，即来东相助至盼。

据闻陈竞存、李烈钧俱有巨款约数十万，交陈楚楠、林义顺两君经营商业，不审确否？乞密中一调查报知。专此，即颂

大安

孙文

九月八日

据原函影印件，载邓泽如编：《孙中山先生廿年来手札》卷二，广州，述志公司一九二七年一月出版

复郑螺生李源水告款项统汇本部 并请劝邓泽如来日函

（一九一四年九月八日）

螺生、源水两兄大鉴：

手书具悉。两兄爱国热诚，始终不懈，纫佩奚似。

欧洲战事方殷，无暇东顾，袁氏后援已绝，正吾党恢复大业之时机。海外同志有见于此，急筹款项以资接济，足征毅力。现在海内同志俱各筹备进行，只以款绌尚未能应时发展耳。今得兄等提倡，内外合力，大功之成，当指日可待。此次办事，弟求完全统一，以杜流弊，故重订党章，整顿一切。即现在各埠筹饷事宜，亦必画一，已函告各同志，款项须统汇本部，由本部策应各处。若如某某等之办法，各立名义（所有一切号称统筹部及△△机关者，俱不承认），各筹各用，目前已极纷扰，将来尤必冲突，断不可行。

广东军事，弟已专派邓铿担任，经费则由弟处接济。故弟意欲请泽如兄径来日本，至本部经理财政，不必到港。因港中人既不免复杂，泽如兄至彼，亦难以主持，不若来东在本部办事，弟得收指臂之助也。泽如兄素得信用于党人，而才干亦优，望兄等为我劝驾。专复，即颂

大安

　　寄上筹饷章程，乞察照。

孙文

九月八日

据原函影印件，载黄警顽等编：《南洋霹雳华侨革命墨迹》，上海，文华美术图书公司一九三三年二月出版

复咸马里夫人再述创办百货公司计划函

（英 译 中）

（一九一四年九月十三日）

亲爱的里夫人：

　　八月三日惠函已接到。我要为此对你表示最热忱的谢意，尤其要感谢你对我的百货公司计划所表示的巨大关怀。

　　我的此种百货公司计划，是要在革命时期解救财政窘困，便利商业。正如你所知，中国商业完全受制于外国银行。一旦战争爆发，商业即将全然停滞，人民自然会深受其苦，我的计划即在使人民免受此苦，此种计划不会有任何人反对。

　　我们的朋友戴德律先生最近已来信，我已将全部有关事宜托付给他，今后将不再为此事有扰于你。

　　我愿高兴地告诉你，我的工作进展顺利。我深信反动政府被永远粉碎之日已为期不远。你若得悉我的事业已获胜利，或在中国任何地方得一立足之地，即请尽早东来，因我有诸多重要事务要仰仗你的协助。

　　再次为尊函致谢，并致最亲切的问候及最良好的祝愿！

你诚挚的朋友孙逸仙

一九一四年九月十三日

日本东京灵南阪二十六号

据黄季陆等编：《研究中山先生的史料与史学》所录英文函（原件藏美国斯坦福大学胡佛研究所）译出，台北，"中华民国"史料研究中心一九七五年十一月出版

致邓泽如请发起筹饷局统一筹饷办法函

（一九一四年九月十五日）

泽如先生大鉴：

前数日上乙书，并附有筹饷章程，想已察收。顷得麻坡来信，知该处分部已照章成立，此皆足下提倡指导之力。惟函内言有同志宋渊源到募福建军债，又李济民募三民实业公司股票，此非统一之办法，流弊滋多，故望先生速与各热心同志发起筹饷局，一面指导海外党员依章办事，其有未经本部承认而人自为政或省自为政者，俱宜以此晓之。

前请先生来东相助为理，能拨冗速来否？念。专此，即颂

大安

孙文

九月十五日

再者：港中颇有人私立名义，出外筹款，即属同志并未承奉本部命令，则一概不能承认。请告同志，勿为所惑。所有各处款项，俱统汇至东京本部，由本部接济各专任人员，以杜纷歧，而收指臂之效。文再及。

据原函影印件，载邓泽如编：《孙中山先生廿年来手札》，广州，述志公司一九二七年一月出版

复巴达斐亚支部嘉许扩充党务并告收到款项函

（一九一四年八九月）①

径复者：

接阅来翰，统悉一切。侨巴同志自接前函及金一清君携到各件，即克日将支部组织成立，爱国热忱，具征素抱，无任嘉赞。始基甫创，即进党员百余，以后

———————

①　原函未署日期。按函中提及金一清事在一九一四年八月十五日，此函当为此后不久之八九月间所写。

协力扩张，不难蒸蒸日上，诚有如来书所云者。尚祈当事诸君，积极进行，以达政治革命之目的，实为翘企。所有一切商办手续，均属党务部详细具复，嗣后各种情形，尚希随时函告。

所由汇丰银行汇来千元，已照数收到，所发正式收条，亦祈查收。后凡筹集各种款项，俱望直接汇寄东京本部，以昭划一办法。专此致复，并询

日祉

据《中华革命党史料汇编文献类》，台北、中国国民党文化传播委员会党史馆藏

致邓泽如嘱劝李烈钧勿自树一帜函

（一九一四年九月）

泽如兄鉴：

党中同人皆推举兄为财政部长，暂驻南洋，就各埠筹集巨资，以备急用。筹款就绪之后，即请速来东京助理党务为望。

兹得同志某君来函云：陈□□、□□□①已先后回南洋，此两公皆挟有厚资，而□尤厚，据江西同志云总有二三百万。而□□亲对□□□称说，"如有机〈会〉办事，需款百万左右，可不必他求，余能独力任之"等语。而弟所知者，彼现时存在上海汇丰银行之现款，确有三十万两，单以此一批，以足办就目前之事矣。惟□□二人皆极有大志，大概此次办事，非总统莫属，故第二次失败之后，弟到东京见各同志，皆极力主张急进，马上办去，而□□□极不以为然。其初弟犹以彼经过此次失败之后，或成惊弓之鸟，不欲出而办事，但据法友来函云：□□在巴里〔黎〕极欲联络法国政界，为他日援助，雄心泼泼〔勃勃〕，并未尝有退志，劝弟宜用之等语。由此观之，□□之不欲与弟共事者，或以为与弟共事，则总统一席必不轮到于彼，未可知也，否则何必另树一帜乎？果如此，则□诚不知弟之为人也。弟能让总统于袁，岂不能让总统于同志乎？请兄与南洋各同志力劝□，

---

① 原函如此，当系指陈炯明、李烈钧。以下空白处字数不符，暗指某人等。

切勿自树一帜，能协力同心则有成，否则必无侥幸也。如□果肯出款百万，以乘此良机，则倒袁诚有反掌之易。

　　袁氏财力已穷，今年年底必不能过矣。袁亦自知其危，故俯首帖耳，以就日本之围范〔范围〕，宁私结密约将中国降为他人领土而不恤者，亦为自保计也，然日人犹不信之，虽佯许袁氏以力压革命党之起事，然吾党果能大起，弟信日本亦必不干涉也。若为零星小起，且在日人势力范围之内者，如南满及山东等处，日人必有干涉也，兹请兄以本党财政部长名义与□□□立约，若彼肯出此资，兄可签押，许以竭力运动同志举彼为第三次成功之总统也。

　　盖此年余之久，弟已派同志入各省调查预备及运动军队，已多处成熟，弟一人所费已罄所有，约八九万金，而近日美洲陆续筹来者，亦七八万金，而弟尚有借贷三四万金，共已费去殆过二十万，故能造就各省人心。今遇欧洲大战，袁氏款械之路俱穷，而吾人则飞行机及种种能制袁氏死命之具，皆已备就，今只待大款，则同时可发动数省，袁氏必难以我敌，则成功甚有把握也。□能来助，事更易举；若彼欲另树一帜，则彼所用预备，所成未必过于我也。且彼向不预备，则使今日开始，亦非费年余之时日必不能达我所至之地步也。然一年之后，时机已失矣，时势之变又不知若何矣。故彼另树一帜，恐必无成也；则使成矣，彼并不与吾党共事，吾党岂甘共戴之为领袖乎？此时必有与之争者，为彼一人目的计，当与我党协同动作为宜也。望兄与此劝之，务使其乐从而后已。否则彼所挟之资，乃民国之公款，实非彼一人之私财也。彼若不肯挪公款为公用，则属自私自利，不仁不义也，则望兄等当筹适当之法以对待之也。此致。

弟知名亲笔

据原函影印件，载邓泽如编：《孙中山先生廿年来手札》卷三，广州，述志公司一九二七年一月出版

复李源水告筹款直接汇交函

（英 译 中）

（一九一四年十月九日）

李先生鉴：

前月、十九日来书均悉，谢谢！毅力筹款，以图大事，余真不知何以谢君也。

前接兄信后，弟立即以下列之文电兄："请告众知，吾等不能信任□□□，中山。"——余今愿解释余所以发如上电信之理由。以前此人□□□曾有一次来晤余，① 藉知彼亦努力大事同志之一。彼告余将返穗垣，余因请伊加入吾党，共同努力。彼云伊不为任何党工作，只为个人私事，彼此次返穗之目的，纯为探视家人等语。当时广州前大都督胡汉民亦力劝其入党，但不听。不久余闻彼返穗之目的，本非探视家人，另有作用。前余已当面告伊云，若彼苟欺余者，余当用种种方法以排斥之，今既如此，吾乃不得不实行处置矣。前致汝函，已略提及。今乃再述，若此后有款筹得，请直接寄余，勿再交彼，彼乃无赖小人，焉能可靠。第一次起义后，彼滥用职权，竟领数万之众，内有南洋同志，而不知加以训练，比之袁世凯，有过无不及。人而滥权，为民族利益计，不能缄默而不加以驱逐也，苟再与权，则谓其为大事前途之阻碍品可也。先生欲知彼之详事，则告知陆文辉，当能满意。南洋群众如不欲将款交余，则请存之群众之手，尤愈于交彼伧也。

计划想已得手，请将此函公示南洋各地同志为盼。此请

台安

孙逸仙手上

十月九日

日本东京

据胡汉民：《总理全集》第四集英文原函影印件译出，上海，民智书局一九三〇年二月初版

──────────────

① 此处缺字（涂抹），下同。据张延举：《孙中山先生致李源水英文函内所缺之人名考》（载《近代史资料》一九五八年第一期）称，所缺人名当为朱执信。

再复陆文辉嘱打消某人筹款行动函①

（一九一四年十月九日）

文辉兄鉴：

前复一函，说叶夏声之狂妄，并取消其职务，以谢诸君，想已达览，消释一切误会矣。

昨接壩罗李源水兄来函，云□□□②近在南洋筹款，该埠一处已可得二万以上之数云云。弟于接信之夕，即发一电与李源水君云："布告大众知照，我辈不信任□□□"等语。今日更发一长函，说明其故，云□在东京时，弟邀之来寓，晓以统一之必要，着彼写誓约，彼不肯写，并示反对之意，弟当时明说，如不写誓约，则不必回广东做事。数日后，彼与毅生竟去矣，声言非办公事，乃今彼竟往南洋筹款，是言行不对，直以欺骗，弟甚不然之，着李君对南洋同志声言，不听信□□□。并云"其人前在广东恃势横行，杀人无算，且杀了许多南洋同志，欲知□之为人，请问陆文辉，便知其详"等语。未知兄现已往南洋否？如未动程，请速前往，设法打消彼辈筹款之效果，免彼再为害于统一之局，则幸甚也。昨已发一信寄往南洋，大略与此相同。恐兄尚未动程，故多发此寄港，以便周知，□往南洋，全靠邓君泽如，兄到南洋时，先访泽如，说□□□反对弟谋统一之意，今彼欲自由行动，是直有心扰乱，弟极端反对之。请兄到南洋将弟意宣布众知，纠合同志，打消彼独断独行之事，免贻误大局可也。特此再致，即候

大安不一

孙文

三年十月九日

据台北国民党中央改造委员会党史史料编纂委员会编：《总理全书》之十《函札》上册，台北，"中央文物供应社"一九五〇至一九五二出版

---

① 据秦孝仪主编《国父全集》第四册参校。缺字或为朱执信、朱。

② 据秦孝仪主编《国父全集》第四册参校。

复伍宏汉等望赞助筹款函

（一九一四年十月十二日）

宏汉仁兄暨各同志大鉴：

九月十七〈日〉手书诵悉。自讨袁军不利，海内外志士俱枕戈以待时。一年以来，袁益专制无道，人心愈失；比又遇欧洲大战，无暇东顾，袁所恃为外债军伙〔火〕之接济者，今已绝其来源，此尤吾辈恢复大业之机会也。各地同志俱已奋励进行，而经济问题首须解决，俗称所谓三军未动、粮草先行也。兄曾为国驰驱，今又为党服务，热诚所及，自足以提倡一切。

冯、谢诸君到埠，尚望吾同志极力赞助为幸。此复，即颂
大安

孙文
十月十二日

据原函抄件，台北、中国国民党文化传播委员会党史馆藏

致戴德律委托创办百货公司函

（英 译 中）

（一九一四年十月十二日）

詹姆士·戴德律①，亲爱的先生：

随函所附为委托书，凭此委托书，你有权为在中国开办和经营百货公司和其他工商企业洽订合约。

如果你能作出安排，即可为取得与中国政府共同建立一个百货公司系统的合作而处置本委托书所承诺的全部优惠权利，其条件是预借给我和我党一千万美元。此款，我将用在我国国境之内，以促进我党和我国各项事务。如果由于金融状况

---

① 詹姆士·戴德律（James Deitrick），美国银行家。

紊乱而难以获得上述数额的贷款，也可由你斟酌决定，以取得适当和公平的款额为条件，向不同的人分别处置一些地区，例如，汉口或南京或上海周围。如以现金支付，请以我的名义将有关款项存入银行，而将存款凭据交我收执。

如果你能找到愿意开办此类百货公司的商家，也可洽请参与兴办矿业、钢铁工厂、运输业、谷物仓库、各种制造业、中国陆海军兵工厂之类的产业项目，但须遵守同样的规定与谅解，即中国政府必须拥有股份的半数。

根据委托，你有权签约招聘愿为我国政府经营百货公司的专门人才，其待遇当与美国时下通行的标准相同，再加上为了取得这种来华工作的劳务所确实必要的额外补贴。

授予你的权力范围广泛，但我信任你的才干、智慧和良好判断能力。我觉得，你定能为我和我的国家完成这项工作，一如有我在场并能和你就重大问题共同磋商无异。

你非常真挚的孙逸仙

中国·上海

一九一四年十月十二日

据秦孝仪主编：《国父全集》第十册所录英文函译出，台北，近代中国出版社一九八九年十一月出版

复王敬祥告款即电汇陈其美函[①]

（一九一四年十月十四日）

敬祥兄鉴：

十月十二〈日〉来函，并手形已接，即如约填就，交英士兄转上。该款请即电汇陈英士兄收为荷。此候

大安

孙文

十月十四日

据亲笔原函，台北、中国国民党文化传播委员会党史馆藏

---

① 一九一四年二月，王敬祥被孙文委任为神户大阪支部长，追随孙文为革命到处奔波。

复伍澄宇告到澳门凭吊孙娫请与孙昌密商函

（一九一四年十月十五日）①

平一世兄鉴：

来信收悉。所请介绍至澳②，凭吊斑〔娫〕儿丘塚一事，实难为情。盖不欲再伤其母之心也。世兄如必欲竟此志，只有到澳时与舍姪阿昌密商，请他带往便可，切勿使家中知之也。此复。

前程远大，幸维为国珍重。

孙文

十月十五日

据亲笔原函，上海图书馆藏

复戴德律述建立百货公司系统条件等事函

（英 译 中）

（一九一四年十月十九日）

亲爱的戴德律先生：

由于时间迫促，未能及时回复你九月一日带给我极大快慰的来信。知道你对我的计划深为关心，十分高兴。在这项极端重要的事务方面能得到你宝贵的协助，使我极为庆幸。

在前一封信里，我曾向你透露我要在全国建立一个统一经营的百货公司系统的计划。这项计划将在目前这第三次革命完成后立即付诸实行，这一系统当为合股公司，半数股份将为中国政府所有，另一半股份将属于外商。在一定时

---

① 原函未署年份，据信封邮戳为大正三年〔一九一四年〕酌定。
② 指澳门。

期内，这一系统将完全由外国人管理，晚后，再由逐渐培训合格的中国人员取而代之。

由于我们缺乏这项工作的组织、管理人才，所以在前一封信里曾请你帮助寻找一批适用的人员。

愿意承办这项计划的辛迪加或康采恩，可获得股份的半数。为了实现这项计划，我们希望某一这样的资方能够贷一千万美元给我们充作革命经费。当然，这笔贷款应该是单独的项目，不得与百货公司的计划相混。提供这笔急需贷款的康采恩，即可取得合营百货公司的权利。如果百货公司的计划不合他们的兴趣，也可以同样方式授予建造铁路、开发矿业之类的特许权利。

关于委托授权问题，我要明确说清，百货公司不得发行纸币，因为纸币发行权将只留给政府专有。百货公司也不得垄断进出口权利，因为这类活动在中国要受到条约的约束。

关于武器和军火物资的供应，现在对我们已不十分重要，因为我们可以轻易得之于敌方之手。这种做法可在削弱敌人战斗力量的同时壮大我们自己。只要有钱，就很容易做到。因此，对于我们，钱比物资更加重要。

因为，如果我们拥有和敌人相等的物资，我们将极为不利。但是，如果能用金钱收买敌人的军人，则敌人虽欲攻打我们亦无可用的兵力，我们将稳操胜券无疑。

目前我正在为即将发动的一场重大行动进行准备，其结果在两三个月内当可见分晓。一旦得知我成功的消息，请即前来助我筹划建设事宜。万一失败，则请在美国为我们工作，筹措上述数额的款项，以迎接另一场规模更大也更有把握的行动。在后一种情况下，我本人将前往美国。

至于黄兴将军，他仅仅是为我们的事业协助筹款。在美国筹得的款项将全部交给我。

日本政府的态度则因为有英日联盟的关系对我们并不友善。日本人民对我们和我们的事业却极为同情。

最后，我要为我的孩子们得到的亲切关怀而向你和夫人致谢！我相信孩子们也一定十分感激。希望不久就能得到你的回音。谨向你和夫人致以亲切的问候。

你诚挚的孙逸仙

日本东京赤阪灵南阪二十六号

一九一四年十月十九日

据秦孝仪主编：《国父全集》第十册所录英文函译

出，台北，近代中国出版社一九八九年十一月出版

复邓泽如请以本部财政部长名义在南洋募款函

（一九一四年十月二十日）

泽如我兄大鉴：

十月一日手书敬悉。兄一时未能来东，仍可为本部办事，兹即倩兄以本部财政部长名义在南洋募款，则收款凭据即可由兄签发。弟原约兄来东，即为办理财政部事务，其东京一部职事，弟可暂派人代理。南洋英、荷各属，均望提倡办理筹款事宜，此系为党择人，幸勿辞避。至于偿还期限，变通办理，自无不可。惟各款必使直汇东京，粤省、闽省军事用，须由东京应付，即昭统一办法，亦且弟处不能仅顾一方面也。专此，即颂

台安

孙文

十月二十〈日〉

据原函影印件，载邓泽如编：《孙中山先生廿年来

手札》卷三，广州，述志公司一九二七年一月出版

复邓泽如论统一革命党与统一南洋筹款函

（一九一四年十月二十日）

泽如兄鉴：

十月一日来函，已得收读。除着书记详答之外，弟更有言者，则□□①此次擅来南洋，实属大为不合。当彼离东京之前，弟邀之到寓，请彼写立誓约，以为统一之必要，彼竭力反对比举。弟从详与之讨论数点钟之久，卒归无效，于是劝彼勿干与公事，彼已允诺。今又来南洋筹款，□□对弟如此，更何有于党人？□□，陆□□知彼甚详，兄可详询之也。彼此次来筹款，不知其居心若何？然在事前既不能听弟之号令，则得大权之后，更可知矣。

革命之事本属不难，而今日之纷乱，则同为革命党各欲自树一帜，大有不相下之势；则他日之战争，不在杀敌为难，而实在自相残杀之可畏也。革命党能统一，则革命之事业已成功过半矣。不能统一，则使成功，等于第一次□，其结果亦必如今日矣。局外人不察，多怪弟之退让，然弟不退让，则求今日之假共和，犹未可得也。盖当时党人已大有争权夺利之思想，其势将不可压，弟恐生出自相残杀之战争，是以退让，以期风化当时，而听国民之自然进化也。倘袁氏不包藏〈祸〉心，恢复专制，则弟之退让，实为不错。今袁氏既如此，则第三次革命为不可少之举，但必须净本清源，将不良之分子大加淘汰，而第一办法，则须统一。乃□□首为反对，此实大碍进行也。倘不能统一，则必不可再事革命也。如□□者，请兄与同志切勿再与共事，盖损多益少也。

故款项一节，须寄至东京本部，由本部分配，事权方能统一，请公等筹得，切不宜直寄香港，盖香〈港〉机关林立，各不统一，然彼等口称必服从本部之命令也。倘南洋款直汇香港，则彼持以反对本部，而消灭革命党之主动力耳。如此行为，是无异间接为袁世凯之助也。故请兄及各同志再三思之，并广布此意，使南洋同志周知。南洋之款若不肯寄东京本部，则请勿筹更妙，盖无南洋接济他方

---

① 原函空若干字不等，下同。似指朱执信。

以款，本部当有以统一之，倘彼等有款，则统一更为无望矣。无统一则有第一次之成功亦失败，有第二次之势力亦失败。（第二次南方有兵十五六万，有财数千万，有土地六七省已宣布独立，其未宣布者尚多，然不待袁兵之到，已纷纷溃矣。则如广东，初则陈炯明利用袁之力而夺汉民之位，其后则钟鼎基欲与陈争都督，苏慎初与钟争，张我权复与苏争，纷纷相争相杀，而龙济光乃得收渔人之利。是吾党之败，自败也，非袁败之也。）是以弟今日负完全责任，以发起第三次革命，凡我老同志如有鉴于前车之失而表同情于弟之主张者，幸为竭力相助，否则亦请勿以钱而助纷纷自树一帜之人，以破我统一之政策，则革命必可成功。如其不然，各自筹款，各自为谋，则必失败之道也。□□之所为，则有类于此也，请兄等为我拒绝之则幸甚。

南洋筹款，本委任陆文〈辉〉兄，惟□□因悮会弟复信任□□等，故决然不与为伍，而并且舍弟而去之，相见□□。幸将此意解释，而请相助为理可也。

弟从新组织中华革命党为统一之机关，自成立以来，各省已陆续统一，远至四川、云、贵、山、陕、甘肃，近至江、浙、闽、赣、两湖，皆惟弟之号令是从。惟广东纷纷自立，不肯听命，其故皆以南洋有所筹款，故各自纷来，自筹自办。是以欲统一广东，必先统〈一〉南洋始，望兄竭力图之。

孙文

据原函影印件，载邓泽如编：《孙中山先生廿年来
手札》卷三，广州，述志公司一九二七年一月出版

附载：中华革命党本部总务部据总理面示
就发展星加坡党务办法复卢耀堂等函①

（一九一四年十月二十八日）②

径启者：顷奉总理孙先生交下尊处来函暨规则、理由书、咨询书、邓泽如君

---

① 孙文于一九一四年七月在东京正式成立中华革命党后，任命本部各部主管，加强对各地下属机构的联络和指导。总务部列名各部之首，负责接洽海内外支分部及各方同志，并处理各项庶务。总务部长陈其美，后奉命入内地策划武装反袁，由副部长谢持在日主持该部工作。

② 原函未署年份，此据底本《文稿》的前后编排次序酌定。

附函各件，当经总理面示办法。诸君因本地政府侦采党人行动，议定办法力求万全，矢志进行，不计利害，询〔洵〕吾党不可多得之人，钦慰何似！使海内外同志尽如诸君，国家前途正未有艾也。

惟"代表"之名，易为"联络委员"尤较妥当。业经准据来函，分别填发"星加坡联络委员委任状"，并加委邓子瑜君偕同诸君共成八人；其余两人希即举定报告，以便加委①。所拟《临时议定规则》尚属妥当，应予批准。惟规则内"代表"等字样请即改作"联络委员"，"代表团长"即改作"联络委员长"（由联络委员自行推定），以免歧异。党员誓书由本部备发。入党费、年捐收条即由该委员团给予收据，待整数汇寄日本交到本部时，再由本部给该委员等以收据也。

除知照党务部将誓书并委任状另封邮寄外，特此具复，即希查照。并颂

均安

总务部启

十月廿八日

阅（陈其美印）

据《复星加坡联络委员卢耀堂等函稿》，见中华革命党本部总务部《文稿》第一卷（中华民国三年十月二十八号立），原稿本，上海图书馆藏

附载：复万里洞支部告同意合全岛为一支部函②

（一九一四年十月二十八日）

径复者：顷奉总理孙先生交下尊处九月廿一〈日〉来函，面示办法，理合具复，希左右督之。

尊函以万里洞一埠之组织若独当一面，则会员寡少恐于定制不符，若附丽他埠，则地方习惯又虞难以推广，请示办法。查该埠地势孤悬，习惯特异，应准变

---

① 一九一四年十月二十八日由总理孙文、总务部长陈其美、党务部长居正联署的"星加坡联络委员委任状"，共委邓子瑜、卢耀堂、梁允煊、陈孔忠、吴炽寰、郑少芝、李霞举、何德如八人；十二月十日又加委梁允祺、刘福田二人。一九一五年六月，孙文委任卢耀堂为星加坡分部长。

② 此件为中华革命党总务部谢持所拟的函稿。收为附录。

通办理，合全岛为一支部，希即遵照定章，推举支部长，以凭委任，其捐款收据办法，各支部对于党员之捐款，即由该支部给与收据，俟支部将款到汇本部时，然后由本部给收据与支部。尊处幸即照此办理，并望随时将款直接汇交日本东京本部。至于支部印信，待支部长兴定委任后始行刊镌寄用。

誓书百份已转知党务部径寄矣。此复，即颂

伟安

总务部公启
（阅十月廿八日）

据《复万里洞支部函稿》［转录中华革命党总务部
机要处：《文稿（三年第一卷）》①］，上海图书馆藏

致邓泽如告以南洋筹款事相托
并范鸿仙夏之麒被刺事函

（一九一四年十一月一日）②

泽如我兄大鉴：

兹寄上委任状一纸，即乞察收。

现在兄未来东，即以南洋英、荷各属筹款事宜相托，各属应如何设置局所、分派人员，均由兄指挥。英属事定，则望往荷属一行，因从前我党以英属为本位，而于荷属尚涉疏懈，非以兄之人望，不能提挈之也。

前月范鸿仙君在沪被刺。范君系安徽旧同志，办事甚久。此次担任上海事，已运动北军过半，袁贼一方知其势不可遏，乃悬红暗杀之，花红六万元，其死与宋教仁相类。范死同时，上海镇守使捕杀其北来军士二百余人，盖皆与范通而担任代表者。又埋攻制造局之炸药，亦被发觉。上海本与杭州省城事为一气，范死，浙江事亦有顿挫。至上月廿日杭州省城破坏机关五处，捕去党人三十余，军事主

---

①　此文稿为时在日本东京的中华革命党本部总务部机要处公文簿之一，起讫时间为一九一四年十月至一九一五年年九月，所收录的均为起草函稿底本。

②　原函未署年月。按函中所说"前月范鸿仙君在沪被刺"（范系一九一四年九月被害），"上月廿日杭州省城破坏机关"（杭州十月举事失败）推断，此函应为一九一四年十一月一日所写。

任夏之麒（寅卿）亦与焉。夏老成负重望，其在江浙，屡为武备陆军学堂总办，与广东之赵声相似，而势力尤大。其谋浙事已数月，一切俱已准备，只以迁延期日（因款不足），泄漏风声，而我重要人乃俱不能出险，殊可伤也。

现在各同志依然奋励进行，佥谓第一次革命，虽由武昌起义，而实广东三月廿九之役为之先。革命不患成功之迟早，而患死事之无人。有此影响、有此模范及于各省，则革命之成当甚近耳。弟意亦如是。第二次革命，我党乃无一死于战事者，范君、夏君以流血洗前事之辱，即以种将来之果，断非徒死者也。其余他省机局，幸尚无甚变失。知关廑念，附及，即颂

公安

孙文

初一日

各同志均此。

据原函影印件，载邓泽如编：《孙中山先生廿年来手札》卷三，广州，述志公司一九二七年一月出版

复区慎刚等重申款项统汇东京本部函

（一九一四年十一月六日）

慎刚、螺生、源水三兄公鉴：

十月十七日手书敬悉。张、陈登广告一事，诚莫明其用意所在，而南洋之款遂受无形之阻力，伊等实不能不任其过也。前以各省纷纷有人运动筹款，实于统一有碍，故曾致书泽如处及尊处，请统汇东京，然后由本部支付各处应用。闻因粤事紧急，已由南洋汇款万余至港，此亦为例外之不得已，但须要收款人寄回收据。南洋由尊处寄来，向东京本部换取弟亲书收据，方合手续。各同志于金融紧迫之时，竭力以助军需，热诚可敬，而兄等提倡之力尤难能也。专复，即颂

公安

同志各位均此。

孙文

十一月初六日

据原函影印件，载黄警顽等编：《南洋霹雳华侨革命墨迹》，上海，文华美术图书公司一九三三年二月出版

复宫崎寅藏奉上仅有二十日元短简

（一九一四年十一月十五日）①

函悉。刻下倾所有只此二十円耳，用即奉上，愧甚！愧甚！此候

大安

孙文

十一月十五〈日〉

据亲笔原函影印件，台北、中国国民党文化传播委员会党史馆藏

复邓泽如告广东讨袁事并请其节制筹饷委员函

（一九一四年十一月十六日）②

泽如兄鉴：

今日展堂交来手书具悉。昨报载港电言洪兆麟起兵惠州，宣言独立。又十二日约一千革命党同时袭破五处兵营（或在省城，或在佛山）。而仲元等尚未有电来，或已入内地，故消息反较外人为迟也。弟等行动，当视粤事如何，若粤事尚不能大起有功，则弟欲兄先来东京一行，亲视此间党务情形，然后再往香港或南洋设立筹饷局，选择妥人，担任筹款。

至陆文辉处，伊前将委任状寄回东京，弟加以解释，重复寄之，兹请兄面询伊得弟信后，能否释然于心？如其尚未释然，即请向伊取回委任状为荷。

以后筹饷委员，悉归兄节制，委任状亦要兄副署，各埠人员请选择报告前来，当即发委状寄署，然后交去也。匆匆，即颂

① 原函未署年份，今据当年情势酌定为一九一四年。

② 原函未署年月。据函中"十二日约一千革命党……袭取五处兵营"（一九一四年十一月十一日朱执信在广东顺德县起义讨袁，有千余人进攻佛山等地）判断，此函当写于一九一四年十一月十六日。

近安

　　螺生、源水兄暨各同志均请问讯。

孙文

十六日

据原函影印件，载邓泽如编：《孙中山先生廿年来手札》卷三，广州，述志公司一九二七年一月出版

复戴德律告讨袁近况并请代筹款函

（英 译 中）

（一九一四年十一月二十日）

亲爱的戴德律先生：

　　你十月三十一日来信，昨日收到。九月十九日、二十三日、二十六日以及十月一日和四日的来信，也都先后收到无误。请原谅我未能及时一一作复，因为我的英文秘书目前不在此地，而近几个月来我又十分忙碌。而且，在附有经我签署的文件的最后一封信里，我已向你报道了一切重要情况，而目前并没有多少新消息可以奉告。

　　在那最后一封信里，我曾告诉你，我正在为一项即将实行的计划工作。我们曾每天都期待着良好的成果。但是不幸，已经有几起意外事件发生。第一，我们的重要领导人之一范鸿仙先生，已被袁世凯在上海的党羽杀害。他在警卫上海及其附近地区的北方部队中颇有影响，并已把他们中间的一大部分争取到了我们一边。第二，浙江省省会杭州的准备工作已由于敌人的某种侦察活动而告停顿。第三，几天前在广东省发起的行动，由于经费短缺，未能同时攻占广州城。目前，战事正在广州外围进行，结果如何尚未分晓。中国南部和北部各省都已准备好合作，只是缺乏经费。

　　像一九一一年第一次革命那样，一种全面行动的时机已经成熟。下一次行动，将由我直接控制全局，定能做到万无一失。我确信，胜利的成果将超过第一次革命。

　　我此刻急需用钱。你能否立即提供五十万美元以上的一笔现金？如能得到这

笔款项，我尚能把握时机在今年或明年初采取一次成功有望的行动。如果你能为我筹得这笔款子，请代为购买至少十架最新式的飞机并立即运交马尼拉的汤姆·古恩上尉①。如果不能购到飞机，则请购买那么多的发动机（至少一百马力）和必要的材料与配备。

谨向你和夫人致以最亲切的问候。

你非常诚挚的孙逸仙

一九一四年十一月二十日

东京赤阪灵南阪二十六号

再者：一箱 AKOZ 药已收到，我将请一些朋友试用。如效果确实良好，当有人会愿意做这一地区的代销商。请转告你那位医生朋友。

据秦孝仪主编：《国父全集》第十册所录英文函译出，台北，近代中国出版社一九八九年十一月出版

复某君告秋山定辅还款事函②

（一九一四年十一月二十六日）

昨日温兄③始见秋山④，秋山对他言：数日后必能全数清还，不再延误云。言得确凿，如此姑待数日，以观后效如何。此复，并候

清藤⑤仁兄大安

弟文启

十一月廿六〈日〉

据亲笔原函影印件，台北、中国国民党文化传播委员会党史馆藏

---

① Capt. Tom Gunn 的中译。

② 此函在秦孝仪主编《国父全集》第四册标题作《为秋山还款致清藤事函》，据函中有"并候清藤仁兄大安"语，故受函者非清藤，标题另拟。

③ 即温芬（炳臣）。

④ 即秋山定辅。

⑤ 清藤幸七郎，日本九洲熊本县人，辛亥革命前后曾协助中国革命党人的活动。

复戴德律请从速筹款函

（英 译 中）

（一九一四年十二月十九日）

亲爱的戴德律先生：

十一月十四日及二十八日来信均已收到。

我曾在十月二十日和十一月二十七日先后寄上两信。前一封在你寄出最近一封信以前应该已经寄到。但是你在来信中并未提及。在那两封信里，我都曾请你为我从速筹款。因为我们此刻急需用钱。能否设法为我筹得几十万到五十万之数？如果现在能够筹得这笔款子，我们就有把握获得成功。我希望你在前来此地之前能为我筹到这笔钱。能否在两三个月之内办妥？请让我知道确切的时间，因为我要根据情况拟定计划。如果在那样一个时期内无法办到，我也许会到美国去。

谨致最良好的祝愿！

你真诚的孙逸仙

一九一四年十二月十九日

据秦孝仪主编：《国父全集》第十册所录英文函译出，台北，近代中国出版社一九八九年十一月出版

复区慎刚等论统一指挥函

（一九一四年十二月二十五日）

区〔慎〕刚、螺生、源水先生公鉴：

得十一月廿八日手书，具悉。收据转付，既有窒碍情形，则由南洋将各埠汇去款项若干，随时报告存案，由弟处查察收支实情，再发给收据。如来书所言办法，亦无不合，即请通知泽兄等查照可也。

顷得林师肇君来函，言螺、源两君推伊为闽、粤交通员，布置△事云云。近

来各地热心同志急欲△△，故派人回内地组织机关，其用心实可嘉佩。但此事每易生不统一之弊，港地现有数十机关，各不相谋，半系自逞头角者所为，而由外洋热心同志所派回者，亦居其半（由美洲回者最多）。其始意本在联络疏通，乃机关告成，常与初意违反。同办一事，不能联合，久而久之，且生冲突，故杜渐防微，不可不慎之于事前。

林君师肇，弟未谋面，以兄等所知，或不至如美洲归来之某某辈。惟弟既立本部于东京，为全国枢纽，则请兄等及各埠同志，如物识有可为之人物，宜直接介绍前来，由本部支配，以归统一，庶于大局有裨。专此，即颂

公安

陈新政兄处即望以意告知，恕不另函也。

孙文

十二月二十五日

据原函影印件，载黄警顽等编：《南洋霹雳华侨革命
史迹》，上海，文华美术图书公司一九三三年二月出版

致戴德律请即复筹款情况函

（英 译 中）

（一九一四年十二月二十五日）①

亲爱的戴德律先生：

在上一封信里我曾提到十月二十日的一封信。我想是我记错了；那是十一月二十日寄出的。所以，当你在十一月二十八日写信给我时，那封信还不可能寄到。目前我身边没有英文秘书。我先前的两位女秘书，是两姐妹，姐姐宋霭龄女士刚结婚，妹妹宋庆龄女士最近已回上海。所以，我不得不亲自用英文写信。

在以前的两三封信里，我都提到请你立即为我筹款。不知能否做到？请立刻

---

① 原函未署日期。秦孝仪主编《国父全集》第十册的此英文函末注："邮戳日期：一九一四年十二月二十五日，收到日期：一九一五年五月十日。"今所标据邮戳日期。

给我一个明确的答复，以便我为明年的行动拟定计划。

祝你新年愉快！

你真诚的孙逸仙

东京赤阪灵南阪二十六号

据秦孝仪主编：《国父全集》第十册英文函（转录中国国民党中央委员会党史委员会藏原函影印件）译出，台北，近代中国出版社一九八九年十一月出版

致陈其美等介绍钟谭二君往见函

（一九一四年十二月二十七日）

英士、汝为、觉生、哲谋①：

钟、谭二君由何海鸣处介绍来见，兹特转介前来，请详询各节，酌量处理便是。此致。

孙文

十二月二十七日

据亲笔原函，台北、中国国民党文化传播委员会党史馆藏

复邓泽如其职改为南洋各埠筹款委员长函

（一九一四年十二月二十八日）

泽如我兄大鉴：

得手示并附来侠黄②书，诵悉。侠自有书来此间，只契阔联欢之语耳。新政前此数月即有书来，言出资助党，以既占有名城大省，声势赫濯时始能唤起群情，故缓进之说一出，即中其心曲。来书所言对付此派人之办法甚是，先使有志者不

---

① 即陈其美、许崇智、居正、周应时。

② 侠黄，即李烈钧。

为此等言论所摇动，最为要着也。

兄辞财政部长之职，不徒谦德可钦，亦见处事之卓识。兹弟为名实相副起见，改请兄为南洋各埠筹款委员长，如此既无旷事之嫌，亦不必更谦让矣。（在程度至高者说，只尽义务，无取名义；但以之对于普通人，则名义不可少，故吾人亦当引受之而不能避也。）专此，即颂

大安

据原函影印件，载邓泽如编：《孙中山先生廿年来手札》第三册，广州，述志公司一九二七年一月出版

复咸马里夫人请来相助函

（英 译 中）

（一九一四年十二月三十一日）

亲爱的里夫人：

十月十六日来信早已收到，因我们的事业进展甚为缓慢，故无新情况可以奉告。而且我的英文秘书宋蔼龄近已结婚，并偕同其妹宋庆龄返回上海（她们均曾就学于美国，精通英语），故目前无人掌管我的英文通信事宜。我希望你能前来协助我，然而一切又如此多变，使我无法安排一固定之计划。但我希望我们能够有所作为的时日不久即将到来。

谨致最亲切的问候，并祝新年愉快！

非常忠实于你的孙逸仙

一九一四年十二月三十一日

据吕芳上：《荷马李档案简述》所附英文原函译出，载黄季陆等编：《研究中山先生的史料与史学》，台北，"中华民国"史料研究中心一九七五年十一月出版

复宿务同志解释收款只开总收条事函

（一九一四年十二月下旬）①

宿务同志列位公鉴：

接到十二月十九日寄来公函各件，俱诵悉。兄等忠于党事，爱人以德，至为铭佩。伍君为弟旧交，亦曾尽力党事，至此次手续不合，则为弟发其端，以此时令伍君更正，乃弟所以对一般同志也，幸无误会。

关于收条一节，本党自开办以来，对于海外筹款，只发给总收条，其分收条，则由各支部、分部自发。伍君所主张之法，非本部常例，如海外各埠均以此法为良善，亦可由本部另订新章办理。但各埠既有支部、分部，则本部只对于支部、分部各部长交涉，支部、分部对于党员交涉，较为妥善。他日赏勋酬劳，亦容易调查，因本部办事人员一遇革命得手，则全数入内地，分往各省担任职务，此时军事旁午，难以会合商办党事，故对于海外党员，当以各支部、分部为交通点。倘各支部、分部恐当地党员有不信用者，当由党员公举理财员，汇款至本部，得回总收条，昭示大众，当无不信也。另望支部、分部造详细征信录以示大众，而备考查，则他日偿债酬勋，俱易泾渭如法矣。至于党员入会基本金，则与军需捐不同，将来由党务部发回党证，交给各党员，即不必另发收据也。

兹将两次收条寄致尊处，即乞察收。顺颂

公安

孙文

经收一千三百九十二元五角七分。

据原函影印件，台北、中国国民党文化传播委员会党史馆藏

---

① 原函未署日期。据函中"接到十二月十九日寄来公函各件"及论述对海外筹款发给总收条等内容判断，当写于一九一四年十二月下旬。

致吴稚晖论草定元勋公民意见书函

（一九一四年下半年）①

稚晖先生左右：

沪上一别年余，不获时通笺候，甚憾事也。比有友人为述沪报载公论政事手书中有"东京革命党自号元勋公民"之语，弟恨未得亲诵原文。然关于此节，甚欲详论其故，以免远道传闻之误。盖元勋公民之名，弟草定于革命党新章，所以许首义之党人于宪政未布之时期内有优先之选举权，盖几经反复详审，而认为非过举者也。顾旧日一二同志亦有致疑者，其最重要之理由，则谓不宜提倡权利。意以为今度之革命，由政府问题而起，政治问题大抵以权利为基础，言政治而不言权利，不可通之说也，故薄权利而不言者，亦当兼废言政治。有如进德会中最纯粹之数人，盖超出于政治之外，恒薄权利而不言。然以今日之中国，则之〔此〕数人者，亦未尝认政治为可以立废无余，故溥泉兄投身参议院，而公等不以为非。当溥泉为院长时，其于同党议员占席之多寡，尤不能无所措意。然则今日救中国，不能不言政治；既不能不言政治，即不能不言权利，亦甚明矣。若曰心虽欲之，而不可以明言，是则中国数千年伪善者之习惯，吾辈当力矫而正之者也。

以革命党人而论，其真能绝对高尚不好权利者，为至少数，固不能以此至少数之思想律之于人人。于是有犯百难、冒十死之士，幸观革命之成功，乃欲其掉弃一切权利，实无以平其心。当第一次革命南京政府前后时代，党人之离本党而他图树其势力者，皆不平之士也；甚者且献身于敌，而倒行逆施，为问一般魁梧奇伟之士，皆可使之淡然无欲否耶？

论者见第一次革命时，同盟会员有暴戾骄人取憎当世者，则谓若假以优先之

---

① 原函未署日期。函中云："沪上一别年余，不获时通笺候，甚憾事也。"按孙文一九一三年八月二日离沪南下，经福州转赴日本。函内又云："元勋公民之名，弟草定于革命党新章"，并解释"元勋公民"之事，系指一九一四年七月孙文在日本组建中华革命党时所拟章程内容。据此推断，此函当写于一九一四年下半年。

权利，其骄横将更甚，弟亦以为不然，盖彼惟半生勠力，而一不得报偿于社会，而当时所谓官僚派种种人物，反得踞其上而蔑视之，而一部分人如章炳麟、黎元洪，更倡为"革命军兴，革命党销"之说，沮抑过甚，则其激抗横溢，殆非无故，是何如立之范围，予以当得之权利之为愈耶？自非道德粹然之人，未有施而不望报者，稽勋酬劳，有国者所不废。然五等之爵，既非民国所宜，黄金厚禄，尤生人倚赖之性，今惟以其有为政治革命首义之功，因而报以政治上优先之权利，初未见其不当也。

自弟倡言革命以来，同志之流血者多矣，然见杀于敌，一死成仁，一或可以瞑目。所最奇者，则革命成功，而革命党乃纷纷见杀于附和革命、赞成共和之人，如东三省、河南、安徽、湖北、湖南、贵州等处，一一稽考其故，可为痛哭流涕。他日第三次革命，自不能不稍谋保障此辈人之方法，前车已覆，吾辈宁犯私于党人之谤，不欲好广大教主之名矣。且弟意尤不止此，破坏之后便须建设，面民国有如婴孩，其在初期，惟有使党人立于保姆之地位，指导而提携之，否则颠坠如往者之失败矣！革命党人未必皆有政治之才能，而比较上可信为热心爱护民国者。革命党以外未必无长才之士，而可信其爱护民国必不如革命党，则国本未甚巩固之时期，后彼而先此，其庶几无反复捣乱之虞，至于宪政既成，则举而还之齐民。盖当尊君主义至盛时代，有阿衡之志，则遂可以放太甲于桐，吾人亦本素所怀抱平等自由之主义，行权于建设之初期，为公乎？为私乎？以待天下后世之论定可耳。

由上所述，则为党为国，皆有不容己之理由，此弟所以审虑至再三，而认为非过举也。深恐传闻异解，或竟引与窃尊号自娱者比，故敢缕陈，倘更有疑点，亦望赐教。

孙文

据剪报，台北、中国国民党文化传播委员会党史馆藏

致居正介绍谢君接洽组织南洋航路分部函

（一九一四年下半年）

觉生①兄鉴：

　　兹有同志谢君②，欲经营联络南洋航路各船，组织分部，以便交通，而张党势，特来请领誓约并任状等件，请与接洽，幸甚。

孙文

据原函影印件，台北、中国国民党文化传播委员会党史馆藏

复谭根伍澄宇告正在筹划飞机事业函

（一九一五年一月十六日）

德根③、平一两兄同鉴：

　　手书诵悉。飞行之事业，此间正在筹画，与两兄之意相同，请兄等暂待，当有消息通知。如此间一有电报，望即启行来东。故爪哇之行，请暂作罢论，盖恐因是耽阁④时机也。专此，即颂

公安

孙文

四年一月十六日

据原函，上海图书馆藏

---

　　① 居正，字觉生，号梅川，时任中华革命党党务部部长。

　　② 谢君，谢炳坤，一九一五年十二月十六日被委为南洋航路联络委员。

　　③ 德根，即谭根，美洲华侨飞行员，一九一四年与伍澄宇由美同来日本东京，孙文委任谭根为中华革命军飞机队队长，后与伍澄宇同至菲律宾。

　　④ 阁通搁，"耽阁"与"耽搁"同义。

分致邓泽如李源水郑螺生介绍
曹亚伯到南洋考察矿业函[①]

（一九一五年一月二十五日）

泽如我兄大鉴：

兹有友人曹亚伯君，系多年同志，曾在英国学矿毕业。近以国事被嫌，不能复返故土，却乘此余暇欲到南洋考察矿业，用为介绍书，如有可资其参观之机会，敬乞指导勿辞。专此，即颂
道安

孙文

一日廿五日

据原函影印件，载邓泽如编：《孙中山先生廿年来手札》卷三，广州，述志公司一九二七年一月出版

复宿务同志澄清日本报载刺客事函

（一九一五年一月二十六日）

宿务同志公鉴：

得一月九日手书，诵悉。承公等注念，甚感。惟日报所载刺客事，毫无故实，其谣言捏造，始自沪上，继而港澳亦复有之，美洲各埠并以电询，袁氏殆故为此以摇惑人心耶？日本警察甚严密，对于弟等之保护，尤为周至，决无意外之虞，爱我诸同志可无过虑。专复，即颂
公安

孙文

一月二十六日

据原函影印件，台北、中国国民党文化传播委员会党史馆藏

---

① 另有同日致李源水、郑螺生函，除个别字稍异外，全文与此函同（载黄警顽等编：《南洋霹雳华侨革命史迹》）。

致海防同志为黄隆生开脱偿款事函

（一九一五年二月十四日）

各位同志大鉴：

得隆生①兄信，闻渠以在粤经手公款受疑，不能自白。查此款乃前分汇京沪各处，系已出之物，而藉此偿还者也。故不止海防旧欠未及还（亦以钟、张等军人从中阻挠，故即时截止），即海外多埠之款，亦同此例也。此款当局者毫无沾染，隆生更无从中饱。惟弟对于昔日赞助诸君，久未归赵，实为歉然；故此次规定新章，一俟功成，不问新旧之款，悉从优偿还，吾人亦止有惟一之期望而已。两地隔阂，书函不便。顺此奉候

近安

孙文

二月十四日

据原函照片，台北、中国国民党文化传播委员会党史馆藏

附载：谢持复陈家鼎告以总理谓
并无允许付给支部费用之说函②

（一九一五年二月二十一日）③

惠书悉。清恙近益好否？至念。所论尽忠本党一节，披沥肝胆，尤使闻者钦佩。准此切实行之，匪但大事可望达成，足下声闻亦必日盛，幸交勖之。

足下去年办理党事，据来书，〈称〉"费用若干，业经总理中山先生允准，今年付楚"。弟昨日往询总理，谓无允许付给之说，但接足下书缄数次，皆未复答

---

① 即黄隆生。

② 据底本说明，本函系谢持以中华革命党本部总务部副部长的私人名义发出。

③ 函末仅署"廿一日"，年月系据底本《文稿》的前后编排次序酌定。

耳。其未复者，以本部不任此费之故。比时总理申明此义，盖本部无供给支部费用之理。如有必需津贴者，应于事前商请本部承诺，始能按照数目开支。足下事前既未商请，事后将交代时乃开录数目索偿，故本部不能承任云云。弟窃查总理所言办法极为正当，足下则宜自加审酌也。

久不相见，意不尽万，惟善扬百益。

廿一日（缮发）

据《致陈家鼐书》，见中华革命党本部总务部《文稿》第一卷（中华民国三年十月二十八号立），原稿本，上海图书馆藏

附载：复郑克成告以本党态度函[①]

（一九一五年二月十八日）

径复者：顷由中山先生交下执事手书一件，并面令以"时机迫切，本党态度宜出以镇静奉复"等语，合行转达，即希察照。顺颂
大安
克成先生

总务部谨复
二月十八日（缮发）

据《复郑克成函稿》［转录中华革命党总务部机要处：《文稿（三年第一卷）》］，上海图书馆藏

---

① 此件为中华革命党总务部谢持所拟的函稿，收为附录。

复旧金山中华民国总公会释被谤三事
并请加入中华革命党函^①

（一九一五年二月二十八日）

（前略）抑弟就于来函，更有欲为我同志手足详言者。

一为革命第一次之借款。弟在南京，即提交参议院请立稽勋局，同时提款偿还华侨债务。而参议院驳回，谓须俟统一之后。及南京解职，弟将各款详列移交北京财政部，以后屡与交涉，北京均以财政困难为解。弟知我党不能主政中央，此款未易结束，因倩黄三德致书美洲同志，另倩某君致书南洋，问可否由我党自己牺牲，以愧彼一班官僚。旋得各埠覆函，大都赞成者少，而否认者多。弟于是函令广东筹还此款，所以然者，以吾党以广东省为革命根据，屡年之活动皆在广东，故由广东还债亦其所也。其时胡汉民为广东都督，得弟信后即略事调查，提出现银一百七十余万，特设专局经理其事。乃经理局成而胡汉民被袁罢职，使陈炯明代之。财政司某君尚欲奉行胡之命令，而陈炯明使其部下钟鼎基、张我权，以兵力胁迫取消胡之命令，事遂中止。而弟之目的终不能达，此弟对于军债前后经过之事实也。

二则为洪门立案之事。弟在南京首先除去党会之禁，悉使自由立党立会。及解职回粤，以粤为洪门最发达之省，故思从吾粤入手，使其立案，自由公开，为改良进步之办法。商之胡汉民，胡大赞成。弟遂授意黄三德上呈以请，其与黄联名者则外交司陈少白、税务处监理官史古愚，皆胡之属僚也。而是时适陈炯明为军统，握兵权，锐意办匪，而彼并嫉会党，力沮其事，谓彼必俟土匪荡平之后，否则土匪窜入，会党更难收拾。胡不能强夺其意，而弟之目的又不能达。此事应

---

①　一九一二年初，美洲致公总堂为增进美国华侨权益与协助祖国共和政治，在旧金山成立中华民国公会。致公堂负责人黄三德等因民国前革命借款未获偿还，申请洪门立案又未获批准而深感不满。一九一三年八月孙文因"二次革命"反袁失败流亡日本，次年在东京建立中华革命党后，曾函请各埠洪门团体一律改组为该党支部共图革命事业，亦引起黄等以为孙想消灭洪门的误解。此函即为澄清事实而发。底本落款处无署名。

追怨陈炯明，其次胡汉民身为都督而不能制陈，致受阻挠，亦非无过。若弟则系发起为洪门立案之第一人，今闻三德发布传单，并谤及弟身，则不顾事实、不明是非者也。

三则为通信美洲同志事。弟在南京百务倥偬，两月余之光阴无一暇晷，故于朋友应酬自然多缺，此亦我同志之所谅。其后奔走数省，居处不遑，及弟在沪乃稍闲暇。弟因用黄三德在弟左右，名为行街调查，实则招呼美洲同志及通信应酬，月支薪水五十元，另由弟津贴每次数百元不等。故此时犹令美洲同志手足有疏远之憾，则三德当为我分谤矣。

凡此三事，弟至今耿耿，未尝去怀。今一为兄等追述本末，事实俱在，来者难诬，知我罪我，听之而已。

兄等要知第一次革命，政治问题并未解决，实不能谓为革命成功。弟从海外归来，他人皆有兵有权，惟以民心所向，举我为总统，而各种组织俱不能如意，各种政策不能实行。盖居中国，当此时会，徒以道德、徒以名义不能收政治之实效也。我党以退让为高，而官僚争进；官僚得志，而我党无权。我志未成，而民生亦苦。故弟鉴于前失，毅然以一身担任第三次革命之事，求真实之统一，而力矫前非。信乎一国不可以三公①，而命令必出于一致。凡与我共第一次革命以前之事业者，皆我同志手足也，而为第三次革命，则必以入中华革命党为第一手续，共图政治之解决，恢复民国，实行民权、民生主义，造福海内外，何止尽释前日之所负而已耶！前曾致函公会，略言组织党事，如兄等或不愿与三五少年为伍，则为本党自成一部机关，亦无不可，此弟所期望于兄等者也。专复，即颂
公安

二月二十八日

据旧金山《民口》月刊第一卷第十四号，一九一五年四月十日出版

---

① "一国三公"的成语出自《左传》僖公三年所载，三公指春秋时的晋献公及其子夷吾、重耳，谓献公为二子筑城，合国都而三，以此喻政出多门，事权不统一。

致宫崎寅藏贺其候补为众议院议员函[①]

（一九一五年二月二十八日）[②]

宫崎寅藏先生大鉴：

　　闻足下立候补为日本帝国众议院议员，欣盼之至。足下怀抱莫大之政见，故二十余年与弟共图支那之革命，弟深信足下为真爱自由、平等、博爱之人，此所以热望足下之赫然当选也。贵国民权日益发达，将以足下之当选而卜之。专此，即颂

起居

孙文

二月廿八日

据原函，东京、宫崎蔟苓家藏

复伍澄宇告以党证为党员基本金收据函

（一九一五年三月八日）

平一兄大鉴：

　　手书诵悉。阅飞机成绩甚佳，慰甚。

　　前函问党员基本金，经已略答，此项只以发回党证作据，不另发收单，以其性质与军饷殊也。乞即以此意宣告各同志知之。专复，即颂

公安

---

①　一九一五年二月宫崎寅藏在家乡熊本县荒尾村设立事务所竞选众议院议员，同月孙文也在议员候选人宫崎寅藏的推荐状上签名。三月二十五日举行众议院议员第十二次临时选举投票，结果宫崎落选。

②　原函未署年份，据上注所叙情况当在一九一五年。

捐军饷者乃发回债票①。

孙文

三月八日

据原函，上海图书馆藏

致南洋同志告派许崇智等赴南洋重整党务函

（一九一五年三月九日）

南洋同志公鉴：

与兄等暌别以来，寒暑迭更，而旧雨之怀，未尝一日去我心曲也。

国本未固，民贼忽张，偕党人避迹于东，又两年矣。弟睹祖国之濒危与海内外同胞所受之苦痛，以为非急倒彼恶政府，无以挽救。而往事之失，则当引为鉴戒，是以一面日图进取，一面重整党务，以企完全负责统一进行。

比来海内是非渐明，人心日去彼而就我，加以内地同志奋发不懈，海外同志力予扶持，民国不亡，共和必复，此可预决者。惟弟与同志诸兄各居异地，虽其间书信往来，可以道达情意，吾人为目的而集合，孚感在于精神；然关于党事进行各节，不获相聚一处，商榷尽言，诚为歉憾。且近颇闻有人怀挟私异，故作违言，此纵不能惑我同志诸兄，而中立者间为所动，则亦于大业有妨。兹故特倩许君崇智、叶君夏声、何君天炯、宋君振偕到南洋，与兄等接洽，并宣布弟近日之所怀。四君皆党中要人，其历史不待赘述，特各予公函，为证其行。专此，并颂各同志公安

孙文（印）

三月九日

据原函影印件，载邓泽如编：《孙中山先生廿年来

手札》卷三，广州，述志公司一九二七年一月出版

---

①　此句系孙文亲笔所加。

致美洲华侨望驱逐袁世凯以救国函

（一九一五年三月十日）①

　　袁世凯前日必与日本私缔密约，及种成日本目下要求之恶果。近更阴险家倡言余遁于东京，欲借助日本之势力，以推翻袁政府之说，然余固深信驱除袁世凯为今时所当行之事。若谓借助于日本一说，虽至愚之人，亦足以知日本万不可靠，稍有识者亦当知造谣者立说之谬妄矣！

　　至余谓袁氏之所以当排逐之理由，亦敢请表白之。袁氏自任总统以来，绝未稍留意于全国人民之利害，其足以令我国民恐慌者，即为近日中日交涉问题；再推远观之，则将来欧洲战事完结之后，列强相继而来，效尤日本，则中国瓜分之惨祸立至，尚何疑义？苟中国目前之交涉，一旦退让，则其后中国亦难再有革命图存之机会矣！职是之故，我国人当速即起事，以救亡于未亡之际。否则，日本之吞并中国，如英之吞并埃及，同一破亡，永无复见天日之望矣。愿我党人勿畏破败，勿惧牺牲，其速起！勿待袁氏卖断中国，始谋补救也。

据《孙氏之根本救国说》，南京、中国第二历史档案馆藏

复伍澄宇询张成谟江琼波两人情形函

（一九一五年三月十三日）

平一兄鉴：

　　十四日函诵悉。苏洛②款收条一节，此间适接该埠张成谟、江琼波兄函，亦

---

　　①　此函日期，系据一九一五年四月八日西报云："中华民国首任总统孙逸仙君，居日本东京，昨月十日由其秘书发函致本埠之友人，痛谈中国目前之危急，非即起革命，驱逐袁世凯，另行建设一完全共和政府，则万难挽救，将必为日本据为藩属……"而定。

　　②　苏洛，菲律宾地名。

为此事。当即检查收条存根，适有发飞律宾同志一千元收条一张，而未有发苏洛者，想必当时事机至忙之顷，以为此即寄往苏洛之收条，故一时漏却。因当时财政部尚未成立，百务皆直接经理，事端繁冗，偶然生此错误。现财政部已于本月告成，委任张君人杰为部长，一切办事顺序皆有条理，断不致再有此失也。

张、江①两君函中并催委任，此间以不知两人长短如何，何人适于为支部长、何人适于为筹饷局长？故复以此间已派军务部长许君崇智、广东支部长何君天炯及叶君夏声来视察党务，报告本党近日进行情形，并商委任事宜，俟许君等到飞岛后，请彼等与许君等面商等语。张、江两人到底如何？于该地势力如何？资望如何？委以支部长、筹饷局长，究于事实有无补益？请先调查速复为要。

谭君②南行亦无不可，此间进行极有希望。至于吾兄东来，暂可不必亟亟，俟有确耗，当电招耳。飞机问题，刻以阙款，尚难办到，请转告谭君可也。专此，并候

大安

孙文

三月十三日

据原函，上海图书馆藏

致邓泽如告派许崇智等赴南洋
扩张党势并请垫旅费函

（一九一五年三月十四日）

泽如兄鉴：

兹派许君崇智等南来，联络同志，扩张党势，并报告进行各情，到时请为接

---

① 即张成谟、江琼波。一九一五年五月五日孙文委任张成谟为苏洛支部长，江琼波为副支部长。

② 即谭根。

洽，并带往各埠介绍于各热心同志为荷。

又：许君等动程时，刚值公款支绌，所带旅费无多，如有所需，望兄处设法筹垫，作公款所支。所支若干，即向许君取回收据，他日汇款前来本部财政部，将收据寄来，财政部长当如数发给债票也。此致，即候

大安不一

各同志统此问好。

孙文

三月十四日

据原函影印件，载邓泽如编：《孙中山先生廿年来手札》卷三，广州，述志公司一九二七年一月出版

复康德黎夫人请劝英国公众勿助袁世凯函

（英 译 中）

（一九一五年三月十九日）

亲爱的康德黎夫人：

二月十七日来函收悉，不胜感激。我颇能理解夫人此时的忙碌，并对英国身为母亲的女士们极为同情。

我也很忙，正以全部时间倾全力于我的工作，但在目前尚不能按计划开始我们的行动。由于英国政府的干预及其保守影响，日本政府未敢给我们以友好支持。我们正不靠外援，独立工作，深信必能成功。

夫人，倘能使英国公众明了英国若帮助袁世凯即无异间接为德国利益效劳，便能给我以莫大帮助。袁世凯作风之暴戾，对权力之贪婪，其本性之自私，与德皇毫无两样。袁世凯乃一彻头彻尾亲德人物，德国若在此次战争中获胜，中国必将沦为德国之附庸。英国若支持袁世凯，非但会一无所获，而且会丧失在中国既有之地位，请务必使贵国人民知晓：袁世凯其人亲德。

在此次战争中，我对英国同情最深。得知贵国每日均有无数青年丧生，至感哀痛。而此次战争，纯系一贪得无厌之国家强加于贵国的流血灾祸。

谨向夫人和康德黎博士致最良好的祝愿。

您诚挚的孙逸仙

一九一五年三月十九日

东京赤阪灵南阪二十六号

据秦孝仪主编：《国父全集》第十册英文函（转录
中国国民党中央委员会党史委员会藏原函影印件）
译出，台北，近代中国出版社一九八九年十一月出版

致叶独醒等奖饬尽力党务函

（一九一五年三月三十日）

独醒、尚铨、实珊①三兄大鉴：

　　得支部同志报告，组织进行各事，深赖三兄之力，曷胜纫感。独醒、尚铨两兄矢志革命有年，武汉起义，力任提倡捐助军费，功不可没。此次更得实珊兄之赞成，以助长支部之发达，此可为一班党员之矜式矣。愿更奋励前途，终达目的而后已。专此，即颂

公安

孙文

三月三十〈日〉

据原函影印件，台北、中国国民党文化传播委员会党史馆藏

---

① 即叶独醒、伍尚铨、梁实珊。叶独醒、伍尚铨时任中华革命党菲律宾宿务支部正、副支部长。

复宿务同志告已奖励叶独醒等人
并述党员捐款事函

（一九一五年三月三十日）

宿务同志公鉴：

手书诵悉。叶、伍、梁三君向能为人所难，兹已致函奖励，请转交为幸。

党员入会，其力不能缴纳入会捐者，由支部查确实情，自可予之通融。来书所请甚合，请由贵支部权衡斟酌。专此即复，即颂

公安

孙文

三月三十〈日〉

据原函影印件，台北、中国国民党文化传播委员会党史馆藏

致黄兴论癸丑之役失败原因
并望同心一致乘机以起函①

（一九一五年三月）

前由英士沥陈近况，迟迟未得还云，甚怅甚怅！

文关怀祖国，见于政府之专制、政治之不良，清夜自思，每用痛心！癸丑之役，文主之最力，所以失败者，非袁氏兵力之强，实同党人心之涣。犹忆钝初死后之五日，英士、觉生等在公寓所讨论国事及钝初刺死之由，公谓民国已经成立，法律非无效力，对此问题宜持以冷静态度，而待正当之解决。时天仇在侧，力持不可。公非难之至再，以为南方武力不足恃，苟或发难，必致大局糜烂。文当时

---

① 此函自日本东京寄往美国费城。

颇以公言为不然，公不之听。及其后也，烈武、协和①等相继被黜，静山②观望于八闽，组安③反覆于三湘，介人④复盘据〔踞〕两浙，而分南方之势，以掣我肘。文不胜一朝之忿，乃饬英士奋起沪滨，更檄章梓倡议金陵。文于此时本拟亲统六师，观兵建康，公忽投袂而起，以为文不善戎伍，措置稍乖，遗祸匪浅。文雅不欲于兵戈扰攘之秋，启兄弟同室之阋，乃退而任公。公去几日，冯、张⑤之兵联翩南下。夫以金陵帝王之都，龙蟠虎踞，苟得效死以守，则大江以北，决不致闻风瓦解，而英士、铁生⑥亦岂至一蹶不振？乃公以饷绌之故，贸然一走，三军无主，卒以失败。尧卿、海鸣⑦难为善后，而如火如荼之民气，于是歼灭无遗。推原其故，文之非欤？公之咎欤？固不待智者而后知之矣。

东渡以来，日夕共谋，非欲雪癸丑之耻，实欲竟辛亥之功。而公又与英士等互相龃龉，溥泉⑧、海鸣复从而煽之，公不维始终之义，遂作中道之弃。离日以后，深虞失援，英士明达，复以函问，而公又置不与复。是公不复以同志为念耶？

二十年间，文与公奔走海外，流离播迁，同气之应，匪伊朝夕。癸丑之不利，非战之罪也。且世之所谓英雄者，不以挫抑而灰心，不以失败而退怯。广州、萍醴几经危难，以公未尝一变厥志者，岂必至今日而反退缩不前乎？中国当此外患侵逼、内政紊乱之秋，正我辈奋戈饮弹、碎肉喋血之时。公革命之健者，正宜同心一致，乘机以起。若公以徘徊为知机，以观望为识时，以缓进为稳健，以万全为商榷，则文虽至愚，不知其可。临纸神驰，祈公即日言旋，慎勿以文为孟浪而菲薄之，斯则革命前途之幸云〔也〕。

据邹鲁编著：《中国国民党史稿》，上海，民智书局一九二九年十月出版

---

① 即柏文蔚、李烈钧。
② 静山：一作静珊，即孙道仁。
③ 组安：一作组庵，即谭延闿。
④ 即朱瑞。
⑤ 指冯国璋、张勋。
⑥ 铁生：钮惕生，即钮永建。
⑦ 即张尧卿、何海鸣。
⑧ 即张继。

复陈铁伍望极力筹款函

（一九一五年四月三日）

铁伍①仁兄同志大鉴：

得接手书，即以电复。旋诵第二次来书，并谂兄奔走海外，犹为国事尽力不懈，曷胜欣佩！

兹将收据一纸寄上，乞察存为幸。国内同志进行，纯倚海外同志之赞助，故仍望极力提倡鼓吹，俾党史蒸进，同济艰难，则大业可成，民贼可去也。专此，即颂

公安

孙文

四月三日

据原函抄件，台北、中国国民党文化传播委员会党史馆藏

致李仙丹嘱南方若起事祈北方即时响应函

（一九一五年四月七日）②

启者：矩兄来东，道及足下代表北方数省为民请命，热肠宏志，百折不回，钦佩无已。敝处对于各地进行未尝稍懈，计画虽求完全，成效仍未大著。穷其原因，实以北方少响应之师，不能包举大局。足下为吾党泰斗，尤于北方有伟大之凭藉，既蒙热心赞助，同人极为欢迎，即祈速与白处设法接洽，极力进行，务必准备完善。倘南方一有动机，北方即时响应，互为声援，则事半功倍，可告成功矣。如有宏谋硕画，请即与矩兄言之，或专函赐教，是所切祷。若能于事先并将白处布置报告本部，尤为妥善。至于接济器械一节，输入内地颇非容易，须待时

---

① 陈铁伍时任中华革命党泗水支部支部长。

② 函末未标年份，此据底本《文稿》的前后编排次序酌定。

机，购办则不难也。若自白处筹有巨款，先行定购，陆续设法运送，计必终有达到目的之一日。

此间一切均由矩兄面述，不赘。仍乞时赐教言，藉通声气。顺候

台祺

四月七号（缮发）

据《总理致李仙舟函》，见中华革命党本部总务部《文稿》第一卷（中华民国三年十月二十八号立），原稿本，上海图书馆藏

致韩少梅望提携贵旧部盛碧潭函

（一九一五年四月十一日）①

自外患日迫，辱我主权，现政府驴技立穷，除集军队诬蔑党人，掩蔽无识耳目，维持个人信任外，束手待亡，一筹莫展。征之海内舆论，经此刺击〔激〕，三尺童子亦知非从根本解决不能起死回生，况吾党旧同志。民族之主义虽达，民权之主义未完，弟等志愿虽奢，事权不属，实行之任不能不属望南方神圣之军人。执事负有〈用〉之才，处可为之地，拯饥济溺，谅与海外共表同情。

兹有贵旧部盛君碧潭追随鞭镫，仰望提携，尚乞鼎力维持，不胜感激，盼祷之至。专此，敬问

勋安

〈四月十一日〉（缮发）

据《总理致韩少梅函》，见中华革命党本部总务部《文稿》第一卷（中华民国三年十月二十八号立），原稿本，上海图书馆藏

---

① 本函及下函末尾原无致函时间，"四月十一日"是底本《文稿》中前一篇文件所标的日期，估计当系同一日书写；另据其前后编排次序酌定为一九一五年。下篇同此不赘。

致石丹生嘱望海内军人挽救危局函

（一九一五年四月十一日）

耳执事名久矣，丁国多故，海外飘零，欲见无缘，良殷怅望。近接沪同志来缄，藉悉台旆调驻四明，一官如故，长材短驭，深用慨然。

夫以执事之好学深思，才兼文武，证之一般有识军人所称道，专城开府，时谓不宜？而乃置闲投散，地不过海灩一陬，任不过五百人长，黄钟毁〈弃〉，瓦釜雷鸣，虽贤者自有真，不引外至之虚荣为轻重，而政府用人失当，不足有为，即此可概其余矣。

迩者外患益剧，时政益非，东南热血健儿，感抱击楫渡江之愤慨，以执事才识聪明，且有令高徒前来辅助，精神所到，何事不成？弟等志愿虽奢，事权不属，实行之任，惟属望海内神圣之军人。倘蒙勷力神州，挽斯危局，巩金瓯于盘石，跻同种于春台，则海内苍生，同沐东山霖雨之赐矣。

临风翘念，无任嘤鸣。料峭余寒，诸维珍摄。

〈四月十一日〉（缮发）

据《总理致石丹生函》，见中华革命党本部总务部《文稿》第一卷（中华民国三年十月二十八号立），原稿本，上海图书馆藏

复饶潜川等望切实扩充党务函

（一九一五年四月十六日）

潜川、德源、攻坚先生均鉴：

来函均悉。现民国尚未稳固，党务尤宜扩充，公等当力任其难，勿萌归志，以维大局。刻雷（瑞庭）、曹（华璧）等既已被举为新任职员，假觉民书报社以办事，则该社准可认为公共团体，冀于筹饷前途有所补助。至中华革命党党员，多属中坚之士，维持国事，蹶功甚伟，尚望暗中固结团体，以为异日奋斗之实力。

今各同志既推定公等负维持之责，希即切实办理，随时函报前来可也。此复，并颂

均安

孙文启

据原函，台北、中国国民党文化传播委员会党史馆藏

致林作舟望海外诸贤为军资困穷纾急函

（一九一五年四月二十四日）①

顷接许汝为、宋季、英来君书，具审执事爱国之忱，不忘初志。吾党得大力提倡，前途光荣，正未可量。

尔者②中日交涉，国势益危，实由袁氏妄思称帝，遂召此祸。复出其各种卑劣手段诬党人以卖国，亦何可欢？国人苟有天良，当非渠一手能掩众目也。根本解决仍非革命不为功，寄托贼党终无有安枕时。迩来国中消息较前愈佳，党人思以身殉国者不乏其选，唯军资困穷，不无坐误事机之处。唯海外诸贤共纾此急，则成功之期当在不远。弟虽驽钝，亦准拟身先士卒，与贼搏战中原也。唯时时赐教，不宣。

四月廿四日（缮发）

据《总理致林作舟函》，见中华革命党本部总务部《文稿》第一卷（中华民国三年十月二十八号立），原稿本，上海图书馆藏

---

① 函末未署年份，此据底本《文稿》的前后编排次序酌定。

② "尔"通"迩"，尔者与迩者同义。

复马醴馨告已与彭君相见函

（一九一五年四月二十四日）①

　　惠笺暨彭君原书皆一一奉悉。彭君顷已到东相见，其计画颇好，其蓄志亦□，实属不可多得之才。无如目前困于财力，不能使彭君即行其志，斯歉歉耳，然已勉彭君努力图之。

　　迩来尊状奚如，至以为念。春暖惟为国珍重，不宣。

四月廿四日（缮发）

据《总理致马醴馨函》，见中华革命党本
部总务部《文稿》第一卷（中华民国三年
十月二十八号立），原稿本，上海图书馆藏

复伍澄宇函②

（一九一五年四月三十日）

　　……亦非笔墨口舌所能争，故不与书也。专复，即颂

大安

孙文

四月三十日

据残函影印件，载上海图书馆编：《孙中
山先生遗札》，一九八六年十一月印行

---

　　①　函末未署年份，此据底本《文稿》的前后编排次序酌定。

　　②　此函原件前页大部分已残缺不全，仅存最后两句及孙文的签名和日期，据原件手迹和用笺，受信人似系伍澄宇（平一）。

复域多利望多立支部重申立党革命宗旨函

（一九一五年春）①

同志公鉴：

径启者：去十一月十三日曾由关君宝华代布一函，凡国情政况，公论人心，以及组织第三次之开幕历史，均陈概略，谅鉴苦衷。

兹值欧战方酣，时机若错过不图，必遭挫抑，幸海内外同志，烛玄明微，兴亡与责，自秋徂冬，进益凌厉，粤机勃发，敌已智穷，蜀锋正交，滇将为辅，成败则英杰难期，义勇自天日可矢，造因必果，众志斯城。刻拟春风雷动，大张讨伐，解除民劫，还我共和。惟道高魔重，实力是竞；不树先声，莫由寒敌；不守法制，莫由信民；能鉴前辙之覆，实启来〔遵〕轸之遒。故第三次事前预备，虽不克云藻周虑密，亦不敢遗纲弛目废也。

迩者海外侨胞，诚格斯应，如景率从，团体以义集，心理以爱成，革命热潮，沸不可遏。机关完备，既达十数，相继组织，各自并驱，基础如是，前途把握，当无俟筮决也。域多利一埠，人物殷赡，工商频繁，同志急公爱国，令声卓著，有见共明。窃恐山障水迢，情形隔阂，本部经营，未征底蕴，提倡无人，必怀观望。前函未复，耿耿于今，为此一再致辞，重申大旨，务乞诸公多方传播，启发前途，立支部以树声援，建大计以匡不逮，是则临风盼望，伫听好音。书不尽言，专候惠复。此启，并颂

时祉

高云山、关宝华两先生均候。

据《中华革命党史料汇编文献类》，台北、中国国民党文化传播委员会党史馆藏

---

① 原函未署日期。据函中"去十一月十三日……以及组织第三次之开幕历史，均陈概略"判断，当在一九一五年，并函中"刻拟春风雷动，大张讨伐"应为春季。

致区慎刚等告讨袁情势并请筹款函

（一九一五年五月十日）

区〔慎〕刚、泽如、螺生、源水先生暨各位同志大鉴：

袁氏与△△①密相结托，昨日要求条件，悉已通过（其第五项亦非撤回，但作为悬案，随后谈判秘密承认，以避人耳目耳），袁旦夕将称帝，已授意北京商会电询上海商会意见。从此中华民国名义，亦将归销〔消〕灭。内地不平之声甚烈，即袁所部如冯、段辈亦表示反对（观其严诘外交一电可知），比较满清末年铁道国有风潮，尤易激动全国，洵为吾党不可失之时机。

至于沿江数省，自前年以来，极力筹备，至此时运动已成，更与机会人心相应。党中重要人物，已冒险深入内地，急思发动。成败在此一举，不能复待，敬望我同志相助！固知英属势成强弩之末，然过此不图，则事势难料；且已派入之人员、已布置之机关及已运动之军队、会党，亦骤难维持收束也。望以此实情转告有心之同志，共筹尽力，副我期望，幸甚。专此，即颂
公安

孙文

五月初十〈日〉

据原函影印件，载黄警顽等编：《南洋霹雳华侨革命史迹》，上海，文华美术图书公司一九三三年二月出版

附载：总理嘱中华革命党本部总务部复陈青逴函

（一九一五年五月十日）②

顷由总理交下执事手书，嘱为笺覆，捧读之下，觉爱国热忱洋溢于行间字里，

---

① 似指日本。
② 函末未署年份，此据底本《文稿》的前后编排次序酌定。

使我国同胞皆如执事眼光之明瞭，不至酿成今日之现象矣，佩甚佩甚。

敝部办事处现设于麻布市兵卫町二□十二□方，办事时间每日午后二时起至六时止，得暇乞枉驾过此一谈，有谢君蕙生①接洽也。

重民已赴加拿大，贵省支部长由伍君云拔代表。专复，顺颂

青逎先〈生〉大安

总务部启

五月十号（缮发）

据《致陈青逎函》，见中华革命党本部总务部《文稿》第一
卷（中华民国三年十月二十八号立），原稿本，上海图书馆藏

附载：谢持致班麟书告总理答诸代表之意函

（一九一五年五月十六日）②

麟书仁兄同志执事：

启者，前日诸同志别去后，当夜即代达孙先生。次日弟遂告谭君维洋，并请其转达左右，以便通知诸同志。昨日支部长在林寓开谈话会，弟又当会传述。所以迟迟未笺足下者，数日来皆苦繁冗，甫捉笔即便辍也，幸谅之。先生答诸代表之意如下：

一、本党对于西洋、南洋旧日同志历来皆取络联〔联络〕主义。

二、办事诸人，自当责成使负责任。

（甲）此次截止维持党员生活费办法，与诸同志所见正同。

（乙）本党计画皆关军事秘密，不能宣布，所苦者款项奇绌，几与无计画等耳。

三、此次党员因截止生活维持费而谋归国，在本部方面纯然止于整理经济问题，本无方针可说，然诸同志既谋归国矣，故有前日即不能为大活动，亦可为个人之活动等语。要而论之，时机既迫，能人人各尽其力，以从事破毁，成功不难，

---

①　谢持，字慧生，亦作蕙生。

②　函末未署年份，此据底本《文稿》的前后编排次序酌定。

亦舍是无第二法门也。利用时机一层，尤为不磨之见，现正另设法求倾注才力财力于进行一途云云。

合行据实传述，望即转达以慰诸同志也。特布，此颂

旅安

诸同志统此。

弟谢持顿首

五月十六日（缮发）

据《致班麟书等函》，见中华革命党本部总务部《文稿》第
一卷（中华民国三年十月二十八号立），原稿本，上海图书馆藏

附载：总理批中华革命党本部总务部代答刘醇一等函

（一九一五年五月十八日）①

顷由总理交下诸先生缄一件、名单一纸，奉批"总务部代答以既给路费，是为最后办法，诸君如何行止侭可自由，但以后不得再以生计问题另生枝节也"等语。特此缄达，即请察照。顺颂

旅安百益

总务部启

五月十八〈日〉（缮发）

据《复刘醇一等函》，见中华革命党本部总务部《文稿》第一
卷（中华民国三年十月二十八号立），原稿本，上海图书馆藏

---

① 函末未标年份，此据底本《文稿》的前后编排次序酌定。

附载：总理批中华革命党本部

总务部代答葛庞函

（一九一五年五月十八日）①

顷总理交下尊处手书到敝部，其书面批开："总务部代答以来源支绌，不能再为力"等语。特此缄达，希即查照。顺颂

伟安不备

总务部启

五月十八〈日〉（缮发）

据《复葛庞函》，见中华革命党本部总务部《文稿》第一卷（中华民国三年十月二十八号立），原稿本，上海图书馆藏

附载：中华革命党本部总务部复毕少山

告以孙先生苦无款难承担函

（一九一五年五月二十日）②

极念。惠书悉。前将孙先生③确难办到之意托甫醒君转达，既邀清听，甚幸甚幸。时机稍纵即逝，孙先生着急异常，而苦无款，尊函所请三几百元，何从办到？犹有当申明者，往月足下请求本部之所负债务仅廿余元，于三月底即由总务部列表交财政部备核。故前日备款二百元，谓路费债务统由其内开支者，即指此项债务而言。今观来书列款至九十元，接济既经截止，本部殊难承认负担也。此复。

〈五月廿日〉（缮发）

据《致毕少山笺》，见中华革命党本部总务部《文稿》第一卷（中华民国三年十月二十八号立），原稿本，上海图书馆藏

---

①　函末未标年份，此据底本《文稿》的前后编排次序酌定。

②　函末原无致函时间，"五月廿日"是底本《文稿》中上下篇文件所标的日期，估计当系同一日书写；另据其前后编排次序酌定为一九一五年。

③　指中华革命党总理孙文。后篇同。

附载：谢持复方汉儒告孙先生无款支用函

（一九一五年五月二十日）①

　　昨接手书，具悉一是。今日孙先生又交下尊缄，殊无款应君良用，深歉。黄复生君近来不在东京，购物亦不能助力。午前余君来晤，已讬致意，兹更奉复。不具。

汉儒仁兄同志

弟持顿首

五月廿日（缮发）

据《致方汉儒函》，见中华革命党本部总务部《文稿》第一卷（中华民国三年十月二十八号立），原稿本，上海图书馆藏

附载：谢持复朱晴波告已商中山先生办枪炮事函

（一九一五年五月二十二日）②

　　某事已商于中山先生，大炮办不到，机关枪可以办到。惟款当在大连先交，又交物地点亦须商定。幸即通告前途。此复，即颂
近佳

持顿首

五月廿二日（缮发）

据《致朱晴波函》，见中华革命党本部总务部《文稿》第一卷（中华民国三年十月二十八号立），原稿本，上海图书馆藏

---

① 函末未标年份，此据底本《文稿》的前后编排次序酌定。
② 函末未署年份，此据底本《文稿》的前后编排次序酌定。

致区慎刚等望速筹讨袁款项函

（一九一五年五月二十五日）

慎刚、螺生、源水、赤霓、八尧、孝章、怡益、增坡①我兄暨各同志公鉴：

许、宋二君报告，具道贵埠同志团结之坚，南洋各埠视为中心，悉以兄等提倡之力，曷胜感佩！

迩来各埠共议集款救亡之策，马六甲、麻坡已议定募捐及征抽出产品店伴工资之办法，想贵埠亦已在策划进行中。以贵埠同志之素养，足知收效尤大，似此众擎并举，一致扶同，真民国前途之幸也。

自中日交涉经过，夫己氏卖国证迹已彰，内地人心异常激昂，将视满清末年铁路风潮为烈，吾人当此时局，允宜急速进行。现在沿江各省准备颇周，若经济问题稍能解决，定可如意发展，望兄等速图之，毋失良会。专此，即颂
公安

孙文

五月廿五日

据原函影印件，载黄警顽等编：《南洋霹雳华侨革命史迹》，上海，文华美术图书公司一九三三年二月出版

复伍澄宇劝不必东行并告时局函②

（一九一五年五月二十五日）

平一我兄大鉴：

手示诵悉。兄所作联络各埠之事，既征得力，此时不必东行。盖运动党事有

---

①　赤霓、八尧、孝章、怡益、增坡，即朱赤霓、谢八尧（伯瑶）、李孝章、黄怡益、陈增坡。

②　伍平一，字澄宇，时任中华革命党菲律宾联络委员。

如炊米为饭，半熟而舍之，往往前功并废也。岷埠①弟已许立第二支部后，前素无隔阂，但吾人遇彼此之有意见者，仍宜极力疏通排解之。克强等持缓进主义，故猝难一致。至弟与伊私交，则丝毫无损。

相现在时局，袁氏大失人心，近来交涉经过，人心益为激昂，甚于清季铁路问题，若吾人实力稍足，不患不去此民贼也。专复，即颂

旅安

孙文

五月廿五〈日〉

据原函，上海图书馆藏

致南洋同志请变卖庇能屋业助讨袁军需函

（一九一五年五月二十六日）

南洋同志公鉴：

自交涉经过②，袁氏卖国证迹昭然，内地人心异常愤激。我党当此时局，尤不能不急速进行。现在需款甚殷，而同志之力甚形竭蹶。查辛亥同盟余款存庇能者（除经手人被蒙吞之外）尚有二万余元，置有大屋二间，请即商同庇能同志，将此屋业变卖，统汇东京本部应用。在昔辛亥广州三月廿九之役，温哥华、域多利两埠俱将致公堂物产变卖，以助军需，海内外壮其义举。矧兹存款，本为党中公积，则当务之急，以为军用，更无疑义。

见书请即商略执行，勿缓为盼。专此，即颂

公安

孙文

五月廿六日

据原函影印件，载黄警顽等编：《南洋霹雳华侨革命史迹》，上海，文华美术图书公司一九三三年二月出版

---

① 即菲律宾马尼拉。
② 指"二十一条"交涉事。

复邓泽如告日本政府对中国态度函

（一九一五年五月二十六日）①

泽如我兄大鉴：

五月十日手书诵悉。收支各节，当由财政部详细函复。庇能款今日移书新政等，另函致怡保督促其办理矣。此款乃党中公积，原非一埠之事，即兄等亦有责问之权也。

△△②政府自△△③当局即趋向夫己氏，故有此番秘密关系，凡所要求既经承认，且除公布外，另有密约四条，所以为报酬者。既如是，则夫己氏之求援，亦必实践，惟驱逐党人一节，则外交上之黠者不以为然。现时我辈对于△△，实无何等奢望，弟以此地与内国消息较灵，取道返国较便，现时方着手进行，则碍难他去。△△国民与政府意见歧而为二，将来若果有事，政府即怀恶意，亦难实行，犹之满清季年，元老本欲干涉我国革命，卒以民党反对而止，是其前例也。

夫己氏于去月曾授意京总商会，电询帝袁之事于沪商会，求其同意，此后乃未见发表，或以内地愤交涉失败，人心激昂，故不敢遽然做去耳。专复，即颂
大安

孙文

五月廿六日

据原函影印件，载邓泽如编：《孙中山先生廿年来手札》卷三，广州，述志公司一九二七年一月出版

---

① 原函未署年份。据函中有"夫己氏于去月曾授意京总商会，电询帝袁之事于沪商会，求其同意"判断，此函当写于一九一五年。

② △△，原函如此，当指日本政府。

③ △△，原函如此，当指大隈重信内阁。

复阮本畴告款已收并内地办报尚非其时函

（一九一五年五月三十一日）

本畴先生大鉴：

迭接来书，均悉一切。昨承寄美金百元，已照收到。该款收条应列何名，望示知，俾嘱焕庭照发。前说请代托叶君竞生催收钱债案事，经代函及，料叶君当能为兄设法也。

办报一节，刻值时局未定，在内地开办，尚非其时，希审慎行之。此复，并颂

台安

孙文

五月三十一日

据原函影印件，台北、中国国民党文化传播委员会党史馆藏

复北京学生论中日交涉"二十一条"事函

（一九一五年五月中下旬）①

得览手书，知君等于勤学之际，忧国不忘，至足感佩！

关于此事②，各方面来书颇多，而君等言之尤为婉挚。虽然，惜君等未尝知交涉之内容也，知之则必不如来函所云云，而愤慨之情将无异弟。盖弟平日爱国家爱平和之志，自信不居人后，常不惜有重大之牺牲。故当第一次革命，解职推袁，以免流血之祸。张、方之难③，身自入都而为之解，宣言十年不预政治，俾

---

① 原函未署日期。按其内容及所引十二日报纸消息，可判断此函写于一九一五年五月九日袁世凯承认"二十一条"后不久，所标时间即据此酌定。

② 指袁世凯政府与日本交涉"二十一条"之事。

③ 张振武，武昌起义领导者之一，湖北军政府成立后任军务部副部长；方维，军务部参议，南北和议后任鄂军"将校团"团长。黎元洪对此二人诬以谋反罪，由袁世凯于一九一二年八月将之在北京枪决。当时舆论哗然，对袁、黎颇多责难。

国人专心信托之，即东游一月不啻为袁氏游说也。迨"宋案"发生，弟始翻然悟彼奸人非恒情所测，且必有破坏共和之心而后动于恶，故一念主张讨贼，以爱国之故，不能复爱和平也。彼战胜而骄，益无忌惮，二年以来莫非倒行逆施，国人憔悴于虐政之下，至不可言状。欧洲战争不遑东顾，乃乘间僭帝而求助于日本。此次交涉，实由彼请之。日人提出条件，彼知相当之报酬为不可却，则思全以秘密从事。迨外报发表，舆论沸腾，所亲如段、冯①亦出反对，乃不得不迁延作态，俟日人增加强硬之态度然后承认，示人以国力无可如何。

由日本要求条件观之，如山东、如满洲、如东蒙、如福建、如汉冶萍煤铁，皆为利权之重大者。而袁于未得最后通牒以前，固已无甚龃龉。至第五项，则我国实为第二高丽城下之盟，局外亦讶其〈非〉者。因日本审国民都无战意，而国际上宜取圆滑之手段，故假为让步，谓俟他日协商。何期袁氏回答，文中乃有左之一节：

"第五号五项（即顾问、军器、学校病院、南满铁道、宗教五问题）承认日本政府之提案，惟民国政府希望中日两国永远平和，愿将此等一切悬案速为解决。"（见《万朝报》十二日报）

是山东、满蒙、福建，"廿一条件"日人所急欲得者，固承认不遑；即其为暂时之让步者，亦惟恐其不速攫取以去，是真别有肺肠者矣。上海《大陆报》云："据北京电报，中日条约于公布外，有密约四条。"盖仿中俄密约之先例。日本报纸亦云："此次条件，以条约及附属公文、宣言书三种，为约束条文中一部分。从支那政府之希望，为密约不公布。"（见十二日《时事新报》等）

就以上观之，则袁氏以求僭帝位之故，甘心卖国而不辞，祸首罪魁，岂异人任？传曰："国必自灭，而后人灭之。"故有国者，恒自爱其国。侵略兼并，只视其力所能为，而大盗在室，乃如取如携，祸本不清，遑言扞外？彼方以是力求抚得抚，将莫予毒，而乃望以一致为国，相去万里，何止径庭？果然沪上消息传来，则北京商会以功〔改〕进之言，电求沪商会同意，新室王莽与拿破仑第三故事不久将复现。呜呼！区区民国之名义，吾国民以无量数之牺牲而搏得之者，亦归于

---

①　指段祺瑞、冯国璋。

渐灭，尚何言哉！尚何言哉！

　　辱承来书奖饰，更加责备，谓不宜忍视甚艰难缔造之民国坐致沉沦，弟不敏，请事斯语。专复，即颂

学安

孙文

据《民国四年为中日交涉复北京学生书》，载胡汉民编：
《总理全集》第三集，上海，民智书局一九三〇年二月初版

复叶独醒释捐款未发债券函

（一九一五年五月）

独醒仁兄同志鉴：

　　五月十二日惠书，敬悉一切。承询第一、二两次捐款何以不发债券一节，查第三次捐款名单寄来在先，故先办先寄。而尊处所开三次捐款人名总单，系四月廿三日始由飞岛寄来，本月初旬始行收到。且尊处所开系三次总计之数，而不知此间已照第三次捐款名单先办债券寄上，故就来单所开，应将第三次各人所捐数目除出，然后照发债券，其数始符。所以延迟，职是之故。此节已于昨日财政部致函说明，望向众人解释，俾毋疑虑。此间办事，一秉至公，无后先歧视之理也。专此奉复，并请

大安

孙文

据原函影印件，台北、中国国民党文化传播委员会党史馆藏

嘱伍澄宇澄清谣谤函

（一九一五年六月三日）

平一兄鉴：

顷得氓①同志书，言近见兄，兄为言弟寓他移，且有人函谤支部等语。弟寓并未他移，亦未有人造作谗谤，兄不知何所据而云然，殊堪诧异。岂兄至氓时，适弟掰挡《公理报》事件未了，未即裁答氓之来书，或人举以询兄，兄乃随口举似耶？请明以告我，并释氓同志之惑。此颂

近安

孙文

六月三日

据原函，上海图书馆藏

附载：中华革命党本部总务部就筹款事
为总理代复吴小枚邓克辛函

（一九一五年六月三日）②

小枚、克辛先生执事：

顷奉总理中山先生交下尊处四月十六日来函，敬悉。一旦前筹之款以种种窒碍一时未能寄至本部，此亦时势使然，以后能不至动摇，续续寄来即为大幸。许君等此次受命南行联络同志，主要目的则在筹款，深望各处同志相助为理。来函云已通信邻埠共为欢迎，足征热心党事，力图进行，无任钦佩。但许君因要事折还，业已安抵东京，请释廑念。由新加坡讬友电汇之款尚未收致，想不至有差池，俟收到后当即由财政部填给收条也。

胡君汉民前在粤任，不无有失侨胞欢心之处，若其大端大节革命精神始终如

---

① 即菲律宾马尼拉。

② 函末未标年份，此据底本《文稿》的前后编排次序酌定。

一，此时办理事至为诚恳，切望□对侨胞善为解说，处今之局尤须合力共作，济此艰难也。此复，即颂

公安

总务部启

六月三日（缮发）

据《致吴小枚邓克辛函》，见中华革命党本部总务部《文稿》第一卷（中华民国三年十月二十八号立），原稿本，上海图书馆藏

复叶独醒望筹款倒袁函

（一九一五年六月四日）

独醒我兄大鉴：

手书诵悉。弟于内容虽未尽瞭，亦已知兄一片苦心为不可及矣。

袁贼卖国，证迹彰明，内地人亦甚激昂，我党宜乘时奋起，惟款饷不足，令人焦愤。盖在进中，虑失时机，而普通人虽一时极热，久之则事过情迁，将复冷却也，还望兄等鼎力助我。今日根本救〈国〉，舍倒去恶劣政府，更无他术。家有巨盗，则外贼日至，如取如携，国势阽危，更何能待耶？专复，即颂

公安

孙文

六月四日

据原函影印件，台北、中国国民党文化传播委员会党史馆藏

附载：谢持分致丁造等告中山先生无从解决路费函

（一九一五年六月十五日）①

径启者：前日所商路费一节，业告中山先生，以现在无款，遂致无从解决。特此奉闻。即颂

---

① 函末未署年份，此据底本《文稿》的前后编排次序酌定。

旅佳

持顿首

六月十五日(缮发)

据《分致丁造□武刘雍钟鼎朱晴波函》，见中华
革命党本部总务部《文稿》第一卷（中华民国
三年十月二十八号立），原稿本，上海图书馆藏

致邓泽如告再派许崇智等赴南洋筹款望协助函

（一九一五年六月十六日）

泽如先生鉴：

　　许、宋①两君归，备述款接之殷，公谊私情，感铭五内！现在时机利在急进，而各处零星小款，皆不足以图大事，故复遣许君等前赴飞律滨群岛，筹措巨资，约一阅月，即当再返南洋，冀收成裘之效，到时尚须仰仗大力，为之周旋，属在知交，不敢言谢。弟身体精神强健逾旧，泂堪告慰也。专此，敬请

大安

孙文

六月十六日

据原函影印件，载邓泽如编：《孙中山先生廿年来
手札》卷三，广州，述志公司一九二七年一月出版

致郑螺生等告再派许崇智等人赴南洋函

（一九一五年六月十六日）

螺生、源水、孝章、仁甫②、八尧、赤霓同志鉴：

　　许崇智、宋振两君自南洋归，备道诸兄招待盛意，无任感谢。此间以积极进

---

① 即许崇智、宋振。

② 即区仁甫。

行，刻不容缓，故遣许、宋、黄数君前赴飞律滨群岛，一以视察党务，一以筹措军资，事竣之后，当再有南洋之行也。谨此鸣谢，并请

大安

孙文

六月十六日

据原函影印件，载黄警顽等编：《南洋霹雳华侨革命史
迹》，上海，文华美术图书公司一九三三年二月出版

附载：代复叶夏声告不理攻击等事函①

（一九一五年六月十八日）

竞生先生执事：

顷中山先生交执事原缄，属代复。许、徐、郭三君之委状已照开矣，子瑜兄荷属筹饷委状令亦填就寄上；精卫未东来，大致不外以调人自处。足下"攻击"之说，中山先生谓，"大可不必，其他因攻击所生荆棘不少，颇不少也"，云云。谨此奉达，即颂

箸安

总务部启

六月十八日（缮发）

据《致叶夏声函》［转录中华革命党总务部机
要处：《文稿（三年第一卷）》］，上海图书馆藏

附载：谢持复班麟书告中山先生不同意其辞职函

（一九一五年六月二十二日）②

麟书先生执事：

十五、十九两日手书，热诚激奋，溢于言表，实深感喟。备费还国，设立机

---

① 此为中华革命党总务部谢持起草的函稿，收为附录。

② 函末未署年份，此据底本《文稿》的前后编排次序酌定。

关，业与居君①商计，皆以现在经济情形，安能办到？辞职一节，昨夜面谒中山先生言之，刘君正在进行，身行内地，此间不宜多所更张，以增其顾虑，用敢奉闻。同志卒业而归应秘密，何时见教，当扫榻以待也。不尽，此颂

别安

弟持顿首

六月廿二（缮发）

据《致班麟书函》，见中华革命党本部总务部《文稿》第一卷（中华民国三年十月二十八号立），原稿本，上海图书馆藏

附载：致徐炳炎宁武告赠赵龙钟表请转交函②

（一九一五年七月十日）

顷奉总理面令，"赵龙热心国事，特赠金时计一个，着宁武、徐炳炎转交"等因，合行奉达。即希

察照

总务部启

七月十日（缮发）

附：金时计一个。

关外军事筹备委员徐炳炎、宁武鉴

据《致徐炳炎宁孟言函》［转录中华革命党总务部机要处：《文稿（三年第一卷）》］，上海图书馆藏

---

① 即居正。

② 此为中华革命党总务部谢持起草的函稿，收为附录。宁武，学名宁良志，曾用名宁梦岩、宁孟言，辽宁海城人，曾为同盟会会员，是东北辛亥革命活动领导人之一。

附载：中华革命党本部总务部奉总理令
着宁武徐炳炎转交特赠赵龙金时计函

（一九一五年七月十日）①

顷奉总理面令，"赵龙热心国事，特赠金时计一个，着宁武、徐炳炎转交"等因，合行转达，即希察照。

附金时计一颗。

关外军事筹备委员徐炳炎、宁武鉴

总务部启

七月十日（缮发）

据《致徐炳炎宁孟言函》，见中华革命党本部总务部《文稿》第一卷（中华民国三年十月二十八号立），原稿本，上海图书馆藏

附载：中华革命党本部总务部奉总理令
致黄廷剑面交特赠金时计函

（一九一五年七月十日）②

顷奉总理面令，"黄廷剑热心国事，特赠金时计一颗，着即面交"等因，合行转达，即希察照。

附金时计一颗。

关外游击司令官黄廷剑鉴

总务部启

七月十日（缮发）

据《致黄廷剑函》，见中华革命党本部总务部《文稿》第一卷（中华民国三年十月二十八号立），原稿本，上海图书馆藏

---

① 函末未署年份，此据底本《文稿》的前后编排次序酌定。
② 函末未署年份，此据底本《文稿》的前后编排次序酌定。

致吕俊德兄弟望速集捐款汇来函

（一九一五年七月十四日）

双合、渭生仁兄同鉴：

迭接许、宋、黄三君函电，盛称贤昆仲慷慨热烈，赞助义举，远道闻风，无任钦佩！

袁氏擅权辱国，妇孺切齿，矧在明达，悲愤可知。吾党力创共和，理无中辍，现正重整旗鼓，以期扫除腐败，图根本之救亡。睹兹大势，时机已熟，冒险勇进，责在内地诸人；而捐款输财，端赖海外同志。既承兄等努力筹捐，仍望迅速收集，克期汇付，毋使一篑功亏，致失机会为祷。专此，敬请

大安

孙文

四年七月十四日

据原函影印件，台北、中国国民党文化传播委员会党史馆藏

致美国某埠同志嘉勉创设军事研究所函①

（一九一五年七月十五日）

某某诸同志先生公鉴：

顷冯君自由②由美洲来东京，谓尊处自设军事研究所，请其代表在本部③存案

---

① 此为函稿，上款"某某"系暂置，下款未署名，某日某时则是拟稿时间。底本藏者另注明申请存案机构名为"问顿军事研究所"，所在地为"贝市雷城"。此两者原文不详，待考。但因代申报者冯自由来自美国（孙文函电中叙及"美洲"者多指美国），故该城当是美国某埠。

② 冯自由，时为中华革命党党务部副部长，兼任设址旧金山的国民党美洲支部支部长。国民党原为一九一二年八月同盟会联合数党组成，一九一四年七月改组为中华革命党，但孙文同意海外分支机构仍可沿用旧名不变。

③ 指中华革命党本部。

等语。

其狡焉思启者，何国蔑有立国于二十世纪，非实行军国民主义，无以竞立争存。试以中日交涉近事①观之，使吾国秉政者，光复以来稍注意于军备，日人虽狡，何至肆无忌惮，蹂躏我主权至于如此之极。盖虎豹在山，藜藿为之不采；袁氏之罪，即此亦擢发难数矣。

君等侨居海外，惓怀祖国之积弱，不忘尚武之精神，心热眼明，感甚佩甚。除由军事部存案外，尚望极力进行。并希将军事研究所内职员及研究军事之各同志姓名开余清单，寄由金山总支部②转报本部备案，不胜盼③。专此，敬请
公安

　　　　　　　　　　　　　　　　　四年七月十五日下〈午〉三时

　　　　　　　　　据原函，台北、中国国民党文化传播委员会党史馆藏

复叶独醒嘉许消融党内意见函

（一九一五年七月十七日）

独醒先生大鉴：

六月二十日手书，诵悉壹是。足下热心为国，奔走运动，不遗余力，至为感佩！国步艰难，民贼逞恶，吾人于此，惟有一致猛向前进，党内手足，岂复有意见之可言？足下能见其大，力予消融，竟收良果，甚可喜也。许君④等亦有书来报告，并详述厚谊，无任慰谢。专复，即颂
公安

　　　　　　　　　　　　　　　　　　　　　　　　孙文

　　　　　　　　　　　　　　　　　　　　　　　七月十七日

　　　　　据原函影印件，台北、中国国民党文化传播委员会党史馆藏

---

　　① 指一九一五年初日本向袁世凯政府提出企图独霸中国的"二十一条"要求，并在交涉过程中施以武力威胁，强使袁世凯于五月九日予以接受。

　　② "金山"系旧金山别称，"总支部"指国民党美洲支部。

　　③ 此处漏字。

　　④ 指许崇智。

附载：谢持致韩恢告与中山先生切商
本部财力实办不到函

（一九一五年七月二十二日）①

嘱件。今日又与中山先生切商，本部财力实办不到，奈何？左右所图，皆努力向前途催促之，是所切盼。此布

复炎先生

持顿首

七月廿二日（缮发）

据《致韩恢函》，见中华革命党本部总务部《文稿》第一卷（中华民国三年十月二十八号立），原稿本，上海图书馆藏

附载：谢持致刘佐成告请于中山先生
而路费空无一钱函

（一九一五年七月二十二日）②

潮州军力筹办不到，请左右即告内地同志，如今日左右所言图之，路费一层不胜抱歉，顷请于中山先生而乃空空无一钱也。近日本党之窘颇甚。此布

佐成先生

持顿首

七月廿二日（缮发）

据《致刘佐成函》，见中华革命党本部总务部《文稿》第一卷（中华民国三年十月二十八号立），原稿本，上海图书馆藏

---

① 函末未署年份，此据底本《文稿》的前后编排次序酌定。
② 函末未署年份，此据底本《文稿》的前后编排次序酌定。

附载：谢持复吴正一告中山先生
极慰鲁事付托得人函

（一九一五年八月三日）①

正一先生执事：

惠书敬悉。足下及诸同志计画，职任皆接上海执事人报告矣。中山先生接阅，深念诸同志贤劳国事，不顾艰难，而又极慰鲁事付托之得人也。即不肖得与诸君周旋，亦深幸痛饮黄龙，指日可待。誓书拟寄上百张，由日本寄青岛想无大碍，写后以信缄寄来无碍也。

手此奉复，幸为国珍重，不宣。

诸同志均此。

持顿首

八月三日（缮发）

据《致吴正一（即吴大珊）函》，见中华革命党本部总务部《文稿》第一卷（中华民国三年十月二十八号立），原稿本，上海图书馆藏

复南洋某同志派张民达南来联络望辅助函

（一九一五年八月四日）

□□同志惠鉴：

手书备悉。张君民达亦已面晤。其一种肫挚冒险之精神，实与足下热心救国，虚衷荐贤，同深钦佩。理应玉成其志，以壮吾党之声威，为一般同志畏死者劝。然论事当权其轻重，舍生必期其取义，昔张良椎击秦政，人莫不称其勇，黄石公见之，则以纳履折其气，教之以大道，卒成汉业。可知轻重取舍之间，非有卓识

---

① 函末未署年份，此据底本《文稿》的前后编排次序酌定。

者不能判断也。今张君民达有志学其祖先，椎击残贼，洵可嘉尚；吾则不欲其徒学一椎之勇，而欲其成莫大之功。

夫中国今日之革命，纯视经济力为转移，经济力大，则成功速；经济力少，则成功迟；若无经济力，则直不能革命，无可讳也。本部成立以来，尝赖海外同志资助，俾革命运动继续进行，以至今日各处机关林立，准备完全，中间以经济力不足而遭失败者，正复不少。然前仆后继，毫无间断，俾革命之权威于以不坠，海外同志筹饷之力居多。但以车薪之火，终非可以一杯水救之也，海外侨胞谅明斯旨，所以迟疑观望而仍不肯出资者，则以不明革命之利益与本部筹划革命之苦心，而无由激起其热心也。

本部尝思派人南来，与各侨胞说明一切，每以不得其人为歉。前月曾派许崇智君等与各侨胞接洽，后以行期匆促，亦多不尽之感，终不能收绝大之效果。闻近日南洋方面，邪说纷起，人多摇惑，于筹款又多掣肘。本部统筹全局，积极进行，只以资力不充，计划刻难实现，无以慰侨胞之望，良用疚心。然出资出力，责任尤贵分担，今内地同志准备实行，几有刻不容缓之势（先是许君南游，云七月间可以大举，只以款项不敷分配，海军要求较巨，故不能即起），而经济力之支绌仍如故，此所以日夜焦思，而不得不有望于海外之侨胞也。用是特派张君为联络委员，即命南旋，对各侨胞现身说法，激劝之、鼓舞之，使人人如张君之热心，以牺牲为本旨，则以百万侨胞同心协力，袁政府可立碎也。况以侨胞之地位，为现在利益之牺牲者正不在多，例如每人各出资一元，百万巨资不难立集，以此制敌，何敌不摧？以此图功，何功不克？故吾所希望于张君成莫大之功者在此，即希望侨胞成莫大之功者亦在此。

张君此次亲到本部，吾已告知一切，张君亦有所见，欣然就道，愿足下有以辅益之。并托转告各侨胞，共肩责任，宏济艰难，救民于水火之中，建国如苞桑之固，本部幸甚，中国幸甚。书不宣意，即希亮察，并颂
义安

孙文

中华民国四年八月四日

据原函影印件，台北、中国国民党文化传播委员会党史馆藏

复杨汉孙论统一事权服从命令函

（一九一五年八月四日）

汉孙先生①大鉴：

七月三日手书诵悉。所属望于联络进行者，意志深远，顾其始末，有当为足下言者。

自第二次革命失败后，弟鉴于党事之不统一，负责之无人，至以全盛之民党，据有数省之财力兵力，而内溃逃亡，敌不攻而自破，惩前毖后，故有中华革命党之改组，立誓约，订新章，一切皆有鉴于前车，而以统一事权、服从命令为主要。其时李协和、柏烈武俱在东京，李即以牺牲一己自由附从党魁为屈辱；柏既受盟立誓，卒为人所动摇，不过问党事；谭石屏②之主张，略同于李；陈竞存在南洋，弟前后数以书招之，亦不肯来。察此数人之言，大抵谓以党魁统一事权，则近于专制；以党员服从命令，则为丧失自由。夫一国三公，只足败事，政治上专制之名词，乃政府对于一般人民而后有之，若于其所属之官吏，则惟有使服从命令而已，不闻自由意思也。故有言某国政府行专制于其官吏者，此直不成名词。而政权统一，与所谓专制政体，实截然两事，不可同日而语。

吾人立党，即为未来国家之雏形，而在秘密时期、军事进行时期，党魁持权，统一壹切，党员各就其职务能力，服从命令，此安得妄以专制为诟病、以不自由为屈辱者？陈、李、柏、谭始终强执，苟非不明，则我不识其何所用心矣。故天下苟有人能以其耳目手足为革命致力者，弟无不欢迎之，企其一致进行。而所谓一致者，要如身之使臂，臂之使指，一体一志，无有差贰，而不可徒用虚名，不然，则是虚与委蛇者也，强为撮合者也。陶成章、章炳麟，非皆同盟会会员乎？乃首先反对于党内，俾敌党得以乘之，而其为害乃更烈，此正如来书所云，他日功成，更益以争权争利之私见为可患也。

---

① 杨汉孙，时任中华革命党巴东支部长。

② 谭人凤，字石屏。

足下谓：凡人同在患难之中，则杯酒可以释嫌。此言良是。然弟于此数人，绝无私恨，惟弟以统一事权、服从命令为必要，而彼则以为不然，又岂可以苟且弥缝勉强联络者？语曰："以前种种，都如昨日死；以后种种，方如今日生。"第二次革命，夫己氏之暴，不足言矣；而吾党之当事司兵者，尚将誓师讨贼、伸大义于天下，乃不战而去，坐视数省之善良，恣受荼毒，曾不负其责任，苟以清夜之辰，反躬自问，则枕戈待旦，卷土重来，将有一息不能自安者。

吾爱吾友，吾尤爱公理。其犹能同一宗旨目的，一致进行，则痛洗前耻，灭贼朝食，所以告无罪于国民者，宁有他道？而为此大事，有所牺牲，亦宁足惮？若夫怀挟意见，不泯其私，藉有可为之资，不为讨贼之军，先树异色之帜，如潭〔谭〕石屏所云殊途同归者，途则殊矣，亦听其所归可耳。足下谓并以收罗天下之英俊；弟意亦重视天下未来之英俊，而不敢谓可与言大事者，只前兹曾有资格地位之人，而所以能有资格地位者，亦只由党造成之，正宜复为党用之，否则无以为未来之英俊劝；若名为党员，而依然自用，尤非劝也。然而海外遥隔，彼一是非，此亦是非，侨胞之视听，有时混惑而不识所从，则见垣一方，不能不赖卓越之士为之是正。今为足下畅言之，即所以望也。专此，即颂

道安

孙文

八月四日

据油印原件，台北、中国国民党文化传播委员会党史馆藏

附载：中山先生嘱谢持复蔡少煌极言在外困状函

（一九一五年八月九日）①

少煌先生执事：

昨日中山先生到事务所交手书，并嘱致复。吾人流离海外，遭人白眼，慨然心伤，接济一层，本部自当视力所能办者办之。按月担任，则无异昔日。匪但有

---

①　函末未署年份，此据底本《文稿》的前后编排次序酌定。

多彼一举之嫌①而款用不敷，又将何以为继？即如七月之终，凡应开销者，至今尚悬悬待款之至也。故尊状如此，有款即当备奉，正不必规定按月担任云云。敬大意奉布，即颂

客安

持顿首

八月九日（缮发）

据《致蔡少煌函》，见中华革命党本部总务部《文稿》第一卷（中华民国三年十月二十八号立），原稿本，上海图书馆藏

致金一清嘱追回弓长杰委任状函

（一九一五年八月十三日）

一清兄大鉴：

得南洋特派员报告书云："弓长杰持反对意见，并出委任状示人，谓伊本受委任，今见中山不能办事，故不复附和"云云。可谓悖谬之至。弓长杰如果反对，即不应复受委任；既受委任，而藉以反噬，天下宁有是理耶？查弓氏曾由兄介绍，今请兄即向彼追回委任状寄来，无得任其藉端蛊惑。盖此等反侧之人，最为弟生平所不恕也。专此，即颂

近安，并乞速复

适得来书，具悉壹是，已交党务部分别致函矣。

孙文

八月十三〈日〉

据原函影印件，台北、中国国民党文化传播委员会党史馆藏

---

① 以上"举"、"嫌"等按其毛笔行书字形辨录，或疑有误。

致宿务同志嘉慰协筹讨袁款项函

（一九一五年八月二十八日）

宿务同志公鉴：

　　自袁氏专政以来，满清官僚复活，共和民政一切荡然，海内人民惨遭荼〔茶〕毒。近更私与△人①结托，急欲制其王冠，公然为卖国之举，以我同胞竭无数生命财产之牺牲，收复河山于满人之手，岂可听二三民贼，甘心破坏，自致沦亡。弟为是誓起义师，申讨此贼，以企重造共和，图内外同胞之幸福。

　　此次许君等代表到埠，荷蒙兄等热心欢迎，并尽力提倡臂助，爱国之诚，与见义勇为之素，令人纫感不置。昨郑君由岷来东②，具谂壹是，因便专函奉候。惟兄等一心祖国，固非私人所能言谢也。草此，即颂

公安

孙文

八月二十八日

据原函影印件，台北、中国国民党文化传播委员会党史馆藏

附载：中华革命党本部总务部
奉总理令复王敬祥付款事函

（一九一五年八月二十九日）③

　　径复者：顷由总理交下八月廿六日手书，并奉面令，"此款久未筹付，至以为歉。今既南行在急，特准于两星期内如数奉赵。如足下先期成行，则收受之事托何人代理，望便中见复"等语。相应转达，即希察照赐复，顺颂

---

① △人，当指日（本）人。

② 岷，指菲律宾；东，指日本。

③ 函末未署年份，此据底本《文稿》的前后编排次序酌定。

公安

敬祥先生鉴

总务部启

八月廿九日（缮发）

据《复王敬祥函》，见中华革命党本部总务部《文稿》第一卷（中华民国三年十月二十八号立），原稿本，上海图书馆藏

复美洲同志望勉力筹款函

（一九一五年八月三十一日）

同志公鉴：

　　近得阮伦、阮本畴两君来函（由李绮菴兄转来），具谂君等热心国事，不计成败利钝，必欲达到共和之宗旨，曷胜纫佩！

　　兹当欧洲风云大起、不暇东顾之际，而袁氏势力日坠、信用日失，海内人心跃跃欲动，此正吾人推倒彼恶政府之机会。近已由金山大埠派人到东美，联络同志，协力救国，望贵埠同志各矢热诚，共同赞助。此次改革，当由吾党负完全之责任，宜鉴于前失，不容放弃，惟我同志共勉之。兹当发动之始，万事以经济为前提，海外能多助一分之力，即海内多收十分之效，不胜厚望。专此，即颂

公安

孙文

八月卅一〈日〉

据原函影印件，台北、中国国民党文化传播委员会党史馆藏

复叶独醒告信款已妥收函

（一九一五年八月）①

独醒仁兄惠鉴：

　　七月廿三日、卅一日及八月七日致书，内并夹入汇票一张，计千壹百叁拾贰圆四十叁钱，均经妥收。所有收条，暨关于财政各事项，已属财政部转致，敬祈接洽。读尊函有"倘有用处，不致自外"语，足见精神魄力所在。吾党于中国大局，责任艰巨，得如足下者相与图谋，革命前途庶几有赖矣。专此奉复，并请

大安

孙文

据原函影印件，台北、中国国民党文化传播委员会党史馆藏

复古宗尧陈铁伍告信款已妥收
并指示筹饷安排函②

（一九一五年九月三日）

宗尧、铁伍仁兄同志惠鉴：

　　八月十二日致书，并汇单一纸，计日币三百圆，经已妥收。兹寄上财政部收条一张，祈核存。温寿生函一并寄由兄处转交，当较妥也。

　　北京近有筹安会之设，盛倡帝制之说，有反对者竟被逮捕，袁氏积恶至此，将来反动，比之满清末年尤大。吾党处此，当更努力，望与兄等共勉之。专此奉复，并请

————————————

　　①　原函未署日期。据函中"七月廿三日、卅一日及八月七日致书……均经妥收"推断，此函写于八月间。

　　②　该抄件原注："此函系根陈铁伍同志申请证明革命勋绩案内所送原件录出者。"

大安

孙文

九月三日

债券本月中当可办就寄奉。

再者：尊处筹饷局成立，已举支部长古君宗尧兼充，可谓良选，其委任状当由财政部寄上。但照定章应尚有监督一人，应请再行举员请委。至足下于筹饷事宜，深资臂助，拟屈驾充筹饷联络员，委状并由财政部寄奉。匆匆。又及。

据原函抄件，台北、中国国民党文化传播委员会党史馆藏

致王敬祥指示借款条件函

（一九一五年九月六日）

敬祥先生大鉴：

得杨君寿彭手书提议借款一节，事甚可行，请力图之。至其条件，当由债权者提出，吾人无从悬定。在我一方固宜审〔慎〕重，而彼一方则必求相当之报偿。要之，视其价值如〈何〉以为判；若于我国主权无碍，则重大之利益亦不必靳也。专此，即颂

大安

孙文

九月六日

据原函，台北、中国国民党文化传播委员会党史馆藏

致郑螺生等告筹款直汇本部函

（一九一五年九月十一日）

螺生、源水、慎刚、怡领、炽三、道舜列位同志大鉴：

比来袁贼于国内信用大失，又值欧洲战乱，诚吾党恢复大业之机。维我海外

同志，热心不懈，故望兄等能鼎力提倡筹款，以济军需。

前寄上筹款章程，想已达览。此次吾人办事，鉴于前失，要取最统一之办法，庶事无所纷歧，事后不致冲突，对内对外方有完全之美果。所虑旧日同志未见及此，一时辄欲为一方面计，出外运动，筹款办事，其用心未必尽非，而于事实则殊无裨益。现在本部统筹全局，南洋、美洲设局筹款，俱直接汇到本部，以得本部弟亲发收据为凭。其有以他种名义未经本部承认与未得本部收据者，将来概不负责。仅〔谨〕此通知，并乞传语同志。专〈此〉，即颂
大安

孙文

九月十一日

据原函影印件，载黄警顽编：《南洋霹雳华侨革命史
迹》，上海，文华美术图书公司，一九三三年二月出版

附载：谢持复葛庞告中山先生谕
凡请款还国者缓议函

（一九一五年九月十二日）①

笺悉。本部无款，不能报命。顷奉中山先生面令，凡请款还国者，统从缓议。又因无款之故，自本月始难接济，并此奉闻。此颂
客佳

持顿首

九月十二日（缮发）

据《复葛庞函》，见中华革命党本部总务部《文稿》第一卷
（中华民国三年十月二十八号立），原稿本，上海图书馆藏

---

① 函末未署年份，此据底本《文稿》的前后编排次序酌定。

复黄吉宸徐统雄请照新址汇款函

（一九一五年九月十五日）

吉宸、统雄①仁兄大鉴：

惠书诵悉。款项事已由财政部奉复，兹不再赘。此后汇款，请照本部通告新迁住址，书付银行，当无错误也。宋、黄两君抵叻后，诸荷鼎力赞助，铭感不置。专此，敬请

大安

日〔同〕事诸君均候。

孙文

九月十五日

据原函，台北、中国国民党文化传播委员会党史馆藏

复邓泽如告北京政情并勉策应筹款函

（一九一五年九月中旬）②

泽如仁兄同志鉴：

六月十三日惠书并巴城致函，均经诵悉。巴城另有函来，亦同此意，刻已作复，并请其即将存款汇东矣。南洋各属，得兄鼓吹，效力自有可见。款项直接汇沪之说，前因事急，故允照办。但该方面事，非同时有十万金不济，今既无有，仍当汇存此间，以为积集，策应较便，计算较易也。

陆军段总长去职，次长被劾，皆确有其事，北京内讧正烈，猜慑正深，及时一举，当具冲天之势。

---

① 黄吉宸、徐统雄时任中华革命党星加坡正副、支部长。

② 原函未署日期。函中有"陆军段总长去职……确有其事"句，按段祺瑞是八月二十九日被袁世凯免去总长职，另据函中内容推断，此函应写于一九一五年九月中旬。

汝为函来述小吕宋方面认捐踊跃，十万之数，冀可达到。南洋一带，倘由吾兄加以策励，同时汇集，则此间所定计画，当能实现也。

弟离东之说，全属虚构，倘局面仍旧，我不至他行也。专此，敬请

大安

孙文

据原函影印件，载邓泽如编：《孙中山先生廿年来手札》卷三，广州，述志公司一九二七年一月出版

附载：总理饬中华革命党本部总务部复李乾璜忆述讨袁经过并嘱遇机密望与周应时磋商函

（一九一五年九月二十日）①

径复者：九月七号奉总理孙先生交下台笺，并授意饬复。

敬展来翰，内陈革命颠末，诚有慨乎其言之概。忆自辛亥和议告成，孙先生原以袁氏为亡国旧臣，理应投降民军，亲赴南京就职，不能以清廷一纸□着袁氏组织共和政体，所能定为开国之根本。奈当日同志不能悉听孙先生所言，以致生出根本上之错误。逮袁氏野心渐露，违法杀人，以政府而为强盗行为，已丧政府资格，民党再兴义师，伐暴救民乃当然之举。又因机关不统一，声势不联络，以致各自为战，旋起旋灭，卒底于败。虽天未厌机要，亦人谋之不臧也。赣、宁烬熄，众同志风流云散，几乎根本全覆。幸孙先生急起直追，挽回颓势，于是始有今日之基础。

足下前年抵日，惜乎未与孙先生接洽，于精神上不免稍有隔阂。而以足下平日为同志素所景信，归沪后毁家接济，遹亡于荆、鄂、两皖，宁、镇、苏、申等处军亦有所运动，实即吻合孙先生急进之宗旨也。至今岁四月，周、吴二君驻申，已邀足下加入本党。而党证何以迟至八月，其中并无何等用意，以入党手续归党务部办理，而该部章程对于新进党员发给党证书，必待誓约寄到后方挨次填发，途中往返未免稽迟，其时周君并未随带有党证也。望释疑窦。来函又以与周、吴二君所商各

---

① 函末未署年份，此据底本《文稿》的前后编排次序酌定。

条款，其未即送，考其□以□统□遵谒，念得握手倾谈所商内容，故未能洞悉。现已函致二君，详一切矣。以后如有机密须待磋商者，现奉总理命饬转致复足下，望仍就近与周君应时直接妥商，而免坐误机宜，千万盼切。此复，并颂

筹安

总务部启

九月廿号（缮发）

据《复李乾璜函稿》，见中华革命党本部总务部《文稿》第一卷（中华民国三年十月二十八号立），原稿本，上海图书馆藏

致王敬祥请速筹款并述夏重民
与黄伯群交恶事函

（一九一五年九月二十七日）

敬祥先生大鉴：

前周倩英士奉商筹措之款，恳速鼎力，因各方面事情甚急，亟须有以应付也。黄展云君当已晤面，如捐募等方法咄嗟未办，则望设法暂垫，俾得维持。此为时日问题，大局即受赐不浅，幸速为之，无任祷盼。专此，即颂

公安

黄大椿信，想传闻者过。惟夏重民向与黄伯群有恶感，伯群前曾入公民党为干事，多夸张无实之举动；夏以党事嫉之已甚，故二人交恶。而两方之言，类多过实。伯群此次往闽，系专听刘佐成指挥。伯群曾在弟处，承其以前作事之失，然伊决不足以独当一方面，刘佐成亦知之，陈自觉则偏于伯群者。至谓重民造谣，破坏大局，当不至是也。

孙文

九月二十七日

据原函，台北、中国国民党文化传播委员会党史馆藏

告南洋同志派陈其美等南下筹饷
并协办党务请协助函

（一九一五年九月三十日）

敬启者：二次军兴，吾党早揭破袁氏之隐衷，而借债、杀人之罪状，尤为国人所共弃者，故癸丑一役，例以民史正名之义，不得认为南北之争战，而当认为共和与帝制之争战之发轫也。

不幸失败以来，国内同志死亡枕藉，困苦流离，而爱国深忧，天日可矢，一种凌厉无前之气，磅礴积郁，不可磨灭，亘两年于兹，风尘荏苒，无日不图谋再举。至袁氏窃柄自雄，野心纵恣，称帝求庇，献媚邻国，黑幕披露，大利已亡，举国痛心，犹不自戢，而乃指示鹰犬，组织筹安会，簧鼓天下，诛锄异己，压抑舆论，并欲借用救国储金，以供百用。嗟夫！以先烈无量之头颅、无量之热血所获得之共和两字空名，行将归于消灭，是可忍，孰不可忍？深恐国体变更，国运亦随之而斩矣，此正吾人振作奋发、急起直追、起兵除奸、舍身救国之秋也，是以本党决意积极进行，举年来所希望、所预备者，决定大举计划，务期一举即达吾党素志。

惟举义要件，不外乎兵力财力；而扩充本党之势力，则整理党务更为必要。且国内同志虽有舍身为国之毅力，而财力上之补助，不能不望国外同志之协力输将，是以本党特派陈其美、胡汉民、许崇智、杨庶堪、宋振、郑鹤年、邓铿七君，分赴南洋各属，筹募起义军饷及协办整理党务之事宜。诸同志热诚爱国，素为弟等所钦佩，国民所素仰，当此革命事业急待进行之时，务望与此次特派诸君协力办理，俾筹款及整理党务两事，早一日就绪，即可早一日起兵。国事危急，迫不及待，言短意长，诸维心谅。即候

公安

孙文

据原函影印件，台北、中国国民党文化传播委员会党史馆藏

复赵平鸣望筹备军资函

（一九一五年八九月间）①

平鸣兄鉴：

八月十一日惠书，诵悉一切。澳洲同志得兄于彼邦为之尽力，将来党务必能蒸蒸日上。此间所急，在筹备军资，军资充实，无难除彼凶暴，望注意此节，极力游说。致郭、黄、余、周诸君函，已寄黄国民兄转致。知念并及。专此，敬请

大安

孙文

据台北国民党中央改造委员会党史史料编纂委员会编：《总理全书》之十《函札》上册，台北，"中央文物供应社"一九五〇至一九五二年出版

复巴城□镜湖告筹款应直寄东京本部函

（一九一五年九月）②

径复者：来函备悉。巴城支部既与该埠书报社同志商同组织成立，具征联络苦心，无任嘉慰。嗣后机关既立，进行自有把握，海外计划，以筹款为第一要义。据该支部直接报告，将来尚易为力，仍望热心维持，以期发达。所有应发印章、委任状各件，已嘱党务部办理矣。至书报社原存款五千，既为刘君芝芬提用，前事可作罢论，以后无论何处款项，应直接汇寄东京本部，酌量分别支配，以昭划

---

① 原函未署日期。按函中"八月十一日惠书，诵悉一切"，及促其筹募讨袁军饷判断，此函当写于一九一五年八九月间。

② 原函未署日期。按函中"巴城支部与该埠书报社同志商同组织成立"，"所有应发印章、委任状各件，已嘱党务部办理"及函中强调的款项"应直接汇寄东京本部"内容判断，对应一九一五年九月中旬致邓泽如函中所称"巴城另有函来……刻已作复，并请其即将存款汇东矣"，酌定为一九一五年九月间。

一，即烦代达各处为盼。此复。

据《中华革命党史料汇编文献类》，台
北，中国国民党文化传播委员会党史馆藏

致邓泽如告派陈其美等南下筹款请洽函

（一九一五年十月三日）

泽如先生大鉴：

不〔袁〕① 氏自卖国之交涉经过，近日竟嗾其爪牙公然为帝政之运动，内外人心，愤激异常，即袁素所亲信者，亦多叛离，吾人手创共和，更复何能忍是？顾两年以来，谋之非不急，任事者亦各致其力，乃辄因经济支绌，往往功败垂成。今兹拟厚集吾力，乘时大起，非先筹有巨宗款项不办，故派委陈英士君、许汝为君、邓仲原〔元〕君南行，至英荷及暹罗各属筹措饷需，其意尤注重荷属。许、邓二君曾与先生接洽；陈君为吾党健者，第一次革命于沪上握东南之锁钥，其功最大；至第二次革命后，志意极为坚锐，本部成立，以掌总务，实能代弟任劳任怨。兹行望先生匡勷不逮，为指导一切，不胜感激。专此，即颂

大安

汉民兄日间亦往小吕宋筹款。

孙文

十月三日第百四十号

据原函影印件，载邓泽如编：《孙中山先生廿年来
手札》卷三，广州，述志公司一九二七年一月出版

---

① 据黄季陆编《总理全集》校改。

复叶独醒告派胡汉民等赴菲律宾筹饷请协助函

（一九一五年十月六日）

独醒仁兄同志鉴：

九月十一日惠书，敬悉一切。袁氏运动帝制，明目张胆，海内人心，不胜愤激；即袁氏素所依赖以为长城者，亦复各萌退志，不甘与袁同罪，可谓天怒人怨，众叛亲离。吾党负保障共和之责，兴师讨贼，急不容〈缓〉。刻拟再遣胡君汉民（前广东都督）、杨君庶堪（前四川民政长）偕宋君亚藩前赴飞岛，筹备军资，务期得达巨额，以与南洋、金山各处捐款相应。一面命令内地同人，准备款集即发，当此时机，必能有济于事，深望吾兄于筹款一着，再三加意也。

第四次捐款，已由财政部照尊处开列名单，发给债券，于九月九日付邮寄上，想既收到。此事所以迟迟办理者，因债券皆送往飞律滨南洋各处，须候新制成者到后始有可办也。专此奉复，敬请

大安

伯豪兄均此。

孙文

十月六日

据原函影印件，台北、中国国民党文化传播委员会党史馆藏

复王敬祥告款即电汇东京应急函

（一九一五年十月七日）

敬祥先生大鉴：

许汝为兄归，并得手书，足下为国为党，苦心不已，纫感何似。

兹如嘱寄上弟签名收单贰纸，望即速办理，迅电东京，俾得应急，盼甚。专此奉复，即颂

公安

孙文

十月七日

据原函，台北、中国国民党文化传播委员会党史馆藏

复希炉同志望励进讨袁并为杨广达释疑函

（一九一五年十月十五日）

希炉同志大鉴：

九月三十〈日〉手书具悉，并日银壹千贰百捌拾陆元伍毫收到。我同志热诚爱国，始终不懈，曷胜纫佩。袁氏假托共和，实行专制，以播其恶于民国，其始用彼金钱势力，少数无识未尝不附和之。今则食言而肥，真相毕露，大多数人俱切齿反对，民贼之亡，当在旦夕。近更值欧洲战乱，无暇东顾，彼伧向所恃为外债军伙〔火〕之接济者，已绝其来源，此正吾党光复大业之机会，所企我同志共励进行，彼此扶助，以底于成也。

杨广达原是旧同志之曾任事者，故弟先委为筹饷员，惟近得正埠同志书，多不满于杨，而杨又对于谢苣原等有微词，究莫知其真相。国民捐一款，已由杨汇来，弟已照付收据，杨当可披示于众，以释群疑。至正埠既有组织，自可进行，亦不必因个人感情，致沮大事也。专此，即颂

大安

孙文

十月十五〈日〉

据原函，台北、中国国民党文化传播委员会党史馆藏

复叶独醒谢其招待家人等事函

（一九一五年十月二十七日）

独醒同志仁兄大鉴：

即接阁下暨尊夫人来书，均经敬悉。日前内子过岷时，蒙君等种种招待，高谊隆情，感谢无既。兹读大函，对于内子复过承奖许，愧何克当？尊夫人在雾①，能力辟颓风，造福女界，其热心处，良足与阁下之奔走国事互相辉映。至所嘱内子以影片寄上一节，现因内子方在乡居，觅人摄影，殊为不便，异日若摄就后，当再寄呈也。专此致谢，并候

均安

各同志并希代为道谢。

孙文谨候

十月廿七号

据原函影印件，台北、中国国民党文化传播委员会党史馆藏

致卢慕贞望将汇单寄回函

（一九一五年十月二十七日）②

科母收看：

昨日已再将前数由电汇与孙光明兄收转交与你，想已收妥。前日之汇单如尚未寄回，望即寄回，乃可追回原数也。

德明字

十月廿七日

---

① 雾，即宿务。

② 原函未署年份。信笺系"中华革命党本部用笺"，信封邮戳为"青山4.10.27"，应为日本大正四年，即一九一五年十月二十七日。

澳门凤顺堂四号　孙宅卢夫人收启。

据原函，中山、孙中山故居纪念馆藏

致叶独醒等告特派胡汉民等赴菲
筹款整理党务望协助函

（一九一五年十一月四日）

独醒先生暨诸同志先生公鉴：

敬启者：时局危急、风云日紧，吾党进行迫不及待，是以决定计划图谋大举。惟是筹款及整理党务两项，为事前准备之大端，是以特派胡君汉民、杨君庶堪、宋君振定于本月十二日由日本①起程，特赴菲岛各埠，与同志诸公会同办理。胡君历史为诸公所深悉，杨君为前四川民政长，宋君为前福建海军司令、闽海关监督，均本党健者。

诸同志热诚爱国爱党，当此一发千钧之时，务望于三君到后会同协力进行，俾筹款及整理党务两事，早日就绪，则可早日举兵，以恢复共和，芟除国贼。至于一切办法，当由三君与诸公面述。言短意长，不能尽意，诸维谅察。顺颂
国祺不具

孙文

十一月四日

据原函影印件，台北、中国国民党文化传播委员会党史馆藏

---

①　此处删去衍字"日"字。

复希炉同志告讨袁情形并嘱为后援函

（一九一五年十一月十日）

希炉同志诸兄公鉴：

手书诵悉。旧日党人免收基金一节，总章有此规定。惟金山大埠对于美属党员，则悉以捐金过十圆者，方予从新宣誓入党；檀埠支部当系一体照办，非违碍总章也。

袁贼自立筹安会以来，逆迹昭彰，竟公然篡改国体，内外人心异常愤激。而袁以金钱武力为可恃，日日进行，近日遂有四国之警告。袁以势成骑虎，仅有支吾，四国盖侦得中华必有大变，故为将来地步，作外交资源，但亦足寒老奸之心，而今彼进退维谷。彼之内部自生溃裂，如冯国璋、张勋、朱瑞、汤芗铭、陆荣廷等，皆有起与反抗之谋，并各派人与吾党接洽，联络举事。惟弟只认此为一种机会（从来官僚不足深恃），主动仍须在我，故现在厚集吾力，乘此时机，先发制人。陕西已发动，破十余城；四川之党军亦屡败官兵；而滇、黔、湘、鄂，蕴蓄尤厚，必有大成，先从西南造我根据。至长江各省，纵彼官僚反正，我亦必占据要地，不落人后。计袁贼之覆亡，不出数月，中原大局不难定也。所望兄等各抒伟力，为海外之后援，共襄大业。不尽欲白，即颂

近安

孙文

十一月初十〈日〉

据原函影印件，台北、中国国民党文化传播委员会党史馆藏

复社会党国际执行局请协助中国实现社会主义函

（英 译 中）①

（一九一五年十一月十日）

尊敬的各位先生：

　　能收到像你们这样享有盛誉的机构寄来的友好而富有同情心的信函，对我和同志们而言，不亚于充满鼓舞和希冀的醇醇之饮。我想告诉你们，来信使我获益良多，我非常感激诸位先生对我们事业高尚而宝贵的帮助。得悉我在世界各地有许多同情者，使我感到非常高兴。我们是真正的革命伙伴，是共同反抗强大敌对势力的合作者，持有同样坚定不移的信念，即真理、正义及人道定将最终击败罪恶和不公。

　　你们一定有兴趣知道，当第一次革命完成之后，我当选为民国总统，本想以社会主义理想来整合中国。然而我发现自己是独行者，因为人民对社会主义一无所知，在革命同志中社会主义者为数寥寥，他们对社会主义的了解又是那么粗疏浅陋。我意识到，由于我身边缺少有特别才干的革命同志，依靠他们来重建中国，估计是无法完成的。所以我觉得保留权力并无用处，无非意味着战争延长和白白流血。于是我与袁世凯议和，把政府权力交给他，由他来治理我用真正民主精神艰辛建立起来的民国。

　　我痛悔当初完全信任袁世凯，将政权托付于他。经过二十年艰苦奋斗，我已经将独裁的君主政体转变为共和政体，并想急切地培育善于思考和锐意进取的人才，为建设社会主义铺平道路。

　　我对袁世凯如此信任，他也曾信誓旦旦要进行这项事业，然而他只是为篡夺

---

　　①　据现存信封影印件，此英文函乃自东京寄往 Peoples Palace，Brussels，Belgium（比利时布鲁塞尔人民宫），收信人为 President of International Socialist Bureau，即社会党国际执行局主席王德威尔得。但此时第一次世界大战已爆发，比利时的部分领土被德军占领，王德威尔得加入战时内阁任国务大臣，而秘书于斯曼斯已将执行局迁至荷兰海牙，故孙文此函是否寄达，不得而知。

权力来谋一己之私，这使我感到极度痛心和失望！更有甚者，他竟以卑鄙下流的手段破坏我整个的事业。当他觉得力量足够强大的时候便公然违背诺言，毁弃我们当初共同约定他本该遵守的原则。如今袁世凯比任何暴君都要专制，中国腐败尤甚于从前。他雇用暴徒和刺客团伙，专为铲除异己，以至于中国许多进步人士惨遭蓄意屠戮。种种证据表明，袁世凯就是这些凶案的真正罪魁祸首。因为他是掌执生杀大权的总统，即便公开杀害或者秘密行刺，都无人有权弹劾。当国会要求他做出解释时，他索性宣布解散国会。议员们有的被毒害，有的被处死，有的遭受牢狱之灾。

这样的事情居然发生在文明的二十世纪，在一个人口占全世界四分之一的国家，真是匪夷所思。而外界对此不是毫不知情，就是漠然处之。袁世凯仗恃权力和金钱，收买权贵和有影响力的报章。各国外交代表只顾保障本国侨民的财产和生命安全，只想确保在中国谋求的更大利益，加以各国之间明显地互相猜忌，他们以为，对袁世凯的所有专制行为置若罔闻，可能是明智有利的举措。毕竟袁世凯是掌权者，只有通过他才可能满足各自的欲望。

虽然袁世凯还要维护自己貌似强大的权势，但他注定会倒台，因为我们势必要将他击垮，他的末日就快到了。满清政府的势力比他强大得多，还是被我们推翻。袁世凯也害怕有一天会倒台，权力被剥夺，所以在列强面前极尽谄媚之能事，希望在穷途末路时得到他们的援助，因为他自知大祸即将临头，而又不能指望从国民那里得到支持。

资本主义势力以为支持袁世凯便可以在中国维持和平，这种想法是错误的。中国从未有过和平，而只要他继续倒行逆施，谋求私利，天下将永无宁日。在此种情境之下，当今中国的社会秩序动荡不安。倘若我发起倒袁运动，其规模之大将前所未有。因为革命讯号一至，同志们就会即刻开始行动，而袁世凯的幕僚和军队也会倒戈相向，我们的胜算就会增加。

二次革命之所以失败，是由于革命者内部不团结，群龙无首，我本人也没有积极投身其中。我辞职让位给袁世凯以后即完全放弃政治活动，专心致力于探寻逐步以社会主义思想来缔造政府的最佳途径，以实现我这一生唯一的目标和抱负。我坚信，只有当中国成为社会主义国家的时候，人民才会更加幸福，苦痛才会减轻。社会主义将会治愈他们的疾苦。

毫无疑问，我们即将进行的革命一定会获得成功。我会直接部署和指挥，亲自承担全部的责任。同志们已经从过往的失利中吸取了教训，现在置于我的亲自领导之下，行动将臻于和谐统一。

袁世凯倒台必成定局，我们行动起来也不会困难。我所忧虑的是袁世凯倒台后中国的重建问题，因为在我身边并没有可用之才俊来帮助我实现和完成这个长久以来珍藏于心的冀望：引导中国走向社会主义道路。我将会像一九一二年那样再遭遇重重阻挠。除非我确信可以有优秀可靠的人才协助，在实现我的社会主义原则和策略方面给我建议，否则我没有理由再让国家陷入另外一场腥风血雨之中。

你们都是与我共同奋斗的同志，我希望大家铭记，中国是一个可以实现社会主义的国家，她的政府应该成为社会主义政府的典范。中国自然资源极为丰富，民众是热忱真挚的劳动者，生性恬静知足，易于领导，乐于劳作。中国工业还不发达，资本主义也尚未发展到嚣张跋扈的程度，加之百姓遵从法度，因此国家容易塑型。只是中国受君主统治时日长久，人民从未受过启蒙，不知道民主和独裁的区别。

我恳请同志们的帮助，集中你们的精力和智慧，以各行各业的英才援助我们，把中国建设成为世界上第一个社会主义国家。我急需像你们这样的机构输送人才，以投身于这一伟大事业。

如果你们同意我的计划，不知道能否尽早荐言于我，这样我们就可以谋划可行的策略。如果能将我的想法告诉各国社会主义领袖，我将深感荣幸。倘若我的想法可以获得诸位的认同，我愿意赴欧洲和你们商讨细节。

请告知各位领袖，此事有绝对保密的必要。倘若列强、资本家和金融家得知此事，一定会纠合在一起，将我们的行动扼杀在萌芽之中，如此则会使斗争更为艰苦。

最后，我恳请诸位先生尽你们的全力，帮助推动这个庞大国家获得劳动者的尊严，为数万万百姓谋求幸福安乐。

盼早日回复。

你们的同志孙逸仙

一九一五年十一月十日

据英文函手稿，台北、中国国民党
文化传播委员会党史馆藏（沈洁译）

复吕俊德述讨袁情形并望捐款济用函

（一九一五年十一月十五日）

双合仁兄同志鉴：

十月廿日惠书，诵悉一切。前月廿五日已由薛汉英兄汇来日币叁千圆，际此活动时期，裨益不鲜。

胡、宋两君计已抵岷，晤谈时想已将此间最近进行情形详为叙述矣。前日接沪电，镇守使郑汝成卒被轰毙，日报纪载甚详，谓郑手足均被炸烂，身受枪弹十余处，而吾党勇士二人①从容就捕，且行且语曰："吾志已成，虽死无憾。"此等气魄，真足令人生敬。沪去此贼，事大可为。现在陕西革军尚能持久；四川一省已纷纷起事（邛州离省城甚近，已起兵变）；此外携款内渡者计期将到，一月以内当可发动。惟湘、赣、闽、粤四省尚待款项，不能同时着手，殊为憾事。吾党刻正得机得势，加以人心趋向有过于辛亥前事，应请奋力提倡，捐款济用，毋使九仞之功亏于一篑为祷。专此，敬请

大安

渭生、愧生兄均此奉候。

孙文

十一月十五〈日〉

据原函影印件，台北、中国国民党文化传播委员会党史馆藏

---

① 勇士二人，指王晓峰、王铭山（明山）。

复叶独醒告上海郑汝成毙命并赞同
设立陆军速成学校函

（一九一五年十一月十五日）

独醒①同志仁兄大鉴：

接十月廿三日来书，已悉。袁氏素藉金钱以作恶，故屡次滥借外款，最为可恨。然今全国人情已群趋革命，加之吾党种种猛进，不遗余力，想此贼罪恶贯盈，其授首之期当必不久矣。

本处前日已得消息，上海镇守使郑汝成为党人炸毙②，此贼既去，则沪事当更易得手矣。

尊处近拟设立陆军速成学校，此事甚为有益，望竭力成之，俾能多获军事人才，于吾党不无所补也。

此间所派胡汉民君等，此时当将抵岷③，筹款诸事，尚希竭力襄助为荷。此复，即候

义安

孙文

十一月十五日

据原函照片，台北、中国国民党文化传播委员会党史馆藏

---

① 叶独醒侨居菲律宾，系中华革命党宿务（Cebu，亦译宿雾）支部支部长。菲律宾时为美国领地。

② 中华革命党总务部长陈其美受孙文委派潜回上海，为清除反袁起义阻力，于十一月十日令革命党人王晓峰等将控制海军的郑汝成炸毙。

③ 菲律宾首府马尼拉（Manila），当时亦译岷希蚋，华侨简称"岷"或"岷埠"。

复宿务同志告款速电汇来横滨济急函

（一九一五年十一月十八日）

宿雾同志列位公鉴：

手书诵悉。同志热心爱国之诚意，令人纫佩。现在粤事已发动，各省同志皆急于进行，本部需款支付甚急。见书请将尊处之款悉数汇来，横滨密迩东京，电汇横滨，即可照收也。从前因各处机关办理未善，弟此次力矫其弊，取统一办法，各处之款悉汇东京本部，由弟亲发收据，各省之用款则由本部支付，现在美洲金山各埠俱如此办理。专复，即颂

公安

更祈进步百益。

孙文

十八日

据原函影印件，台北、中国国民党文化传播委员会党史馆藏

致戴德律询筹款结果函

（英　译　中）

（一九一五年十一月十八日）

亲爱的戴德律先生：

久未收到先生的音讯，深为系念。自获先生彼得格勒来电，便期待着先生随时光临，及至得悉先生前往纽约之计划，始放弃会晤的希望。

不知先生商谈贷款之事结果如何，是否有成功之机会？请便中尽速示知，因我想要……①一俟得到先生的消息，我当详叙我的工作及其进展。谨向先生和夫

---

① 此处原信毁损。

人致最良好的祝愿！

你真诚的孙逸仙

一九一五年十一月十八日

东京青山原宿一〇九

据秦孝仪主编：《国父全集》第十册英文函（转录中国国民党中央委员会党史委员会藏原函影印件）译出，台北，近代中国出版社一九八九年十一月出版

复咸马里夫人告反袁近况函

（英 译 中）

（一九一五年十一月二十日）

亲爱的咸马里夫人：

七月二十八日及八月二十四日来函均已收悉，迟复乞谅。工作繁忙，需我亲自料理之事甚多，几无空闲可言。未即作答，决非不以为意。夫人信示，几乎每日萦怀，只盼有暇执笔为报，并以前次发信以后工作近况奉告。

我相信，由于夫人关怀至深，定会乐于知道，我的全部计划，按预期和实际情势，进展十分顺利，而不仅仅是良好。

因此，革命行动可以随时开始，凡我同志均愿为夺取自由而进行不获全胜便壮烈捐躯之斗争。

对于帝制运动，中国人民已无可再忍，但缺乏表达其感情和意志之喉舌。已被收买而专事歪曲真相之有影响外商报纸，自然是几无一日不在报道全体中国人民渴望恢复帝制。然而五大国警告照会当能证明，此种言论极不真实。五大国之所以发出警告，皆因深知我国局势动荡，虑及此种倒行逆施之举或将激起全民反抗！日本内阁改组以来，其对华政策显然有所改变——大隈虽仍坚决支持袁世凯，但阁员多数对袁之为人及其才干均不表信任。故而面临激烈反对之大隈不得不违背其本人心愿，服从多数，而在最后时刻对中国发出警告照会。当然，此种警告不可能是出于对袁的友好支持！

由于我在此地开展工作极为顺利，而此种工作又为我们一切活动之中心，我已完全放弃前往美国作旅行演讲之计划。我确信，我此刻留在此地较之前往世界任何一地更为有益。所以目前，请不必为我旅美之事分心，一旦时机成熟，我当致电奉告。

函件请寄下列地址。望常来信。谨致最亲切的问候。

你真挚的朋友孙逸仙

一九一五年十一月二十日

东京青山原宿一〇九号

据黄季陆等编：《研究中山先生的史料与史学》所附英文函（转录中国国民党中央委员会党史委员会藏原函影印件）译出，台北，中华民国史料研究中心一九七五年十一月出版

复叶独醒述讨袁局势并告郑鹤年行踪等事函

（一九一五年十一月二十三日）

独醒仁兄大鉴：

十一月六日惠缄，敬悉一切。

李箕兄以身殉事，可谓吾党忠良，惜其志愿未竟，遽遭凶变，言之不觉痛心！

某国①窥伺闽省已非一日，但果行吞并，必招列强之忌，而干涉即来。且彼虽号称雄长，然当国无伟大之英雄，治兵无充裕之财力，非常事业不易举行，外侮之乘，无足深虑。所可虑者，惟袁氏欲人承认帝制，不惜牺牲一切，拱手让诸他人，以为交换条件耳。

郑君鹤年已随许汝为、邓仲元两兄赴南洋一带筹捐军资，首途已将匝月。陈竞存于本党所为，多所抨击，此人险诈，难与共事，所谓通融者直诳语耳。

陕、蜀两军声势日大，南方一动，局面即成。袁氏末运，去兹不远矣。专此奉复，敬请

---

① 指日本。

大安

孙文

十一月二十三日

据原函影印件，台北、中国国民党文化传播委员会党史馆藏

复某同志告款收到望续筹并告讨袁情形函

（一九一五年十一月二十四日）

某某仁兄同志鉴：

十月廿日惠书，并捐款五拾镑，伸日金肆百陆拾柒元拾五钱，均经妥收。

伍君洪培抵东后，屡称尊处各同志热心爱国，不胜欣慰。现在海内风云，以袁氏称帝之故，愈趋愈急，夫己氏股肱诸将亦有土崩瓦解之势，乘时蹶起，机不可失。陕西革军倡之于前，四川义师应之于后，声势所及，互数十城，沪镇守使郑汝成为吾党二勇士所要击，身受炸弹手枪创者三十余处，沪去此贼，阻力潜消。中南各省将大举以援西北，燎原之势，顷刻可办。望尊处竭力筹集巨款，汇济军用。专此，敬请

大安

财政部收条并以寄上。

孙文

四年十一月廿四日

据原函，台北、中国国民党文化传播委员会党史馆藏

复宿务同志告信款已收并述广东讨袁情势函

（一九一五年十一月二十七日）

宿雾同志大鉴：

公函两通俱收到，并款壹千元，兹缮收据寄上，乞察存为荷。我同志爱国热

诚，俱堪感佩，至刘君谦祥，乃一经纪中人，认捐全年辛〔薪〕金千元，尤为难能也。横滨在东京附近，如汇兑只通于横滨，则在横滨收款亦无不可。

粤事已发动，惟终以经济困人，一时未能如意，殊属恨事。然此次三炸省垣，而惠州、高州、阳江、新宁及广府各属同时发难，亦足以寒袁贼之胆，而唤起中国人心也。专复，即颂

公安

奖谢刘君手书，乞转交为幸。

孙文

十一月廿七〈日〉

据原函影印件，台北、中国国民党文化传播委员会党史馆藏

致陈其美等注销杨君委任纸并暂收捐单函

（一九一五年十二月一日）

英士①兄暨各同志大鉴：

兹寄上委任状一纸，系檀埠杨君缴回者，可即注销。另小吕宋捐银名单乙纸，请暂为存好（尚未发收据者）。专〈此〉，即颂

公安

孙文

十二月一日

据原函，台北、中国国民党文化传播委员会党史馆藏

---

① 陈其美，字英士，一九一五年二月由日本返回上海，主持上海党务工作，并任中华革命军淞沪长官司令。

致黄景南等斥袁氏帝政并指示反袁机局函

（一九一五年十二月十三日）

景南、区流、赞臣、渚舟、白刃、松楠同志先生均鉴：

径启者：自本月十二日帝政实施，祖国前途，顿增黑暗，以先烈手造之共和，转而为袁氏一家之私产，四亿同胞吞声咽泪，稍有元良者，莫不以三次革命为救国良药。但革命之举，事属非常，欲求成功，不能不求所以致成功之办法。

癸丑失败以还，文鉴于前车，惩于覆辙，知以往弊害，全坐不服从、无统一两大端，故本党之立，标宗明义，一就规约，则心腹以之。至于谬称同志，实怀野心，阳嘘敌忾之词，阴煽同室之哄，似此徒辈，行等奸邪，苟非自固藩篱，必至纷无头绪。盖以军国大事，必如万派朝宗，方能风起水涌，维兹要点，夙夜竞竞〔兢兢〕，两年以来，渐收良效，凡百作事，先贵有决心，后贵有方针，诸同志对于革命进行，既先下决心，看透亡国即无家可归，而作毁家纾难之想，然后认定本部所委任或豫函介绍之特派员接洽，事事商酌办理，则胸有成竹，自不至无所率从。各埠机关均以此谆谆告诫，区区意见，祈诸公亮察之。此启，并颂

时祉

十二月十三日

据原函，台北、中国国民党文化传播委员会党史馆藏

致高标勋等望协力讨袁函[①]

（一九一五年十二月十三日）

径启者：久企丰裁，时违把晤，海天延祝，愿臻福履为颂。

近自帝政发生，举国舆论，莫不引为诟病。财源日竭，国权外溢，强邻警告挟迫，险象迭呈，不识自振，不能自防，物腐虫生，孰贻伊戚。果真为民意乎？

---

① 收信人另有蔡联耕、叶达甫、林永来三人，均为怡朗商会工作人员。

则外人讥我国无共和程度，固当俯首受之；若假托民意乎？则叛国贼政，天下共诛。迩来司马心迹，路人共见。只图个人子孙基业，不惜亡国灭种，先烈有灵，应亦恫矣。吾党拥护民权、民生，知非以武力破坏，不足以铲除专制恶焰而颠覆其已成帝政之局，虽人民不免涂苦，商工不免停滞，财产不免牺牲，而为一劳永逸计，谅同胞亦能共亮〔谅〕也。是以三次革命，乃全国人民心理所公认，若决江河，一泻千里。现值时机切迫，风动马鸣，上海小试端倪，虽因众寡关系，未能奏效，而全局把握，确如骊珠在抱，所稍稍棘手者，事前饷需不足，恐不能指挥如意耳。

公等大义热忱，遐迩素著，再造民国，久具深衷。前闻陈君民钟极函称道，因知鼎力前途，无任仰仗，以后尚希精神接洽，极力辅导，以达真正救国之目的，是所切祷也。并望时锡教言，以匡不逮为荷。专此敬启，并颂

时祉

据原函，台北、中国国民党文化传播委员会党史馆藏

复希炉同志慰黎协遇害函

（一九一五年十二月十四日）

径启者：接檀香山筹饷局长吴君铁城十一月二十六日来函，内称贵分部长兼筹饷局长黎君协俦于上月十九日为凶人所害，噩闻之下，痛悼殊深。查黎君奔走国事，不避艰瘁，两年以来，党务倚重甚力，现值讨贼在即，遽遭惨变，致令其志未终，饮恨地下，同志悲惋，曷可胜言。兹望诸君从速催请法廷〔庭〕，将凶犯严讯治罪；并代向黎君家属申意吊唁，温辞抚慰，以安黎君在天之灵。至分部、饷局，双方进行，刻不容缓，即望召集同志，另举相当者接续办理，以重党务，而专责成，实为至盼。此启

希炉分部、希炉筹饷局同志诸公均鉴。并颂

时祉

孙文

十二月十四日

据原函，台北、中国国民党文化传播委员会党史馆藏

复区慎刚等望鼓励侨胞踊跃输助函

（一九一五年十二月二十日）

慎刚、螺生、赤霓、源水先生均鉴：

径复者：十一月二十日来函敬悉。怡埠自邓、许二君到后，筹募军糈已达万金，诸公辅导进行，深资仰赖。以后顺循各埠，尤望竭力鼓励侨胞，踊跃输助。军事方面，自有内地同志积极进行，各尽天职，各负责任，总冀达到推倒恶劣政府，建设真正共和为惟一之目的。近值帝政实现，民心愤恚，舆论激昂，大可促风云之密集，更兼上海一役，内容略露端倪，一班人民盛称革命运动之广，小试虽未奏效，而申部势力全在，其影响各方，实增出多少作用。若能巨款早集，则指挥自不难如意矣。专此复闻，并颂

时祉

孙文

十二月二十日

据原函影印件，载黄警顽等编：《南洋霹雳华侨革命史迹》，上海，文华美术图书公司一九三三年二月出版

复徐统雄望改进办法提防居留地政府侦伺函

（一九一五年十二月二十日）

统雄先生鉴：

径复者：十一月一日第十二号公函展悉。居留〈地〉政府因帝政风潮紧急，侦伺吾党行动，于进行上不无阻碍。然诸君办事，练达沈重，决无有予法律上以可疑之口实。若平常通信，乃权利所应有，不得以居留地之人而夺其自由，嗣后随时注意，谅不致对于吾党而特加检查也，望转达执事诸同志，幸勿过于畏葸为盼。

吴君被逐出境，现在行踪如何？为国而受一时之屈，总望国强，可以永久吐

气。目前患难不能避，实不敢避也，否则革命之精神，不足以增著其价值矣。以后本部对支部，如有可以节省之手续，自当通知各部力避烦重，以利进行。其余已经行之既久而无他弊者，仍祈照旧办理，免乱次第。除持原函交党务部详复外，顺此致问，并颂

时祉

孙文
十二月二十日

据原函，台北、中国国民党文化传播委员会党史馆藏

致卢慕贞告汇款用途函

（一九一五年）①

　　兹付回港银叁千元，由单汇托孙智兴兄收交。收到之日，即交四百元与谭氏家嫂收入；交二百元与郑仲兄收入，作为我送他可也，因他有信来提及大哥与彼钱财交葛之事，我无代大哥还债之义务，但有缓急，为朋友者当有通济之义，我力所能为自可相帮，但着他切勿再提大哥与彼来往账目也，因我一概不知，亦不应与闻也。

　　除交以上两□②，尚存二千四百元，即作为今年家用，并赒济贫困亲戚等用就是。若事情妥当，我今年冬天或可回乡也。

德明

交澳门孙宅　卢夫人收启。德明托。

据亲笔原函影印件，台北、中国国民党文化传播委员会党史馆藏

---

　　①　原件未署日期。据函中内容，孙眉已于一九一五年二月十一日病逝澳门，据此推断，孙文将款交大嫂谭氏收入，同时，对孙眉与郑仲有钱财交葛之事，孙文表示"无代大哥还债之义务"，故此函时间当在一九一五年。

　　②　此处缺字，似为"款"字。

复□镜湖告知悉李容恢情形并奖励刘君函

（一九一五年）

镜湖兄大鉴：

得手书，藉谂一是。李容恢大言不惭，而心术诡诈，前到东捏造报告，谓兄私自发行债券，幸不为所惑。今其人已为使馆买收，则更不足道矣。泗水刘君热心毅力，至足钦佩，已交财政部存记，予以奖励，以劝来者。专复，即颂

旅安

关于预算需款一节，另由财政部议复。

孙文

据原函影印件，台北、中国国民党文化传播委员会党史馆藏

复咸马里夫人请代罗致矿业人才
并告反袁近况函

（英译中）

（一九一六年一月十一日）

亲爱的咸马里夫人：

十二月三十日来函已得收读。欣悉夫人服务于某一矿务机构。我正希望夫人能和美国矿业界人士有所结识，所指并非投机商人，而是工程技术专家和管理人员，能于我国创办事业有所助益之人才。我国将兴办和开发矿产事业，并将鼓励人民效法，故具有此类才能之人员实为急需，请代为留意罗致。

时机正在迫近，我深信我们全部希望即将实现。夫人当已从报刊得知，有些省已宣布独立，其他省正在相继响应，一如第一次革命时之情景。事实将首先证明，我两年之苦心经营在我国内并非毫无结果，而且，纵然我国人民貌似冷漠，

毕竟不乏良知与爱国热忱。

此次运动之任务较第一次革命更为艰巨，而成果亦当更加宏伟，由于对人性有更深之理解，兼得以往经验之助，我们应付各种事务之才智已大有长进。

袁世凯现已僭登帝位，其实此人末日，如所共知，已屈指可待。或许此函尚未奉达，我国内同志已有惊人之举。

希望不久再获佳音。来函可径寄东京。

谨致最热烈的问候。

你忠实的孙逸仙

一九一六年一月十一日

东京青山原宿一〇九〈号〉

据黄季陆等编：《研究中山先生的史料与史学》所附英文函（转录中国国民党中央委员会党史委员会藏原函影印件）译出，台北，"中华民国"史料研究中心一九七五年十一月出版

复梁瑞祥告款已收到并望续筹函

（一九一六年一月十二日）

瑞祥①仁兄并同志公鉴：

惠书诵悉。许君、邓君②到哩，荷承热情照拂，至堪铭感。

前汇上海陈英士兄肆千叁百两〔元〕，已由陈英士兄函、电声明收到。至尊处前寄香港谢良牧收用贰千元，当由此间追认，但嗣后各同志所捐款项，应请汇交本部指定机关，或直接汇交本部为妥。云、贵独立，四川军队多数赞成，东南各省现正急图响应。惟需款浩繁，非赖海外同志出力不可，务望奋勇筹措巨资，以济军用。专此，敬请

大安

---

① 梁瑞祥，曾为日里棉兰同盟会员。

② 即许崇智、邓铿。

诸同志均此致意。

民国五年元月十二日

据《总理亲笔录存原稿》，台北、中国国民党文化传播委员会党史馆藏

复叶独醒告讨袁局势并请为闽事筹款函

（一九一六年一月十八日）

独醒仁兄惠鉴：

去腊廿五日致书，诵悉一切。云、贵独立，现已进兵四川，占领叙州、綦江，重庆不日可陷。粤省外府，刻已陆续发动，而福建之事，亦由许君着手办理。但军需浩繁，非巨款莫济，尊函谓如福建再倡独立，务埠①可揽兑五六万元，具见魄力。现在闽事正需此款，倘款能为助，事无不济，请竭力筹措，无虚此愿也。务埠应否再设筹饷局，请就商汉民先生决定，函复此间为要。

依里岸②职员表，已交党务部存册矣。此复，并候

大安

各同志均此道候。

孙文

民国五年元月十八日

据原函影印件，台北、中国国民党文化传播委员会党史馆藏

---

① 务埠，即菲律宾宿务。
② 菲律宾地名，在棉兰老岛的东北部，今为北拉瑙省的首府。

复康德黎夫人请促英国改变对华态度函

（英 译 中）

（一九一六年一月十八日）

亲爱的康德黎夫人：

十一月二十八日来示敬悉，至为感激。约在同时，我曾寄上一函，由安布伦斯学院①转交，谅已安然送达。欧洲人士虽正处于困苦之境，对中国现状亦当有所知晓。近来新闻传播极为迅速，不待我预测局势之函件达览，夫人或已得悉此间近况。

云南已率先宣布独立，其他省正迅速响应，一如第一次革命推翻满清统治时之情景。袁世凯虽头戴滑稽王冠，自称"大皇帝"，仍无法压制人民之呼声，其自吹统一国家之雄才与权威，而今安在？

诚如夫人所言，袁世凯欺骗了不少外国使节，但无法蒙蔽本国人民，虽盗用人民名义，宣称"此即民意"，亦属徒劳而已。英国竟无视袁世凯昭然若揭之亲德倾向而甘受愚弄，实令人诧异。

香港、上海及新加坡等地之英国官员，居然与袁世凯合作而热衷于迫害我爱国同胞；其行动似乎乃受命于袁世凯，而非本国政府，视袁世凯直若其主子或上司。此种行径必贻英国政府以不良之后果。因我中国年轻一代之进步人士，即将取得政权。故而恳请夫人敦促贵国议会中之友人，尽速将此一问题，以坚决而强烈之方式向贵国政府提出。

我国人民素以友邦视英国，无论何时何地，均以友谊回报友谊。英国官员若不改弦更张，停止上述迫害行动，则中国人民亦将不得已而改变态度。目前英国继续迫害我爱国同胞，实为自取羞辱、自招损害之行为，且已成为我国人民前进之障碍。

英国政府若愿获得中国年轻一代之友谊而非憎恶，则不该鼠目寸光，而当高

---

① 英文为：The Colllege of Ambulance。

瞻远瞩。我辈前途虽有障碍，但我确信，不久定可成功，且较一般人之预期为早。

夫人与康德黎博士为崇高而有益之事业鼎力协助，备极辛劳，愿贤伉俪身体安康。

来示请仍寄此函所用地址，如有变更，当另函奉闻。

谨致最诚挚之敬意。

你真诚的孙逸仙

一九一六年一月十八日

东京青山原宿一○九

据秦孝仪主编：《国父全集》第十册英文函（转录中国国民党中央委员会党史委员会藏原函影印件）译出，台北，近代中国出版社一九八九年十一月出版

致邓泽如请速催汇款讨袁函

（一九一六年一月二十日）

泽如仁兄大鉴：

去腊许、邓两君仓卒言归，许君留沪筹备闽事，邓君独行东来，报告一切，日间当再南渡襄助执信，经营粤事。

云、贵独立后，鄂、赣、苏、杭等处均准备发动，其中虽稍有洩破，然势力仍在，元气无伤。但长江一带，敌屯重兵，且有津浦、京汉两线运输之利，急与争衡，过费资力。刻下决注全力于粤省，旁及福建。闽、粤一下，与云、贵打成一片，南方局势已足自活，沿江各省自然动摇。至于北方经营现亦大有头绪，陕西革军断难扑灭，而内蒙马贼与乎宗社党徒，大足为吾党牵制，使北兵不能多数南下。南方军械补足，即图大举北发，现在定计大略如此。但军需浩繁，非巨款莫济，去年各处汇款，尽用于云、贵、川、陕及沿江各地方。许、邓两君行后，今年南洋来款，不如去腊之继续，而以荷属各地方为最滞（许、邓两君行后，已担认而未出款汇东者居大半）。际此着手施行新策之会，万不可使办事者虽决心而有棘手，致亏全功于一篑，务请鼓舞各处筹饷局，速催未汇之款，使其即汇东

京或香港，以裨军用。其已汇齐者，则请其竭力再筹，源源接济为荷。专此，敬请

大安

　　各同志均此候好。

孙文

五年一月廿日

据原函影印件，载邓泽如编：《孙中山先生廿年来
手札》卷三，广州，述志公司一九二七年一月出版

复黄根刘安悼黎协并嘱筹款函

（一九一六年一月二十五日）

黄根、刘安两先生大鉴：

　　复函已悉。黎君①惨遭奸人毒手，弟敬〔惊〕闻之下，曷胜惋惜之至。贵分部开会追悼，弟以远隔万里，未能躬与盛会，尤为憾事。所望黎君虽死，公等继志有人，以竟黎君未竟之志，则黎君虽死之日，犹生之年，愿公等努力前途。

　　贵处信箱，弟当另行存记，他日有函，自必按址寄上，请勿系念。贵处前后军饷，已迭由美支部转来，公等热心捐输，同人无任纫佩。目下内地革命，风云日急，需款浩繁，仍望公等踊跃筹济，则将来驱除国贼，还我自由，皆诸公之力也。匆此，并叩

团安

孙文

民国五年一月二十五日

据原函，台北、中国国民党文化传播委员会党史馆藏

---

① 指黎协。

复杨寿彭告捐款收到并望续筹函

（一九一六年一月二十六日）

寿彭仁兄同志惠鉴：

汇来捐款叁千圆，已由财政部收领。现在各省活动渐臻成熟，军需所急，端在巨款。尊处鼎力鼓舞，其结果当不让南洋、美洲各埠，盖以消息易通，见事较敏也。务望竭力相助，以资进行。专此奉复，并请

大安

旅神户诸同人均候。

孙文

元月二十六日

据原函，台北、中国国民党文化传播委员会党史馆藏

致袁军征滇总司令劝勿助逆函①

（一九一六年一月）

某某足下：

自癸丑以还，不以文字语言与国人相见者，两年于兹矣。是非一乱，政本全乖，外侮频来，内忧方大。近乃由国体问题，趋入存亡问题矣，以足下之练达英武，中间利害，宁待深言。

今则滇、黔崛起义师，声罪讨逆，风声所树，薄海同钦，顺逆之势既殊，成败之局可睹，国脉未死，民气一苏。中国国体之是否适宜共和？解决国体之是否全国真正民意？帝制实行之是否不生内乱？变更国体之能否巩固外交地位？袁世凯式之一人政治，是否真能利民福国，适于二十世纪之生存？皆可于此时下一判

① 上海《民国日报》在此函文前说："袁军征滇总司令某氏，于赴宜昌之先，曾得邮递一书，其署名为中华革命党领袖某某。"袁军某氏，当指曹锟。

断。语曰："千人所指，无病而死。"此千人者，决非御用派之奴隶鹰〈犬〉以至无是非无羞恶之人类，而可嫚以自欺、援以自壮曰民意。民意，以涂饰中外耳目者也。故万恶政府之唯一产物，是曰革命，此非国人之好乱，实恶政治之自身有以造成之。

公等义全大局，服从于共和国体之下，袁氏四年来之伪共和，当夙知之。其叛国卖国之险诈，驭下之羁縻猜忌，不诚不信，当夙知之。以足下之功高不赏，其为忌嫉，岂待讦言？乃者勋爵五等，遍及军人，豕养羊头，滥于更始，纵加爵号，究复何荣？而足下服从神圣共和之初心，又将为盗国神奸之所由利用，巍巍名将，岂为家奴？谅足下之练达英武，必不出此。往年一客燕都，幸与足下有握纳之欢，退自私叹，当今名将，必数足下。至于今日，举足轻重，大局所关，转危为安，在此一举。乃闻袁氏且派足下率师以捍滇、黔，此名此义，对于民国，犹曰效忠；对于今日盗国卖国之独夫，实为助逆。人心向背，得失是非，不待观望徘徊而知其无幸矣。

为今之计，三湘健儿，民气素张，公为中坚，又握魁柄，大可及时提挈，倡树义帜，拥护共和，建盖世之功名，播威声于中外，流芬芳于史册，此计之最上者也。拥兵逗遛，沈机观变，坐使势成鹬蚌，利归渔人，计之下者也。以共和名将，不保障公器之国家，而甘为一姓之臣奴，作梁鸯之虎，效灵公之獒，即使胜利，人格已非，万一挫衄，名实俱丧，计之最下者也。

吾党灼观大势，痛矢天良，锐身护国，何敢稍后于人。足下而有意于大局，无重悖于世界之趋势也，必行最上之策，乘有为之势，始终贯彻于一主义。西南各省，吾党夙布实力，必能与足下义旌呼吸响应，互为声援。事职所在，间不容发，稍纵即逝，惟足下裁之。

据《革命党寓书总司令》，载一九一六年
一月二十九日上海《民国日报》第六版

致中华会馆董事请筹巨款以充讨袁军费函

（一九一六年二月四日）①

中华会馆董事诸公鉴：

向者满族专制，政治废弛，民不聊生，国以削弱，文愤汉族之不竞，怵国势之岌危，故倡三民主义，以立种族、政治、经济革命之基础，而达拯国救民之宏愿。呼号奔走，遍于世界，传宣播布，亘二十载，于是武汉军兴，清室鼎革，政尚共和，垂诸宪典，如天之福，得人而理，则中华民国万年之鸿业以定，而农工商贾无穷之幸运以启。文目的既达，素愿已偿，亦当以所余精力用之于社会经济改革之途，决不再预政事，以稍休憩。乃天不吊凶，袁奸擅政，豺狼当道，鹰犬用权，暗杀元勋，解散国会，逮捕代表，禁撖舆论，几于无恶不作，有善必锄。既反文逊让之初心，复背其就任之明誓。凡有血气，靡不发指，南方六省遂起义师，癸丑之难于是乎作。

维时民众愚蒙，惑溺邪说，义理不辨，向背失所，袁氏势位赖以得保，爱国志士相率亡命。袁氏得陇望蜀，遂生野心，篡艰难缔造之共和，私亿兆人民之土地，欲图列强之承认，竟许亡国之利权。夫袁氏私利是谋，政纲不纪，在位四载，迄无宁岁，官吏剥削于上，盗贼骚扰于下，百业秃废，生机荡然，即无外患之来，已有覆亡之虑，而况开门揖盗，拱手让人耶？回溯元、二年间，新政初树，眈眈虎视者，未尝不欲染指于内地丰富之利源，终以国有正人，民无馁气，志不得逞，卒自戢整。癸丑而后，外侮侵寻，辱国丧权，事难屈数。公等试取癸丑前后之外交互为比较，证左具在，事实准诬。假使革命不兴，袁遂称帝，所许于东西列强以为承认之代价，当较满朝二百余年所失为巨；而挽近蚕食鲸吞之术，又非首数十年前可及，不幸而有此变，其结果所至，想欲为印度、埃及而不可得，奴隶牛马，将惟强有力者之所命。身受其祸者，正不止内地居民，即外国侨商亦同此苦，将来子若孙不堪其害，且有以责祖若宗之生逢其会者之不自振奋。流毒至于此极，

———————

① 原函未署年份。据函中内容，当在一九一六年。

殊可痛也。

　　文有鉴于斯，欲罢不可，出亡以来，力求急进，甲寅奉天本谿湖之役，广东佛山、惠州、高州之役，去年上海海军之役，与夫现在山陕之举，前扑后兴，再接再厉。今则云南、贵州完全独立，东南各省伺隙响应，诚以贼不早除，亡将无日。顾军资所需，非巨款莫济，而国民责任无远近内外之别，舍生取义，纾难毁家，各宜尽其力所能至。务望诸公毋忘祖国之难，筹捐巨款汇东，以充军用，将来大功告成，当有以报也。专此奉布，并颂

大安

孙文

二月四日

据原函照片，北京、中国国家博物馆藏

致古岛一雄勉其竞选国会议员函①

（一九一六年二月十一日）

古岛先生大鉴：

　　别来想起居清胜，为慰。侧闻足下今次选举再出候补，以足下磐磐大才，于东方大局独具只眼，深期当选，主持正论，东亚平和，有厚望焉。此上，并祈

珍重

孙文

二月十一日

据陈鹏仁：《论中国革命与先烈》，台北，黎明文化事业公司一九七九年八月出版

---

　　①　陈鹏仁谓此信系在鹫尾义道著《古岛一雄》一书中发现，有月日而无年份。古岛曾连续出选六次，初次竞选在一九一二年十月，但此信写于二月十一日，时间不符合，据信中说他"再出候补"，当系后来的竞选。陈固亭《国父与日本友人》称此函发于一九一六年古岛再度竞选时。

致久原房之助申谢借款函[①]

（一九一六年二月二十二日）

久原先生道鉴：

敬启者：文夙昔以图东洋平和及中日亲善为务，孜孜于是业已有年，区区三寸志，当蒙洞鉴。兹为达此目的，荷承不弃，予以援助，前日所交下日金柒拾万圆已收到，当即呈上借款证书[②]，想必达左右矣。

兹次文所计划之事业，倘能因阁下之援助得以成功，所有转借金额，文必负如数偿还之责。至今后关于中国之一切实业，阁下如有所计划，文及文之同志，必能尽其所能，使民国之政府及实业家赞助阁下之事业，以报好意于万一。专此肃函，奉谢盛意，并颂

道安不一

孙文

二月廿二日

据原函影印件，台北、中国国民党文化传播委员会党史馆藏

复陈其美命为江浙皖赣四省讨袁
总司令并告各方情形函[③]

（一九一六年二月二十三日）

高野我兄大鉴：

十八日手书诵悉。昨发电请兄为江、浙、皖、赣四省总司令，以便于调度。

---

① 在孙文旅居日本从事反袁活动后期，曾得到矿业家久原房之助五次借款的援助，一九一六年二月二十日在东京所得七十万日元借款为第一次。此系孙文致谢函。

② 此件见本集第四册，题作《致久原房之助关于借款目的及希望书》。

③ 孙文从一九一五年起陆续派遣中华革命党多名骨干潜回国内，组织反对袁世凯的军事斗争。陈其美被派往上海，曾发动"肇和"舰起义，并策划在东南各省起事。高野是陈其美的日本化名。此函自东京寄上海。

至于湘、鄂等处，应就近接洽具□，兹仍请便公洽之。

　　连日日报电言湘、鄂事俱不得手，惟有此影响，亦足摇彼军心。仲元①日间动程，当先赴沪，面商粤事（预定万元之款，切勿移挪）。东人②意见渐趋一致，惟视势力而动，则诚如来□所云。岑氏③来此晤过一次，无甚要领，渠常与东人相见，至有何结果，则无从知，亦间接之见闻推之，似都无把握耳。周孝怀④相见数次，渠自居超然派，而以调和为任，究竟目前无切实之办法，则亦空言而已。

　　山东方面因各派不能统一，故专使觉生兄⑤往，沪上有图齐鲁⑥事者，乞劝其人并归统一为幸。专此，即颂

近安

孙文

二月廿三〈日〉

据原函照片，台北、中国国民党文化传播委员会党史馆藏

复居正指示讨袁事宜并告各方情形函

（一九一六年三月十三日）

觉兄⑦大鉴：

　　三月七日手书诵悉。又得来电，云"萱野⑧款成，请拨半数为东北用"，经已

---

① 邓铿，字仲元，被孙文派往广东协同朱执信、陈炯明等举兵讨袁。

② 东人，即日本人。后文"东"、"东洋"、"东瀛"均指日本。

③ 岑春煊，原为清朝官吏，与袁世凯积怨甚深，"二次革命"时曾被推为"各省讨袁军大元帅"，一月下旬到日本活动。

④ 周善培，号孝怀，曾任南京临时政府外交部秘书、北京清华学校校长，二月三日受持反袁立场的梁启超派遣抵东京。

⑤ 居正，时任中华革命党党务部长。

⑥ 指山东。春秋战国时齐国、鲁国之地皆在今山东省境，故后人以"齐"、"鲁"或"齐鲁"作为山东省别称。

⑦ "觉"为觉生略称，即居正。

⑧ 萱野长知，原系日籍同盟会员，是时孙文用借款托他为中华革命军购置枪械，并委任为中华革命军东北军顾问。

复电照办。但此款如即往日指为山东用途者，则竟可完全拨用，不必划分。甚望此方面能于月内速动，宜急切着手，起事当先取济南。因外交极有希望，彼方已决意倒□①，在东之宪兵警察已与接洽，可得自由利便。今日得港朱执兄②来电，广州已起事，但电文简略（原来广州只为一部分，尚有高州、肇庆等方面，当系同时着手）。粤事须得占省垣，方有大影响，而山东、上海方面则不然。云、贵战况不佳，须有新生气，以振起全局。兄到青岛后，宜报知通电、通信机关，以便能从速直接各事。

英兄③来函云：山西方面，前派四川同志谢百城往，此次约有刘仁甫偕来沪。刘在晋管理铁道多年，现尚在职，亦旧日同盟中人，与阎锡山极契。谢之胞弟，又为阎司密电，均谓阎思旧情殷，向未伤害同志，拟请致函于阎，晓以大义与时局。并云特派谢、刘到晋，商筹一切（已依所请由此间缮函，寄英兄转达），然后谢、刘返晋，与之接洽。英兄已告谢、刘后此与兄接头，因请函告尊处。又云：师长孔庚前遣章昌往，已面晤之，孔表赞同，而自嫌力薄，谓得五万金当可有为，此亦可注意之事也。专此，即颂

近安

孙文

三月十三日

又沪函云：有周耀武为同盟旧人，与李凤鸣、何绪甫、续西峰诸人运动于山、陕间，李、何皆曾居陆建章幕下，报载李已举义于陕西。何方有事于北京，景梅九④之被捕，即渠等小挫之一端。已由沧伯〔白〕⑤邀周入党，周于辛亥起义有力，癸丑后往来山、陕、新、甘，朴诚可靠，并可由周以约李、何入党云。

据原函，台北、中国国民党文化传播委员会党史馆藏

---

① "彼方"指日方，缺字应为"袁"。孙文一直在积极争取日本当局支持反袁，与其军政要员颇多接触。由于袁世凯悍然称帝而使中国国内反袁浪潮日形高涨，三月七日日本内阁开会，为自身在华利益计而确定反袁方针。

② 即朱执信，时任中华革命军广东司令长官。

③ "英"为英士略称，即陈其美。

④ 景定成，字梅九，原同盟会员，因在陕西谋讨袁被捕，解至北京囚禁。

⑤ 杨庶堪，时任中华革命党政治部副部长。

致直鲁晋三省同志通告派居正
为东北军讨袁总司令函①

（一九一六年三月十三日）②

同志公鉴：

　　袁氏柄政以来，全凭藉直隶总督③之余孽，作福作威，毒遍四海，固不待筹安会④发生，而知其必叛民国也久矣。吾党自癸丑⑤失败，惨淡经营，日不暇给。上海发难而后，云、贵踵起⑥，竖讨袁之义旗，作共和之保障，此吾人所中夜欣祝者也。惟是云、贵局限一隅，胜败之机尚难预决。故欲缩短战争之期间，保全国家之元气，事半功倍，犹解倒悬，非从袁氏根本地推翻不可。加以北方健儿、山东豪杰并起亡秦，殆指顾间事耳。

　　文实有鉴于此，特派居正为中华革命军东北军总司令，统筹直隶、山东、山西革命军进行事宜，前来与诸同志相见。务希各披肝胆，协力同心，义勇奉公，精诚服务，以达吾党远大之目的，文实有厚望焉。尚此布达，并颂

公安

孙文

据原函，台北、中国国民党文化传播委员会党史馆藏

---

　　①　一九一六年一月，居正奉孙文委派赴山东主持讨袁事宜。

　　②　原函未署日期。今据《国父全集》第三册（台北，中国国民党中央委员会党史委员会，一九七三年六月出版）所收《派居正为东北军总司令通告冀鲁晋各省同志书》（民国五年三月十三日）标出。

　　③　袁世凯于一九〇一年至一九〇七年任清直隶总督兼北洋大臣。直隶省于一九二八年改名河北省，其辖区与今不尽相同。

　　④　筹安会于一九一五年八月在北京成立，为复辟君主制大造舆论，拥护袁世凯称帝。

　　⑤　即一九一三年，此指"二次革命"。

　　⑥　"上海发难"，指一九一五年十二月五日上海"肇和"舰起义；"云、贵踵起"，指同月二十五日蔡锷、唐继尧、李烈钧等率护国军在云南举义，一九一六年一月二十七日刘显世宣布贵州独立。

致卢慕贞告寄款作家用函

（一九一六年三月二十七日）①

　　兹付来汇单一纸、申日本银二千圆，随时价兑换港纸。此单写永安公司名字，收到时可托人带港，托孙智兴兄向台湾收取可也（此单别人不能收）。收到此款，可作一家费之用可也。此致。

孙文

三月廿七日

据原函，中山、孙中山故居纪念馆藏

致叶独醒告委任为宿务总劝募员函

（一九一六年三月二十九日）

独醒仁兄同志惠鉴：

　　久不通候，想精神日益健进。比接范君警支〔文〕② 函，力推足下充当宿务总劝募员。足下热心办事，不辞劳怨，为此间所素仰，今以警支〔文〕力荐，本部虽无总劝募员名义，当特设此席以待，望勿辞。委状当由财政部奉寄也。专此致意，敬请

大安

孙文

三月二十九日

据原函影印件，台北、中国国民党文化传播委员会党史馆藏

---

① 原函未署年份，据信封邮戳为大正五年（一九一六年）。

② 范警文，时任中华革命党宿务筹饷委员。

致居正嘱宜避刘大同等事函

（一九一六年三月三十日）

觉生我兄鉴：

　　顷得黄大伟兄来函，即转上，已复电嘱其来东矣。闻刘大同亦返山东，此人胡闹，宜避之。前信述山西刘仁甫，现任有重要职务，宜秘密之。既惧危刘，又恐误彼一方面事也。草此，顺候

近安

孙文

三月三十日

据《总理函电》，载南京《中央党务月刊》第八期"特载"，一九二九年一月出版

复居正询柏文蔚态度并告款项用途函

（一九一六年三月）

觉生兄鉴：

　　十八、二十两日寄书，均悉。柏①已宣誓入党，最近亦有书来达意，果到青岛，请当日人面与之会见，叩其服从弟命令否？如彼唯唯，则兄应以总司令地位临之，使就范围，否则，当托萱兄设法去之②，毋使纷扰。柏虽曾充都督，然以较内务部次长，未免稍逊，望勿自馁。

　　津事此间已得门径，京、津、保定三处事，兄暂不必兼顾（俟此间头绪弄清，即行介绍至兄处，再加审查定夺），请着意经营山东，毋落人后。萱兄赴青岛前，力言青岛方面可筹十万，即以此款办山东事，所需者惟统一之人，故烦兄

---

　　①　即柏文蔚。

　　②　此句原为："否则，当设法去之，托萱兄"，据《国父全集》第四册校改。

负此艰巨。接兄前电云云，弟以为萱野前言可以实现，窃为之喜，今接书，始知所指，爽然自失。此间筹得五十万，皆与前途预约，指定用处，交款之后，依次分拨，所存仅数万圆，本期留作经营京、津、保定经费，嗣以兄电催购枪械甚急，遂举全数充枪价，盖售主不允挂账，无如何也。前晚得兄电，谓"吕款□□即电汇东"，想指前允汇还枪价之二万元，山东既需款，应以此二万圆充用，不必汇东。至萱野前言十万之款，务请办到，以免预定计划有所更易，致碍进行。专此，并候

安好

旅青岛诸同志均候。

孙文

据《总理函电》，载南京《中央党务月刊》第八期"特载"，一九二九年一月出版

复居正指示必占济南并告粤沪鄂等地军情函

（一九一六年四月四日）

觉生我兄大鉴：

顷得诵三十日手书，藉悉。前电原文，另纸录上。今日午前汇银五万元，祈察收。

枪械等之运送（机关枪不能用，不能修理，只可除去），因商人等尚有颇繁之手续，据云须初十〈日〉左右方能付去。现在比较各处形势，不特山东为扼要，且觉最有望，故欲兄以全副精神对之，期以必占济南，则东北全局可迎刃而解。

前函曾述天津等处先由此间接洽，俟得其端绪，然后拨归兄处。正因此等门路，有可靠者，有不可靠者，此时头绪纷繁，日与为缘，适以扰兄专对之精神也。

广东报告，朱①所发遣者，不能如其原来之规划。仲元返去，原为运动潮州

---

① 指朱执信。

军队，此次发动，尚无电来。以沪所闻，则似属他系。大抵会党之力尚微，而军队之情太幻，二语可括广东最近之真相。沪上军队，则因袁已取消帝制①，颇怀观望（认为目的可达，趋于缓和）。鄂事据梓琴②报告，情况至佳，第需款五六万以上，一时无从应付。

现在弟认济南为至重要地点，若济南一得，弟当亲来。大约得济南，则两师之军械，一二百万以上之现款，俱可于此间筹取。持此以往，足能号召天下，幸毋忽视。专此，即颂

大安

孙文

四月四日

后此如遇电文翻译不通，宜即时发电询问，指明第几字，以汉字数计，庶免贻误。

据亲笔原函，台北，中国国民党文化传播委员会党史馆藏

复胡维壎望多筹款购飞机并述岑春煊印象函

（一九一六年四月十日）

维壎③仁兄同志惠鉴：

三月十八日惠书，诵悉种切。尊处前汇香港五十二元，为温、钟两烈士④恤款，未悉寄由何处何人转交？望详细查复。夏君重民刻尚居东，不赴他处也。领袖支部来报，积存各处来款贰万余金，已电饬其代购飞机，以备军用。惟现时机价极昂，只能购两座，望诸同志竭力筹捐，俾得款多购。尊处少年同志曾学兵操，

---

① 袁世凯于一九一五年十二月十二日称帝，引发云南举兵及全国声讨，外国列强亦纷相表示反对，遂被迫于一九一六年三月二十二日宣布取消帝制。

② 田桐，字梓琴，时任中华革命军湖北总司令。

③ 胡维壎是旅居加拿大中华革命党党员，加属华侨敢死先锋队队员。

④ 即温森尧，一九一五年六月在广东运输炸弹时牺牲；钟明光，一九一五年七月十七日刺伤粤督龙济光，被捕遇害。

有志效力不避艰苦者，请择尤资遣来东备用。至岑椿〔春〕煊，本旧官僚，见识思想均极愚陋，断不足维持中国，奉之者不过借为傀儡而已。专此奉复，敬请

大安

孙文

四月十日

据原函抄件，台北、中国国民党文化传播委员会党史馆藏

致邓泽如等论振兴民国须真民党
并请物色壮勇到日本军训函

（一九一六年四月十日）

泽如①我兄暨诸同志公鉴：

比来夫己氏一落千丈，自取消帝制以来，益无搏挽大局之势力，内外交迫，此伧必倒，殆已不成问题。顾我等责任，则由此而益形重大。此盖鉴于辛亥之往事，以倒袁为成功者，实与往日以倒满为成功者同一比例。非真民党，不能任维持共和、振兴民国，一般官僚复活，即与第二、第三袁氏无异也。今即以粤事言，龙氏②是何毒物，论其罪恶，决不稍轻于袁，今为四面民党、革军所迫，乃亦宣告独立，此较之辛亥时张鸣岐之伪独立③，尤难假借。弟另已面谕主任诸人，仍前反对，进行勿怠。至其他本非民党气脉，无与创造共和之劳，无有保爱民国之诚意者，虽其目前为利害所迫，且偶得机会，遂复嚣然自张，是亦吾辈所不能信任者。逆料中国前途纷纠，决未易言骤定，故吾辈须不避艰巨，努力赴之。弟等在外已较从前易为活动，而言念将来，则凡百事体，皆须以自己之人物为

① 邓泽如，英属马来联邦（Federated Malay States）侨商，时被孙文委任为中华革命党"南洋各埠筹款委员长"。

② 龙济光，时为广东将军（都督改名），原是袁世凯残杀革命党人的帮凶，而在革命军反袁讨龙高潮中，于四月六日宣布广东"独立"。

③ 一九一一年十一月八日，广东咨议局议决独立，推举清两广总督张鸣岐为广东都督，张逃匿不出。

中心。

国是未定，则吾人须有不可侮之实力，质言之，即是武力。如何创有组织或驾驭原有之师旅，皆须以敢死得力之同志为本位，然后坚固不摇，战胜一切。南洋同志久受熏陶，且不乏壮勇可造之资，是以专函奉托，注意速为物色此等人士，资遣到东（此时地点尚未确定，特先定此计划，尊处同志一面招徕，日间当再以地点告知），再加以军事上之训练，用备他日中下级军官之选。此策甚关重要，幸祈加意毋忽。至于军旅之外敢死有为之士，正好乘此时机用之，而对待毒虫猛兽，须兼用直捷了当功夫，亦望物色其人为要。

粤事详情，港澳当另有函告，兹不赘。沿江各省暨东北方面，日内当有好消息。专此，即颂

近安

同志诸兄均此。

孙文

四月十日

据亲笔原函影印件，载邓泽如编：《孙中山先生廿年来手札》，广州，述志公司一九二七年一月出版

致熊理贺其膺任视学员并望为党务任力函

（一九一六年四月二十三日）

恒三先生足下大鉴：

径启者：接泗水同志来书，藉悉足下近膺学务总会视学员之职，遥企台旌，莫名驰系。

年来国内战祸频经，学风废弛已极，足下究心于教育事业，为士林之所依归，彼一般侨胞之能知眷爱祖国者，亦未始非足下陶铸之功也。吾党宗旨光明，中外人士之所共见。足下为吾党耆英，前猷昭著，值此国家多故，党务积极进行之秋，尚冀足下不坠初衷，有所策励。海天在望，怀想为劳。顺颂

崇安

诸维雅照。

孙文启

四月廿三日（五月廿日发）

据原函影印件，台北、中国国民党文化传播委员会党史馆藏

复邓泽如陈卓平告粤局定后再酌简英甫职事函

（一九一六年四月二十六日）

泽如、卓平同志仁兄惠鉴：

三月廿二日惠书，诵悉种切。简英甫①兄热心助饷，同人钦佩至深，前此已迭次寄函奖励。兹读来书，欲于将来粤局大定后，举充粤省实业之职，以资格及助力言，良堪当选。惟此际正军事倥偬，群贼削平，尚须时日，此事一俟粤局已定后，再为商酌未晚也。

龙贼伪布独立，图骗一时，此中用心，路人可见。今吾党继续进行，仍未有已，月来颇获极佳之消息，想尊处当亦略有所闻也。此外各省布置，亦甚见进步，并以告慰。专此致复，并候

义安

孙文

四月廿六日

据原函影印件，载邓泽如编：《孙中山先生廿年来
手札》卷三，广州，述志公司一九二七年一月出版

---

① 简英甫，南洋兄弟烟草公司股东，时任中华革命党新加坡联络委员。

复海外国民党部等团体请筹款讨龙函

（一九一六年四月二十八日）

国民党部暨民国报社、阅书报社同志均鉴：

三月二十四日惠书，并汇票一纸，计壹百拾四磅〔镑〕贰先零六皮士，均经妥收。承诸同志热心援助，至为欣慰。

龙济光伪称独立，以图敷衍，吾粤受龙毒害，以较受诸袁氏者尤为深切。经已策励粤军，必除此蠹。浙江独立，以吾党势力为多，江苏各处亦陆续发动。惟望兄等竭力筹济，以响义师。电汇项，请用下开英字便妥：Sunwen Tokyo。此复，敬请

大安

财政部收条并以奉寄。

孙文

四月二十八日

据台北国民党中央改造委员会党史史料编纂委员会编：《总理全书》之十《函札》上册，台北，"中央文物供应社"一九五〇至一九五二年出版

致黄兴告国内政情及陈其美
遇刺情形并请购械函[①]

（一九一六年五月二十日）

克强我兄大鉴：

谂兄遄反东瀛，甚慰。甚欲兄来共商种种，闻尚有所事，未果。兹有要件求

---

① 一九一六年五月一日，孙文自日本返抵上海。当时黄兴（号克强）亦从美国到达日本。此函托赴日的宫崎寅藏带交。

兄臂助，本拟电告，惟各情非简单之电报所能尽，故谨托宫崎兄代达。至最近国情及弟所主张图谋者，请撮其概要，述如下：

一、袁氏尚有负隅恋栈之志。一面为缓和人心之计，如提议妥协停战等事；一面则嗾起北方军人为自保保袁之密画。日夜谋借外债，不能偿其希望，则欲实行纸币政策，以企财政持久，从事战争。津门①消息，早传彼作退位准备；而北京探报，则至今不特袁氏无此种意态，即一般官僚顽迷如故，自信甚深，即段祺瑞亦然。段组内阁，而财权完全为梁②所把握，即实权仍在袁氏。可知谓段能蹑袁往日故事，以袁迫清者迫袁，未免去事实太远。此时就彼一方，并无比较的乐观。

二、冯③本与滇、黔约，使先发而后应之。其实，冯因未预知袁僭帝密谋，惴惴不自保。滇、黔起义，冯得仍居南京，实受唐、蔡④之赐。顾其态度始终暧昧，以口头与沪上诸人接洽者则皆可听，而事实及书面之发表则迥然相反。近有南京会议⑤事件，或受袁之愚作保袁之计，或谋自保而团结一种势力有所觊觎，均未可知。要之，此辈衷情叵测，决不能与南方同其步调。故现时沪上诸人亦渐觉悟，认为无甚希望。

三、弟到沪后，决定赞助南方共同讨贼，尤企西林⑥能统一各省，以对内对外。近察情势，则西林地位亦至艰窘。云、贵既不尽同情，而西林势狡毒甚于张勋。西林或迫于事势，不能不姑息弥缝。然先与龙⑦提挈，以临民军，各派俱不

---

① 津门，天津之别称。

② 梁士诒，交通银行总理、原总统府秘书长。

③ 冯国璋，江苏将军。

④ 指唐继尧、蔡锷。

⑤ 冯国璋于五月十八日在南京发起举行未独立各省代表会议，讨论袁世凯之总统去留等问题。会议期间冯电邀独立各省派代表与会，遭拒绝；袁则从中拉拢分化，并积极备战。会议进行多日而毫无结果，于月底解散。

⑥ 岑春煊，广西西林人，故称"西林"。他于五月上旬在广东肇庆相继成立的两个讨袁军政机构中担任领导职务，一为护国军两广都司令，一为护国军军务院抚军副长（以唐继尧为抚军长）。

⑦ 指龙济光。

能俯首听命。岑、龙乃会衔出示，谓北伐编师，限于有六米里①八、七米里九枪，及每枪配足子码百枚者，否则遣散；又其原为地方军队乡团者，要复其旧，不得应选民军，有不遵从此命令者合力剿办。弟于十二、三两日电岑，告以已饬执信、仲元所部改换旗帜，取一致行动，并戒此后与龙毋相攻击。又与青木、松井②商定，为我军购械，编作北伐，由溥泉、孝怀、钦甫③电岑，请认许。事过一周，尚无复答。即弟前致云、贵、两广之通电，云、贵已复而岑亦不答，令人爱莫能助。龙氏在粤积恶，粤人恨之甚于袁氏。龙甚险诈，自岑到肇，龙势转张，盖名义上有所凭藉。且托词北伐，据有省库，更广招兵，专力对待民军。事体稍变，龙必反戈，其次亦为南面张勋，而断不能如岑所期望。岑仅带有桂兵二千，肇庆李耀汉有十五营，而李则人尽可属。故两广都司令及护军府④根本极薄弱、可忧，周孝怀等皆知之。

四、沪上形势最为重要。英士于肇和事件失败后迭遭挫折，同时惕生⑤亦经营进行，顾前此不能为一致之行动，故常有积极的无形之冲突，两难奏效。弟到沪后，各人感情渐洽，方与惕生谋合办方法，而英士惨遭不测矣。英士死后，所图必大受影响。但冀将来由惕生专任歼彼杨、卢二贼⑥，事当有济。然军队运动已久，而屡不得力，其卑劣之观望，正未易破。冯在南京，为阴为阳，卢、杨益有所恃，其部下更难决心。大抵民党他方无特别之势力发展，则沪事急遽无好希望也。

综上情形，大局殊未易定其归宿。欲求达共和之目的，倒袁为必经之路，而吾人达到与否，视倒袁经过之事实如何。若民党势力只如目前，即侥倖以何等妥协了局，则必比前此之南北议和为更不逮。已往将来，中国问题实为新旧之争。

---

①　米里（Millimetre），今译毫米。各种型号枪支的口径大小不同。

②　青木宜纯，日本海军中将、前驻华使馆武官，由参谋本部派至上海负责联络反袁力量者；松井为其属官。

③　张继，字溥泉，原国民党员，曾是北京第一届参议院首任议长；温宗尧，字钦甫，原国民党员，时被岑春煊委为护国军两广都司令部外交局长。

④　指护国军军务院。

⑤　钮永建，字惕生，中华革命党党员，时被护国军军务院委为驻沪军事代表。

⑥　杨善德，袁政权淞沪护军使；卢永祥，淞沪护军副使兼第十师师长。

换言之，则为民党与官僚派之争。其争孰胜，即为国家治乱所系。孰胜孰败，则视彼此之团结如何。民党以主义政见为团结，官僚派以金钱饭碗为团结。主义虽同，而政见或异。民党性质本来不好苟同，故时有参商。官僚则唯利是视，反为不可破之团结。已往之历史，已足教训吾人于将来。是以弟熟思审虑，但求贯彻吾人之主义，而宁牺牲一切之办法，求最大之团结力，以当彼官僚一派。近与各派接洽，幸亦俱无何等意见，盖皆知大敌当前，不宜立异，此亦为前途一线之曙光（其间各与疏通，则溥泉、亮畴①之力为多）。

然武力之发展，此时尤不容缓。统观全局，独山东方面有可为之基础，且可即时布置。合觉生与吴大洲等兵力，有二千余枪，已占领潍县、周村等处，进战退守，均有依据。若能由此益进，则扼北方之咽喉，不难转移大局。惟靳氏②尚能支拒于济南。吾人武器不足，即须为之加增，并就此招募人士，训练成军。假有二师（二师之中下级军官已略有准备），可以取齐鲁而迫燕赵③。弟经以借购军械之事与青木、松井商量，伊亦赞可。惟此事重大，外交上须有种种之手续。此时兄尚在日本，惟兄足以助成此举，并拟以兄与弟二人名义提出请求，须得同意认可。吾人积多时之公愤，无所发舒，固急欲一当袁氏，而与南方相联并进，亦惟此着最为有力。机局紧急，袁系方张，民党无不相提携之理。况兄与弟有十余年最深关系之历史，未尝一日相迕之感情，弟信兄爱我助我无殊曩日。此事成否，关系全局，如上云云，望兄以全力图之。事有把握，仍企来沪一行，共商进行各事。东京究隔膜，即弟亦颇恨到沪之迟也。余事更托宫崎面达。专此，即颂

近安

英士兄以十八日下午五时被刺，系在萨坡赛路十四号山田④家会客。先两日，英士病颇剧，杜门，而是日则约有两处人相见。第一起为刘基炎（说山），为鸿

---

①　王宠惠，字亮畴，原国民党员，曾任南京临时政府外交总长。

②　靳云鹏，山东将军。

③　指直隶。春秋战国时燕国、战国时赵国之地皆在直隶省（后改名河北省）境内，故后人以燕或燕赵作为直隶省、河北省别称。

④　山田纯三郎，日本志士，当时被孙文委为中华革命党在沪机关报《民国日报》社长。该寓所亦即陈其美领导的中华革命军淞沪司令部总机关。

丰煤矿公司四华人、一日人。坐顷，更有二人入。坐客兴辞，英士亦起身，客即以枪击英士头部，立倒地。丁景良、吴忠信、萧纫秋、余建光在外室闻枪声，闯门欲入，数凶手枪乱放，丁景良亦中枪，余人走避。凶手等且放枪且逃，丁、吴从后追呼。凶手等本乘汽车来，此时汽车夫先走往捕房报，故获得凶手许国霖。又一凶手王介凡则毙于道，或云自杀，为〔或〕云其伙杀以灭口。继获李海秋一名，则介该公司与英士交涉，而是日同来者也。李与日人俱云不知情（日人亦可疑，然此时未捕）。李海秋与王介凡为英士素识，许国霖与一程起鹏则是日始问姓名。许被获，已认凶手，并云王、程、李皆凶。王已死，程未获。李之介绍鸿丰公司人来，谓有矿产将抵押与中日实业公司，借五十万，而请英士担保，可借二十万与革命党。英士固常闻人云，鸿丰为侦探机关，然不料其有大不测之举动。且见沪事再失败，前费巨款无效，谋再起，因急筹款，则姑与接洽。事变突起，未尝防备。闻捕房查得是日到者十六人，把门守路者皆持枪击人，盖非寻常暗杀事件可比。英士头中一枪，颊中两枪，故登时殒命。丁景良伤腹旁，非要害。一厨人伤手，一下女伤耳，均轻微。一曹姓同志伤手肘。

英士忠于革命主义，任事勇锐，百折不回，为民党不可多得之人。年始四十，遽被贼害，伤哉！数年来，如宋钝初、范鸿仙、夏之麒①俱为逆贼购凶刺死，今又继及英士。君子何厉，天实仇之，令人生无穷悲愤。

孙文

五月二十日

据原函，北京、中国国家博物馆藏

---

① 宋教仁，字钝初，国民党代理理事长，一九一三年初国民党在国会选举获胜后大力鼓吹责任内阁制，三月被袁世凯派人刺杀于上海火车站；范光启，字鸿仙，中华革命党党员，一九一四年秋集结革命武装谋夺上海制造局，九月被郑汝成派人刺杀于革命军机关部；夏之麒，中华革命党党员，一九一五年春主持江西、浙江两省讨袁事宜，声势甚盛，袁党悬赏重金购其头颅，遂被图领赏者所刺杀。

致陈其美家属唁函

（一九一六年五月二十二日刊载）

英士兄惨遭变故，文不便亲临致奠，益增哀悼。此案关系至重，不能不彻底穷究，而文亦欲详悉内容，以便设法对付。所有关于此案文件交涉等事，应托某某君经理，随时面告，以专其事为要。专此，敬维节哀。

孙文

据《陈英士先生遇害记（四）》，载一九一六年五月二十二日上海《民国日报》第十版

复张世宗等告筹款直汇本部并告粤事函

（一九一六年五月二十四日）

世宗、燮南、贞诵①仁兄同志均鉴：

接四月十二日来缄，备悉一切。

垅地原非繁盛之区，素所知也，今得诸同志热心鼎力赞助，而获今日之效果，实非轻易之事，欣幸奚既。

宋渊源非我党党员，亦非受本部委任筹款，前曾由党务部发通告声明，嗣后我同志查照注意办理可也。债券既失四张，必须检明号数，乃可向财政部存案。至筹捐助护军，甚善。惟当今义师遍地待举，财政最宜统一，庶有实效，贵处若得巨款，仍以直接寄汇本部，以便知所分发。不然，缓者以之为急，急者反失于缓，如此，有何裨于大计哉！

粤省独立，原非出自龙之真意，然吾党实力，播植各府州县，大事必可期成，龙果愿北伐，姑不深究前非，否则，吾党自有最后处置方法。

---

①　张世宗、廖燮南、黄贞诵，分别为三宝垄中华革命党支部党务科主任、总务科主任和财务科主任。

辰〔现〕下我等以款为急，冀同志诸君努力发展此经济问题。袁氏形势日蹙，山东东部已为吾党势力，现党务部长居觉生为东北军总司令，指挥一切也。余未缕缕。

五月廿四日

据《总理办公处公函存底》，台北、中国国民党文化传播委员会党史馆藏

复陈伯豪等告款收到望续筹并告讨袁局势函

（一九一六年五月二十四日）

伯豪、警支〔文〕仁兄同志均鉴：

接阅四月十五日大札，备悉吾兄筹款近况，热忱健腕，敬佩莫名。

许君所托之件，仍望诸同志尽力赞勤一切。目前闽省虽未独立，惟吾党实力遍布各地，早晚必当大举也。汇来之款，已交财政部办理，以后犹冀鼎力鼓吹，用收宏效，至祷。

粤省独立，原出龙氏伪意，第吾党策划，日进千里，龙果愿北伐，姑不深究前非。浙江独立，本系事实，是可喜也。要之，袁局日间必见瓦解，祖国民心已离，袁至今日，更何有恢复之可言。现山东东部已为吾党势力，目下由党务部长居觉生为东北总司令，指挥一切，并此告慰。

五月廿四日

据《总理办公处公函存底》，台北、中国国民党文化传播委员会党史馆藏

致田中义一告南方讨袁大势并请援鲁函①

（日 译 中）

（一九一六年五月二十四日）

敬启者：前在东京，诸承关切，高情厚谊，谨此函谢。归沪后，立即访晤各方人士，听取诸同志之报告，经详细调查了解后，本乎团结同志、联系各派之愿望，业已发表宣言。宣言全文已见诸报端，勿庸赘述。兹将归国后之所见及今后欲为之努力者逐条分述以闻。

南方独立各省之实况，据一般观察，实力相差甚远。不仅向北方采取攻势颇为困难，即仅固守南方亦非易事。

云、贵两省虽为此次讨袁战争揭幕之地，然数月来经四川苦战，兵力损伤甚大，且历来武器弹药不足，今已几无发展之余力。广西实力亦不充足，且因广东龙济光之独立未臻确实，故就广西而论，亦不能轻易对外发展。

广东原为革命党人集聚之区。此次民军又在名〔各〕地起义，广东省城几已陷于独立状态，且广东之门户广西业已独立，龙济光陷于此种困境，无计可施，遂至宣告独立。据各方面之确实报告称，龙济光之独立，全系与袁商讨后向民军使出的缓兵之计。因此，独立之后，仍对民军横加压迫，甚至残杀民党云云。对于此种论评，文亦无法为龙氏辩解。

岑春煊自日本归国后，为求独立各省之统一而煞费苦心。最初拟在南宁设立独立各省统一之临时政府，但因此间种种情况，迟迟未获进展。其后转赴肇床，就任两广都司令②之职，旨在巩固桂、粤两省之独立。然广西之兵力、财力均不能与龙济光为敌。今岑氏部下仅有广东兵四千、广西兵两千；而龙济光则盘踞省城，其部下可动用者尚有一个师团以上的兵力，岑氏以其实力驱逐龙济光实属非

---

① 《浜面又助文书》原注：原函用无格纸十七页毛笔写成，由孙文亲笔签名。田中义一，时任日本参谋本部参谋次长。

② 应为两广护国军都司令。

常困难。据此以观广东今日之现状，岑春煊既无援救广东民军、讨伐龙济光之实力，遂即处于不能与民军保持充分融洽之困境。文对此十分忧虑，当尽力敦促广东民军援助岑氏，已数度致电岑氏及该地民军之各当事人，言明此意；加以青木将军、广州今井领事及在广东之陆、海军诸将领均已劝告双方谋求和解，故可望日内双方将能圆满实现联合。

浙江自屈映光去职后，组织似已渐趋巩固，唯江苏之冯国璋态度仍不鲜明，上海杨善德尚拥有两个师团以上之北军。浙江虽号称拥兵一师团又一旅团之众，实则不足一个师团，其不能与江苏对抗者，实甚明显。

最近已于肇庆组成军务院，唐继尧任院长，岑春煊辅之①。独立四省之联络，已较前稍形紧密。于是，则今后之对内对外活动或可稍见起色，不胜盼待之至。

南方形势，概如上述。总之，实力较弱，内部亦不巩固。反观袁派形势，仍较南方为强，段祺瑞、冯国璋、院士充②、张勋、靳云鹏、王占元等辈，均系拥护北方之武人派势力，并多方钻营，不遗余力。冯、段者流，虽非始终拥袁到底之徒，然在当今形势下，即使袁氏退位，袁派势力仍将掌握政治上之中心权力，故有新思想之革新派主张绝不能为彼辈所容。即便在今日南方独立各省人士中，亦不乏动辄自甘妥协之趋势。倘若此次革命不幸而以妥协告终，则中国政治上之黑暗依然不能除去，而东洋之和平依然无望。一旦欧战结束，袁氏党徒即将利用西欧列强，玩弄种种卑劣伎俩，实属明若观火。

大势如此，而前途之危险实难预计，故文绝不能悠闲岁月，决意竭尽所能，努力挽救南方独立各省之危局，以期击破袁派势力。

以今日大势观之，如能有足为纯粹革新派所依恃之势力出现，则可确信南方各省之士气必将日益豪壮，而团结亦必日趋巩固。文归沪发表宣言后，复与各方重要人士交换意见，各方人士皆已充分领悟妥协之非，惟以北方实力强固而隐抱忧惧之情，担心妥协之不可或免而已。故今日如欲挽救南方独立各省之危急，舍重新建立巩固之实力外别无良策。山东本为吾党同志长期经营之地，据最近所获情报称，我军已占领十有余县，只以缺乏军火供应而不能如意进展。依文所见，

---

① 应是唐继尧任抚军长，岑春煊为抚军副长。
② 疑为倪嗣冲之误。

山东地处南北要枢，且有铁路、海运之便，如能在山东建立二个师团以上之主力，则山西、陕西、河南各省必起而与之呼应。于是，则向北可攻取北京，向南可促进长江流域各省之豹变。

基此理由，文已决心亲赴山东，集结同志力量，全力以赴。然事之成败全系于军火供应之有无，故已委托现在上海之青木将军设法提供两个师团所需之武器，青木将军已体察文意，对此计划表示赞成，据闻业已电告贵国政府云云。此外，又另委在东京之黄兴兄，将此意转达贵国当局，黄兴兄亦表赞同，想日内当由黄兴兄面述种切。此举与中国之大局安危攸关，务望审度时势利弊，予以充分援助，至为盼祷。

又：陈其美君在沪尽瘁国事，虽经几番钝挫，但该君之勇毅精诚，实为我同志所共同感叹；此次遭奸人暗害，无任悼惜。但国士为国事而捐躯，亦可谓得其善终。该君之牺牲，实已激发起我同志更加奋勇前进之决心。

大局危急，紧迫万分，切望鼎力支援，不胜翘企之至。此致
田中将军阁下

孙文

五月二十四日

据《浜面又助文书》，载近代日本研究会编：《特集·近代日本と东アジア》，东京，山川出版社一九八〇年十二月出版（王玉平译，曲直校）

复杨寿彭告收到捐助陈其美家属赙金函

（一九一六年五月二十五日）

寿彭先生大鉴：

五月十六日来函已悉。汇单壹纸，额面日金五百五十四圆，经持赴该行照收妥实，折合沪洋四百五十五圆叁角贰仙。今先用函复知，俟交陈宅家属收妥后，再当补具谢帖函寄。特此奉复，即请
大安

各同志均候并道谢。

孙文启

五月二十五日

据原函，台北、中国国民党文化传播委员会党史馆藏

致戴德律请即筹款助讨袁函

（英 译 中）

（一九一六年五月二十七日）

亲爱的戴德律先生：

收到先生东京来函，我曾立即复一电报。我于一月前来到上海，是出于此地形势之需要。

目前工作首要先决条件是经费。我为促使时机之成熟而惨淡经营三年，如今时机已到，竟因经费缺乏而难以控制局势。中国现正处于极度危险之关头，而我则急于要使中国摆脱混乱以再造和平与秩序。袁世凯一人，并不难于推翻，而我们的目标尚在于同时清除其属下之全部官僚，以保证中国不再蒙受此辈邪恶影响。

先生已从报刊得知许多省相继宣布独立，但对导致这一局势之事实真相仍一无所知。那些官僚之所以未敢造次，完全是出于自私野心。我们已造成此种形势，他们懂得不宣布独立就会失败，于是便突然退避龟缩，并在表面上对我们表示同情。一旦袁世凯由于获得国外贷款而略有复苏之势，他们又会倒过身去以求保全自身之地位。广东省都督龙济光即为一例。他觉察到我们在那一地区的实力之后，便假意宣布广东独立，与此同时，却又在暗中和袁世凯保持联系。

先生由此可知，中国将因此类诡谲奸诈之人物而局势日益恶化，危机愈陷愈深。所以，我们必须设法将他们彻底清除，不容其中任何一人在今后政府中继续任职。然而目前，我们事业正处于岌岌可危之状态，我若不能立即采取断然措施并将所有各种力量再一次完全置于我个人控制之下，就会授袁世凯以可趁之隙。

为此，我急需金元五百万，即电报提及之数。若能得此，当可实现我一生之主要愿望和目标——于短期内恢复我国和平。因为我已决定采取达到这一目的之

最佳捷径，即攻击至关紧要之北京。

我希望，现在，先生对中国局势有了更清楚的理解，愿意竭尽全力帮助我获得这笔款项，否则，一切都会落空。借贷条件可由先生自行酌定，因为我完全信任先生的能力和高尚品格。

请将结果电告。我的电报挂号地址已改为："Waicy"，Shanghai。

来信请用两只信封，外层信封请用下列地址：

Monsieur Y. Waicy,

55 Yang King Peng,

French Concession，Shanghai. ①

希望不久就能收到先生的佳音。我知道先生正在尽力而为。

谨向先生全家致以最良好之祝愿。

你诚挚的孙逸仙

一九一六年五月二十七日

上海

据秦孝仪主编：《国父全集》第十册英文函（转录中国国民党中央委员会党史委员会藏原函影印件）译出，台北，近代中国出版社一九八九年十一月出版

致段祺瑞论当前国事书

（一九一六年六月二十三日）

芝泉②先生大鉴：

民国初元，曾亲教诲，伟人丰采，至今不忘。盖当南北议和之际，惟执事为军人领袖，赞成共和，大局以定；洎帝制发生，尤能以大义自持，冒犯险难，终始不变，求之当世，诚拔萃而寡俦。而今日天下汹汹，扶危定倾，又惟执事之是赖。此文所以倾服不置也。

---

① 中译文：上海法租界洋泾浜五十五号 Y. Waicy 先生。
② 段祺瑞，字艺泉，时任北京政府政事堂国务卿。

承黎大总统电教，嘱遣代表晋京，谨媵以书，介谒左右。文以为一国于更始雄新之时，必有豪杰大贤，规划宏谟，提挈纲领，建设文武，垂范将来，而其人之勋名，亦遂与国家同不朽。夫事功在百世，而权位不过一时。经武图强，申儆军人，而教之以捍侮干城之事，其责非异人任。至于目前，规复约法，尊重国会，为共和根本大计，而内外人视瞻所存，文已再三为黎总统言之。愿执事翊赞当机，不为莠言所惑，重陷天下于纷纠，亦文之望也。

兹因萧萱、叶夏声二君晋见，聊罄怀抱，惟谅。草草不宣。专此，即颂
勋安

孙文

六月二十三日

据原函，台北、中国国民党文化传播委员会党史馆藏

致澳门总督米那感谢函

（葡 译 中）

（一九一六年六月二十三日）

总督阁下：

您在多次危机关头，尤其是近期发生于澳门附近的多桩突发事件中，善待我的同志。谨向阁下致以深切谢意。我无以回报，唯有谨记阁下的友善之举。此深切谢意，应为中国所有共和志士之共同意愿。

我热切期望中国迅速恢复秩序与和平，我们能在葡萄牙共和国的支持下，以其为榜样，确立一种符合全国人民意愿的管治方式，明确其原则与基础。

总督阁下，请接受我最崇高的敬意。

孙逸仙

上海

一九一六年六月二十三日

据原函影印件，载卡洛斯·高美士·贝萨：《澳门与共和体制在
中国的建立》，澳门基金会一九九九年十一月出版（郭丽娜译）
葡文原文见第八册第 555 页

致黎元洪请授勋予辛亥年驻汉口法国领事函[①]

（一九一六年六月）[②]

寅维民国肇造，实基武汉，揆文奋武，全赖大总统硕谟潜运，诸将士踊跃响义，故能搘拄半壁，震撼全国。然当时在汉口领事团于起义后第□〔三〕日即行宣布中立，亦实为成功之一大原因。查各国对于他国国中起革命时宣布中立，实为国际上所罕闻，况以列强联同宣布，则尤非常之事。征之云南此次起义，各国尚未有中立之宣言，于彼靳之半年，而于此得之三日，此中关键，实有至重要者存。

盖当辛亥之秋，前清鄂督瑞澂，早闻革党起事之说，曾与某国领事约言，若有乱事发生，当由某国驻汉军舰发炮助剿，中外所知。暨大总统扶义兴师，瑞澂逃匿某兵船，即遣人晤某国领事，谓此为义和团流派，请其践约发炮。顾自庚子以还，各国曾有协定，无论何国，以后对于中国有所举动，当先通告其余，取一致行动。故于起义之后，领事团即开会议，各国驻汉领事于中国革命之运动，本无所知，几为所动。当时张彪犹在急谋收合余众，外借强力，以摧革军。使其计得逞，则民党恐难持久，而干涉之例一开，中国亦几于不国，岂有今日之盛。方是时也，譬诸千钧悬于一发，而惟法国领事□□[③]素于中国民间新派情形有所研究，又与文多年故交，以是深明革命党之宗旨，极有同情，当会议时，主持公道，表白革命军改良政治之目的，破彼义和团流派之说，力言干涉之非。其时各领事本无成见，遂得开悟，而干涉开炮之议以消。各国既取消开炮之议，欲表明其态度，故从速为中立之布告。是时瑞澂满意某国能为己助，不意各国不特不助，且为中立之宣言，谋伐气夺，仓卒出奔。武汉基址，以兹永阻；各省义师，以兹奋起；清廷用兵，以兹迟回；北方将士，以兹觉晤，实此中立之一宣言开之。况革

---

① 黎元洪，字宋卿，时任中华民国大总统。

② 原函未署日期。函中有法领事罗氏"今日过沪……来访"之语。按罗氏于一九一六年六月调任香港领事，经沪赴港。据此推断此件应写于此时。

③ 法国领事□□，当指法驻汉口领事罗氏（Ulysse-Raphael Reau）。

命干涉之说，当时已植根甚深，得此一事，遂使全国人心涣然冰释，无杞忧狼顾之病。此其在民国之建立，功固尤高，而开不干涉之先例，使中国国权藉之更加巩固，又为不可忘之殊绩也。

文自元年以来，久闻斯事，而于领事团当时急变态度之故，莫悉其详。近日□□过沪，偶得来访，始知根荄。念□□本负侠义之气，虽有大功于中国，初不求人见知；惟我国报功酬德，宜有所先，发潜阐幽，责无旁贷。用敢叙其本末，敬乞大总统鉴核，从优给予法定给外国人最高勋章，以彰殊勋，必能激劝流俗，裨益邦交。谨启。

据原函，台北、中国国民党文化传播委员会党史馆藏

致田中义一告派戴季陶趋商函[①]

（一九一六年七月三日）

田中将军麾下：

前寄尺书，略述中国情势，计达座右。乃者袁氏自毙，黎公依法继任，今且恢〈复〉约法，召集国会，凡兹前四者，皆如护国军所要求以应，自不能不一律休兵息战，以昭信于天下。然而政局浑沌，依然如旧，兴革事业，大东亚问题，仍待其人，而设能解此，文所以对于将来有不敢苟图安逸者也。先生前者援助之力，虽造次颠沛，不能忘怀。但时局变迁，收效无几，事势所至，无可奈何。兹遣戴君东渡，趋褐〔谒〕台阶，奉商已往及将来诸要件，畅聆教益。新进尔〔近而〕语之不看〔尽〕之忱，统由戴君面达。专此，敬请

大安

惟谅草草。

孙文

七月三日

据"田中义一文书"原函，东京、
日本国会图书馆宪政资料室藏

---

① 此函收在日本国会图书馆宪政资料室藏《田中义一文书》中。

致萱野长知陈中孚告汇上三百圆函

（一九一六年七月五日）

萱野、中孚兄鉴：

迭电均悉。复电想皆达览，兹先汇上叁百圆，祈收用。专此，并请

大安

孙文

七月五日

据原函影印件，台北、中国国民党文化传播委员会党史馆藏

致戴德律告取消洽谈贷款并退还文件函

（英 译 中）

（一九一六年七月五日）

亲爱的戴德律先生：

袁世凯死后，局势已完全改观。因此，我曾在电报中请先生等候我的信件。如果当初我能有那笔急需的款项，我本可早在袁世凯死前就成立临时政府，而现在也不会有南北妥协的问题出现。但是，根据约法规定，黎元洪已递补总统遗缺。目前最迫切的愿望，是和平与秩序的恢复，所以我促成了双方的谅解。

由于黎元洪为人随和懒散，不抱帝王野心，我相信，他会顺应民心为国效劳，而不至于假借权柄以谋私利。

一切国家大事和国际事务，政府皆咨询于我。我虽不任职，但影响之大一如既往，而且深得人民信任。

目前，我要留在政府之外，静观各项事务的处理和解决，并将继续置身幕后，除非有重大理由需我复出。

　　由于情况如此，请即取消先生准备为我洽谈的一切政治贷款，并请退还有关委托权的文件。

　　如果诸事顺遂，情况好转，我将再度从事实业方面的工作。届时，请先生代为物色能帮助我国发展实业之类的人士。在此情况下，我亦将尽速再来美国，会见各方面资本家，延聘有用人才。

　　至于亨利·克里福特·斯图阿特①其人，我不知他为何要多方设法败坏我的声誉。最近，他通过一位斯卡菲尔德②先生登载广告，寻找一件据说是我用作护身神物的玉雕偶像，从而在华盛顿报纸上造成了耸人听闻的事件。斯图阿特先生声称，他曾由我授权，悬赏一万美元以搜求此物云云。这完全是我前所未闻、荒谬绝伦、可笑之至的无稽之谈。

　　我对此人此举的动机，百思不解。他曾寄给我不少信件，但是由于我对他素不相识，所以，就我记忆所及，从未复信。

　　希望早日来信，谨致最良好的祝愿。

你诚挚的孙逸仙

一九一六年七月五日

上海环龙路六十三号

据秦孝仪主编：《国父全集》第十册英文函（转录中国国民党中央委员会党史委员会藏原函影印件）译出，台北，近代中国出版社一九八九年十一月出版

---

①　Henry Clifford Stuart 的中译。

②　Scafield 的中译。

复布朗告中国近况及声明"中国被窃神位终于回归"之报道荒谬函①

（英 译 中）

（一九一六年七月六日）

尊敬的布朗先生：

十分感谢您的数封来信以及剪报。我于两月前离开东京，此后一直忙于工作，无暇回信，直至今日方才动笔。

袁世凯之死令中国时局发生根本变化，我们惟有奋起，拯救国家。我一直在努力协调南北达成妥协。很欣慰，我的努力卓有成效。

依照宪法，黎元洪升任总统一职。黎总统与袁世凯不同，更加顺应民意。至少，他未参与袁世凯登基之阴谋。

黎总统在所有国内、国际重要事务方面都咨询于我，尽管我个人未进入政坛，我的影响依然强劲，众人与我团结一致。

中国正出现良好转机，我对此变局深感满意，希望国家自此走上复兴之路。

至于寄来的剪报"中国被窃神位终于回归"之报道，我仅在此声明，此乃我读过报纸中登载的最荒谬的无稽之谈，希望将我此声明公布于众。我相信此新闻为欲全力诋毁我之流所杜撰的消息。

这位亨利·克利福德·斯图阿特②先生寄给我许多公开信件和笔记，我从未留意，亦未与其通信。

我很好奇此公的真实身份，他为何乐于捏造无端信息？整日忙于无聊垃圾新

---

① 据该报报道，随着袁世凯离世，中国时局正出现明显好转，且有理由期待好转将会持续，报上最近传言孙医生一直在海外四处活动，图谋东山再起，对此，"革命领袖"孙医生觉得又不平、又可笑，予以否认。此为孙逸仙写给他的美国代表、华盛顿的奥斯汀 P. 布朗（Austin P. Brown）的信。

② Henry Clifford Stuart 的中译。

闻的人自然不会是一位理智之士。

再次感谢您的帮助，敬请保持联系。

您可以发表此信。此致。

孙逸仙

上海环龙路六十三号

一九一六年七月六日

据 "Peace Comes to China, Writes Sun Yat-Sen", *The Washington Times*, August 6, 1916, Page 13［《和平降临中国，孙逸仙写道》，载一九一六年八月六日《华盛顿时报》第十三页］（高文平译，许瑾瑜校）

英文原文见第八册第 555—557 页

致孙昌命遣散所部函

（一九一六年七月二十二日）

昌侄知悉：

闻汝举兵于乡，多有扰及闾里，致父老责有怨言，此在袁氏未死之时，人人有讨贼之任，尚可为汝曲谅。今大盗已去，汝当洗戟归田，毋久为乡里之累，方表大公无私，否则难免乡人之责难也。见信之日，务要即将所部遣散，并将所征发于各乡之枪械器物缴还原主。至于解散费，今由唐少川先生派专人回乡，与父老协商公平发给，汝当惟众议是从，不得留难抗阻。否则叔惟有置汝于不理，任由乡中设法对待，恐无汝容身之地也。汝宜思之慎之，毋违叔命，此示。

叔孙文亲笔书

上海

七月廿二日

据亲笔原函，上海图书馆藏

致山田纯三郎望代请医生来寓诊治夫人函

（一九一六年七月二十五日）

山田兄鉴：

望即代请医生一人，即来敝寓，以诊内子之病。彼今日忽起腹痛并泻，且有发热，幸速同来为荷。

孙文

七月廿五〈日〉晚

据亲笔原函影印件，台北、中国国民党文化传播委员会党史馆藏

复阮本畴告不宜运送飞机回国函

（一九一六年七月）①

本畴先生大鉴：

六月十号来书诵悉，数年阔别，匆睹华章，无任欣慰。尊论中国今日以练兵为要务，而尤致重飞机，可谓洞明军事症结。惟自袁逆自毙，黎总统依法继任，弟经于约法恢复后，宣布各议一律罢兵，他如山东潍县与张怀芝对抗者，亦于本月中旬令其分别解散。又如广东东江讨龙军，亦以邓君仲元个人名义行之，故今日断不能以吾党名义运送飞机回国。足下暨诸同志热心爱国，请仍集合同志悉心研究，以备日后御外之用，是所切盼。临书神驰，不尽欲言，此请

大安

诸同志均好。

孙文

第十号

据原函照片，台北、中国国民党文化传播委员会党史馆藏

---

① 原函未署日期，据函中内容判断，当在一九一六年七月。

致唐绍仪请代呈政府发还中华革命军借款函①

（一九一六年八月八日）

　　谨将中华革命军用费，除居正东北军②在占领地域内所用，应由居正自行报告政府认偿外，其用于广东、江苏、湖北、湖南、四川、福建、浙江、江西等省举义及遣散诸费，总计贰百柒拾万元，皆属贷借之款，兹将来源分列于左：

　　日本人捌拾万圆；

　　又拾五万圆；

　　又五万圆。

　　美洲③、加拿大、智利、秘鲁、菲猎滨群岛④、澳洲、纽丝纶⑤、南非洲吐兰斯哇⑥、南洋英荷各属领及暹罗⑦、安南、神户、大阪、横滨各埠华侨，壹百柒拾万元。

　　如上借款数目，敬请代呈政府迅赐发还，俾得转偿内外债权者，以清手续，而免缪辕，实为公便。

孙文（加盖"孙文之印"）

中华民国五年八月八日

据原函，上海图书馆藏⑧

---

　　①　一九一六年五月，孙文自日本返抵上海。次月，袁世凯在举国声讨声中病死，由副总统黎元洪继任总统。唐绍仪时任外交总长。

　　②　居正原为中华革命军东北军总司令，统筹直隶、山东、山西三省反袁军队讨伐事宜。

　　③　美洲（America），此指美国，今译美利坚。

　　④　菲猎滨群岛（Philippine lslands），今译菲律宾群岛。

　　⑤　纽丝纶（New Zealand），今译新西兰。

　　⑥　吐兰斯哇（Transvaal），今译德兰士瓦，时属英国自治领"南非联邦"。

　　⑦　暹罗（Siam），一九三九年改名泰国（Thailand）。

　　⑧　按：此函似不全，前面文字佚失。

复黎元洪辞高等顾问函

（一九一六年八月十四日刊载）

大总统钧鉴：

得手谕，奖饰逾量，并以高等顾问相属。执事仁德，涵盖万方，忧国至诚，天下共见。文虽术惭匡济，志匪隐沦，况在艰屯之秋，实有风雨同忧之谊；岂建设之方始，而蒭荛之不供？但使国家有事，谋及庶人，文必竭其愚虑，以裨高深。至于前席隆礼，顾问鸿号，受者不无短绠之愧，评者或生尸饔之讥。敢请鉴此悃诚，收回成命。临风缅想，无任屏营。肃请钧安，伏祈垂鉴。

据《孙中山先生辞顾问》，载一九一六年
八月二十二日上海《民国日报》第三版

致久原房之助为在华合作开采矿山征询意义函

（日 译 中）

（一九一六年八月十五日）

久原①先生阁下：

敬启者：谨祝贵体日益健壮。日前由戴传贤君处，得悉高论宏谈，至为感谢！目下政局混沌，依然如旧。政治上之事，别无可奉告之处。前此以来，承蒙援助，嘉情厚谊，感谢万分！然文至今未直接参与政权，未能立即履行从来之契约，甚表遗憾！但对阁下之厚意，定当报答。刻下正筹画如何奉还前借之款，祈察谅为幸。

兹有一事恳求阁下之高见。即文以为欲谋中国政治渐进之改革，非失业不能

① 久原房之助，实业家，又是政治家。一九〇七年创办久原矿业所，一九一二年改称久原矿业公司，任经理，曾借款援助孙文。

成。此实值得注意。今各省多来相商开采矿山之事。阁下经营矿山，经验丰富。抱负远大，常为文所敬佩，故愿与阁下共同经营此一事业。然矿山之经营，非实地调查不能着手。故目下应首先立一矿山测量检查机构。关于此点，须要相当学历经验之专门技师，及各种器械与经费。如蒙同意此事，在阁下协助之下，以文之名义先设立测量检查机构，立即着手实地调查。如发现良好矿由而希望共同经营者，再进一步商讨其办法。此为大规模矿山开发之前提，最必要之努力也。特此征询阁下之高见。但此事如为世人所广知，恐生障碍，祈守秘密为荷。

如同意此一事业，或由阁下派人至文处，或由文派代表至贵地，二者请随其尊意裁决之。时近立秋，请多保重。匆匆，不尽其言。

孙文

八月十五日

据日文原函影印件（函末有孙文亲笔署名），载久原房之助翁传记编纂会编：《久原房之助》，东京，日本矿业株式会社，一九七〇年发行，彭泽周《近代中日关系研究论集》（台北，艺文印书馆一九七八年十月出版）译出

复刘恩锡告停止军事行动静候中央解决函①

（一九一六年八月二十七日）

冠三兄鉴：

八月十二日来书论鲁事，并为民军方面规划久远，用意良深。顾文以为，袁氏奄逝，首恶已除，佳〔假〕兵殃民，于义无取。前已通告，所属各军停止进行，静候中央解决。今者约法、国会次第规复，破坏既终，建设方始，典兵者要当以大局为念，急图收束、解散，以轻担负而安地方。其有踰此宗旨范围者，文实不敢赞同。

---

① 刘恩锡，字冠三，曾为山东济南同盟会副会长、临时省议会副议长，一九一二年被选为国会议员，时与吴大洲、薄子明等在山东发动讨袁军事斗争。

来函未署住址，无从投复。谨登报代答，惟亮察焉。

孙文

廿七日

据《特别广告》，载一九一六年八月
二十九日上海《民国日报》第二版

复杨纯美答汇款收条事函

（一九一六年八月三十一日）

纯美仁兄同志惠鉴：

八月三日惠书，诵悉一切。承询三月卅日汇款四百圆一节，已函东京财政部调查。兹查得五月廿四日收到巴城来杨姓一函，并款四百圆。惟函中并无署名，亦未书住址，惟仅有杨字及由巴城付等字，无从复信，故函托巴城支部查觅本人，并将收条寄巴城支部转交。今承明问，疑即为尊处之款，如事实相符，请向巴城支部查取收条，并复函此间以慰为要。专此奉复，敬请

大安

孙文

八月卅一日

据原函影印件，台北、中国国民党文化传播委员会党史馆藏

致曾允明等告已派廖仲恺赴京要求
中央政府偿还各埠募集军费函

（一九一六年八月三十一日）

允明、德源、潜川三兄台鉴：

五月三日由贵处汇来六千元，经将收单寄还，未审已得达否？自袁氏叛国，民国几绝，端赖诸同志牺牲生命财产与之坚持，至有今日。弟拟将癸丑以还各埠

募集各军费开列清单，要求中央政府偿还，日内由廖仲恺君赴京，径与财政部面商。惟中央现在款项奇绌，能达目的与否，尚难决定耳。特此奉闻，并请

〈均安〉

各同志均候。

孙文

八月卅一日

据原函影印件，台北、中国国民党文化传播委员会党史馆藏

复曾允明等告收到汇款并拟要求政府偿还讨袁募款及代物色《觉民日报》主笔函[①]

（一九一六年八月三十一日）[②]

允明、德源、昭雅、金坛、潜川[③]列兄台鉴：

五月三日由贵处汇来六千元，经将收单寄还，未审已得达否？昨又接潜川、壬戌[④]二君来书，力言《觉民日报》[⑤] 主持非人，拟由敝处派员主任。惟是主笔政者，非有世界知识、能忍耐、绝嗜好者，不克胜任。弟现已代为物色，请将条件若何、薪金多寡见复，俾得其人易与商榷至要。

自袁氏叛国，民国几绝，端赖诸同志牺牲生命财产与之坚持，至有今日。弟拟将癸丑以还[⑥]各埠募集各军费开列清单，要求中央政府偿还，日内由廖仲恺君

---

① 此函自上海寄往英属缅甸首府仰光。

② 原函未署年份。按函中所言要求中央政府（即黎元洪继任大总统后的北京政府）偿还海外各埠募集讨袁军费之事乃发生于一九一六年，故定为是年。

③ 此五人皆是中华革命党仰光支部任职人员：部长金允明、副部长黄德源、总务科主任杨昭雅、党务科副主任曾金坛、总务科前主任饶潜川。

④ 黄壬戌，仰光支部总务科副主任。

⑤ 同盟会原于一九一一年在仰光创办《缅甸公报》，一九一三年改名《觉民日报》，现为中华革命党仰光支部机关刊物。

⑥ "癸丑以还"系指一九一三年"二次革命"以来的反袁武装活动。

赴京，径与财政部面商。惟中央现在款项奇绌，能达目的与否，尚难决定耳。特此奉闻，并请

均安

　　各同志均候。

孙文

八月卅一日

据亲笔原函，台北、中国国民党文化传播委员会党史馆藏①

致黎元洪段祺瑞请免惩王济煇函

（一九一六年八月）

大总统、总理钧鉴：

　　敬启者：前奉天桓仁县知事王济煇，举兵附护国军，拥护共和，后以恐惹交涉，由文饬令停止。当时除由文给费及王济煇自行筹借外，挪用应解公款四万一千四百元，均系因起义支销，未经入己。今闻以亏国家地方公款甚巨为由，奉令惩戒，所恐奉省长官未及详细报明，总统、总理亦未察及，故代为声明前事。可否念其事本因公，虽无殊功，仍予免罪？希为察夺施行。兹并将原节略抄呈察览。专此敬达，即颂

崇安

　　诸维赐照不宣。

据原函，台北、中国国民党文化传播委员会党史馆藏

---

　　① 党史馆所藏同日函稿共有两件，本件除增写一段代为物色《觉民日报》主笔的文字（即本篇第二段）外，其他内容与另一件完全相同，后者当未发出，不收。

复施瑞麟告已电冯国璋转饬释放其父函

（一九一六年九月二日）

兆衡兄鉴：

前得来书，以尊甫被押高淳，久未省释，当即电知冯督军，转饬高淳知事释放。迄今数旬，未得电复，不解何故。昨复接来书，始知仍未释出，则前电之有效与否仍未可知。请仍向该县查明，有无别故，再行缄达。文为同志计，断无不尽力之理也。此复，即请

大安

孙文

九月二日

据原函影印件，台北、中国国民党文化传播委员会党史馆藏

复郭标告国内政情及捐款偿还事函

（一九一六年九月二日）

逎生①仁兄同志惠览：

七月廿日寄日本东京党务部函件，并汇票壹百五拾七镑六先零〔令〕，均经分别收领。惟该汇票以无副票，不能收款，须托银行向英京银行收汇沪上，未免周折费事耳。此间军事进行，早已宣告停止。现在潍县一带军队虽未解散，粤东东江方面虽以驱逐龙氏致再用兵，然皆以个人名义负责办去，本部既无积极之进行，自当停止军资之募集。故于廿二日发上英文电报一通，请通知各埠机关，停止集款，想已照办矣。

日前由本部发出通告，附有弟到沪后两次宣言，计先达览。吾党自癸丑以后，

①　郭标，字逎生，澳大利亚悉尼华侨，为永安系统资本集团成员之一。

无日不以讨贼为帜，曲突徙薪，实为天下之先导，虽天戮袁逆，不假手于吾人，然专制推翻，共和再造，我党原来希望，亦思过半矣。约法既复，黎总统为依法继任之人，故相劝罢兵，示仗义者非为权利而动。至今后对于政府，国民监督指导，则其责任有不容诿避者，通告谓"革命名义不复存"，亦即此意。弟在沪屡开大会演说，专论民国制治之大端，而不为一人一事以立言，盖基础巩固，则百事皆其后也。现在帝制余孽潜伏北方者尚不少，中央不无投鼠忌器之患。如张勋、倪嗣冲辈，跋扈依然，如世人所指。此时操切从事，难保无反动之虞，然隐忧未息，则国人犹未得高卧也。

我汉人驱除异族专制，建立民国，中遭袁逆扰乱，犹能绝而复续，此皆赖我同志等以生命财产权利各种牺牲而购得之。今大局粗安，对于华侨所捐军饷，应由文提议于政府，请求偿还，以示奖励，刻已派定廖君仲恺日间晋京交涉此事。至于政府，财政邻于破产，而借款之难，较第一次革命后为甚，则允偿与否，及何时能偿，尚难预料。此间惟有尽力所能至，务求无负于我爱国同志而已。现在政府对于吾党，颇能尊重，兹将黎总统与此间往来函电，抄录寄上，请转慰诸同志为荷。专此，敬请

大安

诸同志均此。襄伯兄均候。

孙文

九月二日

再者：六月廿三日寄来第八号书，收到后（第五、六、七数号亦接）当即作复，计先达览。查尊处汇来款项，除在东京收款已由财政部发还收条者外，计在沪收者，一次肆百镑，一次两单共六百叁拾柒镑拾捌先零〔令〕，皆在沪托银行向英京收款，现尚未到，一俟收款，即发收条寄上，乞纾绮注。

孙文

九月二日

据原函，台北、中国国民党文化传播委员会党史馆藏

致孙洪伊告派胡汉民等入京与商要事函

（一九一六年九月八日）

伯兰①先生大鉴：

　　违教忽复经晦朔，阅报得闻阁员案已通过，忻甚慰甚。太平从此可期，万姓之欢，可以□想。文虽秋霖腹疾，伏处海隅，犹不禁临风欲为起舞也。新内阁为观瞻所系，澄清吏治又民众所同翘首仰望者也，先生以坚毅卓绝之力，出任其难，可为民国前途贺也。南方迭经丧乱，民业摧残，国库收入亦因之减弱。欲上纾国计，必先下裕民生，文已以专函胪列现在〈要〉务，陈于黎公之前，更请胡汉民、廖仲恺二君赴京，亲述详情，并商要事。届时希为延接，并赐助力，是所盼祷。专此敬达，即颂

绥安

　　诸维亮照不一。

□□启

据原函，台北、中国国民党文化传播委员会党史馆藏

复黎元洪谓益民四事宜速办函②

（一九一六年九月八日）③

大总统赐鉴：

　　敬复者：自杭州回，始接诵手翰，奖之弥厚，为愧益深。属有微恙，久稽报

---

　　①　孙洪伊，字伯兰，时任北京政府内务总长。
　　②　孙文对黎元洪继任总统寄予期望，除促其恢复约法、重开国会外，并对改善国计民生提出建议。本函系自上海托胡汉民、廖仲恺带往北京面交。
　　③　原函未署日期。按孙文于九月八日派胡汉民、廖仲恺启程赴京，十三日致黎元洪另一函称"业于胡、廖两君行日，条举纲要，属达诸左右"，"属达诸左右"者即本函，故定为是日。

章，歉仄何似。高等顾问隆号，实不敢当①。此中□缕，非笔可宣。兹委托胡汉民、廖仲恺两君赴京晋谒台端，详达鄙意，到日希赐延接。

今大变甫定，百姓喁喁望治，执事胞与为怀，必有以厚益吾民。以文观听所及，事属切要，为举国所共跂盼者实有数端：

其一则厘金碍百货之流通，裁厘加税，事简民便。闻经提出国务院议，深佩硕画，希勿为小阻碍而有停顿，速收良果。

其二则土货出口，运回本国别口，仍作进口货课税，似宜蠲免。俾于奖属之所宜及者，不致翻被加以额外之征求。

其三则土货出口税率虽有协定，若能设法轻减，实足奖励民业。

其四则币制改归统一，闻经由部提议，商工之业待此而盛，希力主持，勿令中滞。

凡此皆文私见所及，谓宜速办者。征之群论，亦罔不同。敬陈荛言，乞赐鉴纳。专此敬复，顺颂

钧安

诸维崇照不戬。

孙文拜启

据《孙中山先生与总统总理往来书牍》
"孙中山先生复黎总统电"，载一九一六
年九月十二日上海《神州日报》（四）②

致段祺瑞告派胡汉民等赴京奉商要事函

（一九一六年九月八日）③

芝泉先生大鉴：

敬启者：阅报知阁员全体通过，此真民国之福也。大变甫定，元气未复，民

---

① 黎元洪于八月专函聘孙文为高等顾问，孙即复函婉辞。此次来函重申前请，孙再辞。

② 按：此系信函而非电报。另见同月十一日上海《民国日报》第六版所载《孙中山先生与中央往来书牍补录》"孙中山先生复黎总统电"，其内容相同但有数字误植。

③ 原函未署日期。函中有胡、廖赴京之语，与九月八日致孙洪伊函语相近，当为同时。

望皆属于救时良相，文以无似，犹得于海上逖听好音，何幸如之。南方迭经兵燹，摧残已甚，民业不振，国库收入随之锐减。欲上充国库，必先下裕民生，文已将目前要务略陈于黎公之前，兼请胡汉民、廖仲恺二君代表赴京，亲述一切，并有要件奉商台端。到时希为延接，俾尽所怀。专此奉达，即请

勋安

　　诸维察照不宣。

孙文启

据原函，台北、中国国民党文化传播委员会党史馆藏

致杨寿彭告解除尾崎聘约等事函

（一九一六年九月十日）

寿彭仁兄大鉴：

　　阅四月五日致仲恺书，具悉一是。现在正与前途磋商，各件未能决定，故仍未与海关商及。上陆允许状一件，料稍迟定可起运，若未得运来以前，在神户关口限满，仍仗大力设法展期也。此次办理飞机各件，皆以吾兄苦心毅力致有此好结果。但今者袁死黎继，我辈革命之目的物不存，则革命军亦无从继续，所以对尾崎亦不能不设法解约收束，希将此意转致尾崎君曲谅之为祷。尾崎君祖父死去，此处已发电唁之矣。专此，即请

台安

孙文

九月十日

　　仲恺兄已于日前偕同汉民兄赴京料理党务，并交涉各要事，俟各事办妥，即可大张党势。现在来信，请仍寄环龙路四号，用弟名为要。

　　再：昨接电，知最后所汇，亦已收到，惟第二电云："自动车一、自转车一、八尾崎／助手が谢样卜相谈／上九〇〇ェテ二（不明）テ卖ッタ他ノ自转车八青岛二アル一切谢样二闻ケ"与五日书所云"存尾崎副手松本处"，及谢松生对朱执

信言"自动车及自动单车均存仓库"均不相符。卖去九百圆，作何用处？且何以卖价如此之低？均候询松生使明白回复，请不必介怀。至飞机则务请尽力保全，勿令有损失。飞机存仓，用尾崎名义，将来有无窒碍？能否取出，另用兄或他人名义存放？请妥筹电示决定，至要至要。孙文又及。

据原函，台北、中国国民党文化传播委员会党史馆藏

复黎元洪告暂难赴京函

（一九一六年九月十三日）

大总统钧鉴：

敬启者：前托胡汉民、廖仲恺两君晋京，代陈鄙见，并肃寸缄，敬候起居。胡、廖两君甫就道，复蒙遣王君铁珊到沪，并惠教言。以文疏戆之性，谬承优渥之施，虽天下在宥，宁待贡一先生之言；而海滨归来，尚思告旧令尹之政。业于吴〔胡〕、廖两君行日，条举纲要，属达诸左右。二君于文念年故友，无论何事，均可代表文意，愿于暇日曲赐垂询，俾尽所欲言，如文亲谒。

至文数月来，百端未理，拨冗为难，非不思抠衣趋晤，握手言欢，而一时尚未能装束命驾。拟俟两月后，摒挡庶务，稍有头绪，当可北游燕蓟，敬副盛意。先此奉达，聊尽悃怀，敬祈鉴谅，即颂

勋安

诸维崇照。

孙文启

据《九月十三日孙中山先生复大总统缄》，载一九一六年九月二十六日上海《民国日报》第三版

复段祺瑞感谢邀请北游函

（一九一六年九月十三日）

芝泉先生大鉴：

　　敬复者：王君铁珊到，备述大总统与先生高意，并辱华翰，感谢实深。文归来东海之滨，久慕上台之节，复承雅意，招以弓旌，使尽狂言，藉裨衮职，才虽不逮，义本难辞，故于前日托胡汉民、廖仲恺二君晋京，带呈寸楮，敬候起居，并将现在切实之务，举其纲要，托彼面陈，以备采择。二君并文廿年旧友，无论何事，均可代表文意，愿赐延接，俾尽所怀，则如文亲觌矣。

　　至文半年以来，宿疴未除，百事殆废，近始稍为料理，未能遽毕，殊非偃息言高，拟俟两月后摒挡就绪，当可北游燕蓟，再接清亮。先此奉达，聊布所怀，希为鉴谅，即请

勋安

　　诸维雅照。

孙文①启

据原函，台北、中国国民党文化传播委员会党史馆藏

致邓泽如望经理收回结清全部债券事函

（一九一六年九月十四日）②

泽翁兄大鉴：

　　阅致仲恺书，知已通信各埠将所有债券停止发出，收回清数，敏腕至佩。惟荷属各埠债券，吾兄以未及经手故，欲请本部另派员收回，并荐林师肇相助一节。

---

①　"孙文"署名据一九一六年九月二十六日上海《民国日报》所刊该函校补。

②　据函中提及林师肇"现尚未归沪地"，有请邓泽如"希速来沪一行"，应是孙文居沪时所写函，推断为一九一六年。

查林君由港再到上海后，旋再赴北京，现尚未归沪地，吾兄本为各埠筹款委员长，荷属虽间有直接向本部请领债券者，其请领人名号数，尚皆可稽，此事再四筹维，仍以由吾兄勉任收束为最妥适。收回之券当汇存一处，候设法寄回，其数目亦须早行结清，始免为偿还时之障碍。二者皆非吾兄不能办妥，故仍修函致各支分部筹饷局长，委任吾兄经理此件，万望勿辞。其许、邓二君经手发出之券，及由本部直接寄去者，俟抄齐汇寄尊处，以便稽核。此事办竣后，希速来沪一行。

关于实业前途，有多数问题，欲待吾兄面商解决，希望至大，万勿吝一行也。此请
公安不尽

孙文
九月十四〈日〉

据原函影印件，载邓泽如编：《孙中山先生廿年来手札》卷三，广州，述志公司一九二七年一月出版

复久原房之助申谢赞助开采矿山函

（日　译　中）

（一九一六年九月十八日）

久原先生阁下：

敬复者：来翰拜阅，谨致谢忱！开采矿山为敝国至上急务。如阁下之热心而有力者，对此事业能予赞助，实不胜庆幸之至！只期待阁下之代表中山说太郎早日莅此。详情面商之后，再仔细奉告一切。时值深秋气爽之季，祈多保重。草此，并请
体安

孙文
九月十八日

据李吉奎：《新发现的孙中山函件》（彭汉译自日文版《久原房之助》），载一九九〇年十一月二十一日《团结报》

致冯国璋请释秦毓鎏函

（一九一六年九月十九日）

华甫①先生督军：

　　执事东南柱石，久佩贤劳，咫尺旌麾，未承颜色。

　　兹启者：自共和再造以来，咸予更新，共荡积憾，故黎大总统先颁释罪之令，而执事亦迭有〈释〉省囚之举，江苏政治罪犯，次第赦空。惟囚羁吴狱之秦君毓鎏，典系之司尚未报请，故自由之惠犹稽实施。秦君前充南京总统府秘书，弟略知其品性。其人生长名门，行修颇饬，反对者周纳其词，何所不至。今之格于明听，据秦君家属泣涕来告，即由邑人两姓某与某散放流言，以快私怨。今附奉原判印物一纸，秦君如有侵占公款之罪，程前督依法必予并科，胡为仅治其内乱之罪，此可见当时法庭之真是真非。且赣、宁往事，依反对之声，某则饱飏，某则席卷，曾屡见于随意专断之府令。倘秦君附和兵事者，至今将遭非法之诬妄，而首难如克强、协和辈，益不免于从新对簿，则大狱将兴，揆之倾覆民国之帝制犯，黎大总统与执事犹免其胁从，宽严稍不伦矣。故秦君尚系苏狱，必所司因其毛细，未能及时呈报左右。倘因今之进言，执事能饬属即予省释，则秦君一身永戴明德，而报国之士亦愈益奋服。又秦君邑人未知子孙戚里将同城百世，未可误造数姓不解之深仇，以贻数十百年报复之循环，脱不幸而秦君瘦〔瘐〕死狱中，则大错铸矣。道路传闻，当民国三四年之交，某姓以父丧设吊于故乡，丧仪之盛，四方来观，哗传当道将以秦君由苏狱解锡，斩首于南校场以祭，无知男女空巷出探，快心之报，已极淋漓。反问秦君前过，止光复时准封私产及因市政毁某姓之垣，扩充市街，如是而已，杀之以相复，本未免太过。此次如得仁镜高烛，恕秦君之小过，俾罪与恨皆适可而止，即百年以往，将诵名贤之大惠矣。祗颂

----

　　① 冯国璋，字华甫，时任副总统，兼江苏督军。

勋安不备

孙文

九月十九日

据《民国五年致冯国璋请释秦毓鎏书》，载胡汉民编：《总
理全集》第三集，上海，民智书局一九三〇年二月初版

致许行彬等申谢接待函①

（一九一六年九月二十日）

行彬、鸿逵、步青、怀新、棣三、稼云、仰之、思萱、伯壎诸同志均鉴：

文以屡历蹦踬，再履坦途。日前与三五友人，漫游贵属，得与诸同志把酒话旧，历叙契阔之感，缠绵意致，匪可言宣；又得陪观浙潮，洗涤怀抱。旋以事冗，未得与诸同志畅叙，深以为憾。别后于是日十时遄返沪寓。燕处超然，鸥盟仍在。用修寸楮，藉表谢忱，敬颂
公安

诸维朗照不宣。

孙文启

九月二十日

据《浙江发现孙中山海宁观潮佚文》，
载一九九二年十月六日《华声报》

致施瑞麟询彭德荣之为人函

（一九一六年十月十三日）

兆衡先生大鉴：

兹接彭德荣函称：前在南通县失败时，曾与邹玉山等同时被捕，今得释放等

---

①　一九一六年九月十五日，孙文与朱执信、张人杰等人从上海乘火车到海宁，至盐官登"三到亭"（今改中山亭）观潮。回到上海于二十日写信给海宁县同盟会会员许行彬、张步青、孙棣三等九人。

语。彭君既系在南通遇难，想先生必识其人，彭君之为人若何？乞即示复为祷。

专此，敬请

大安

孙文谨启

复邓泽如告已派员入京交涉偿还华侨债款等事函

（一九一六年十月十九日）①

泽如我兄大鉴：

十月一日来书于前日领收；从前寄来之清册亦已收到，交财政部备案。功章奖状，请领者纷至，此间经已无存，日前已缄东京克日备办，不日可以寄到，当即寄上以备分给。山口洋款，此间并未收到，想系郑鹤年吞没，请缄知该埠为望。

此间办事情形应为兄告者：前月派胡、廖两君入京，一拟主持党务，一拟要求偿还华侨借款。时适唐②君入京，拟就职外部，胡、廖两君曾拟以兄为星洲领事，后唐为帝党力攻，遂辞职归沪，并偕展堂同归，仍留仲恺在京，专理偿债事。此事必非段氏之所欲，惟未能显示拒绝，已开阁议数次，或有成议亦未可知。如万一以无款见拒，则拟要求以四川河底机器淘金权相抵。川省河底产金至富，外人久已垂涎，想兄亦有所闻也。他如党务，各埠多以规复国民党为请，弟意亦已决行；惟章程手续必求完备，则需款自不能少。现在国会虽占多数，而各省会经第二次革命之后，已被各地方官蹂躏无遗，非再事经营不可。以各省论，现只有湖南正谊社成立，而他尚阒然。此中窘难情况，兄谅知之。若复党之议一行，则各省须设分部，其间应筹交际之费，自不能少。自解散军队、停止军事募债以后，此间仅恃美侨汇款为挹注。而各种费用支销正巨，此中衷情，兄非外人，不妨径告也。

---

① 原件未署年月。函中有"前月派胡（汉民）、廖（仲恺）两君入京……"语句，据一九一六年九月十一日上海《民国日报》报道"孙中山派廖仲恺、胡汉民持函北上入京"，九月十三日复报道"孙中山代表胡汉民、廖仲恺到京"。为此，此函的时间应为一九一六年。

② 即唐绍仪。

东京总部各友均已回沪，或以假归。近数日已将两月办事情形缄达各埠，俾知大要，已分人缮写，数日后可寄到星洲一带矣。此复，并请

台安

孙文启

再前缄请兄来沪一商各事，如贵冗稍暇，仍望即来。

据原函影印件，载邓泽如编：《孙中山先生廿年来手札》卷三，广州，述志公司一九二七年一月出版

复邓泽如告汇款已收到函

（一九一六年十月十九日）

泽如兄鉴：

本月五号尊处交耀平兄由台湾银行汇来港币五千元，经已收到。除俟清单到时由财政部照发收据外，特先奉复，并颂

台安

孙文启
十月十九日

据原函影印件，载邓泽如编：《孙中山先生廿年来手札》卷三，广州，述志公司一九二七年一月出版

复咸马里夫人欢迎到中国旅行函

（英 译 中）

（一九一六年十月十九日）

亲爱的咸马里夫人：

九月六日来函敬悉，甚以再获手书为幸。至于夫人意欲往游中国之议，我以为可行。夫人因此而获得的知识，将大有裨益。我愿尽力之所及为夫人此行提供便利。

但欲旅行中国内地，殊不可能。夫人有所不知，其艰辛困苦有难以忍受者。举凡途中日用物品，均需随身携带，则非有成队之仆役不能办。我深知夫人闻此必有失望之感，而以拂逆夫人之心愿为恨。再者，其费用亦必数倍于在欧美作同等距离旅行之所需。

设若夫人愿作沿海城市之考察，则情况迥异。我当可设法襄助。至于对今日中国之现状，切不可过分乐观，不良之因素一如既往，仍在从内部危害民国之命脉。

目前事务繁杂，须加料理，一旦得空，将赴美洲一行。至于在此之前会有何种情事出现，殊难逆料。

谨致最亲切的问候。

你诚挚的孙逸仙

一九一六年十月十九日

上海环龙路六十三号

据黄季陆等：《研究中山先生的史料与史学》（转录中国国民党中央委员会党史委员会藏原函影印件）译出，台北，"中华民国"史料研究中心一九七五年十一月出版

复郭标答询组党办法并嘱汇寄存款函

（一九一六年十月二十五日）

迺生仁兄先生台鉴：

九月二十日惠书，经于前日领收。以前汇寄各款，已由财政部分别答复，计均到达。贵埠同志热心祖国，输此巨款，以助共和再造，何莫非吾兄鼓吹之力。今日巩固共和，端赖吾党，故百凡〔凡百〕事业，须从整顿党务入手。承询组党办法，现方编订党纲及重订规程，所有党纲未寄到以前，请以国民党名义招人入党，其手续则参酌中华革命党各章程办理，而不用中华革命党之名耳。

弟自归沪后，承黎公之招，原拟入都商榷要政，嗣以在沪各事，如规复党务、筹办实业等等，一时未能就绪，且以北贵政争未息，一时不能遽行者为此。现已

将七月以后在沪筹议诸事，撮其大略，另缄布告。惟自军事①停止后，拮据殊甚，尊处所存各款，务请即日电汇来沪，以济急需，不胜切盼。此请

台安

孙文启

十月廿五日

据原函，台北、中国国民党文化传播委员会党史馆藏

致中华革命党各支分部同志悼黄兴病逝函

（一九一六年十一月一日）

□□各支分部同志均鉴：

启者：黄克强先生自创同盟会以来，与文同事，奔走艰难，迄于今日，凡我同志谅均知悉。前月国庆日，突患胃中血管破裂之证〔症〕，吐血数盂，晕绝经时，即延德国医生克礼氏诊治，据云尚可无碍。嗣后胸膈仍觉饱闷，至上月下旬，更发见肝部肿大之征候。三十日下午五时，忽又吐血不止，势极危急，由医注射，暂见血止。三十一日早二时，突再吐血，医再注射，旋即脉停气绝，不可复救。呜呼哀哉！以克强盛年，禀赋素厚，虽此次讨贼，未得比肩致力，而提携奋斗，尚冀诸异日。遽此凋谢，为国为友，悼伤百端！仅〔谨〕告同志共鉴察之。

孙文启

民国五年十一月一日

据《通告黄克强先生逝世函》，载南京《中央党务
月刊》第四期"特载"，一九二八年十一月出版

---

① 此处删去衍文"自"字。

复黄德源饶潜川等告余款电汇上海
并指示招收党员办法函

（一九一六年十一月六日）

德源、潜川先生暨各同志均鉴：

敬复者：德源、潜川二君九月一号函及九月卅〔廿〕一号函，又蓝磊君九月廿六日函，均已接到。

所问债券、功章、奖状各件，经即饬财政部早日发寄，谅与此信当同时寄到。此次所以寄付迟延，实因内地起事以后，东京办事人少，稽核淹时；又以结束在即，不能照以前之例，先寄债券，阻稽至此，尚乞谅之。如此次所寄尚有未能收到者，当请速函知追查，免致失落也。余款请即汇上海，用电汇即可达到（单写Sunwen Shanghai便得，打电亦可照此住址），因数目须早结清，以便向政府交涉偿还债券也。

政局变动靡常，徐州会议现虽消泯，而段、孙争执正剧，我辈正须固结党员团体，益谋多吸集党员，扩张党势，以收他日有事时之效果。如有欲入党者，可照中华革命党旧章，用国民党名义收之，以便延揽人材。国内本部，亦当不久建立，届时再将修正之党章、各支分部规则寄上照行。先此奉复，即请

公安

惟照不宣。

孙文

十一月六日

据原函，台北、中国国民党文化传播委员会党史馆藏

附载：朱执信代复梅屋庄吉申谢日本友人
为黄兴逝世致哀赐唁函[1]

（一九一六年十一月十五日）[2]

梅屋先生尊鉴：

敬肃者：十一月一日书已译呈孙先生披阅。孙先生谓此次克强先生之丧编，蒙东邻贤士大夫之深厚同情致哀赐唁，感谢实深。重蒙勉以为国自重，为平和尽瘁，敢不再拜，敬佩嘉言。特属执信代复台端，聊申谢意。一欧君[3]处亦经由孙先生将尊意代达，并以附闻。专此，即请

台安

诸维鉴照不宣。

秘书朱执信代复

十一月十五日

据"梅屋庄吉文书"原件胶卷，
日本东京大学明治新闻杂志文库藏

复曾允明黄德源等告请将结存款项电汇上海函

（一九一六年十一月十七日）

允明、德源、潜川、金壇先生鉴：

十月十四日来书具悉。前寄去债券等件（照征信录补发）想亦均已收到矣。来函称续收同志认饷五百二十元，请照前函连同结存之千六百元统汇来上海应用（电汇写 Sun Wen Shanghai 便可收到），其党证及债券等件亦交党务、财政两部查明照发

---

[1] 一九一六年十月三十一日凌晨黄兴在上海病逝，孙文等于翌日向海内外各地发出讣告。

[2] 原函未署年份。按海内外各地包括日本在内，闻噩耗后即纷相发来唁电，一九一六年乃据此确定。

[3] 黄一欧系黄兴之子。

矣。但向例发给债券须先收到款项，此次一千六百元及五百二十元未经收到，先寄债券实系格外通融办理。信到之日务希速行汇来，以便清理。此复，即问

近祉

孙文

十一月十七日

据抄件，台北、中国国民党文化传播委员会党史馆藏

与唐绍仪联名致北京各政要
请予陈其美国葬并恤遗族函

（一九一六年十一月二十日刊载）

〈先生、执事〉①：

自黄〈君〉克强云逝，遐迩悼痛。而诸执事又追维前烈，以为崇德报功，必宜优以殊礼，〈以〉为国民矜式，于是有主持国葬暨抚恤遗族、庙祀立传诸议。所以揄揭徽〔懿〕烈，树之揩〔楷〕模者，义至闳厚。顾文等犹有私义，欲以奉陈左右者：

黄君勋绩烂然，固国人所共钦，然亦有平生事功艰苦卓绝、百折不挠、卒以身殉、死义甚烈如陈君英士者，尤冀诸执事有以表章之也。溯陈君之生平，光复以前奔走革命，垂十余载，其间慷慨持义，联缀豪俊，秘密勇进，数濒危殆，凡旧同志类能称述。辛亥之秋，鄂师既举，各省尚多迟回观望，陈君冒诸险艰〔难〕，卒创义于沪上。尔时大江震动，纷纷反正者，沪军控制咽喉，有以促之

---

① 此据台北、中国国民党文化传播委员会党史馆所藏函稿增补。秦孝仪主编《国父全集》第四册（台北，近代中国出版社一九八九年十一月出版）又谓本件受函人名单计有"儒堂、溥泉、濂伯、慧僧及各同志，梓琴、楚香、君武、子钊及各同志，雨生……及各同志，伯兰先生，佛言先生，内务部孙总长，总统府秘书长丁世峄先生，参议院刘成禺先生"等。其中如张继（字溥泉，首届参议院议长）、王正廷（字儒堂，首届参议院副议长）、吴景濂（字濂伯，北京临时参议院议长）、丁世峄（字佛言，时任总统府秘书长）、孙洪伊（字伯兰，时任内务部总长）者流，当时颇具相当影响力。

也。其后金陵负固，各省义师云集环攻，而饷械所资，率取给于沪军，陈君措应裕如，士无匮乏。此其于民国之功，固已伟矣。

袁既毁宋，陈君首摘发其证据，既而举义中挫，奔亡三岛。尔时袁贼谋帝之心，路人皆见，而败机〔丧〕之余，众多沮怯。顾陈君强毅不挠，与文等肩任艰难，策划进行，分遣群众，连结各省军旅，灌输以反对帝制之心理。去岁蹈险归沪，指麾一切，虽屡起屡仆，志不少衰。肇和一役，事虽未集，然挽回民气，使由静而动，实为西南义军之先导。袁既疾君深，乃嗾其爪牙，卒刺杀君，死状至惨。揆其平生，舍易就难，为人所不能为，勋烈媲于黄君，而死义之烈过之。特以殉国之际，袁恶犹炽，文等虽抱沈痛无以张之。唯浙督吕君，允助以丧葬之资，其后沪上大会追悼，亦蒙黎大总统赐唁极哀。是其诚信所著，固为举国同悼者已。惟是黄君现〔既〕逝，得诸执事为之主持，存恤表章，而陈君则遗体至今犹寄存沪上，无以为葬。身后萧条，为状尤难〔艰〕。夫逝者已矣，〈而〉表彰前烈，责在后来。今黄、陈两君事同一例，倘诸执事主持正谊，以此意达之议会、政府为之表彰，予以国葬并存恤其遗族，则观成〔感〕攸在，其所以陶熔国风，示国民以仪型，所存所裨，宁有涯涘？文等夙共患难，闻见较切，故敢陈区区，伏维亮鉴〔察〕。此颂

公祉

〈孙　文　唐绍仪〉①

据《陈英士先生之灵响》，载一九一六年
十一月二十日上海《民国日报》第六版

复李宗黄告愿随时发表意见函

（一九一六年十一月二十日）

宗黄②先生台鉴：

敬复者：顷接来函，敬悉壹是。唐公命世之材，首倡义举，大功既建，处以

---

① 此据台北、中国国民党文化传播委员会党史馆所藏函稿增补。
② 李宗黄，字伯英，时任云南都督府参谋处长。

撝谦，诚可以为全国军人之表率。阁下既深投契，遂佐戎机，长摅参军，展足别驾，相得益彰，良用为慰。沪上勾留，百务冗杂，曩承枉驾，礼数犹疏，而唐公来书，猥以为谢，阁下来翰，亦齿及之，滋用为惭。然素心相期，皆在远大，区区之见，邀唐公之采纳优崇，实深愉慰。以后如有鄙见，当随时发表问世，但冀国民虚受，必不吝直言也。先此奉复，即请

戎安不一

孙文

十一月二十日

据原函影印件，台北、中国国民党文化传播委员会党史馆藏

附载：复《民强报》王河屏告难助款函①

（一九一六年十一月上中旬）②

贵报向未寓目，既系自癸丑以后蝉联不绝，必有接济之人，现在款项支绌，实难相助。

据《〈民强报〉拆梢真相》，载一九一六年
十二月二十二日上海《民国日报》第三版

复威廉·舒尔兹请退还美在华租借地函③

（英　译　中）

（一九一六年十一月二十三日）

尊敬的舒尔兹先生：

惠书使我极为高兴，虽然我们之间通信不多，也不经常，但通过先生各方

---

① 此函报载为"中山先生接信后，即嘱书记代复"。收为附录。

② 此函日期据王河屏十一月六日致函其后又于十一月十二日复孙文函，推断为十一月上中旬。

③ 此英文信是孙文在上海写给美国国会议员威廉·舒尔兹的。原件收藏于美国康乃尔大学图书馆。

面杰出的工作和先生在贵国取得的创新成果，使我恍若与先生相识已深，至为钦佩。

今我愿向先生致歉，因长时间地延误了向先生复函。这是由于我一直在等待汇集有关一事之某些消息，而此事即我长期以来欲向先生提出，并望能得到先生有价值的帮助。此事若能获得成效，定将成为有力之证明——美国之伟大和其对人类进步事业的贡献。

先生是掌握此项重要工作之合适人选，我愿将我的设想呈于尊前。

多年来，我一直奉献毕生于向国人浇灌民主之理想，遍及于全中国。播种确已在望，事实上，我们已有了一个共和制的政府，但若我们仅是孤立拯救自己，发展就将停止。尚有一事，当在我能力之外，并以达之于我国人民，即是实践中之民主，对此我无能为力。除非获得美国之协助，否则我不认为我毕生之事业可取得完满之成功。

中国之要地——上海，有一区域称之谓公共租界，原本是"给予"美国作为租借地，但由于不清楚之原因，美国自己不管理，却转让给了英国。虽然这个区域仅仅是让与，但生活于此租界上的当地居民却一直无法分享这个政府的法律权或诉讼权。

如我上述，我们在名称上已有了一个共和制的政府形式，但在实践中我们仍落后于时代。为了拯救国家，我们亟需给国人树立一种市政管理之楷模，其榜样为美国的市政管理之最佳方式。在一定的时期内，可受美国之督导，这是由于我们在地方管理方面很弱。

美国已为中国做过许多事，例如退还庚子赔款，对此我们感谢。但美国尚可做得更多，如将转让给另一方的租借地退还给我们，并指导我们如何以美国最佳形式管理之。这一步骤将永久巩固我们的友谊和取得国人的信托。这不仅有利于中国，最终也有利于整个人类。

因为有美国和一个强大的中国分别保卫着两个半球，世界和平定有保障。

有什么事业能比美国对全人类的贡献更为壮丽的呢！因为你们在市政建设、廉洁政府方面作出了许多成就，我相信先生会认识到，中国迫切需要立即创建良好的城市政府，因此我期望先生为我向美国人民作一切有效的宣传，并将你们的知识光辉给予我们。

我希望关于这项事情，先生将在贵国务院广袤的辖地内找出更多的办法，并广泛传播，最有效地和最可能地达致美国人民。

如有任何建议，先生认为任何时候可告我者，我均欢迎，并极为感谢。

希望不久能得知消息，并致衷心敬意。

你真挚的孙逸仙

一九一六年十一月二十三日

据郦玉明、一之：《浅议孙中山先生三封未公开发表
的英文信件》，载《民国档案》一九九二年第四期

致戴德律告将委托书交诺曼函

（英 译 中）

（一九一六年十一月二十四日）

亲爱的戴德律先生：

我曾有信寄由皇宫旅社①转交先生，请退回有关委托权之文件，但未见回音，恐先生已离开该旅社，或该信件未能寄到。因为文件十分重要，故特请知己好友罗伯特·诺曼②先生前来拜访，并面交此信。请先生见此信后，即将委托书交付罗伯特·诺曼先生。

久未收到先生来信，故不知先生工作近况和行踪。

目前我正在考虑先生所拟计划之一，即有关农业之计划，并急欲付诸实施。我不久将就北方土地问题获得政府之许可，望先生代为搜集一切资料，包括需用何种机器，应采取何种方法之类，并请早日来函赐教。

---

① 英文为 Palace Hotel。

② Robert Norman 的中译。

谨致亲切的问候。

你真挚的孙逸仙

一九一六年十一月二十四日

上海环龙路六十三号

据秦孝仪主编：《国父全集》第十册英文函（转录
中国国民党中央委员会党史委员会藏原函影印件）
译出，台北，近代中国出版社一九八九年十一月出版

附载：斥《民强报》伤风败俗断难相助函①

（一九一六年十一月中下旬）②

寄来报，淫猥鄙秽之语触目皆是，先生最深恶之，以为万国所无。
先生实无力相助，即有力，亦断不助此伤风败俗之报。

据《〈民强报〉拆梢真相》，载一九一六年
十二月二十二日上海《民国日报》第七版

与唐绍仪等联名致谢田中义一
在东京发起追悼黄兴大会函③

（一九一六年十一月中下旬）④

敬启者：敬闻执事在东方〔京〕发起追悼黄克强先生大会，推本友谊，为空前之盛举，厚义深情，存殁均感。谨代表志谢，并寄上黄先生遗照一纸，以作纪

---

① 此函为孙文嘱"书记代复"件，收为附录。

② 此函时间，据报载《民强报》王河屏函署十一月十二日推断。

③ 一九一六年十一月十七日，由日本政要厅藤新平、田中义一、头山满、寺尾亨等发起，在东京举行盛大的黄兴追悼会，各界人士与会数千人，伫立于会场门外者竟达数万人。经秋山定辅介绍而与孙文结交的田中义一中将，时任日本参谋本部次长，不久后晋升为陆军大臣、总理大臣。

④ 原函未署日期，但当与开追悼会之日相隔甚近，故酌为是月中下旬。

念。专此，即候

起居

　　　　　　　　　　主丧友人　孙　文　唐绍仪　李烈钧
　　　　　　　　　　蔡元培　柏烈武　谭人凤

据"田中义一文书"原函，东京、
日本国会图书馆宪政资料室藏

复丁石生述开辟金沙江航道意见函[①]

（一九一六年十二月六日）

石生先生台鉴：

　　敬复者：前月十日来教，已经收阅。收采金沙，开浚河道，既惠于民，复裕国库，条议敷畅，自可赞同。此事既得滇巡按使批行查核，虽经用兵中止，谅必有案存滇，将来若得滇政府同意，规划开办，则此间代向华侨集资，开办采掘事业，决不为难。但通航之路，不但须水足载舟，且全河上下流，离海面高低不甚相远，始能适用。若高低之差不大，则用水闸之法，尚可期船只之通行；若相差太多，则不能运载。务须将该河身测量清楚，绘示详图，始能以之招致华侨，使之投资。先此奉复，即问

近安

孙文启

民国五年十二月六日

据昆明《新闻世界》第十一期"云南革
命文献专栏"，一九四八年十一月出版

---

　　① 丁石生（石僧、石森），云南宾川人，一九〇三年留学日本，一九〇五年加入同盟会，曾任南京临时政府教育部会社教育司司长等职，著有《开展金沙江航路问题》一书。

致海外同志述华侨回国从军讨袁及遣散情形函①

（一九一六年十二月十日）

泽如我兄、各同志均鉴：

启者：此次推翻帝制，各埠华侨既捐巨资以为军费，而回国效命决死以为党军模范者，复踵相接，其坚忍勇往之忱，诚不可多〈得〉者也。计此次回国从军之华侨可分为两部：其一部为活动于广东方面，主由南洋英、荷、法领等地之华侨组织之，而美洲及日本等处华侨参与焉；他一部则为活动于山东方面者，主由坎拿大及北美合众国华侨组织之，而南洋及日本之华侨亦参与焉。

广东一部分，始仅组织决死队十余人，谢八尧②、罗金兰主其事，攻击肇和之役，死伤者几半，余亦皆九死一生，始得脱险。未几又以数十人往，与攻汕头镇守使署之役，先登，逐马存发去之。既而莫擎宇来争汕头，中华革命党军不欲自相攻击，遂去。归而组织华侨决死队，其中多各归其乡，纠率子弟以助大军，如吴业则、李子华等之两攻江门，其功尤著。既而以袁世凯死，中华革命军解散，一部分仍入石龙，助邓仲元守石龙，一部归入周之贞所统华侨护国军，皆有战绩。山东一部，始因坎拿大华侨依军务部命组织团体，归国效命，美国同志亦同时有数十人归。潍县既下，各同志陆续编为华侨义勇团，分为三队，夏重民、黄伯度、伍横贯、蔡鹤朋等主持之。又一部立志学飞机，遂延聘教员，组织飞行队，胡君汉贤等十余人皆日夕练习，期于一试，虽未实战，然其声威已播矣。至东北军解散，义勇团及飞行队亦各领费散归。计广东华侨成立在先，解散亦早，东北军中华侨队成立较晚，解散亦较迟，略各支持半年，备极辛苦。而广东经战斗多，华

---

① 此件为通函，当时誊写后分填不同名字邮寄，受信人是中华革命党海外各支分部同志。台北、中国国民党文化传播委员会党史馆便藏有未填受信人姓名之油印原函，起首处作"○○○各支分部同志均鉴"。本函则系寄致中华革命党南洋各埠筹款委员长邓泽如。函中叙及遣散之事，从军华侨多不情愿，孙文曾于一九一六年九月底在上海宴请从军者百余人，嘉奖其救国热诚并晓以大义。

② 据前注党史馆所藏油印原函，八尧作伯瑶。

侨中死伤者颇多，东北军幸尚无损伤。然华侨之勇气热心，益为同志所敬重、世人所惊服矣。

当解散时，广东款项至绌，每人所给不过数元，其曾经战役者亦不过三十元。东北军遣散费较裕，而合本部所给与军队遣散费，亦不过三百元。诸人远道来归，除去再赴美洲之船费外，所余亦在无几。盖诸同志热心爱国，源于革命原理，不避艰险，出于天性。所惜者袁氏一死，大局立变，不能再以革命用兵。解散之事，实出于万不得已，此诚初意所不及料。各同志尚多欲仍留军籍，学习军事学问，但以此时情势，我党不争政权，则华侨诸君留习军事学亦无所用，故力劝各同志及早回埠。其有坎拿大华侨未取回头纸不能回埠者，现亦代为筹划。总之，尽力期使有可营谋之机会而已。

从军同志类绝顶之热心，决死来归，今日得此结果，虽云共和已复，帝制已除，从军者皆有无限之光荣，而抱勇迈之心，无用武之地，自难快意。其伊郁觉不满足，自属人情，至可共谅，所恨事势如斯，无由解其忧郁，吾人亦无可如何。乞各同志对于从军华侨已、未回埠者，均以口或以书信劝勉慰解，不使遽尔灰心。将来仍可出为国家栋梁，自致勋业，则华侨之光荣，即吾党之光荣，亦即国家之大幸也。

专此布达，希即转知附近各属同志知悉，敬请
大安

孙文

十二月十日

据原函影印件，载邓泽如辑：《孙中山先生廿年来手札》，广州，述志公司一九二七年一月出版

复卢慕贞告自定是否做永安公司股东函

（一九一六年十二月十六日）

科母①鉴：

十二月一日来函已得收到。你欲做永安公司股份，自可由你定夺便是。家费由阳历明年正月计起，当每月寄一二百元或半年寄一次也。我现下身体更佳，诸病悉除，可勿为念。此到〔致〕，并问

各人大安

科父字

十二月十六日

据原函，中山、孙中山故居纪念馆藏

复郭标等告信款已收并述国内政情函

（一九一六年十二月二十二日）

逎生先生暨各同志公鉴：

敬复者：十一月十四日函已经收阅。雪梨领事不得力，自于侨民发展有碍。现在外交总长伍君，尚亲民党，但此时彼尚未立定脚跟，更换之事，一时亦无此力量，俟稍缓有机会，再行图之。

汇来银玖百五十六镑十司〔先〕令，合上海银柒千肆百贰拾捌元叁毫柒仙，已经收到，并用电复，想早达到。兹并将收条寄上，其余统委财政部查明奉复。

又，李襄伯君来函，询问政局，足见热心。现在国会虽为不党主义所阻，表面上未见政党出现，实际我党仍占大多数。内阁中自唐少川辞职后，虽名为有党人在内阁中为总长，实恐其无甚气力，且为官僚所化，殊不足恃也。督军中亦有

---

① 即孙科之母卢慕贞。

二三人与吾党甚亲近，大略如此，余俟续报，希传与李君知之。即请

公安

孙文启

十二月廿二日

据原函影印件，台北、中国国民党文化传播委员会党史馆藏

复黄甲元告恢复国民党尚未能发表等事函

（一九一六年十二月二十二日）①

甲元先生台鉴：

敬复者：接诵来书，具悉一□②。东京总务部自八月以后，已□撤销。□□□上海整理余事，□□对于□□埠各无通信，以后有关于公务之件，均可直接照环龙路四十四号住□寄来，□□寄往东京矣。

承示来年当回祖国一行，至所欢迎。届时弟或在上海，或在他处，总可得一面谈尽馨积愫也。

现在国民党旧人在议会仍占优势，然非结成一党恐难持久，故议员中多主张速恢复国民党也，但此时尚未能发表。广东自龙济光去后，民党稍能自由活动，闽省则尚难发展，甚可惜也。专此敬复，即请

义安

孙文启

十二月廿二日

据原函影印件，广州、广东省社会科学院藏

---

① 原函未署年份。据函中所标公函直寄环龙路四十四号判断，当为一九一六年居沪时所写。

② 空格处残破，下同。

致邓泽如请接待浙省特派调查南洋实业专员函

（一九一六年）①

泽如先生台鉴：

　　兹有浙省特派调查南洋实业专员王君孚川（名廷扬）、丁君心耕（名福田）来观贵埠之光，特为绍介。希妥为招待，并导观一切，且绍介之于贵埠暨邻近各埠实业家。俾得详细调查，将来归国报告，鼓舞政府振兴实业、保护华侨之心，必大有所助也。专此敬达，即请

公安

孙文

据原函影印件，载邓泽如编：《孙中山先生廿年来
手札》卷三，广州，述志公司一九二七年一月出版

复邓泽如赞成举办报馆及华侨会馆函

（一九一七年一月七日）

泽如先生大鉴：

　　敬复者：得接十二月二日来书，备悉各人于举办报馆、会馆各节，均极赞成，至为欣慰。华侨会馆自不能专设一处，广州、汕头、厦门等处，当然应设分馆，以利进行。章程当于日间草定，分发各埠，请求同意。先此奉复，即请

公安

孙文

正月七日

据原函影印件，载邓泽如编：《孙中山先生廿年来
手札》卷三，广州，述志公司一九二七年一月出版

---

　　① 原函未署日期。据一九一七年四月二十五日孙文致邓泽如函中有"浙督虽易人"之语，王、丁当为原浙江督军吕公望所派。吕于一九一七年一月一日被免职，故此函当发于一九一六年秋冬之间。

复□瑞石勉设储金救国并告交涉偿还军债事函

（一九一七年一月七日）

瑞石先生大鉴：

　　十一月十三日来函敬悉。储金救国一节，已蒙同志赞成，极为欣慰。仍望尽力做去，将来无论变局如何，皆可应之设法。国家之发达，端赖此举矣。现在交涉偿还军债之件，已经阁议许可，而外间不察者，每有反对，尚未决定妥当，尽力与政府磋商。余容续函，即请

公安

　　诸同志均此。

孙文

一月七日

据原函影印件，台北、中国国民党文化传播委员会党史馆藏

复叶独醒告移党金转办实业意见函

（一九一七年一月十四日）

独醒先生大鉴：

　　接十二月二十日来函，条陈实业办法，至为赞同，望与诸同志协力进行，以发挥民生主义，实不容缓之举也。所请将贵支部筹存之款及党金汇回本部，再拨入尊处，作发起人股份之事，在文并无成见。惟款既属党金，已交本部，则不能再挪为做生意之需。请商之贵支部同人，从多数解决。如众意佥同，将款作党中做股，该款若干，报告本部，本部当照诸同志之请，承认该款，给回收条。如此则省却辗转再汇之手续也。专此函复，并颂

台安

孙文

元月十四日

据原函影印件，台北、中国国民党文化传播委员会党史馆藏

复宋元恺告组织政党意见函

（一九一七年一月二十七日）①

元恺先生大鉴：

接示敬悉一切。关于改党之组织，弟并非不赞成此。共和国运用宪法，非有政党万不为功，代议政治，决不能以散漫之议员活用之也。然弟以自身不欲入政界，故虽甚赞成组织政党，而决不加入，所有办党之事，悉以委之唐少川君。唐少川君本拟将旧国民党重行收集，立一新大政党，现尚未至可以发表之地位。然旧日党员赞成者不少，谅可有成。尊处同志，将来宜加入该派，以收指臂之效。

捐册前经托人代募，尚无回信，容后再寄。此复，即请

公安

各位同志均候。

孙文启

一月二十七日

据原函抄件，台北、中国国民党文化传播委员会党史馆藏

致邓泽如请筹陈其美葬费函

（一九一七年一月二十八日）

泽如先生大鉴：

英士兄灵柩定于本年五月十八日安葬，因经营纪念碑、修墓及送葬运柩等件，需款颇多，预计须在万元以外，而此处同志人人皆已穷窘至极，无从设法。以英士为国为党，鞠躬尽瘁，卒殉其职，而死无以葬，实为吾党之责。故决欲在党中募集七八千元，以充葬费，经有通函至各支、分部，请其尽力筹措，汇交前筹饷

---

① 原函未署年份，按其内容当在一九一七年。

局长汇沪，专为对于死友之责任，谅兄亦必不辞也。然各支、分部对于此件，虽可决其必各尽力，仍有缓不济急之虞。英属同志，务希由兄函促开筹，一面请在前存债券尾数项下移拨四千元，先行汇沪，将来收得，再行填补，庶可不愆葬期。至盼照办，并乞复示。即请

台安

孙文启

一月廿八日

据原函影印件，载邓泽如编：《孙中山先生廿年来手札》卷三，广州，述志公司一九二七年一月出版

复卢慕贞劝不必做永安公司股东函

（一九一七年一月）①

科母知悉：

你信已收到，所问再做永安公司股分〔份〕事，此可不必。你现有之款，当留作家费日用便可。若做了股分〔份〕，恐到用时取不得，反为不便也。此复。

德明字

据原函，中山、孙中山故居纪念馆藏

复郭标告新党员可发党证等事函

（一九一七年二月一日）

迺生先生台鉴：

前接汇来英金九百五十六镑十司〔先〕令，经即电复。现又续接一月十五日

① 原函未署日期。一九一六年十二月十六日孙文写给卢夫人信中曾说"你欲做永安公司股份，自可由你定夺"，此函又说"所问再做永安公司股份事，此可不必"。此函酌定为一九一七年一月。

来函两封，并汇来五百二十六镑十八司〔先〕令正副票，当即照收妥，并令财政部迅将两纸收条寄呈，另将前次八十镑数目查清奉复矣。承示照前函办法，仍极力扩张改革，已成分部十处，殊为忻怃。自收束以来，办理党务，当以贵处为最高成绩，此皆阁下与办事各人热心之结果也，甚佩，甚佩。

新党员本不便发给革命党证，但为贵处办事清楚起见，可以通融办理，已饬党务部特定办法奉复矣。救国储蓄一节，蒙为提倡，甚慰。此为我党厚蓄势力，以待不虞之事变，实系最要之着，望着着进行。专此奉复，即请

台安

各同志均此。

孙文启

二月一日

据台北国民党中央改造委员会党史史料编纂委员会编：《总理全书》之十《函札》，台北，"中央文物供应社"一九五〇至一九五二年出版

复黄甲元允入党底金暂存南洋等事函

（一九一七年二月二日）①

甲元先生台鉴：

敬复者：接到东京转来致居觉生君函，已悉一切。

入党底金，既一时来便驳汇，则暂存尊处亦可。但此后所收党员，应用国民党名义招收，仍须固结团体、扩张党务，以为共和保障也。更闻本年二三月间可以到上海游历，甚喜。届时请先行函知。此复，即请

台安

（十二月廿九号转来尊函亦已接阅，此后来信统请寄上海）

---

① 原函未署年份。据函中所称"入党底金"及"此后党员，应用国民党名义招收"内容，以及信笺用纸为"九华堂宝记制笺"，酌定为一九一七年居沪时所写。

孙文启

二月二日

据原函影印件，广州、广东省社会科学院藏

复徐统雄告已代致挽联于黄兴蔡锷宅函

（一九一七年二月三日）

统雄①先生台鉴：

十二月六号来函已悉。拟办各事，蒙为赞同，心所感佩。俟还债案稍有端倪，当将章程印寄，彼时务希照办。国中近事，已具总务部通讯矣。黄、蔡②二处，均于十二日举殡回湘，所有挽联，当代致黄、蔡宅也。此复，即请

大安

子瑜③兄均此。

孙文启

二月三日

据原函，台北、中国国民党文化传播委员会党史馆藏

复邓泽如申谢独任艰巨筹款等事函

（一九一七年二月四日）

泽如先生台鉴：

七日手书并征信录已收到，当饬财政部详细核对另复。此项筹饷，独任艰巨，为国为党，皆不能不致谢于我兄。又以十余年心腹之交，殆已忘形，欲以言达此忱，殆亦不可得达。惟兄知我深者，当不以此虚文为重耳。

---

① 徐统雄是新加坡华侨，中华革命党人。

② 指黄兴、蔡锷。

③ 即邓子瑜。

张志升、彭泽民二君来，带来手书，亦已阅悉。所有会馆一事，既以国外华侨为主，则其计画自不能不博采众意。但于此际偿债问题未经决定，则提出此问题恐亦非宜，一面亦欲待我兄来此一商办法，能来与否，希复一音。基金多少，容俟斟酌乃能决定。至于存款留办会馆一层，自属可行，请暂为存贮。

朱执信经手用款，前经册报本部，所开南洋汇来公慎隆之数，与本部汇去各数，并无分别列账，只有统收统支。俟饬财政部抄寄一份，以昭大信。周苏群之款，如已列有细数，亦希交来存查。

从军华侨合给纪念功章，已托人铸造。但此项铸造印刷均费手续，尚须两月始可完成，请先告各同志，并希函谭盛，将当日在澳门所开名单寄来，以便按名发给，免有偏枯。其债券功章，已托陈肆生君带去二等三十枚、三等五十枚，其余俟铸妥再行送上。此复，即请

台安

孙文启

二月四日

据原函影印件，载邓泽如编：《孙中山先生廿年来手札》卷三，广州，述志公司一九二七年一月出版

复李天如等赞同移偿款办银行等事函

（一九一七年二月十一日）

天如、来春、统雄、辉汉，子瑜、剑存、炽寰①先生均鉴：

敬复〈者〉：前月十七日公函敬悉。偿债之款移办银行，伟划至佩。但现偿债交涉，为反对党所阻，一时未能决定。此议要须稍待，始可实行而已。华侨选举之事已办妥，甚慰。张君永福之公事，既已照寄冯君，则无论举出何人，皆无所碍也。此复，即请

公安

---

① 天如，即李天如；统雄，即徐统雄；剑存，即郭剑存；炽寰，即吴炽寰，均为新加坡华侨。

孙文启

二月十一日

据原函，台北、中国国民党文化传播委员会党史馆藏

复徐统雄告还债办法呈文收到函

（一九一七年四月二日）

统雄仁兄大鉴：

〈寄〉总统、总理、参众院呈文一件，均已收到。如此办法，于还债前途，或少有裨益。廖君仲恺现仍在京守候，若稍有眉目，当即布闻。专此复达，并请

台安

孙文启

四月二日

据原函，台北、中国国民党文化传播委员会党史馆藏

复邓泽如告收到债券存根等件及处理情况等事函

（一九一七年四月二十五日）

泽如先生大鉴：

三月十三日、二十九日两书及四月一日致执信书均阅悉。债券存根、誓约、委状存根各件，均经财政部收妥函复在案。王孚川君本浙省所派，现浙督虽易人①，地方人仍甚欲与华侨联络，开办实业。此行得兄招接，王君将来归国，必可联络感情也。

征信录已经收到，交财政部查对。名单亦已收到，俟奖章制造妥当后分寄。其上黎总统书，亦已交报馆刊印矣。陈肄生君系缅甸华侨，前在山东军义勇团内出力，解散后回埠，托其带至星架〔加〕坡交兄收入。而来函云尚未收妥，恐彼

---

① 浙江督军吕公望于一九一七年一月一日辞职，改任杨善德。

在星有错交他处情事，请向星支部及缅支部一查陈君行踪即知。此复，即请

大安

　　各同志均此。

孙文启

四月廿五日

或问缅甸《觉民日报》陈振便悉，陈振即肄生也。

据原函影印件，载邓泽如编：《孙中山先生廿年来
手札》卷三，广州，述志公司一九二七年一月出版

复邓泽如告收到陈其美葬费函

（一九一七年四月二十八日）

泽如我兄鉴：

　　汇来二千六百四十两，伸沪洋叁仟陆佰伍拾壹元四角五分，经已收讫。此款系属英士葬费，此时不便用党名发收单，当由其家族具谢帖奉寄也。请将此函暂存，以代收单，余俟后信。此复，即请

台安

孙文启

四月廿八日

据原函影印件，载邓泽如编：《孙中山先生廿年来
手札》卷三，广州，述志公司一九二七年一月出版

复民友会同人请坚持否决对德宣战函

（一九一七年五月四日）

民友会①同人均鉴：

　　敬复者：秦君立庵到，备述近况，知沈勇远识、不畏压迫之士尚复多有，私

---

①　民友会，即民友社，为原国民党人于国会恢复后所组织的议会派别。

为民国庆之。政治上之胜败，本不足介意，惟此外交问题①，为中国存亡所关，不能稍有所迁就。诸公于此能持坚确之态度，百折不回，信所钦佩。此次议场上虽未得胜利，于人心上实有最大之影响，观近日反对派人亦不能不顾吾辈之主张，可以知之。惟前途尚属辽远，我辈无武力、金钱之可恃，所恃者国民之同意与爱国之精神而已。愿以百折不回之至诚，处此千钧一发之危局，无任注盼。即请

公安

孙文启

五月四日

据《孙章两先生呈请民友会否决宣战》，载一
九一七年五月十二日上海《民国日报》第六版

复段祺瑞反对中国对德宣战函

（一九一七年五月十二日刊载）

芝泉总理大鉴：

敬复者：王君亮畴到，得奉惠札，并由王君道达见邀赴京之意，款笃之情，感佩何极。

文自归国，遇共和底定，即专意开发实业，虽屡闻有引中国入战团之说，而以为总理富于识力，尤洞悉德国情形，必不轻与挑战。及绝交议起，深恐有外力相迫逼，故曾以私人名义电英首相，告以迫中国入战团之非利。尔时英人皆自辩谓无迫胁中国之举，而日本人亦见告谓日本虽欢迎中国加入，决不负引诱中国之责任。私心揣度，终谓加入有害中国，无益协商诸军，终信总理能以绝交为止境也。

此次王君来述尊意，谓加入事难中止，反复思维，未敢赞同。美国战德，首助协商国以军饷、军需数十万万，然后以海陆两军继之。我国无美国之实力，而强欲随美行动，反须彼方借款助我，是则加入之后，适以累英美之军而已。中国

---

① 指对德宣战案。

积弱，无可讳言，既为弱国，自有弱国应守之分。比之乡邻有斗，岂可不自量力，强欲参加。今以中国参入战团，即加协商诸国以重累。彼方急于财政，我乃分其借债，拒其赔款，使彼财政上加一苦痛。彼方以贸易求金融之缓和，我乃高其关税，使受重苦。在彼实毫无所获，而在我则反藉人道正义之名，以求小利，此于国家体面有伤，于政治道德有背，甚非所宜。我之加入，既以求利为归，将来何能博人好感？即有侵损及我之事，人亦将目为自取，不复持正义以相扶。且加入之后，我国不能尽如何之职责，将令人谓我之军队必须有特别训练之人，我之财政必当处于特别监督之下，大局何堪复问？中国百无一能，惟有自牺牲其领土、人民，则甚足以满欲望。既不能尽其军事、财政上之职责，恐将以此代之矣。

侧闻王君言及此次总理主张加入，殊非得已，欲以此拔出凡百困难之中，措国家于磐石之安。人谁不爱国家，闻此公忠体国之苦衷，宁不感动？但文以为福生有基，祸生有胎，天下困难之来，各有原因，避之不得其方，必且变本加厉。譬此中国向守中立，本未有困难可言，自从提出抗议，即觉困难。为避此困难，遂曰非绝交不可。既绝交矣，而困难又较绝交之前为甚，今日乃有非宣战不可之言。宣战之后，困难之剧，将又出于意想之外者，此时何以处之？万一竟有一种困难发生，致非外人代我管理财权、军权不可，则将如何？使抗议不至绝交，则今日之困难自可免。今日绝交而未宣战，则将来之困难，亦尚可不生。欲免今之困难，只有悬崖勒马，徐求补救之途。否则，扬汤止沸，畏影却行，终无以善其后也。此时中国正类病夫，旁人方肆饕餮，彼独向隅，于是有耸动之者，曰非与宴不可。既与宴矣，遂以停食自觉困苦。又见旁人食后运动，因又言曰非运动不可。元气未充，运动之后，转发他病，则又曰非服剧药不可。至于药发，展转床席，求生不得，痛苦愈增，则惟有曰非死不可而已。今日中国尚未至非外人代管财权、军权不可之地位，若一不慎，则陷于彼非死不可之境，何痛如之？及今改图，当前之困难决非无可解免者。文以公谊论，固有竭力以济国家之责任，即以个人道德论，既劝政府勿宣战，则必当尽其才智，使政府脱此抗议、绝交后所生之困难。抑且历考中外开明之主，立宪之国，苟有大政，必询刍荛，不以执政之威，而谓人言为不足恤。其在近代民主之国，尤尊重此精神。今者总理不弃遐远，而乐闻反对者之意见，信有古人之风，为当代政治家所尚。况当辛亥改革之际，文以南方人士倡立民国，而总理以北方军人赞成之，孕育保持，窃谓两俱有责。而今者为危急存亡之会，尤不敢不掬诚相告。若蒙采纳愚见，必当束装北迈，敬献其所怀。否则，望有以释其所疑，亦自当翕然。若两有未能，贸然命驾，恐反形未臻融洽而已。知惟善人能受尽言，故悉告无隐。尚希采择，即颂

台绥

诸维鉴照不宣。

据一九一七年五月十二日上海《民国日报》

致参众两院议员力主先否决宣战案
后议倒阁问题函

（一九一七年五月二十日刊载）

参议院、众议院议员诸公均鉴：

日前致电请先否决宣战案，不必注重倒阁问题，谅已达览。

此次乱人围院，殴辱议员，诚为民国政治之障碍。文亦以〔已〕屡电总统，请严究主使之人，并经总统复电，已交法庭究办。将来或由法庭纠罪，或由议会问责，均属正当行为。但此时有一宣战问题在前，视此扰乱国会之件，尤为重要。宣战之结果，必以中国为牺牲，维持中立，可免危险，历经详告于诸君子之前。

近日德国已向俄国正式提出和议，欧战欲阑，所苦者即在丧失领土之国必求恢复，而占据他人领土之国未肯交还，受损害者要求赔偿，而施损害者又不肯赔偿。故今岁媾和之议日闻，而各国内顾国民反对，外忧与国责言，必须于未议和之前，解决此领土、赔偿二问题。俄、德两国主张，已近一致，英、法等亦正在讨论之中。使有法以满足两方之望，领土不待恢复，而别有增加之途，利益不待赔偿，而别有发展之道，彼亦何乐久战？然而中国一旦加入，此种困难可以悉解，则和议可以立成，所难堪者，使人满足而自为牺牲者耳。然而宣战之不可，加入之无利，无待蓍龟。犹豫狐疑，恐非至计也。

对于内阁之所主张，既予否决，则除由内阁自变易政策以从国会以外，惟有

倒阁一途。倒阁者，以内阁与国会既异主张，无由再行信任。然则，内阁若从国会所论列，即无须倒阁，亦不待言。须知倒阁为不得已之事。吾民反对宣战，并非单反对内阁。内阁既从民意，便可存留。若如外间所传，先组联立内阁，或推去现总理，始议宣战案，则是议会未自决其主张，而先问人之责，于理不顺。不问主张如何，而惟以分得政权为务，则尤义所不容。故先倒阁后议战者，轻重失宜。留总理改阁员以为交换者，尤为误国。宣战案之可否，当视国利民福如何，岂有内阁改组，即能变害为利，移否决为赞成。从此可知，当〈先〉决宣战问题，以决内阁存否；不当先决内阁存否，而后议宣战同意案矣。至若乱人围院迫胁，更为较轻之事，万不可以此延搁宣战案，自令国际态度不明也。

要之，宣战可否，研究未清晰，迁延投票者，慎重国事者所应有，即文亦极表赞同，且甚愿能有以释其所疑。若今日，则宣战之不可，既已了然，而徒以对内阁故，迟延不议，则大不可。须知此时避亡国为第一义，整顿内政乃第二义，先后轻重，不容稍混。务望审之。此请

公安

据一九一七年五月二十日上海《民国日报》

复李宗黄告大局未定不能远行函

（一九一七年五月二十三日）

伯英①先生台鉴：

昨接惠书，欢若良觌。时稔鸿筹硕画，安奠西陲，至为矜佩。来书谓中德绝交，乃政府轻于一掷，尤征明察。近月显悖民意，其军事会议竟有脱出范围，谋解散国会、破坏约法，大局前途，仍未许乐观。忧国如足下，必将有以处此。文初拟周行各省，一察实业状况，现以时局未定，未克远行。贵省之游，应俟之异日。

---

① 李宗黄，字伯英，云南省鹤庆县人，保定陆军军官学校第一期毕业，护国运动时期为云南驻沪代表，时任云南都督府参谋处长，后为广州军政府总裁代表。

寄呈敝著《会议通则》百册，请代为分致当道暨各同志，并朱君执信所著《中国存亡问题》一册。此书于中德事件之危险，言之颇详尽。因沪中存书无多，未及多寄，能于贵省翻印，代为致送，俾贵省人士咸知此次加入之真相尤佳。南方渐近溽暑，务望节劳不宣。此请

台安

孙文启

五月二十三日

据原函影印件，台北、中国国民党文化传播委员会党史馆藏

致邓泽如请速推人至湘省考察开采锡矿函

（一九一七年五月二十九日）

泽如吾兄台鉴：

　　兹有湘省同志欲组织一锡矿公司，于湖南全省中所有锡矿，择其最佳，请求开采，并希望华侨入股。且欲得南洋同志之在行者，亲往各矿察看，择定最适合者，始行开采。此事既为国家之利，亦为民间兴盛之基，南洋志愿采锡者至多，亦可以酬其宿愿。望兄商诸同志，推定妥人，迅速回国一行，以免为他党先得。兹将湖南同志寄来之节略抄寄，此中各矿，均可与现营业者商量，取而继续办之者也。此信到后，希即示复，以便先复湖南同志。此请

大安

孙文启

五日廿九日

据原函影印件，载邓泽如编：《孙中山先生廿年来手札》卷三，广州，述志公司一九二七年一月出版

致谢无量请每日下午到寓赴会函^①

（一九一七年六月六日）

无量先生大鉴：

国家多难，全仗贤豪，群策群力，方能济事。望先生每日下午四时驾临敝寓，会议进行，是所切祷。手此，敬请

大安

孙文

据原函影印件，载一九八七年五月九日《团结报》

复陈蕙堂代收到送陈其美家属赙仪
并申民生主义意见函

（一九一七年六月十日）

蕙堂先生鉴：

连接来书，并致陈公赙仪四拾元（原单港银折实沪洋叁拾六元一角一分），已照收到。承各同志热心相助，特代陈公家属道谢。俟陈公家属照领后，当另具谢帖，续行寄上。

民生主义本在筹办中，现值时局已非，共和国家被倪逆等推倒，刻以挽救为重，须俟共和恢复，当继办民生。素稔公等爱国至深，挽救之方，尚希协助为幸。先此函复，并颂

义安

孙文启

六月十日

据原函影印件，台北、中国国民党文化传播委员会党史馆藏

---

① 谢无量，早年参加同盟会，曾任大元帅大本营秘书、参议等职。原函未署日期。据信封邮戳标明"民国六年六月六日"在上海发出，酌定为一九一七年六月六日。

致旧金山《少年中国报》股东
告区分报务党员权限函

（一九一七年六月十六日）

列位股东先生均鉴：

迭接各同志来函，言报事与党事时有风潮发生，深以为念。推原其故，皆缘报务与党务权限不分，是以纷乱日甚。兹特函达贵报股东先生，如关于少年报事，用人行政应由股东主持，不得牵入党中事务。如有党员无理取闹，将股东资本收归党办，务请拒绝，或诉之法律可也。专此布达，并候
均安

孙文启

六月十六日

据台北国民党中央改造委员会党史史料编纂委员会编：《总理全书》之十《函札》，台北，"中央文物供应社"一九五〇至一九五二年出版

致加藤高明请求协助函[①]

（英　译　中）

（一九一七年六月十八日）

加藤男爵：

我派送此信者（戴天仇）前往日本，他将告诉您他此行的任务。

我写此短信的目的是特为要告诉您，我即将在中国展开的工作，其成败主要

[①]　当时张勋加紧进行复辟活动，而且复辟派在日本活动也异常积极。六月十八日孙文乃派戴季陶赴日调查，向日本政界提出协助。加藤高明时为贵族院议员，宪政会总裁。

靠您的协助。我确信，只要有您的协助，我一定会成功。

我们现在准备清除这些无用而制造麻烦的人，他们造成了这么多的不幸，他们也阻碍了中国的进步。我们很盼望您的援助。您不愿意为了全人类而给我们您能力所及的帮助吗？

孙逸仙

一九一七年六月十八日

上海

据《致加藤男爵请求协助函》（转译中国国民党中央委员会党史委员会英文原件照片），载秦孝仪主编：《国父全集》第四集，台北，近代中国出版社一九八九年十一月出版

致原敬告派戴季陶面谒函

（一九一七年六月十八日）

原先生①台鉴：

敬启者：久慕令名，未亲雅教。比维政躬多禔，鸿名益彰，为颂。

今者，欧战未终，东方多事。阁下出参密勿，定能发扬东亚之威光。文蠖伸有志，蚊负少功，逖听宏声，弥增佩仰。兹乘戴君传贤东渡之便，特嘱其面谒，希开东阁，锡以南针，无任感盼。专此，即颂

台安

诸惟赐照不尽。

孙文顿首

六月十八日

据原函影印件，台北、中国国民党文化传播委员会党史馆藏

---

① 原敬当时系日本立宪政友会总裁，临时外交调查委员会成员。

复余荣告将汇单副票寄来等事函

（一九一七年六月二十三日）

余荣先生大鉴：

接五月二十二〔日〕来函，并壹百零七镑零八元汇单一纸，党约二张，均已收到。该汇单未有副票，不能往银行取款，请将副票寄来。俟收款后，当即发收条付上。贵支部同志及鸟加市分部同志致陈公赙仪共十五镑，承各同志热心相助，敬代陈公家属呜〔鸣〕谢。俟收款后，照交陈公家属妥收，当由陈宅另具谢帖，续行附上。

兹并将党证二张付上，请为照交。此复，并颂

台安

孙文

六月二十三日

据台北国民党中央改造委员会党史史料编纂委员会编：《总理全书》之十《函札》，台北，"中央文物供应社"一九五○至一九五二年出版

与岑春煊等联名邀程璧光往商护法事宜函

（一九一七年六月二十三日）

玉堂总长①执事：

敬启者：此次海军拥护共和，义声久著于全国，微闻将士有以为弟等办事未能统一，转觉迟回。实则弟等同以救国为志，断无自相暌牾之理。如执事果以弟等不统一为疑者，请释厘怀，并于二十三日下午六时在静安寺路哈同花园略备晚餐，敦恳驾临，俾得面商一切，弟等当联同拱〔恭〕候也。专此敬达，即请

---

① 程璧光时为海军总长，因北京政局变化，南下上海。

台安

　　惟照不宣。

孙文　岑春煊　唐绍仪　同启

六月廿三日

据莫汝非：《程璧光殉国记》，程慎修堂一九一九年刊赠

致寺内正毅请勿援助北洋军人函①

（一九一七年六月中下旬）②

寺内总理大臣阁下：

　　自阁下当局以来，私心窃喜，以为日月之光，所照必远。文同处亚洲，不禁额手称庆。文窃以为，东亚之平和与中日将来之发展，必待两国人真正之提携。故吾人信近年来贵国朝野之士主张扫去两国误解，图真正之亲善，实为不易之良策，而欲以此意喻之于中国国民。顾不幸以吾国民智未进，于东亚大势能了解者较稀，而贵国政治家之诚意又为其所采手段所累，不能见信于中国之民，每有国际问题兴起，中国人每疑贵国之亲善为有野心，而吾人平素主张亲善者，因之亦无由代白贵国之诚意，此吾人所最为遗憾者也。

　　今中国已以时势要求，成为民国，而旧派武人犹思以武力倾覆之，故变乱反复无已。在此时期，贵国能彻底援助主持正义之一方，使其革新遂行无阻，自足以收永远平和之效，而人民亦感激了解贵国之诚意，亲善之实自举。若不然者，则于新旧冲突之际，于表面标榜中立，而实际则不问正义之所在，惟与武力优者为友，人民因之信贵国之言亲善为以图利为旨，非出义侠之情矣。抑此武力一时优势，非可久长。当清之季，人以为其力足以防制汉人，而不知汉人一奋，不复能制。袁世凯之盛也，人以为其力足以压服民党，统一全国，而不知其一旦称帝，

---

①　寺内正毅内阁成立于一九一六年十月。

②　此为函稿，函末未署名及日期。因函中有"今者北洋军人虽以武力破约法，毁国会，囚总统"一语，当指一九一七年六月十三日黎元洪在安徽督军张勋的武力胁迫下解散国会之事，故酌定为是月中下旬。

抗者四起。今者北洋军人虽以武力破约法，毁国会，囚总统，有似优势矣，而其非能统一长久，亦已秉然。纵使贵国加以援助，终难使民心悦服，此贵国政治家所最宜注〈意〉之时机也。彼以武力胜于一时，已招人民之愤，若贵国更援其武力，则怨毒将随之向于贵国之人。彼既以武力占优势，始得贵国之援，则其心以为我纵无援，亦必得胜，不感贵国之援助，而反苦其要求，益扇其人民，使之排斥，征之前事，历历可知。彼旧派武人固宜如是，即使民党易地处此，亦岂能推诚相信乎？为贵国计，惟以正义定所当助者，即助之于无力之时，使其成功，必感激于真正之援助，信其非出私图，亲善之感情可结，而东亚之平和可期也。

夫正义始终不变，武力则递有盛衰。试观辛亥革命之前，癸丑丧败以后，民党有何势力，而卒能倾覆清室与袁氏，则知武力可由正义以发生。今日所视为无力者，未必不有奋发之期，以武力胜正义者，终不能长久。若随武力以为亲交，则反于正义之人，常不惮徼幸以武力倾正义，主正义者纵使屈败，亦惟有竭其力以与争。一胜一败，中国永无宁日，而贵国益召怨尤，东亚何由而平和？两国何缘而亲善？若能表示援助正义之态度，则彼反于正义惟恃武力者，将必自省而不恣其武力，正义完全胜利之后，亦更无反动之可生。得贵国之正义的援助而胜者，自能了解东亚和平发达之真意义，举亲善之实，虽有离间猜疑，不得入于其间，此吾人所深望于贵国者。而以贵国古来相传义侠之精神，来深信其必能受纳此竭诚之披沥，有以副吾人之望也。专此，敬请

勋安

据原函，台北、中国国民党文化传播委员会党史馆藏

复卢慕贞告已汇款并用途函

（一九一七年六月）①

卢夫人鉴：

来信收悉。乡中学堂今年之费，并所开列接济穷亲之费，每年自当如数寄回，所应赒恤之人，由夫人酌量便是。兹汇来沪银三千元，申港银三千余元，照单察收可也。阿科建屋所借孙智兴先生之二千元，不必由此归还，待阿科一两月后收得朱卓文先生之款，然后还之也。予近日甚康健，幸勿为念。

乡中各亲戚统此问好。

德明

据原函，中山、孙中山故居纪念馆藏

附载：代复□蕙棠请转告陈君尚难助其子女教育函

（一九一七年七月十一日）

蕙棠先生大鉴：

中山先生接到阁下五月廿一日来书，已悉一切。陈君热心为国，且尽教育子女之责，聚俊秀于一家，殊堪为社会表率，本当力予援助，使其女子〔子女〕卒业。但现时国乱已深，救亡尚恐不及，一俟国基砥定，自当为其设法，祈转告陈君可也。特嘱弟代复，合行转达。此颂
台安
再者：孙中山先生已于鱼日乘军舰归粤，整军经武，以靖国难。

廖仲恺代复
七月十一日

据代笔原函影印件，台北、中国
国民党文化传播委员会党史馆藏

---

① 原函未署日期。据一九一六年十二月十六日孙文致函卢夫人谓，"家费由阳历明年正月计起，当每月寄一二百元或半年寄一次"，此函"汇来沪银三千元"当系半年寄一次，所寄又系"沪银"，一九一七年七月六日孙文南下广州护法，此件当系一九一七年六月间在上海所发。

分致中华革命党海外各支分部同志
告已南下护法请筹款速汇函①

（一九一七年八月十日）

分部同志诸先生均鉴：

启者：七月廿五日已由财政部将弟归粤近情通告，想经钧览。月之五日，海军程总长、林司令已率舰队抵粤，各界备极欢迎。粤人趋向共和，群情一致，堪为告慰。国会议员亦已陆续前来，日间齐集，当即开会，组设最高军事统一机关，出师讨逆，以达真正共和之目的。

迩来联络海陆军士，已费不少，此后饷项之需，尤为浩大，希即从速筹汇，以助进行。前以香港收款不便，由仲恺兄函告照常汇沪，用廖仲恺名收。兹因紧急之秋，由沪再转颇费时日，请直电汇粤沙面台湾银行或广东银行，交 Sutafu 收。若无此两银行，则汇上海 Liaochung-hai 收，再由廖君转汇此处可也。此请

公安

孙文启

八月十日

据原函影印件，载邓泽如编：《孙中山先生廿年来手札》卷三，广州，述志公司一九二七年一月出版

致邓泽如告已南下护法请筹款支持函

（一九一七年八月十日）

泽如我兄大鉴：

---

① 该函为通告，分致海外各支分部，另有致神户支部之原函影印件。此处不另录。

敬启者：倪逆①造叛，迫散国会，驯至复辟，既而奸人内讧，复辟事败，而民国固未复也。奸人乘位，尽弃约法，别谋固位擅权之术，此而不讨，中国尚何由自立？何以免人吞併？民国者吾人所手造，今又何忍坐视其沦胥不复？我公与文十余年之奔走，非待言说，始足为重。前倪逆造叛时，已专函申意，想此际必能见义勇为也。向来革命之成败，视海军之向背。此次文实率海军主力舰队南来，其余未来之舰亦皆不为彼效命，我已操制海之权矣。

国会为民国根本，虽被非法解散，仍可自行召集，现已陆续来粤，不日可足法定人数，组织合法政府，外人定相承认。此时出兵讨叛，事在必成。以西南六省发难，而西北、东北复有响应之约，扬子江流域本多民党军队，此真千载一时之会也。

惟粤省财政向绌，此际海军、国会两项费用固繁，将来建政府、出师所需尤夥，全赖我同志悉力相助，庶几有成。至政府立后，南方局面略定，自可筹借大笔外债，先将前二次军债及此次助款照章偿还。尚希我兄致力，至筹集有成数，即照旧日办法，汇齐汇到广东省城沙面台湾银行，交 Sutafu 收即妥。若有函件，则寄广东省城长堤实业团转交为宜。

兹乘陈卓平、简寅初二君南行之便，并托其周历各埠，鼓吹义举，尚冀协力进行，俾巨款速集，而海军、国会等费用有所资，不胜至盼。即请

近安

各同志均此致候。

孙文启

八月十日

据原函影印件，载邓泽如编：《孙中山先生廿年来手札》卷三，广州，述志公司一九二七年一月出版

---

① 倪逆，指倪嗣冲，时为安徽督军。

致山多些通信处告粤近况并希速筹汇军饷函①

（一九一七年八月十日）

山多些通信处同志诸先生均鉴：

启者：七月廿五日已由财政部将弟归粤近情通告，想经钧览。

月之五日海军程总长、林司令已率舰队抵粤，各界备极欢迎。粤人趋向共和，群情一致，堪为告慰。国会议员亦已陆续前来，日间齐集，当即开会组设最高军事统一机关，出师讨逆，以达真正共和之目的。

迩来联络海陆军士已费不少，此后饷项之需尤为浩大，希即从速筹汇，以助进行。前以香港收款不便，由仲恺兄函告照常汇沪，用廖仲恺名收。兹因紧急之秋，由沪再转颇费时日，请直电汇粤沙面台湾银行或广东银行交 Sutafu 收；若无此两银行，则汇上海 Liaochung hai 收，再由廖君转汇此处可也。此请

公安

孙文启

八月十日

据原函，广东珠海容兆珍（旅美同盟会员容嵩光之子）藏

致□仲衡告派余君到湘接洽函

（一九一七年七八月间）②

仲衡先生大鉴：

别后想无恙。民国覆灭，吾曹万不能坐视，足下素同具救国之志，而今日则为救国之最后机会，过此以往，更无可为矣。

---

① 山多些，当时又译汕贺些，今译圣荷西，美国埠名。
② 原函未署日期。按其内容，似指一九一七年七月张勋复辟事。

西南以湘省为屏蔽，而吾兄为湘省同志所亲仰，于此实有厚望。余君到湘，专办此事，希与熟商，速行布置，凡笔所不得达者，皆由余君述。此请

义安

据原函，台北、中国国民党文化传播委员会党史馆藏

致聂伟臣嘱联络北方志士函[①]

（一九一七年七八月间）[②]

伟臣镇守使执事：

敬启者：吴君回，备述爱国热诚，匡时壮志，诺共进行，声讨国贼，至为钦忭。执事以名父之子，志节学术，超迈一时，谓宜久膺疆寄，而至相嫉贤，不加摧国翻，令走卒竖子相临制国，威之不振，外侮之日臻，信非偶然也。

文以国家将亡，责无旁贷，誓竭心力，以拯生民。得阁下推诚相信托，北方杰士，必联袂偕来，风声所树，大势可定，勋名竹帛，于此觇之矣。

此方形势尚佳，俟定有确期，再当相告。专此敬达，即请

据原函，台北、中国国民党文化传播委员会党史馆藏

复叶独醒告被举为大元帅及胡汉民近况等函

（一九一七年九月七日）

独醒先生大鉴：

前由展云[③]兄转来尊函，言曾汇款至沪，请照菲银数给发收条等情，已函着仲恺兄妥为答复。顷接来廿二日尊函，欣悉公等热心筹集，已有万金，恳即随收

---

① 聂伟臣时任烟台镇守使。
② 原函未署日期。按其内容，似指一九一七年七月张勋复辟事。
③ 即黄展云。

随汇，以济急需。月之一日，非常国会开选举大会，弟被举为大元帅，并承正副议长亲送证书印章前来。弟以讨贼之秋，义不容辞，已敬谨领收，一俟各部组织完备，即行出师讨贼，以建造真正共和之国家。

展堂兄昨承粤议会推举为省长，惟值统一军政机关成立之际，需人助理，未便以省长一职致屈其才，故展堂兄已向粤议会辞却，暂由李耀汉署理。

至本党主义，弟当竭力发展，请不必以区区一省长致烦尊虑也，并希转致列君为盼。先此奉复，敬颂

伟安

孙文启

九月七日

据原函影印件，台北、中国国民党文化传播委员会党史馆藏

致国会非常会议告举行就大元帅职之式函

（一九一七年九月七日）

国会非常会议诸公均鉴：

敬启者：文以谅簿〔薄〕，猥承推选，加以讨贼之重任，授之指挥之特权，自维身已许国，不敢辞艰，谨择于十日午后二时，国会非常会议议场举就大元帅任之式。先此奉达，即请公安。

孙文谨启

九月七日

据《大元帅致国会就职公函》，载广州《军政府公报》第一号，一九一七年九月十七日

复区仁甫等告已被举为大元帅
请速汇转款项以应急需函

（一九一七年九月十二日）

仁甫、泽如、赤霓、源水、螺生、森棠诸兄鉴：

顷得惠书，知诸兄热心国事，罄力筹措，以资接济；所陈各策，亦复大义凛然，感佩之至。

文被国会举为大元帅，经于本九月十日就职，此后种种进行，誓为统率海陆各军，复回真正之共和。惟目下军用浩繁，待款孔亟，务恳将筹到之款，迅行汇转，俾应急需，是所切盼。专此，即请

筹安

惟照不一。

孙文启

九月十二日

据原函影印件，载黄警顽等编：《南洋霹雳华侨革命史绩》，上海，文华美术图书公司一九三三年二月

附载：致唐继尧告任命川滇劳军使函[①]

（一九一七年九月十二日）

军政府成立，西南各省同志一致兴师护法讨逆，所有在事将校士兵，为国驰驱，辛劬堪念。兹特任命大元帅府参议王湘、吴宗慈为川滇劳军使。

据《大元帅府秘书处致唐元帅函》，载广州《军政府公报》第一号，一九一七年九月十七日

---

① 此件由大元帅府秘书处奉大元帅令开的公函，收为附录。另有致四川刘成勋函与此件内容相同。此处不另录。

致吴景濂告聘任大元帅府高等顾问函

（一九一七年九月十三日）

莲伯先生执事：

军政府初置，万务纷纭。文以浅薄，谬膺艰巨，任重力微，时虞陨越。所赖老成示我周行。执事迈德重望，海内瞻依，时艰方殷，尤待勖勤。特聘任为大元帅府高等顾问，俾得时亲教益，庶几发纾嘉谟，闳济艰难。仗此南针，借为型范。此启，并颂

道祉

孙文启

九月十三日

据《公函》，载广州《军政府公报》

第一号，一九一七年九月十七日

致中华革命党各支分部长及筹饷局长委任
邓泽如清理债券收据数目函

（一九一七年九月十四日）

各支分部长筹饷局长公鉴：

敬启者：兹委任邓泽如君清理债券收据数目，各处之债券收据，已售者请开列汇交某处若干，及经支售券经费若干，并存根交与邓君。其已售未交之款，亦请随同交与邓君，以清数目。其未售出之券，亦请迅即交邓君点收，以便寄回本部汇列，准备交涉偿还，希即照办。每埠办妥，希赐

公安

孙文

九月十四

据原函影印件，载邓泽如编：《孙中山先生廿年来

手札》第三册，广州，述志公司一九二七年一月出版

致国会非常会议告派戴传贤至会
报告军政府外交情形函

（一九一七年九月二十二日）

径启者：本日特派戴传贤为军政府委员，至贵会出席，报告军政府外交经过情形。请烦查照为荷。此致

国会非常会议

孙文

九月廿二日

据《大元帅致国会非常会议函》，载广州《军政府公报》第五号，一九一七年九月二十三日

致菲律宾同志告派员筹集军饷函

（一九一七年九月二十三日）

诸同志均鉴：

自段贼嗾使逆督称兵构祸，破坏约法，迫散国会，张勋乘之，酿成满酋复辟之变；段氏仍不厌乱，乘机而起，迫逐元首，自称总理，借恢复共和之名，行攘窃政权之计，全国人民无不痛愤。文忝为共和先导，责无旁贷，乃偕海军响义诸将士来粤，冀与西南诸省共谋讨逆。适国会议员，亦相率戾止，佥以出师讨逆，必有统一机关，以为命令之府，乃依共和先进国之成规，开非常国会于广州，议决《军政府大纲》，并举文任大元帅之职。文既已献身为国，敢惮烦劳，爰于九月十日在非常国会就职，粤中各将领及驻粤滇、海各军皆表示欢迎，西南各省将领亦皆驰电推赞，人心一致，成功可以预测。惟义师待发，需饷孔殷，兹特派美国加拿亚大学商科硕士孙科、本府参议陈民钟、本府秘书黄展云前赴大埠，筹募军饷。

诸同志频年奔走，助益良多，尚乞念一篑未竟之功，作将伯之助，则民国再

造，皆诸同志之力也。耑此，敬颂

任安不备

孙文

民国六年九月廿三日

据原函影印件，台北、中国国民党文化传播委员会党史馆藏

复徐统雄告款已收到函

（一九一七年九月二十三日）

统雄先生大鉴：

兹由邓君子瑜带到星埠来银共壹百壹拾伍元贰角（星币），已妥收，交财政部照章办理。先此奉复，即请

义安

孙文启

中华民国六年九月廿三日

据原函，台北、中国国民党文化传播委员会党史馆藏

致叶荃邀来穗函

（一九一七年九月二十四日）

香石①先生执事：

杨君返港，曾嘱代致一函，想承詧及。刻特派本府参议崔文藻、参军黄大伟来港，与执事详商一切，并专邀执事来省，俾得面罄鄙忱，尚盼即时命驾，以慰想望。匆颂

---

①　叶荃，字香石，云南云州人，曾任云南护国第五军军长，一九一七年四月改编为靖国第八军入川增援。

日祉

孙文启

六年九月二十四日

据原函，台北、中国国民党文化传播委员会党史馆藏

复唐继尧告成立军政府及派张左丞驻滇函

（一九一七年九月二十四日）

蓂赓元帅执事：

迭奉惠电，备悉救国忠忱，谦冲雅抱，肫挚之意，溢于辞表，钦叹何穷。

文自率海军将士南来，知非护约法无以维持国本，非讨国贼无以荡涤瑕秽，而国会诸君子亦复心同此理，以为不亟从事组织军政府，非但不能与非法政府相对抗，亦且无从与各友邦相周旋，因是国会非常会议开会以后，即进而议决《军政府组织法》，且以文之不才，亦得从执事及干老之后，勉尽讨贼之责，艰难之际，不敢以谦退鸣高，已于九月十日就职任事。现方敦劝各部总长分别就职，组织各部，不久当可完全成立。

外交方面，日美两国皆示亲善之意，如军政府力能发展，则彼两国必可为我援助。

此间一俟基础稍固，即当向沿海各省徐图发展。闻川事已可和平解决，倘执事布置就绪，能早日统军东下，将来会师中原，在指顾间耳。

刻因需商之事，头绪纷繁，特派本府参议张左丞为军政府驻滇代表，晋谒左右，详察一切，望时赐指示为幸。余不备悉，藉颂

戎祉

孙文启

中华民国六年九月廿四日

据原函，台北、中国国民党文化传播委员会党史馆藏

致唐继虞告派张左丞赴滇拜候函

（一九一七年九月二十四日）

萍赓仁兄执事：

滇中人来，每道执事才器优裕，至诚爱国，英迈卓荦，名将之资，闻之辄为嘉叹；张君左丞归，亦言执事治兵御众，有古国士风，昆仲二难，古所稀觏，岂特一时媲美已耶？文以为当此国事艰屯之际，国人固皆宜力荷其责；矧执事以英髦盛年，躬握兵符，尤冀投袂奋起，以慷慨杀贼为己任，此固丈夫报国之时，亦英雄建树之日也，企望何穷。刻派张君左丞来滇，特致数行，藉纾鄙怀。顺颂
戎祉不悉

孙文启

六年九月二十四日

据原函，台北、中国国民党文化传播委员会党史馆藏

复叶独醒告捐款接洽办法函

（一九一七年九月三十日）

独醒仁兄同志惠鉴：

九月八日书，诵悉一是。当兹军糈浩繁之际，尊处提倡捐款，不遗余力，殊堪嘉尚。仍希认真鼓舞侨胞，输将助饷，以资接济。至尊处汇沪壹千柒百陆拾叁两，据廖君仲恺云："业经收到，并由上海机关发给收条寄去，当时以不知菲银数目，故收条上仍书在沪实收两数，专候宿雾信到，然后改发菲银收条"云云。

廖君已归粤东，于廿五日就任财政次长，署理总长职。嗣后关于捐款及财务上事宜，请径函廖君接洽，函件由省城长堤实业团转当妥。学生会捐款（如系汇沪款项），请致函沪上机关丁君景良查询。此复，并请

大安

　坤寿兄并诸同志均候。

孙文启

中华民国六年九月卅日

据原函影印件，台北、中国国民党文化传播委员会党史馆藏

复邓泽如告筹款事宜径与廖仲恺接洽等事函

（一九一七年九月三十日）

泽如仁兄同志惠鉴：

　九月七日致书，诵悉一切。前汇上海廖仲恺收肆千捌百肆拾捌两，据廖君云："似曾收到，请查上海有无答复函电，此间亦一面函询上海机关矣。"廖君已归粤东，廿五日就任财政次长，署理总长职。嗣后关于筹款事宜，请径与接洽，以归简捷。

　现以军糈浩繁，财源无着，已由军政府提交国会通过《军事内国公债条例》及其他附随条例两件，现已饬财政部速印债券着手劝募矣。行文各埠商会殷商，已饬秘书厅进行。此复，并颂

筹祺

　并致候螺生、慎刚、源水诸兄。

孙文启

六年九月卅日

　附寄公报一份。

据原函影印件，载邓泽如编：《孙中山先生廿年来手札》卷三，广州，述志公司一九二七年一月出版

复谭人凤告无能助款函

（一九一七年十月二日）

石屏先生有道：

抵粤以来，忽忽数月，睠怀神州，怒焉如捣。自顾衰钝，谬承国会诸君以戎事相諈诿，责任所在，不敢告劳。惟草创之始，饷械两乏，筚路蓝缕，艰难可知。

前奉教言，深幸二三故人声应气求，不我遐弃，尊示所云需款进行一节，苟可相助，敢不唯力是视。特是军府初置，国内犹多观望，而西南各省，于进行主张，亦稍有出入，故抵粤以来，除借贷小款外，殊无挹注之法。现国会虽通过内国公债案，然无确实地盘，承销尚不易易，何况遽集巨款？此中困难，惟相知如左右者，乃能谅之耳。

顾文意以为讨贼之师，万不容缓，现正多方筹措，准备进行，苟款项稍能周转，自当量力补助。其大江义旅，仍望竭力主持，砥柱中流，定危扶倾，端惟老成是赖。淞云北望，岂胜倦倦，此颂

道祉

孙文启

六年十月二日

据原函，台北、中国国民党文化传播委员会党史馆藏

致岑春煊望发布坚持护法反对调停通电函

（一九一七年十月二日）

云阶先生伟鉴：

前在沪上，得领教言，救国精诚，实所深佩。

自段逆窃位总理，倒行逆施，鸱张日甚，袭湘入川，逞厥暴力，国本既覆，

大乱随之，此诚可叹息痛恨者也。国会迫于救亡，爰踵他国成规，开非常会议于广州，谬举文为大元帅。当兹毒焰方张之际，志士相与腹非，莫肯首先发难。而伪政府亦既成为实事，利用外交问题，压服全国。苟无军事机关与之对抗，则共和之名实俱亡，而中外之观瞻莫属，用是不避艰巨，慨然以国民先驱自效，已于前月十日宣布就职，漂摇风雨，矢志不移。一月以来，渐臻安谧，唐帅早表赞同，陆使亦能提挈。近则两粤将士，盟誓昭然，援湘之师已发，讨段之文即布，军府分路进讨，计划已有成议，此则差堪告慰者也。

乃者伪政府不惮冒大不韪，迭布毁法之伪令，参议院为约法上已消灭之机关，而使之复活；国会在约法上无解散之根据，而忽焉更选，自授无上之权，自定万能之法，叱咤群伦，鞭笞一世，暴绝表〔袁〕贼，恶甚逆勋。凡我国民谁无护法之职责，而忍为段贼等之奴隶乎！文既宣布伪政府之罪状，复通电征求海内贤豪之正论，计已可尘青睐矣！

惟吾国相忍成风，义战未交，而调停之声已四起，顾今兹民穷财尽，苟非必不得已，孰不愿国内之和平。调停之说，文亦非极端反对；所必须坚持者，厥为根本大法耳。若毁法、造法，一任二三强有力者之私意，则国本已倾，尚何共和之足云？执事固尝有恢复约法、国会之宣言，已为全国所共闻，即为海内所深信。特近有少数政客，意存簧鼓，抛荒法律，牵就强权，遂有苟且调停之说，莠言乱政，岂足当明公之一盼。尚望主持正论，发布通电，其影响于全国人心者，必非浅鲜。伫候明教，幸勿遐遗，顺颂

台绥

孙文

十月二日

据《大元帅致岑云阶函》，载广州《军政府公报》第十四号，一九一七年十月十五日

致唐继尧请查复煽动排斥日货谣传函

（一九一七年十月四日）

蓂赓先生鉴：

　　兹据日本驻上海武官松井中佐声称，据日本驻云南总领事面称尊处接此间密电，约同煽动排斥日货，尊处以有碍邦交却之等语。查此间从未有此密电，此等谣诼从何而来？殊堪诧异。事关国际友谊，应请执事密查该议长曾否向日领为此言？并希转询日领曾否有此报告？迅予函复，是所切盼。专此，顺颂

勋祺

孙文

据《孙中山致唐继尧函》（录自广东省档案馆
藏抄件），载《历史档案》一九八七年第三期

致邓泽如告已就大元帅职并恳筹助巨款函[①]

（一九一七年十月十日）

泽如老同志先生钧鉴：

　　敬启者：弟自偕海军舰队来粤后，曾将各情于八月十日通告，想经均览。去月国会议员相率戾止，依先进国之成规，开非常议会于广州，议决《军政府组织大纲》，依法举弟为大元帅。弟献身为国，不敢以谦让鸣高，爰于九月十日就职。粤中各将士皆表示欢迎，西南各省将帅亦皆遥电赞助，人心一致，成功可以预期。

　　惟是义师待发，需饷孔殷，粤省财赋匮乏，难以应付。素仰同志诸先生慷慨为怀，热诚爱国，当兹祖国根本动摇之时，正志士毁家纾难之日，务恳筹助巨款，以济[②]军用。至军政府财政总长，暂由廖次长仲恺署理总长之职，已于廿五日归

---

① 　此件为通函，另有致仰光支部同志函与此抬头不同、内容完全相同。此处不另录。
② 　此处删去衍文"摇之时，正志士毁家纾难之日，务恳筹助巨款，以济"等字。

粤就任。嗣后关于财政事宜，请与接洽可也。专此函达，并颂

公安

孙文启

十月十日

附致贵埠商会壹函，希为代转。

据原函影印件，载邓泽如编：《孙中山先生廿年来
手札》卷三，广州，述志公司一九二七年一月出版

致挂罗庇胜埠商会告已就大元帅职
并请慷慨捐巨资函①

（一九一七年十月十日）

○○商会诸先生公鉴：

敬启者：自共和恢复，国会再开，方期南北融和，国家长治。不料段祺瑞包藏祸心，阴谋扰乱，嗾使逆督称兵构难，破坏约法，迫散国会，张勋乘之，酿成复辟之变。段氏仍不厌乱，乘机而起，追逐元首，自称总理，借恢复共和之名，行攘夺政权之计，全国人民无不痛愤。

文自去年以来，避地沪滨，不愿与闻时政，猥蒙海内外同人以救国大义共相督责，自以忝为共和先导，际兹国家倾危，义无旁贷。爰偕海军响义诸将帅来粤，冀与西南各省共襄义举。适国会议员亦相率戾止，佥以举兵讨贼，必先有统一机关，乃依共和先进国之成规，本国人之公意，开非常国会于广州，议决《军政府组织大纲》，依法选文任大元帅之职。文既已献身为国，敢惮烦劳？爰于九月十日在非常国会就职，粤中各将领暨驻粤滇、海各军皆表示欢迎，西南各省将领亦多驰电推赞，人心一致，成功可以预期。

惟是义师待发，需饷孔殷，粤省财赋匮乏，难以应付。素仰贵会诸先生热心爱国，当兹国家俶扰之时，正义士毁家纾难之日，务恳慨捐巨资，以裕军实，则

---

① 此函孙文寄邓泽如收转所在地商会，原函未书地名。挂罗庇胜系邓经营商业所在地。

再造民国之功，当永铭于不朽矣。临风伫望，无任神驰。嵩此，敬颂

任安

　　惟希察照不宣。

孙文谨启

中华民国六年十月十日

据原函影印件，载邓泽如编：《孙中山先生廿年来手札》卷三，广州，述志公司一九二七年一月出版

致山多些中华商会告来粤成立军政府
经过并恳捐助军饷函

（一九一七年十月十日）

汕贺些中华商会诸先生公鉴：

　　敬启者：自共和恢复，国会再开，方期南北融和、国家长治。不料段祺瑞包藏祸心，阴谋扰乱，嗾使逆督称兵构难，破坏约法，迫散国会，张勋乘之，酿成复辟之变。段氏仍不厌乱，乘机而起，迫逐元首，自称总理，借恢复共和之名，行攘夺政权之计。全国人民无不痛愤。

　　文自去年以来，避地沪滨，不愿与闻时政。猥蒙海内外同人以救国大义共相督责，自以忝为共和先导，际兹国家倾危，义无旁贷。爰偕海军响义诸将帅来粤，冀与西南各省共襄义举。适国会议员亦相率戾止，金以举兵讨贼，必先有统一机关，乃依共和先进国之成规，本国人之公意，开非常国会于广州，议决《军政府组织大纲》，依法选文任大元帅之职。文既已献身为国，敢惮烦劳？爰于九月十日在非常国会就职，粤中各将领暨驻粤滇、海各军皆表示欢迎，西南各省将领亦多驰电推赞，人心一致，成功可以预期。

　　惟是义师待发，需饷孔殷，粤省财赋匮乏，难以应付。素仰贵会诸先生热心爱国，当兹国家叛扰之时，正义士毁家纾难之日，务恳捐巨赀，以裕军实，则再造民国之功，当永铭于不朽矣。临风伫望，无任神驰。嵩此，敬颂

任安

惟希□□不宣。

孙文谨启

民国六年十月十日

据原函，广东珠海容兆珍藏

复李宗黄望协力共任国事函

（一九一七年十月十一日）

伯英少将惠鉴：

两读手书，词旨殷渥，热忱如见，甚感。

文此次受国会委托，命以讨贼之任，顾惭薄德，未克负荷。然以大敌当前，国贼横恣，势非覆国不止，用是黾勉受事，冀合西南诸军及海军之力，长驱北上，扫除凶顽。滇省前岁首义，为全国观瞻所系，执事以卓荦之才，参帷幄之重，其望协力同心，共任艰巨，异日会师中原，当图握手也。此复，并颂

戎祉

孙文启

中华民国六年十月十一日

据原函，台北、中国国民党文化传播委员会党史馆藏

致简琴石请交还华暹轮船公司股票函

（一九一七年十月十一日）

径启者：前朱省长庆澜所交贵处华暹轮船公司股票，请即检交朱君卓文带来为盼。专此，并颂

台绥

孙文启

六年十月十一日

据原函，台北、中国国民党文化传播委员会党史馆藏

复唐继虞望互相提携恢复共和函

（一九一七年十月十四日）

萍赓仁兄惠鉴：

顷奉手教，辞义殷渥，并念贤昆玉讨逆卫国之忱，百折弥奋，誓清氛祲，此固民国之厚幸也。前自张君左丞归粤，每及执事之英略，已甚深想念。嗣张君来滇时，曾致一书申意，想亦詧及耶。

文自惟衰钝之年，属当国家多难，重以国会诸君之誦诿，义不敢自暇逸，勉竭驽骀，冀与海内忧国贤豪，互相提挈，还我共和，以尽微责。贤昆玉伟略冠时，功在民国，甚望于川事布置稍稍就绪，即统雄师东下，共规中原，歼厥凶顽，拨乱反正。文俟此间计划略定，亦当亲率三军之士，进取闽、浙、湘、楚，庶几正义既昌，众力毕举，则邪正顺逆之势，即胜败所由判也。率复布臆，并颂
毅祉

孙文启

六年十月十四日

据原函，台北、中国国民党文化传播委员会党史馆藏

复徐绍桢告派周应时迎接来粤函

（一九一七年十月十五日）

固卿先生执事：

前奉手教，备荷殷勤之谊，岂胜感荷。顷闻台驾莅港，承教有日，私衷至为欣慰。兹特派本府周参军应时来港欢迎，尚希即日命驾来省，俾得时亲雅范，指导一切。临颖拳拳，无任翘企，匆颂

旅祉

孙文启

六年十月十五日①

据《大元帅致徐固卿函》，载广州《军政府公报》第十五号，一九一七年十月十七日

复徐统雄嘱继续筹款接济函

（一九一七年十月十五日）

统雄先生大鉴：

九月十四日来函，并清单乙纸，均悉一切。

前由台湾银行汇大符兄手收贰仟元，及交邓子瑜兄带来壹佰壹拾伍元贰毫，均经收妥，已嘱财政部照来单分发收据矣。

段氏以武力力逼西南，风声正急，刻与唐、陆二公分道出师，以靖国难。第需款之急，非言可喻，请与同志诸公源源接济，俾竟大功。至致商会函，昨已付至尊处收转。如何情形，仍希随时函告。此复，并颂

均安

孙文启

十月十五日

据原函，台北、中国国民党文化传播委员会党史馆藏

复张耀曾告所荐徐君已委任为本府参议函

（一九一七年十月十八日）

径启者：辱惠书奖饬逾恒，良用愧感。文以驽下，谬膺艰巨，正赖群贤共资

① 此处据秦孝仪主编《国父全集》第四册增补。

匡济。承荐徐君，兹委为本府参议，庶借良筹，匡所不及。专此布复，并颂

公绥

孙文
十月十八日

据原函，台北、中国国民党文化传播委员会党史馆藏

复大元帅府秘书张伯烈①不允辞职函

（一九一七年十月二十五日）②

亚农志兄鉴：

昨奉大札，捧读甫竟，令我神沮。时局艰难，端资共计，爱国爱民，能有几人？两日未见，恍如有失。待商事件，多似牛毛。艰巨难膺，彼此同慨。拂袖而去，岂近人情？兄即恝然于我，讵忍恝然于国耶？

肃书奉迓，驻待高轩临颍，无任企盼之至。

据《请看广东军政府之会议》，载一
九一七年十一月六日天津《大公报》

致周之贞请协助邓耀招集军队函③

（一九一七年十月三十日）

子贞兄鉴：

兹着邓耀兄到四邑等处，集合军队，以便出发，以应中原父老之望。务请兄

---

①　张伯烈，字亚农，国会议员，时兼任大元帅府秘书，十月二十四日向孙文呈交辞秘书之职函。孙文迅即复函，予以挽留。

②　底本未录复函日期，但函中谓"昨奉大札"，则可知在十月二十五日。

③　周子贞，即周之贞。原函未署年份。据邓耀当时为广东招抚局局长推断，应在一九一七年。

处竭力相助，以利进行，幸甚。

孙文

十月三十日

据原函抄件，台北、中国国民党文化传播委员会党史馆藏

致陆石泉请秘密协助邓耀招集军队函

（一九一七年十月三十日）

石泉兄鉴：

兹着邓耀兄到四邑等处，集合军队，以便出发，以应中原父老之望。务请兄处竭力相助，以利进行，并祈秘密，毋使督军、省长知之，免至冲突为荷。

孙文

十月三十日

据原函抄件，台北、中国国民党文化传播委员会党史馆藏

复卢慕贞告未能定期回乡函

（一九一七年十月）①

卢夫人鉴：

来信得悉。现在事情尚未妥当，我未能定期回乡。可传知丁财叔出省城见我，得以交带他，先修理好乡间之屋，并办理下乡中之事。待我事妥当后，当亲自回乡一转，夫人可在澳门静候，不必来省也。此候

各人均好

德明宇

据原函，中山、孙中山故居纪念馆藏

---

① 原函未署日期。函中有"现在事情尚未妥当，我未能定期回乡"句，一九一七年孙文在广州成立护法军政府，以政务繁忙，不能定期回乡，后来在一九一七年十一月十六日孙文曾回香山，于十九日返广州。此函酌定为一九一七年十月。

致李烈钧请节哀并派邵元冲代唁函

（一九一七年十一月二日）

协和我兄礼次：

久不接教言，想念之深，与时俱积。

岳军①来，惊谂尊公仙逝沪寓，闻之骇愕。窃念兄频年身勤国事，久未尽趋庭之愿；不谓时变方艰，顿遭大故，以兄之天性纯笃，哀毁可知。然国步颠跻，正赖贤者力荷艰巨。吾兄秉义方之训，尚望善继先志，稍释哀感，务以国事为重，以慰尊公九泉之灵，而副国人之想望。

兹特派邵元冲君代表奉唁，尚希节哀顺变，为国珍重。专函申意，诸惟亮照不宣。

孙文启

十一月二日

据原函，台北、中国国民党文化传播委员会党史馆藏

复曾允明等望速将认饷连同结存款项汇沪函

（一九一七年十一月十七日）

允明、德源、潜川、金坛先生鉴：

十月十四日来书具悉。前寄去债券等件（照征信录补发），想亦均已收到矣。前函称续收同志认饷五百二十元，请照前函连同结存之一千六百元，统汇来上海应用（电汇写 Sunwen Shanghai 便可收到）。其党证及债券等件，亦交党务、财政两部查明照发矣。但向例发给债券，须先收到款项，此次一千六百元及五百二十

---

① 张群，字岳军。

元未经收到，先寄债券，实系格外通融办理。信到之日，务希速行汇来，以便清理。此复，即问

近祉

孙文启

十一月十七日

据原函抄件，台北、中国国民党文化传播委员会党史馆藏

致邓泽如等告军政府发展并嘱筹巨款接济函

（一九一七年十一月二十二日）

泽如先生暨各同志先生均鉴：

敬启者：自军政府成立以来，非常发展。四川方面、刘存厚已受此间委任为四川督军，川、滇嫌隙业已泯除。唐元帅亲自督师，克日进取重庆，以扼长江上游。湖南方面，傅贼已逃，长沙省城尽为南军所有。

最近段贼军械借款，不惜全国兵权全归外人之手，是以苏督李纯、赣督陈光远等极力反对，伪内阁阁员全体辞职。昨又以王占元为援湘总司令，段芝贵为代理鄂督，而王占元遂宣布自主，因之西南大局，更为进步。第军饷之需，待济良巨，当此功在垂成之际，尤望速筹巨款，陆续汇来，以应军用。民国前途，庶几重有光矣。特此通告，并颂

均安

孙文

中华民国六年十一月廿二日

据原函影印件，载邓泽如编：《孙中山先生廿年来手札》卷三，广州，述志公司一九二七年一月出版

复叶独醒等请代转信并协助陈君筹款函

（一九一七年十一月二十七日）

独醒、仲寿先生均鉴：

来函均悉。承汇各次款项，已由财政部照发收据。孙君扶摇委任状，亦经着陈君等带呈，请照查收。兹付上致吕、孙两君之函，希为照转。

此间情形，已详诸吕、孙两君函中，以后情形如何，当随时奉告，以慰热忱。至陈君等到尊处时，祈协同筹助，以利师行，不胜切祷之至。此颂
均安

孙文

中华民国六年十一月廿七日

据原函影印件，台北、中国国民党文化传播委员会党史馆藏

复刘建藩告购械事难为函

（一九一七年十二月一日）

昆涛镇守使惠鉴：

张君鲁藩归，奉读手书，知猛进不懈，至为欣慰。购械事，甚思力为相助，无如粤省所有，供给本省各军犹异常短缺；若向国外购取，则现时西南各省犹未正式经诸国承认，事实上难可援助，故购械一层，必稍需时日，始能设法，此中艰困想能谅之也。

近闻湘局稍定，滇、黔军在川亦大有发展；浙、皖义军分途并起，民气如此，大局当不难戡定矣。军旅贤劳，岂胜想念。专复，藉颂
戎祉

大元帅

中华民国六年十二月一日

据原函，台北、中国国民党文化传播委员会党史馆藏

致王珩琯郑渭江请协力相助被拘之尹神武函

（一九一七年十二月十八日）

珩琯、渭江仁兄惠鉴：

孙君强夫来粤，道及此次英捕房越界捕人，拘去尹君神武，非法刑讯，幸执事敦尚友谊，力为援手，使尹君虽陷幽圄，尚有昭雪之望，闻之殊深佩慰。

尹君本为吾党青年有志之士，在租界又无纤微罪辜，且英捕房拘票，亦非尹君本身，乃诸捕志图邀功，一味指鹿为马，越捕毒讯，黑暗至此，复有何说。

今执事既能尊崇公理，急友朋之难，尹君事仍望协力相助，俾无辜者不致永蒙莫白之冤，庶将来沪界尚有人道可言，其关系非仅尹君一二人已也。手此奉布，并颂

日祉

孙文启

六年十二月十八日

据原函，台北、中国国民党文化传播委员会党史馆藏

致陈光远勉以护法函

（一九一七年十二月中下旬）[1]

秀峰督军[2]执事：

李督诸代表来，藉稔执事慨念时艰，亟图匡救，本慈祥恺恻之怀，作息事宁人之计，非公忠体国，其孰能与于斯？遥挹仁风，曷胜钦企。

此次西南兴师，纯为出于护法，但使国事得依法而解决，则兵气自可指日而

---

[1]　原函未署日期。一九一七年十二月十六日李廷玉（赣南镇守使）、白坚武（苏军署秘书）奉赣督陈光远、苏督李纯之命为代表赴粤，谒见孙文磋商时局问题，酌定为十二月中下旬。

[2]　陈光远，字秀峰，江西督军。

销〔消〕。首义各将帅，非有黩武之成心，所争在法而已。国于天地，所赖以维系于不敝者，一言以蔽之，曰法。吾国数年以来，坏法纪乱〔乱纪〕之事，层出不穷，煮豆燃萁之祸，遂相寻无已，长此扰攘，何以自存？是故今兹之事，诚能恢复约法原有之效力，国会重集，祸首伏辜，总统内阁诸问题，自可迎刃而解。使国人咸晓然于大法之不可侵，匪特可以弭此日之争，亦且可以绝他年之患。盖必尊崇约法，始有真正共和之可言。若屈法以图旦夕之安，不旋踵而祸乱又作，年来之往事，历历在目，自可为前师。

执事谋国至忠，酷爱和平之念，正与文不谋而合。所望共励坚贞，争回被毁之法，则国人拜嘉大德，宁有穷期也。刻以国会议员朱念祖、陈鸿钧两君梓旋之便，特嘱趋谒台从，代宣鄙悃，希为赐予接洽为祷。临颖不胜拳拳，专此，并颂

台安

孙文

据《孙中山致赣督陈秀峰书》，载一九一八年一月五日上海《民国日报》第六版